上海市哲学社会科学青年基金资助项目

当代中国农民的教育与自身发展

运迪◎著

苏州大学出版社

图书在版编目(CIP)数据

中国农民的教育与自身发展／运迪著．—苏州：苏州大学出版社，2012.6
ISBN 978-7-81137-964-8

Ⅰ．①中… Ⅱ．①运… Ⅲ．①农民教育-研究-中国 Ⅳ．①G725

中国版本图书馆 CIP 数据核字(2012)第 134080 号

当代中国农民的教育与自身发展

著　　者　运　迪
责任编辑　张　凝
装帧设计　吴　钰
出版发行　苏州大学出版社
地　　址　苏州市十梓街 1 号
邮　　编　215006
电　　话　0512－65225020　65222617(传真)
网　　址　http://www.sudapress.com
印　　刷　扬中市印刷有限公司
开　　本　700 mm×1 000 mm　1/16　印张 21.75　字数 353 千
版　　次　2012 年 6 月第 1 版
　　　　　2012 年 6 月第 1 次印刷
书　　号　ISBN 978-7-81137-964-8
定　　价　45.00 元

序

为什么要教育农民，怎样教育农民，是无产阶级政党夺取政权后普遍需要解决的重大问题，它既是革命时期为动员农民参加革命而进行宣传教育的历史延续，其内容却又发生了根本性的变化。因此，新中国成立以来，对于占全国人口80%的农民进行教育，就成了国家政治、经济和社会生活的重要组成部分。这种教育，其内容远远超出了现在所说的“成人教育”、“继续教育”的教育范畴，正如本书作者所说，而是一场观念教育与知识、技能教育结合在一起的“教化”。令人遗憾的是，专门从这个角度来研究农民的教育问题，则成果很少，它似乎被一些更重要、更紧迫、见效更快的问题淹没了。可喜的是，同济大学的李占才教授将其选定为学生运迪的博士论文题目，这是很有眼光的。现在摆在读者面前的这部书，就是这篇博士论文的修改、扩充和提炼成果。

就人口数量来说，农民是20世纪社会发展中变化最大，也是不断消减的社会群体。有人说20世纪是农民革命的世纪，在这个世纪，绝大多数发展中国家的农民为改善政治、经济地位参加了形形色色的革命。马克思曾经对他所处的欧洲资本主义时代的小农作了如下分析：“他们不是革命的，而是保守的。不仅如此，他们甚至是反动的，因为他们力图使历史的车轮倒转。如果说他们是革命的，那是鉴于他们行将转入无产阶级的队伍，这样，他们就不是维护他们目前的利益，而是维护他们将来的利益，他们就离开自己原来的立场，站到无产阶级的立场上来。”①毛泽东也曾经说：严重的问题是教育农民。这里所说的教育，显然是以无产阶级政党和政府为主体而言的。

无产阶级政党利用农民对封建主义和资本主义的不满来夺取政权，但当政权建立起来之后，却面临着要完成资本主义没有完成的工业化任务，而要实现工业化，又只能主要依靠农业和农民来实现资本的原始积累，于是，在革命中建立起来的同盟军关系（当时称之为“工农联盟”）即面临着破裂的危险。怎样使农民理解和支持国家加快工业化的做法，对于执政的共产党来说，比动员农民参加革命更困难，因为民主革命对于农民来说，是受益者，能够推翻压迫者并获得经济利益（土地改革），而为工业化提供积累则不同了，那是需要农民提供自己生产的剩余甚至是勒紧裤袋后的必需消费品。因此，教育农民就成为革命成功后列宁、斯大林、毛泽东面临的最大难题，它关系到社会主义国家工业化的成败，以及社会主义能否最终战胜资本主义的世界性问题。

另一个方面，随着资本主义的扩张，工业文明在世界范围内开始取代农业文明以来，工业化、市场化、城市化、国际化就成为不可阻挡的发展趋势，在这个过程中，大部分农民作为传统的农业文明的主体和财富的主要创造者，开始在强制或诱致下，由农业向非农产业转移，由乡村向城市转移，由农民向市民转变。无论是生产方式，还是生活方式，甚至交往方式等都发生了天翻地覆的变化，农民必须适应这种变化。这也是为什么许多人强调要教育农民的原因。国际上有经济学家曾经预言，中国的城镇化和美国的高科技是21世纪带动世界经济发展的“两大引擎”。目前，中国的城镇化率正以每年1%的速度推进，换句话说，现在每年有1 300多万农民转变为城镇居民。到2011年，中国的城镇化率已经由1978年的不到18%上升到50.5%。目前，我国农民工数量为2.4亿人，其中外出农民工约1.5亿人。在短短的30年里，如此庞大的群体从真正意义的农民群体中分离出来，站在农民的立场来看，是一个怎样的巨变啊！

中国在1840年资本主义入侵之前，是一个人口众多、农业文明高度发达

① 《马克思恩格斯选集》第1卷，人民出版社1995年版，第283页。

的大国。1840年以后中国由传统的农业文明向工业文明的转变，注定是一个艰难曲折的过程。两个大的阶段：1840—1949年，是农民为主力军的民主革命阶段，也是为工业化扫清障碍的阶段；1949—2011年，是工业化加速推进的阶段。在新中国60多年的发展历史中，农民为国家的工业化和经济发展作出了巨大的贡献。在改革开放之前的30年里，农民主要通过压低消费、提供低价的农副产品来支持国家工业化，在改革开放以后，农民则主要通过为工业化提供丰富而低价的劳动力和土地等资源来支持国家的工业化；在这两个时期，如果没有广大农民的支持，不仅前30年独立完整的工业体系难以建立，后30年国民经济如此快速的发展也是不可能的。在这个农业、农村和农民都处于剧烈变动的历史过程中，对于农民的成人教育或者说那些走出校门后从事农业的人进行继续教育，使其更快地适应这种工业化、城镇化、市场化以及全球化的步伐，就不仅是必要的，而且是紧迫的。

对于农民教育的重要性（其实不仅仅是农民，还包括全体国民，尤其是社会的精英群体——党员和干部），还体现在必须有效遏制目前中国社会普遍存在的极端个人主义和道德失范。改革开放以来市场化的推进一方面优化了资源配置，调动了人们追求财富的欲望和动力，发挥了资本所具有的神奇活力；但是另一方面，这种社会转型和市场化也带来了原有价值观念的崩塌和道德准则的窳败，使得社会在形成资本主导地位的同时，极端的利己主义观念也迅速蔓延。道德失范的成本是非常高的，上至党风政纪败坏带来的官场腐败，中至学者、教师、医生、文艺工作者的丧失社会良心和职业道德，下至企业商人的掺杂使假，坑害消费者。对于这些危害社会、危害民生、阻碍可持续发展的社会不良风气，政府可以通过教育的方法来有所作为，正像本书所提出的建议那样，许多已经被证明是有效的教育农民的方法，是可以拿来教育城市居民、企业家、党员和国家干部的。

本书的可贵之处，还在于它虽然是从中国的农民教育出发，是为了改善中国当前的农民教育，但是眼光并不局限于中国、局限于当前，虽然中国的国情与西方大相径庭，虽然新旧中国的政府和农民不可同日而语，但是作者却能够从全球视野中、从历史长河中，寻找农民在工业化、城市化、市场化以及全球化过程中遭遇的共同问题和普遍规律，探索关于教育农民的有效方法，来为当前中国的农民教育出谋划策。

作者的硕士、博士导师是著名的“三农”问题研究专家李占才教授，他对中国农民有着非常深厚的感情，也是我非常佩服的道德和文章两个方面的楷模，据作者说这本著作就是在他的指导下完成的。从该书的论述中可以看出，作者从李占才教授那里也学到了对中国农民的感情和人文关怀精神，而这恰恰是我们今天不少学者所缺少的精神。

有人说，“三农”问题解决之日，就是中国实现现代化之时，而其中党和政府对农民教育的有效投入则是加速解决“三农”问题的重要方法之一，尤其是在我们普遍关注物质和资金投入的今天，绝不应该忽视这个方面，这也是我愿意为该书作序，并希望关心农民的政府官员和学者关注这本书。

中国社会科学院当代中国研究所副所长　武　力

2012年5月于北京旌勇里

目录

上编 理论篇

第一章 导 论

第二章 马克思主义农民教育思想理论

第三章　近代中国及国外学者对农民教育的思想观点

第四章　新形势下农民教育的总体思路

下编　实证篇

第八章 新形势下农民教育的具体路径

上编·理论篇

第一章 导论

当代中国处于传统向现代急剧变迁的社会转型时期，占人口半数的农民群体的现代化成为中国迈向现代社会的关键因素。中国农民及农村问题正是在现代化语境中应运而生的社会改造和发展问题。在传统时期，中国社会主要是由大量分散的小农组成的农业社会，其运行和发展依据古老而保守的农耕文明展开。随着1840年鸦片战争的爆发，中国被卷入了全球现代化的历史潮流当中。自此之后，中国在西方工业文明裹挟的大量现代因子的冲击下，走上了自身追求现代化发展的道路。中华人民共和国成立后，尤其是改革开放以来，中国现代化进程大大加快。然而，背负着诸多传统包袱的中国农民及农村社会，其发展问题日益凸显，成为学术界和政府十分关注并致力于解决的重大现实问题。

一、问题的提出及研究意义

近年来，对中国农民问题的关注与研究一直是中外社会科学家感兴趣的课题。究其原因，主要有三点：首先，中国是一个农业大国，农业发展一直处于国民经济的基础地位。农民是农业发展的主体力量，这一群体的发展与进步成为影响中国“三农”问题走向的关键要素。其次，中国文明本质上是建立在农业基础上的文明，通过对中国各个历史时期农民的了解与分析，能够更好地理解中国社会的本质及发展规律。最后，作为发展中国家，针对其国民个体现代化发展进程的追踪和研究，将成为具有中国特色现代化发展道路的实践探索，可以为整个人类社会发展提供有益的借鉴经验。

自1978年改革开放以来，市场化带来的工业化和城市化等重大变革，使传统时期一直处于封闭状态的农村社会迎来了前所未有的剧变。在社会剧变的转型时期，中国农民也在流动与变迁中经历由传统迈向现代的蜕变。一方面，随着改革的推进，中国农民的经济环境、物质条件、政治诉求和文化追求等得到了很大的改善与满足。特别是改革将禁锢在农村土地上的农业劳动生产力解放出来，使广大农民得以在流动中开阔视野、寻求发展。市场经济在价值观念、行为模式等各个方面重塑农民，极大地提升了农民群体进一步发展的空间。而另一方面，国家的改革政策却未能解决农民和农村社会发展中的所有问题。相反，随着改革的继续深入，在某种程度上，"三农"问题愈发凸显出来。反观现状，我们不难发现，处于变革中的农民群体和农村社会正面临着重重现实困境：

第一，发展困境。20世纪70年代末80年代初，国家实行的农村家庭联产承包责任制在一定时期内大大地提高了农业劳动生产率，由此带来了农民增收、农业发展等改革成果。随后，90年代市场化的全面改革，以及后来涉及农民福利的税费改革、农村医疗改革和土地经营权改革，都是党和政府针对不断变化的农村状况和新的生产力发展要求在政策上作出的积极回应。但是，一系列的"三农"政策还是无法逾越农业发展的弱质性、农村发展的滞后性，以及农民个人发展的诸多障碍。一方面，农村社会由于整体发展的落后，无法满足成年居民的发展需求，大量劳动力资源流失，使农村发展缺乏必要的人力资源和发展动力。这其中还包括出自农家、经由高等教育而留在城镇的各类人才，使得农村社会在承担高额教育成本的同时，却未能享受教育成果带来的发展效应。这些成年劳动力不仅是农村家庭的支柱，更是农业发展和农村稳定的支柱，从一定意义上可以将其称为农村发展精英。这些人才的流失使本处于劣势的农村社会变得更加被动，进一步压制了农村社会的可持续发展。此外，农村留守人员多是老人、小孩等弱势群体，在失去家庭支柱的情况下他们的养护和成长问题成为农村社会的普遍问题。同时，留守人员的基本生存技能存在很大局限性,制约了农村社会的整体发展。另一方面,农村劳动力的大量流动除了对农民收入有一定的补充之外,未能完全实现农民群体的市民化迁移过程。他们中的大多数人还是在城乡之间做"候鸟式"的流动,需要同时面对城市排斥和农村遗忘的双重发展困境。在城市中,外来务工的农民群体被边缘化,而整个农村社会则被城市工业文明边缘化。农村被边缘化的过程使农业生产没落,使农村生活萧条,使农村居民的现代生存技能无法得到全面的提高。归根到底,农村社会与农民群体遭遇到的发展困境,从本质上来讲,是农村居民在现代化发展中不能获得足以改变自身物质生活环境的生存技能所致。

第二,村治困境。传统中国农村社会自成一体,在血缘宗亲规定的人伦关系中,每位村民都十分注重与周围村民的和谐关系。同时,村民们还会时时注意自己的言行规范,以免遭受村中舆论的抨击,这正是费孝通先生所描述的"差序格局",构成了传统乡土社会的行为规范和社会秩序。当前农村社会流动加剧,使得农村居民之间的传统关系日趋淡漠,村民们更多地从单个小家庭的利益出发,甚至不惜损害他人权益和集体利益,造成基层农村治理的困境,也致使依旧生活在农村社会的居民周遭环境恶化。由于现有的农村居民更多地面向农村社会之外寻求自身发展的可能,不仅使基层村民自治的治理格局缺乏人力投入的活力与长远发展的动力,而且使大批的农村居民在城镇社会与农村社会之间徘徊,由此产生了对农村社会的"离心力",造成农村社区人际不和谐、村治不稳定等治理困境。同时,作为社会主义现代化建设主体的农村居民,理应成为改革进入新时期基层民主体制运行的实践者。然而,基层民主制度的推行,却遭遇到来自参与主体的阻碍性因素。这一现状的出现除了体制本身的结构性原因之外,参与主体自身素质的局限性也是困境产生的原因之一。留村农民公民素质的局限性,造成体制内的基层民主选举流于形式,民众参与热情不高(除非自己参选,或是自家有人参选村干部),一般村民因长期在外务工,多数不能及时赶回家乡参加选举,或者因为各种个人原因而缺席选举。而体制外非正常的参政途径,如村民"上访"、"信访",却时有发生。这种非常态的政治参与出现"常态化"的发展趋势,一方面暴露了农村居民对民主政治参与的冷淡和漠视,以及自身现代民主观念的淡薄;另一方面，也反映出农村居民希望在短期内实现自身的经济利益和政治权利，倾向于采取非常态的政治参与方式。同时，体制内外常态与非常态政治参与的矛盾状况产生的运作困境，说明农村基层干部作为党和政府在农村社会的代理人，在处理国家与村民的关系时，未能起到恰当和及时的引导与教育作用。基层民主体制的诸多发展困境，在不同程度上说明包括村干部在内的农村居民，其政治意识、参与能力等现代公民素质教育的欠缺。

第三，文化困境。市场经济的荡涤，给农村带来了现代化的成长要素，使农民逐渐养成了现代发展意识；同时，也使农村社会原有的乡土文化发生畸变。在现代化过程中，不可避免地形成了城乡二元分立的现状，使城市作为现代工业的主导力量以及现代文明的承载者，对现阶段的农村社会发展产生了一定的冲击和影响。现代化发展中农耕文明崇尚的勤俭、克制、谨慎等品质，逐渐被大众消费时代人们对物质财富的狂热追求所取代。农村居民失去了乡土文化土壤的浸润，从而渐渐丧失了对土地的眷恋和对乡土社会的认同。他们在努力摆脱传统生活方式的同时，却未能完成现代生活方式的转换，农村居民处于“破旧新未立”的文化困境中，渐渐成了缺乏精神生活的“边缘人群”。随着中国发展与全球化进程的接轨，现代社会的评价标准和价值体系被一一引进。至此，农村居民所承载的农耕文明倡导的相对静态、保守的发展路径，逐渐被打上了“贫穷”、“落后”的烙印。最终，乡土文化成为城市居民为之不屑、农村居民不愿提及的“落后”文化，陷入了发展困境。不仅如此，农村社会在现代工业文明的冲击下节节败退，所呈现出的破败与落后，使身处于其中的农村居民在价值观念、自我认同、行为习惯上也出现重重困境。在中国当代发展的情景下，农村成为他们想要挣脱和逃离的生死场，而不是希望的田野；他们希望的空间、做“人”的空间是城市。对农村居民这一身份的厌恶与背离，使农村居民常常在面对繁华的城市生活和单调的农村生活时，产生认识上的偏差，一味追求城市的物质文明，抱着努力“跳出农门”的愿望，以致背离了养育自己的农村社会。不仅如此，大众传媒宣扬的现代文明，又使农民缺乏对自身的肯定，城市社会对于农村社会不仅存在经济上、政治上的优势地位，还以其一整套代表现代社会的文化符号将农民隔离在整体发展之外。农村居民处于现代工商文明的挤压之下，需要依托本土传统资源以及外部现代力量的双重作用，获得重新审视乡土文化和重新建立农村道德规范的教育和引导，使他们形成符合现代社会要求的道德规范和精神追求，以此来应对现代社会的文化困境。

上述种种现实困境说明，改革开放至今，党和政府侧重于经济发展的政策思路，尚未能完全解决农村社会转型以及农民群体现代化的问题。问题的关键集中体现在构成农村社会的主体——农民身上，其反映的本质问题是社会性和文化性的。一方面，我们思考"三农"问题不能仅仅从外部入手，还应更多地从农村内部的具体状况和农民自身的发展需求着手；另一方面，分析和解决"三农"问题，不能仅仅从物质层面的改革入手，更应从农村居民的精神生活、思想文化和生活方式等非物质性层面入手，这样才能让农民群体实实在在地享受现代发展所带来的益处，而不是体会渐渐被边缘化的失落感。再者，纵观整个"三农"问题的解读，农村居民作为主体力量和核心要素，其自身综合素质的提升、对现代环境的适应程度以及对现实生活的满意程度，这些蕴含在农民身上的心理状态、价值观念、行为模式等内在因素，是改革进入新时期时我们研究"三农"问题的重要切入点。正如英格尔斯所说："无论哪个国家，只有它的人民从心理、态度和行为上，都能与各种现代形式的经济发展同步前进，相互配合，这个国家的现代化才真正能够得以实现。"①从社会与文化角度思考农民与农村问题，毫无疑问，农民的综合素质是影响"三农"问题的核心因素。农村居民在基本生存技能、现代公民素质和道德、精神文化追求等方面的素质欠缺，是造成上述三重困境的主观因素。针对农民综合素质这一问题，我们认为对农民的教育有效与否直接影响农民综合素质的提升。在一定程度上可以说，正是党和政府对农民群体的现代化教育不足，才造成了农民现有素质的种种局限，从而使农村社会和农民群体陷入重重现实困境。首先，在发展问题上。相对于城市居民，农村居民接受教育的条件和环境非常有限，加之自身对教育存在不正确的认识，从而制约了农村居民文化素质和科技水平的提升。根据国家统计局的数据显示，截至2007年，农

① ［美］英格尔斯：《人的现代化——心理、思想、态度、行为》，四川人民出版社1985年版，第5~6页。

村居民平均受教育年限为7.7年,仅相当于初中二年级的水平,这直接成为农民现代素质培育的软肋。作为人力资源基本条件的文化与科技素质,不仅影响着农村居民从事农业生产和兼业活动的能力,而且还会影响农村剩余劳动力转移至城镇社会的转业能力和生存状况。农村居民教育水平相对低下的现状对农村社会发展和农民自身的转型都极为不利。其次,在民主治理上。基层村民自治组织是大多数农村居民参与政治生活的主要机构。当前,农村基层民主运作中被动、消极参政与"非常态"参政方式并存。这主要有两个原因:一方面,农村居民教育水平的低下导致他们有序参政意识的缺乏,未能很好地在现有的基层民主体制中实现自身的政治权益,同时由于在与政府的互动中处于弱势地位,他们往往倾向于采取非正常的途径来表达政治诉求。另一方面,农村基层干部未能切实地保障农村居民的参政权利,没有及时宣传并动员农民参加政治活动,教育与动员工作的缺位阻碍了农民群体公民素质的养成。最后,在社会文化上,现代社会的发展,使工业文明逐步取代农业文明而成为整个社会的主流价值。伴随着市场经济和大众媒体的发展,农村社会也遭受到来自城市工商文明的侵扰,使农民自身处于现代与传统的矛盾交会中。体现现代化诉求的教育体系没有解决农民自身的生存与文化困惑,却瓦解了传统的农村文化根基。正如费孝通所说:"这种教育不但没有完成把中国现代化的任务,反而发生了一种副作用,成了吸收乡间人才外出的机构……损蚀了乡土社会。"①农村社会的瓦解与破败,不仅没有通过相应的教育过程和文化建设来获得新的思想支撑,而且还因为道德与精神文化教育的缺失,使一些封建落后的文娱形式蔓延,殃及农民的文化生活和道德追求。

综上所述,我们认为农民教育问题是当前提高农民综合素质的切入点和突破口,对农民现代化进程和农村社会整体发展至关重要。因此,本书将以农民教育作为核心概念展开研究,通过对农民教育的相关理论和实践经验进行梳理和总结,进而找寻促进农民群体由传统迈向现代的有效途径。农民教育问题的研究对当代中国从传统向现代的发展具有十分

① 费孝通:《乡土中国》,上海人民出版社2006年版,第167页。

重要的理论意义和实践意义。

第一,农民教育问题研究的理论意义。在现代化语境下探讨中国农民的教育问题,无疑是对马克思主义基本原理中有关农民教育思想的梳理和回顾,也是对马克思主义中国化理论成果中农民教育思想的探索和补充,构成了中国特色社会主义建设理论的重要组成部分。首先,通过对经典马克思主义作家以现代化为导向的农民教育思想的整理与综合,推进了马克思主义理论中农民教育思想的当代发展。特别是在现代市场经济条件下,从农民现代化素质养成角度去思考马克思主义基本原理中的农民教育原则和设想。其次,是对发展中的马克思主义理论中国化成果的补充与深化。中国共产党在1949年新中国成立之后,一直致力于具有中国特色社会主义理论体系的构建与发展,其中"三农问题"成为影响国家整体现代化进程和社会主义建设大局的重要现实因素。2006年中共中央"一号文件"明确提出在社会主义新农村建设背景下,"培养造就有文化、懂技术、会经营的新型农民"这一重大理论课题。对当代中国农民教育问题的深入研究,是对中国特色社会主义理论视域中的农民教育思想的拓展与深化。最后,结合当代中国农民教育现状,将农民现代化教育现实问题与相关的现代化理论相结合,还能促进现代化理论在农民个人现代化方面的新发展。

第二,农民教育问题研究的实践意义。首先,对农民群体的生存发展而言,当代中国处于传统向现代转型时期,如何对作为国民主体的农民进行全方位的教育,使他们获得与现代社会发展相适应的现代人格和综合素质,事关我国整体现代化的发展大局。对农民个人来讲,教育能够使他们拥有较高的知识水平和职业技能,进而提高自身的谋生能力,不论是在农村社会从事农业或其他兼业活动,还是流动至城镇社会进入其他行业工作,都能够很好地实现自身的生存与发展价值。对农民个人的现代化发展而言,教育无疑是最直接有效的转变途径。"在发展中国家,学校在培植和加强人的现代性的态度、价值观和行为方面,是最强有力的方式之一。"①其次,从社会发展而言,农民教育能够为农业发展和农村建设提供

① [美]英格尔斯:《人的现代化——心理、思想、态度、行为》,四川人民出版社1985年版,第101~102页。

源源不断的生产力要素，还能为城镇社会的经济发展贡献较高素质的人力资源。由发展经济学的人力资本理论可知，要将传统农业改造为现代农业，必须在农业中引入新的生产要素并对所有生产要素进行协调改善。从长远来看，教育作为一种向人力资本的投资，无疑是一种最有效的方法。同时，农村劳动力的大量供给还为城镇社会经济的发展提供“人口红利”，这部分劳动力的受教育程度成为影响工业升级和转型的重要因素。农民教育不仅为农村居民自身生存和发展带来新的机会和空间，还能为农民所处的城乡社会提供更多的人力资源优势。最后，对处于现代化转型的发展中国家而言，农民教育问题成为影响当代中国政治稳定的重要因素。从基层民主自治层面来看，让农民受教育是传递党和政府相关政策信息的有效途径；不仅如此，让农民受教育还能帮助农村居民在基层民主政治的实践过程中培养有序并合法参与政治活动的现代公民意识。从国家宏观政治稳定的角度来看，农民教育能够发挥教育双向沟通功能：一方面通过向农村居民宣传和介绍党和政府的相关政策来赢得他们对农村改革的认同与支持；另一方面还能够经由内化于心的政治教育过程，使农村居民成为基层政治稳定和政治发展的坚实力量。因此，研究农民教育问题，对农村基层民主自治的运行和完善，以及国家宏观政治的稳定与发展，都具有十分重要的现实意义。

二、研究内容的界定

本书对农民教育的定义是指党和政府介入农村社会成年农民日常的生产和生活中，通过旨在提高农民文化科技素质、公民素质、思想觉悟、道德素养和精神文化等各个方面的现代化教育，塑造、陶冶农村居民具有现代人格与传统美德的完整人格。费孝通在其名作《乡土中国》中借由儒家经典提出了“位育”的概念（“天地位焉，万物育焉。”——《中庸》），本书研究的农民教育在概念上与之有某种相似之处，其含义主要是人和自然通过相互迁就，以达到生活的目的，即社会群体为适应外在处境而形成的一套生活方式。这种相关的教育思想在马克思恩格斯的著作中也有体现：“人的本质不是单个人所固有的抽象物，在其现实性上，它是一切社会关系的总和。”①“发展着自己的物质生产和物质交往的人们，在改变自己的这个现实的同时也改变着自己的思维和思维的产物。”②上述两种观点是从个人成长需求和社会发展要求两方面规定教育的本质，从抽象层面上定位农民教育的概念。本研究选取农民教育这一概念，主要是寄希望于通过改变农村居民的外部环境，进而改变农民自身的综合素质，使其获得与现代社会发展相适应的内在心理和外在行为等现代素质。因此，需要对现实农民教育中涉及的相关概念加以厘清。

（一）当代中国农民教育的时代背景和现实课题

通常意义上所指的当代，是对人类发展历史时间段的一个定性界定，也是对一个具有划时代意义的时间转折点后的刻画。从全球来看，当代应该是指以第三次世界科技革命为标志以后的时期延续至今后。第三次科技革命，是以原子能、电子计算机和空间技术的广泛应用为主要标志，涉及信息技术、新能源技术、新材料技术、生物技术、空间技术和海洋技术等诸多领域的一场信息控制技术革命。当代大体界定时间应该是 20 世纪 40 至 50 年代以后的时期。就中国而言，当下这个时代是社会主义初级阶段，社会主义时代的转折点以 1949 年新民主主义时代的到来为标志。因此在中国，一般认为，当代是指 1949 年以后的这个时代。本研究选取的时空背景是当代中国，即 1949 年中华人民共和国成立之后的农民教育历程，特别聚焦于 1978 年改革开放以来，随着现代化引起的市场化改革、城市化进程和全球化交往的不断深入，党和政府对农民进行教育和引导的历史进程和现实难题。改革开放以来，农民教育所处总体环境突出的时代背景是中国社会正经历着全面深刻的现代化转型，主要体现在经济体制、政治体制、社会结构和文化特征等各个方面，由传统迈向现代的进程。当代中国农民教育问题正是在这种时代背景之下产生的现实课题。以现代化为导向的社会转型过程，不仅为当代中国农民教育提供了一个宏观的社会背景，也为农民教育的现实发展带来了机遇与挑战并重的历史契机。在这一过程中，作为外部力量的党和政府如何教育和引导

① 《马克思恩格斯选集》第 1 卷，人民出版社 1995 年版，第 60 页。
② 《马克思恩格斯选集》第 1 卷，人民出版社 1995 年版，第 73 页。

农民群众，使其获得与现代社会发展相适应的综合素质，将其塑造成为现代农民，是当代中国农民教育问题需要应对的现实课题。

1. 农民教育的时代背景

当代中国农民教育的历程，严格来说，其渊源可以追溯到1840年鸦片战争之后的近代中国，各种现代力量深入农村地区，基于自身发展逻辑对农民进行教育和塑造的历史过程。1949年中华人民共和国成立以来，农民教育便在党和政府的整体规划下被纳入国民教育的层面，成为政权建设和国家发展的重要组成部分。至此，农民教育实践过程不可避免地要面对当代中国的时代背景，即处于现代化转型的变迁之中。现代化转型是指由农业社会向工业社会、由传统社会向现代社会的转变过程，换句话说，“转型就是整个文明迈向现代文明的独特之路”①。1978年开启的市场化改革使当代中国的现代化转型逐渐扩展到国家制度和社会生活的多个层面，其过程延续至今。目前来讲，当代中国这一时代背景仍然处于动态发展之中，这一动态过程体现出鲜明的时代特征。

首先是以现代化为取向的转型过程。中国的现代化转型是在西方的强力介入下开始的，肇始于西方的现代化过程不仅通过全球化的交往而成为世界范围内的发展趋势，同时由于现代化过程存在先后顺序，西方的先验模式也往往会被后来者效仿，正如马克思所分析的：“工业较发达的国家向工业较不发达国家所显示的，只是后者未来的景象。”②不论对现代化持怎样的态度，中国都不可避免地要踏上现代化转型的发展之路，遵循现代化的发展逻辑，并通过不断的反省来完善自身的现代化过程。20世纪五六十年代，以西方发达国家近代以来发生的结构性变迁为主要研究对象的现代化理论兴起，使“现代化”、“现代性”观念成为人们普遍关注的课题。然而，进入20世纪末，以社会主义社会为起点的现代转型，将社会主义与现代化联系在一起，早在1954年，周恩来就代表共产党明确提出了中国的“四个现代化”问题；进入改革开放以来，邓小平也不止一次地强调中国将要建设“中国式”的现代化。综上说明，在以现代化为取

① 孙立平：《社会转型：发展社会学的新议题》，《开放时代》2008年第2期，第60页。

② 《马克思恩格斯文集》第5卷，人民出版社2009年版，第8页。

向的转型过程中，中国也通过其现实的发展历程，展现出社会主义国家在现代化变迁中的独特性。由这种时代背景所决定，农民教育既要遵循现代化发展的客观规律，又需要兼顾中国特殊的现代化转型历程。

其次是市场化与城镇化的快速发展。市场经济模式是20世纪90年代由共产党及其政府确立的改革发展路径。关于市场经济对社会变革的重大影响，马克思主义经典作家做过集中的论述："生产的不断变革，一切社会状况不停的动荡，永远的不安定和变动……一切固定的僵化的关系以及与之相适应的素被尊崇的观念和见解都被消除了，一切新形成的关系等不到固定下来就陈旧了。一切等级的和固定的东西都烟消云散了，一切神圣的东西都被亵渎了。人们终于不得不用冷静的眼光来看他们的生活地位、他们的相互关系。"①回顾我国20世纪70年代末80年代初开始的改革开放，不难发现，市场经济对农村社会日常生活世界的形塑持久而且深刻，这不仅影响着人们日常的生产和生活，而且更多的是在现代思想观念和精神气质上对人们进行深入骨髓的改造。比起政治运动带来疾风骤雨式的社会改造和社会变迁，经济领域的变革对社会和个人的影响更为深刻，渗透也更为彻底。党和政府借由市场经济这只"看不见的手"，实现社会全方位的变革和对农民全方位的塑造。市场经济主要通过两个途径对农民产生影响：一方面，市场经济遵循的交易原则，带来平等、契约与法治等现代观念；另一方面，市场经济对社会结构产生冲击，由此涌现出新的阶级与新的阶层，他们各自所具有的利益追求和价值取向又反过来重塑农村社会。与市场化改革相伴的，还有城镇化的快速发展，这不仅冲击集体化时代形成的城乡二元分离的社会格局，还促使农民群体由农村社会迁移至城镇社会，为其在城镇社会中实现自身现代化和市民化创造有利条件。不可否认，农村流动人口在城市工作中获得某种现代性的成长，随着自己见识的增长、信息的丰富，特别是对城市生活的熟悉和向往，他们在不知不觉中受到城市工商文明的影响，养成了在农耕活动中难以生成的效率意识、时间意识、信用意识、契约意识、责任意识和权利意识等现代意识。

① 《马克思恩格斯选集》第1卷，人民出版社1995年版，第275页。

最后是城乡流动引起社会结构变迁。现代化转型使大量农村的劳动力实现了在城乡之间的流动与转移，在某种程度上，极大地冲击着原有的城乡二元格局，引起社会结构的重大变迁。一是就农村社会本身而言，与以往传统封闭的乡土社会不同，当前农村社会处于全球化、现代化的浪潮之中，克服了先前地域性、市场性的阻隔，已成为国家力量、现代性和本土知识三种力量综合作用的开放性场所。农村社会遭受到来自城市工商文明的重重冲击，也经历着本土农耕传统文化的现代变迁，形成了农民教育实践活动得以展开的丰富的空间范畴。我们必须看到，以农村社会为空间范畴的教育研究并不排斥在当前城市化和工业化的背景下，农村居民通过各种转业方式进入城镇，并最终完全成为城镇居民。同时，我们更关注的是在农村居民作为生产力要素进行流动时，能否通过适当的教育，实现自我身份的转化。在市场化改革中，农村劳动力的迁徙与流动，也为农村居民的教育提供强大的动力。二是就农村居民而言，城乡流动使越来越多的农民群体处于开放与动态的生存环境中，这在给农民群体自身带来发展机遇的同时，也会造成群体分化的结构性变迁。农民群体的分化松动了原来僵化的社会关系，使社会具有多元性和复杂性，有利于整个社会结构的改善；同样也打破了某一社会成员长期依附于某一阶层，固守由"血统决定论"所强加的某一社会地位的状况，增强了社会的竞争性与流动性，形成开放、动态的社会阶层结构。

2．农民教育的现实课题

处于现代化转型时期的农民教育问题面临的现实课题是农民群体自身的现代化问题，即党和政府如何通过各种教育途径和方法，将农民群体塑造成为符合现代社会发展要求的现代人。农民的现代化是指农民在社会化过程中，逐步抛弃传统因素的束缚，不断接受现代的新观念、新思想，养成现代生产、生活技能和现代人格的过程。① 从本质上讲，农民的现代化主要是农民由传统向现代转变的过程。脱胎于传统农业社会的农民群体，由于生产方式的落后性、所处地域的封闭性和封建政治结构的保守性等因素，不可避免地缺乏现代的思想意识和行为规范。特别是处在现代

---

① 伏晓：《论中国农民问题和农民的现代化》，《前沿》2005 年第 12 期，第 199 页。

化变迁的剧烈动荡中，新的社会规范尚未建立，旧有的社会规范还在部分地影响着农民群体，在新旧交替的转型阶段，农民教育显得格外重要。因为现代化的农民教育能为农民的个人发展确立某种规范，“社会规范的解释不能只是承认标准化规则对社会行动的制约作用，应该做得更多。这样的解释必须陈述将这些规则中的一种确立为该共同体内的普遍规范并达到顶峰的过程。一种新规范确立的一个关键是，试图改变规范并强迫服从新规范的那些人的能力”①。

当代中国农民处于现代化变迁和城乡流动之中，面临更多的机会与选择，也具有多种发展的可能性。一方面，他们能够迁移至城镇社会，成为流动务工人员，在进入城市社区和工业体系过程中，不断积累自身的现代性因素，并最终完成现代化蜕变。针对这部分人群，党和政府需要进行引导和规范，促使其有序地进入城市生活，降低城市门槛来接纳他们，用现代文明和城市文化同化他们，让具备条件的农民工有序地融入城市，成为新市民和新产业工人。另一方面，留守农村社会的农民，也会因此获得更多农业发展和周边产业开发的机会，在农业机械化和现代化的进程中，实现从传统农民向现代农民的转型。党和政府应当立足于农村社会的整体建设，对这部分农民群体进行专业化、系统化和科学化的教育与培训，帮助他们在有限的资源基础上，实现自身职业角色的现代转型。同时，农民教育所面临的农民现代化这一现实课题，将会经历一个长期而缓慢的解决过程。“任何文化的转型和国民心态的改变都是一个长期而缓慢的过程，暴风骤雨式的革命虽然可以改变人们的文化表现形式，但却无法改变人们内心深处的东西，这已是历史和事实所证明了的。”②尤其是农民群体生活在农村社会中，“形成的习惯有很大的惯性，让他们改变旧的行为方式，适应新的规范，需要一个较长的时间，在这里，提高他们教养水平

① Jack, Knight and Jean Ensminger. “Conflict over Changing Social Norms: Bargaining, Ideology, and Enforcement”. *The New Institutionalism in Sociology*. Edited by M. C. Brinton and V. Nee. UK Press, 2001: 293.

② 赖长春、陈丽霞、陈浩:《村落文化视野中的教育需求——一种质的研究及其现实主义表达》,《教育理论与实践》2005 年第 7 期,第 29 页。

至关重要”①。

（二）农民教育的对象

研究中涉及的教育对象是农民，确切地说是农村居民。首先，我们需要对农民和农村居民这两个概念加以辨析。由于历史与体制等原因，农民这一概念生来就具有两重性：既有从事农业生产的职业属性，又有户籍意义上的身份属性。当市场经济发展引起大量农村劳动力向城市转移时，农民不再具有身份和职业的统一性，出现群体分化，划分为长期在城镇社会从事非农产业的流动务工人员和现阶段仍然生活在农村社会，从事农业、兼业或非农业的农村居民。农民教育问题中的教育对象主要是指后者，即现阶段大部分时间生活在农村社会，从事农业、兼业或非农业的农村居民。这些现阶段仍然留守在农村社会的居民，是农业生产和农村建设的主要承担者，他们的综合素质对农村整体发展，乃至于国家的整体现代化都具有重要的现实意义。流动务工人员，也就是通常所说的农民工，这一群体反映了中国长期实行城乡二元分治的社会制度所形成的特殊国情，随着工业化、城市化进程的加快，流动务工人员的教育和保障成为党和政府不得不认真对待的现实课题。针对流动务工人员的教育，我们认为一方面当这部分劳动力在农村时，理应纳入农民教育有关以知识科技为基础的现代生存技能教育；另一方面，当这部分劳动力流动至城镇社会时，就理应纳入城镇务工人员培训，享受与城镇居民同等的教育培训待遇。其问题解决的关键在于党和政府需在城乡统筹的视角下，思考和解决流动务工人员的教育与发展问题，使他们进退有度，既能自由地流动至城镇社会，享受城市和工业发展带来的现代化转变，又能适时地回流至农村社会，按照自身意愿选择居住地和工作地。其次，对农民教育对象的界定也反映出本书思考农民教育问题的切入点和落脚点。当前，解决“三农”问题主要在统筹城乡发展思路的指导下进行思考和应对，这就涉及目前两种可供选择的解决路径：一种是积极实现城市化，即通过制定相关政策，推动农村人口的快速城市化，使他们加快进城的速度，完成“市民

① 张乐天：《告别理想——人民公社制度研究》，东方出版中心 1998 年版，第 489 页。

化”的转型过程;另一种是稳健实现城乡一体化,即在承认目前城乡二元结构的现实基础上,一方面大力建设社会主义新农村,另一方面稳步推进农村人口城市化,使农村居民进退有度,实现城乡之间的良性互动。通过对城乡实际状况的考察和对农村基层社会的实地调研,我们认为立足于第二种方案更接近于农村以及农民的发展现实。因此,本书的研究主要是立足于农村社会范围内,对长期居住其中的农村居民的教育进行考察和研究。由于目前很多研究对农村居民和农民这两个概念未作进一步划分,常常交替使用,我们在具体引用时,就不再做特别说明。书中涉及的地方,农民均指称的是我们界定的农村居民的概念。

如前所述,当代中国农民教育问题中的教育对象无疑是中国广大农民群体。中国农民这一概念在当代发展中其具体指向的内涵和外延发生了很大变化。传统中国农民处于前现代的发展阶段,在经典马克思主义的论述中,通常对其冠以“小农”的称谓。由于生产方式的落后、地域的隔绝、社会联系的缺乏,使小农成为保守与落后的代名词。马克思、恩格斯更是预言:“我们的小农,同过了时的生产方式的任何残余一样,在不可挽回地走向灭亡。”①然而,1789 年的法国大革命、1917 年的俄国革命以及 1927 年之后中国广大农民在共产党领导下进行的民族民主革命,都将农民从以往只是各种数据统计中的符号化存在转变为重要的社会力量,进入世界历史发展的舞台。随着社会的发展,特别是“二战”后世界现代化的新浪潮中,包括中国在内的很多后发现代化国家的小农和小农经济非但没有被消灭,还再次显现出强大的生命力。这一现象促使很多学者对“传统地区”和“传统经济”中的农民及其思想意识和行为模式给予关注与研究。正如考茨基在《土地问题》中所说的那样:“在这些争论中无论德国社会民主党或国家社会民主党对于现代农业发展之趋势都缺乏一致的意见……现时我们主要是注意资本主义社会内资本主义前期及非资本主义的农业形态之作用。”②基于对特定时空背景下传统农民的实证研究,国际学术界形成了五大基本农户经济理论,主要是恰亚诺夫的“劳动小费均衡”理论、舒尔茨和波普金的“理性小农”理论、吉尔兹和黄宗智的“农

① 《马克思恩格斯选集》第 4 卷,人民出版社 1995 年版,第 487 页。
② [德]考茨基:《土地问题》,三联书店出版社 1955 年版,第 5 ~ 7 页。

业内卷化”理论、斯科特和利普顿的“风险厌恶”理论、巴纳尔和斯奎尔的“小农场(户)经营模型”理论等①。这些理论一方面说明作为农业生产者的个体农民在现代社会的发展中仍然占据重要地位;另一方面也能帮助我们更好地将目光投向处于现代化中的农民群体,对其思想意识和行为等特征进行深入的理解和分析。毫无疑问,中国自古以来就是非常典型的小农国家,传统中国就是以小农生产为基础的封建官僚国家。毛泽东指出:“在农民群众方面,几千年来都是个体经济,一家一户就是一个生产单位,这种分散的个体生产,就是封建统治的经济基础,而使农民自己陷于永远的穷苦。”②鉴于这种社会现实,在中国革命和建国后的社会主义建设时期,以毛泽东为代表的中国共产党及其所领导的政府都试图在各个层面对农民自身由生产的分散性所造成的不利影响加以引导、教育和改造,并集中体现在建国初期合作化和人民公社等建设实践上。从20世纪70年代末80年代初以来,中国农村已普遍实行以家庭联产承包经营为基础、统分结合的双层经营体制,重新恢复了以家庭为单位的小农生产方式。这种以农村家庭为主的生产经营形式,使当前农民教育的发展遭遇新的挑战与机遇。从一系列复杂曲折的教育逻辑和发展实践中,我们不难发现,如何正确地认识处于现代化进程中的中国农民的群体特征,是我们研究农民教育问题的出发点。

当代中国农村社会正发生着前所未有的深刻变化,市场化改革使中国农村及农民越来越多地卷入一个城乡开放、横向流动、多元现代的社会化体系中。在现代市场经济条件下,中国农民日渐发展成为与市场紧密联系,充分享受人身自由,对所使用土地有完全的收益支配权、自主经营的自耕农户。对此,徐勇教授提出:“现阶段,农户已愈来愈广泛和深入地进入或被卷入到一个高度开放、流动、分化的社会,他们的生产方式、生活方式和交往方式日益社会化,新的生产、生活和交往要素进入农户活动,改变着他们的生产、生活和交往方式,改造着中国传统家庭的‘惰性’,使

① 郑杭生、汪雁:《农户经济理论再议》,《学海》2005年第3期,第66~75页。

② 《毛泽东选集》第三卷,人民出版社1991年版,第931页。

农户的行为能力得以提升。”①社会化的农民正是当代中国农民教育的对象，具体是指现阶段仍然生活在农村社会、从事农业或者兼业的农民群体。这主要从长期居住地和活动范围上加以界定：首先，我们研究的农民是指大部分生产和生活时间集中在农村社会的居民；其次，这部分农村居民大多是在农村社会范围内从事农业、兼业，或农村中非农业的村民；最后，抛开农业劳动力统计意义，村中不分男女老少、有无劳动能力，都在农村居民范围内。因为我们的研究主要基于农村社会范围展开，对居住其中的村民都有必要加以考量；同时，这些现阶段仍然留守在农村社会的居民，也是农村建设的主要承担者，他们的综合素质对农村整体发展具有重要的现实意义。

通过对这一群体的深入分析，我们会发现这一类群体的一些基本特征：

1. 农民群体具有双重性特征

当前，中国处于农业社会向工业社会、农业文明向工业文明的社会转型期，许多发展的悖论与矛盾都集中体现在处于社会变迁背景下的农民身上。在这一过程中，农民群体自身的双重性以极为复杂的形式表现出来：保守与进步、封闭与开放、现代与传统……使作为教育对象的农民群体具有对象性与能动性统一的特质。早在分析农民群体在资产阶级革命中的作用时，马克思主义经典作家就揭示了农民历来具有的两面性特征，在《路易·波拿巴的雾月十八日》中，马克思充分论证了这种两面性：“波拿巴王朝所代表的不是革命的农民，而是保守的农民；不是力求摆脱其社会生存条件即小块土地的农民，而是想巩固这种条件的农民；不是力求联合城市并以自己的力量去推翻旧制度的农村居民，而相反，是愚蠢地拘守这个旧制度，期待帝国的幽灵来拯救自己和自己的小块土地并赐给自己以特权地位的农村居民。波拿巴王朝所代表的不是农民的开化，而是农民的迷信；不是农民的理智，而是农民的偏见；不是农民的未来，而是农民的过去；不是农民的现代的赛文，而是农民的现代的旺代。”②总之，农民

① 徐勇：《“再识农户”与社会化小农的建构》，《华中师范大学学报》2006 年第 3 期，第 2 ~7 页。

② 《马克思恩格斯选集》第 1 卷，人民出版社 1995 年版，第 678 页。

的两面性集中表现为革命与反动、现代与传统的矛盾统一。随着革命的继续，农民生存状况不断恶化，他们表现出越来越多的革命性，从而成为影响革命发展趋势的重要力量。当农民群体跟随无产阶级政党进入民主国家的建设中时，他们身上固有的落后与保守又以另一种形式显现出来，这提醒我们要时时注意对农民群体的辩证分析。在当前背景下，我们不难看到农民的两面性有了新的表现形式，在农民教育中表现为能动性和对象性的双重特征。

一方面，在市场化改革中，农民具备了一定的现代意识，成为现代化建设的能动力量。当代中国农村已经不是费孝通先生早年做研究时那个自给自足的“乡土社会”，而是处于流动与开放中、与城镇生活紧密联系的区域。生活在其中的农村居民也不再是以往被牢牢束缚在土地上的农业生产劳动力，而已成为自由流动、自由择业的个体农民。进入现代社会，农民群体在各个方面的重要作用逐步显现，他们不再是无所作为的代名词，而已成为影响国家与社会方方面面发展的重要因素，“那种认为农民只是历史客体，是一种社会生存形态，是历史变化的被动承受者，而与历史变革的动力无缘的观点，已经站不住脚了”①。因此，这个脱胎于前现代社会的群体的经济作用、政治意义及其价值观念和行为方式越来越受到人们的重视。在国家市场经济改革、政治发展、法制健全的变迁过程中，农民群体正实现着自身各个方面的变革：经济上的脱贫、政治上的解放、文化上的积累，这些都促使农民群体历史主体地位的觉醒。1987 年 8 月 29 日邓小平在会见外宾时指出：中国农村改革，发展乡镇企业，“那不是我们领导出的主意，而是基层农业单位和农民自己创造的”②。这种发展和变革彰显出农民的能动性，不仅构成了农民教育新的起点，同时也给党和政府对农民的教育带来了新的机遇和挑战。这正如马克思、恩格斯所说的那样：“环境的改变和人的活动的一致，只能被看作是并合理地理解为变革的实践。”③由此我们知道，教育就是为了激发教育对象自身的能动性，使其形成新的思想意识和行为习惯，并将新的思想与行为付诸实

---

① [美]巴林顿·摩尔：《民主和专制的社会起源》，华夏出版社 1987 年版，第 368 页。
② 《邓小平文选》第三卷，人民出版社 1993 年版，第 252 页。
③ 《马克思恩格斯选集》第 1 卷，人民出版社 1995 年版，第 59 页。

践中。同时，农民虽然作为教育对象，是客体因素，但因整个教育过程离不开农民本身的实际需要和接受能力，只有当农民具备吸收外部教育内容的需求和接受外部引导教育的能力时，整个教育过程才能收到成效。如果离开对作为教育对象的农民自身心理需求和行为倾向的考察，党和政府主导的农民教育实践就会失去有效性。教育过程的有效性就是衡量教育者在何种程度上以何种方式影响到作为教育对象的农民，这种有效性主要通过农民自身在思想意识和行为习惯方面的改变而体现出来。因此，当前研究农民教育问题，就要尊重教育对象——农民自身的能动性，深入了解农民在各个方面的需要，并以此为基础，探讨继续教育的实践方向。

另一方面，我们也不得不看到由于生产方式、生活方式和文化传统的制约，农民群体存在不符合现代社会发展的意识和行为，因而成为需要接受教育的对象。农村居民在接受教育程度、思想意识、价值观念以及行为习惯等方面存在种种与现代社会不相适应的特征，特别是很多地区受传统文化影响较深，保守的文化价值观念仍然深深地支配和束缚着农民。这些农民自身素质方面的缺陷成为阻碍国家现代化进程和农村社会进一步发展的不利因素。同时，这一现状也将农民置于需要引导和教育的位置，具有对象性特征。农民成为教育的对象，有两方面原因：第一是自身条件的限制。中国农民在历史上长期处于封闭隔绝的农业自然环境中，生活在自给自足的社会经济结构和高度集权的专制体制下，形成了保守落后的依附型人格。传统农民通常目光狭窄，拒绝变革，缺乏主动积极的生活态度，形成了根深蒂固并对中国产生深远影响的小农价值观。近代许多学者都将其归结为中国的“国民性”，认为正是这种不思进取的国民性格影响了中华民族的复兴与发展。进入现代社会，农民身上固有的这些保守特征又凸显出来，阻碍农民实现自身的现代化。第二是外部环境的制约。建国初期，党和政府的社会经济发展战略造成了城乡二元分立的现实局面，对农民现代素质的培养产生不利的环境制约。长期以来，国家的发展战略侧重于对城市和工业的投入，农村和农民则被阻挡在现代化和工业化之外，由此，对农民综合素质的提高也造成一定的不利影响。综合内外两方面的原因，农民理应成为需要接受教育和引导的对象。强调这种农民教育的对象性，一方面说明农民作为现代化的建设主体，还需要克服和超越自身的局限性，在更广泛的意义上实现自身的现代化；另一方面，也是对以往农民教育实践的一种反向思考。在中国以往集体化时代的农民教育实践中，存在把农民“非对象化”的教育趋势，即由于国家在社会管理和农民教育方面强调集体主义原则，将个体农民统一划归于大大小小的集体当中，国家只需面对基层的各种集体，对集体化的农民进行沟通和领导，通过集体来组织和控制。在这种情况下，农民作为受教育者的具体状况和不同需求常常被忽视，作为教育对象的个体属性也被虚化。党和政府代表的国家力量对农民的教育，因为这种对农民自身对象性的忽视和虚化，其教育效果也朝着非理性的方向发展。

针对农民群体身上固有的双重性，我们需要继续秉承马克思主义辩证看待农民的科学态度，马克思指出：“他们不是革命的，而是保守的。不仅如此，他们甚至是反动的，因为他们力图使历史的车轮倒转。如果说他们是革命的，那是鉴于他们行将转入无产阶级的队伍，这样，他们就不是维护他们目前的利益，而是维护他们将来的利益，他们就离开自己原来的立场，而站到无产阶级的立场上来。”①只有使农民“脱胎换骨”，他们才能成为新社会的建设主体，既要帮助他们克服与现代发展不相适应的落后保守性，对其进行教育和引导；又要提供环境支持，激发农民的主体意识和自觉性，促使农民自身的完善与发展。辩证地看待农民，是我们研究农民教育问题的重要前提。只有坚持这样的科学态度，我们才能进而探讨国家力量如何通过作用于农民所处的外部环境，引导并激发农民的能动性，进而改变农民的心理状态和行为习惯，使其获得适应现代社会发展的综合素质。

2. 农民群体具有层次性特征

改革开放以来，随着农村劳动力的大量转移，以及在此基础上形成的劳动分工，促使农民群体出现大规模的分化，形成了不同于以往以阶级身份、户口身份为特征，而是以职业结构为基础的新的农村社会阶层划分。陆学艺主持的农村社会结构变迁调查研究，以及由此形成的《当代中国社

① 《马克思恩格斯选集》第1卷，人民出版社1995年版，第283页。

会阶层研究报告》指出，当代中国农村社会存在 9 大阶层，这主要是从职业结构的角度进行的划分。根据国家统计局统计数据显示，2009 年度我国有近 2.3 亿农民工，比上年增加 1.9%。外出从业 6 个月以上的农民工为 14 533 万人，外出务工目的地仍以东部地区为主，中西部地区的比重也在提高。外出农民工平均月收入为 1 417 元，比上年增长了 5.7%。这说明在流动与分化中，中国农民群体也由过去具有整体特征的传统小农，向不同地区、不同职业背景下的阶层分化。

然而，现有的农村居民阶层分化理论还未能解决对农民群体进一步细分的问题，我们还需要对农民的思想动态和行为取向进行更为深入的面向性①划分。中国农村地域广大，各个地方情况复杂，没有办法单纯地按照职业分野对农民进行简单的划分。通过对农村地区的实地调研，我们发现，深入农村实际，从农村居民具体的生活面向上进行划分，也许更有助于我们接近农村日常生活的真实状态。农村居民生活的面向性，是指村民将自己的生活重心置于何处，以及预期实现自身生存价值和人生意义的空间场域在何方。基于这一标准，我们将目前大部分时间仍然生活在农村社会的村民划分为两类：一类是将自己的生活方向和价值取向设定为城镇社会，将未来生活的期望置于农村社会之外的村民；另一类是将自己的生活意义和奋斗目标置于农村社会，将未来生活的期望回归到农村社会的村民。这种对农村居民所做的划分，不是观念中的想象之意，而是我们从基层农村调研中获得的真实素材。通过阅读不同学者的田野调查文献，结合作者个人对农村实地调研的体会，我们发现随着市场经济的发展和大量农村劳动力的外迁，传统时期安土重迁的农民群体对土地的眷恋和与乡土社会的关联程度正在发生巨大的变化：他们从以往将生存空间和未来生活的预期寄予农村社会，发展到现在越来越多地将未来的希望寄托在迁移出农村。这一转变过程一方面正实现着农民群体非农化的转变，另一方面也给当代中国农民教育带来重重困境。当然，只有如实地反映这种客观事实，诚实地面对这种教育困境，才能帮助我们更好地

① 农民的面向，这一说法最早出现在贺雪峰《新乡土中国——转型期乡村社会调研笔记》一书中，是贺教授针对不同农村居民与农村社会不同社会关联度而提出的概念，本文的深入划分借助这一概念，并进行进一步阐述。

分析农民教育的现状和问题,从而找到解决问题的有效途径。同时,对农民不同面向性的划分,也体现出一种新的学术倾向,即从大的宏观框架分析向微观心理行为层面的转变。我们在实际研究中,除了要关注党和政府代表的国家力量自上而下引导塑造农民的思路和做法外,更要从面向性上关注基层农村社会中农民的实际想法和心理需求。不仅如此,农村居民由于所处农村社会的地理环境、自然条件和人文因素的不同,还有自身在贫富差距、年龄性别差异上的不同,都会造成不同的社会分层结果。农村居民的这些分层是我们探讨农民教育时必须加以关注的现实问题。

(三) 农民教育的主体是共产党及其领导的政府

当代中国农民教育问题的另一个关键因素是教育者,我们主要是考察以政党及其政府为代表的现代国家力量。在教育过程中,教育者和教育对象同样重要,共同构成了教育过程的主观因素;同时,教育者还决定着教育的具体走向和价值内涵。在对教育对象——农民进行界定与分析之后,我们需要对作为教育者的国家力量做一些探讨。

中国在近代被迫卷入现代化进程后,各种政治势力和社会力量在各种动因下开始涌向广大农村地区,他们依据不同的发展逻辑和建设思路开展改造农民和重建农村的运动。这些改造和重建运动中较为突出的主要有三种,分别是乡村建设派的农村建设运动、国民党政府主导的农村复兴运动、共产党领导的农村革命建设运动。其中,共产党领导的农民运动凭借其对农村社会的正确认识和对农民群体的积极动员,取得了较大范围的成功,并且以此为基础赢得民主革命的胜利,建立了新的国家政权,得以在新的国家中延续其对农民教育的实践活动。我们将从理论、历史和现实多个视角,深入分析农民教育的主导力量。

1. 理论视角

“二战”之后,许多新兴的民族国家都在本国革命政党的带领与组织下缔造了新的国家。随着革命党转变为执政党,它在社会运行等很多方面起到了其他类型的政党无法匹敌的关键作用。中国共产党经过长期的革命斗争,在 1949 年建立了新的国家政权,实现了革命党向执政党的转变,进而成为主导中国社会各方面发展的力量,也成为农民教育的主导力量。

第一，从马克思主义无产阶级政党理论出发，作为革命领导力量和未来社会建设者的无产阶级，需要团结、改造农民，因为“无产阶级的运动是绝大多数人的、为绝大多数人谋利益的独立的运动”①。而“在无产阶级和资产阶级的斗争所经历的各个发展阶段上，共产党人始终代表整个运动的利益……在实践方面，共产党人是各国工人政党中最坚决的、始终起推动作用的部分”②。一方面，无产阶级政党是阶级的先锋队，代表社会全体成员的共同利益，必须领导无产阶级的一般群众，进行改造旧社会、建立新社会的斗争；另一方面，农民群体在革命和建设中具有特殊地位，成为无产阶级政党首先要团结与引导的群体。因此，无产阶级政党始终肩负着教育引导农民，保证其与无产阶级政党发展方向相一致的历史使命。在革命斗争中，无产阶级政党通过动员和组织社会群体进行政治革命，达到自身改造世界的追求。“任何一次真正革命都是社会革命，因为它使新阶级占据统治地位并且让它有可能按照自己的面貌来改造社会。”③马克思、恩格斯从阶级斗争的角度出发，认为农民群体自身固有的落后属性阻碍革命的发展，因此主张无产阶级政党需要时时与农民的保守特征作斗争，将其团结到无产阶级政党身边，结成工农联盟，使之成为民主革命的中坚力量。这种教育与联盟不仅能够保证无产阶级革命斗争的顺利进行，还能使农民群体在斗争中认清自身的阶级本质，最终成为无产阶级中坚定的一份子。在未来社会的构建设想中，马克思、恩格斯认为农民群体会随着现代化大农业的发展而最终转变为无产者，其阶级立场的转变也将带来农民群体政治态度的转变，这种转变同样是有条件的。“农民至今在多数场合下只是通过他们那种根源于农村生活闭塞状况的冷漠态度而证明自己是一个政治力量的因素……然而这种冷漠态度决不是不可克服的。”④这需要无产阶级政党对其进行适时的引导和教育，“这

① 《马克思恩格斯选集》第1卷，人民出版社1995年版，第283页。
② 《马克思恩格斯选集》第1卷，人民出版社1995年版，第285页。
③ 《马克思恩格斯选集》第3卷，人民出版社1995年版，第276页。
④ 《马克思恩格斯选集》第4卷，人民出版社1995年版，第484页。

个政党应当首先从城市走向农村，应当成为农村中的一股力量”①。因此，无产阶级政党若想实现自身的革命理想，并最终建立自由人的共同体，实现“每个人的自由全面发展”，就必须时刻保持对农民群体的教育指导地位。中国共产党在民主革命时期成功的农民教育实践说明，马克思主义政党理论中将共产党定位为农民教育主体具有客观性和科学性。

第二，从现代政党理论出发，现代政党是处于国家和社会之间的中介组织，它立足于社会，并将权力延伸至国家，在政治领域发挥利益表达与整合的功能。政党因其具有的公共性质，需对社会全体成员负责。西方发达国家政党是在民族国家建立之后，伴随民主宪政的日益发展而形成的。与此不同，中国共产党在近代民族危机中产生，将民族独立和民族复兴作为党的政治追求，经过革命斗争创建和缔造了民族国家。这说明共产党是在实现民族独立、争取国家富强中体现自身的公共性品格，并由此获得了领导国家的合法性。在此过程中，共产党不仅仅表现为社会利益表达和整合的工具，更是作为民族动员和融合的政治工具，并已成为国家获得独立发展的重要保证。因此，在建构民族国家中，共产党首先要动员、组织与整合各种社会力量，实现自身的历史使命。农民群体作为近代中国人数众多，并在民主革命中发挥积极作用的群体，在各种社会力量中作用突出，成为共产党实现自身使命的首要保证。进入国家经济建设阶段，现代化所带来的社会群体分化和利益多元化趋势对政党提出了更多方面的要求。首先，后发现代化国家中的政党始终肩负着国家发展的领导责任。它必须有效地整合国家和社会的关系，并推动社会的全面协调发展，因为“政党的功能在于组织参与、综合不同利益、充当社会势力和政府之间的桥梁。在履行这些功能时，政党必然反映政治的逻辑而非效率的逻辑”②。就中国而言，共产党作为主导力量，关注并实现农民群体的实际利益和发展需求，体现了现代化发展对农民教育提出的新要求。其次，执政党需要具备来自民众的认同与支持，以此获得执政的合法性，建构良好的社会秩序。对于农民群体在现代政治中的复杂表现，一些政治学者对其冠以“钟摆”的指称，用以形容农民在政治中保守与变革同时存

---

① 《马克思恩格斯选集》第4卷，人民出版社1995年版，第485页。

② ［美］亨廷顿：《变化社会中的政治秩序》，上海人民出版社2008年版，第70页。

在的矛盾特征。正是农民在政治上的不确定性，使政党更多地关注其政治态度、思想意识和文化技能等多方面的素质，并以此为基础对其进行引导、教育和整合，从而获得他们普遍认同的政治信念和稳定的政治秩序。正如亨廷顿所说："共产党人为处于现代化之中的国家所提供的，首先就是这种满足道德需要和创建合法公共秩序的能力。"①当然，我们还需要思考执政党运作的合理限度问题。现代社会中执政党在国家中承担重要的政治角色，对国家公共权力的影响无处不在。这种影响也理应具有明显的边界。共产党在履行农民教育的责任中，需要慎重定位，明确和厘清在农民教育中的职责边界以及如何行使职责的途径与方式。只有这样，才能更好地体现共产党的教育引导地位，才能更好地发挥共产党的教育服务作用。

在上述两个理论范畴内，我们主要从政治方面探讨作为执政党的共产党关注并重视农民教育的原因所在。现代社会，市场经济改革给人们带来新的利益诉求、新的发展需要和新的价值观念等一系列变革，党和政府也由原来单一的政治管理角色，扩展到社会发展等多方面的治理角色。领导现代国家的政党及其政府在很多时候被称为"现代化精英"，因为他们致力于动员物质资源和社会资源，树立现代化发展的目标和重点，规定社会的价值观和发展目标。在现代化进程中，农民群体的综合素质成为各方面发展的掣肘，因此党和政府在更多元的层次上，对农民教育提出新的要求。这种教育的变革同样也是多方面的："改变传统的价值观念和行为模式，扩大通讯、发展教育，将对家庭、村落和部族的忠诚扩大至对国家的忠诚，使公共生活世俗化、权力结构合理化，发展具有特定功能的组织，以成就标准代替关系标准，以及更公平地分配物质性和非物质性的资源等等。"②从以往的现代化经验来看，只有党和政府代表的国家力量出面对农民进行教育，促进经济和社会改革，才能成功地处理现代化面临的问题。值得进一步思考的是，在这一过程中政党和政府本身也在重新对自身进行定位，实现自身理念和功能的转化。这就是我们所强调的，国家力量在主动积极地塑造农民和农村社会的同时，也会遭遇来自基层农村社

① [美]亨廷顿:《变化社会中的政治秩序》，上海人民出版社 2008 年版，第 25 页。
② [美]亨廷顿:《变化社会中的政治秩序》，上海人民出版社 2008 年版，第 117 页。

会和农民群体的反馈与重塑。

2. 历史视角

从历史角度考察,在近代民主革命之后,中国共产党及其后来建立的人民政府,一直是中国农民教育的主导力量。随着国民革命的深入发展,共产党在建立初期,将自己的革命重心放在城市。经过第一次国共合作的大革命失败之后,以毛泽东为代表的共产党人才首先将目光投向了广大农村地区。通过深入的田野调查,毛泽东在《湖南农民运动考察报告》中指出:"广大的农民群众起来完成他们的历史使命,乃是乡村的民主势力起来打翻乡村的封建势力……打翻这个封建势力,乃是国民革命的真正目标。"①大革命失败后,中国共产党转变革命斗争策略,转而进入偏僻的农村地区开展革命运动。这一转变不仅将农民群体拉入了现代革命的历史舞台,还使共产党的力量在基层农村地区迅速壮大,成为左右中国历史的领导力量。这种成功的转变得益于共产党人对中国农村社会和农民群体的深刻了解,他们充分考虑到农民在近代社会的悲惨处境和由此产生的改变现状的迫切愿望,对农民进行政治教育和组织动员,激发他们的革命斗志,促使他们广泛地参与革命斗争。这种革命动员式的教育方式,不仅保障了民主革命在共产党领导下取得了最终胜利,还为共产党和人民政府在新生国家政权中继续教育动员农民奠定了合法性基础。由于在产生背景、历史使命和建设路径方面,中国共产党都具有不同于发达国家政党的特殊性,因而在农民教育的历史实践中,共产党始终占据非常重要的地位。这一地位在中国民主革命历程中已经充分展现出来。进入现代化建设阶段,中国共产党在农民教育中的主导地位也以更多元的形式体现出来。当然,以党和政府为代表的国家力量在农民教育历史中,并不是一直都保持成功的态势。在新中国成立之后的社会主义建设探索阶段,农民教育曾出现过失误,教育的具体效果也不可避免地产生负面效应。然而,即便是历史上教育实践的重大失误,也是由作为教育主体的党和政府自身纠错来完成转化的,这恰恰反映出党和政府作为农民教育主体的稳定性和灵活性。一方面,稳定性体现在共产党在当代中国始终是指导

① 《毛泽东选集》第一卷,人民出版社 1991 年版,第 15 页。

教育农民群体实现自身发展的主导力量，同时共产党及其所领导的人民政府代表国家力量对农村社会的介入及对农民群体的指导一直在现代化发展目标下进行。教育主体的这种主导性和方向性在新中国成立以来的社会发展实践中一直存在，未有改变。另一方面，灵活性体现在共产党及其所领导的人民政府在不同的时空背景下，针对农民群体不同的发展需求，能够及时地调整引导与教育的方式，随着执政内容由政治领域向更广泛的社会领域扩展，教育方式也发生着重大变化，由纵向的行政动员向横向的多元协调发展。得益于共产党教育方式的灵活性，才使其在农民教育历史中始终保持教育主体的稳定性。在今后的农民教育实践中，教育方式和途径的多元化趋势将会愈发明显，这种富有弹性的教育互动，使作为教育主体的共产党能够更好地履行教育职责。

3．现实视角

“二战”之后，由东亚模式的经验来看，后发现代化国家由政府主导的现代化进程，能更好地完成现代化的既定目标。与西方早先步入现代化的国家不同，后发现代化国家面临的局面更为复杂。在西方追求现代化的漫长历程中，现代化产生的问题不是同时出现，而是依次出现的，这样就使西方政党和政府能够分别解决现代化不同目标下产生的问题。后发现代化国家现代化面临的问题是同一时间产生的，不同目标之间还存在错综复杂的冲突性，“由国家采取行动来促使社会和经济改革，才能成功地处理现代化面临的问题”①。因此，后发现代化国家都呼唤一个强有力的政党及其所领导的政府能够作出统一的部署和规划，将各个现代化目标统一协调，并在较短的时间内，尽可能有效地实现现代化目标。诸如新加坡等东亚国家在20世纪六七十年代取得的建设成就，正是强势有效的政府起到关键作用，中国政府在现代化中的重要作用也不例外。在现代化过程中，中国共产党和政府如何在农民教育中占据主导地位，对农民和农村社会进行有效的整合和治理，是事关现代化整体进程的重要环节。在中国实现现代化的进程中，农村社会和农民群体具有多重发展意义：首先在经济上，农业现代化意味着市场关系扩展到前所未有的广阔领域，为

① ［美］亨廷顿：《变化社会中的政治秩序》，上海人民出版社2008年版，第117页。

市场进行的生产日复一日地取代传统自给自足的农业;其次是政治上,成功的现代化意味着在包括农村在内的广阔领域确立安定和秩序;最后,现代化要求农村居民拥有更丰富的精神文化生活。更为重要的是,现代化的终极目标,是实现人的现代化。占人口多数的农民如果不能实现现代化,就不可能真正实现全面的现代化。农民的现代化关键在于外部力量对这一群体的教育与引导。多重发展目标的实现要求强有力的国家力量的介入,这体现在东亚现代化成功模式中,也体现在中国改革开放 30 年以来的发展经验中。

(四)农民教育的必要性与可能性

长期以来,理论界对农民群体是否需要教育存在两种截然对立的看法。马克思主义者认为农民作为落后生产力的代表,有必要对其进行教育、改造。此后,诸多学派及相关学者从经济发展、政治民主和文化复兴等方面进行论证,得出了同样的结论,即认为有必要对作为社会建设和社会稳定重要力量的农民群体进行教育。另一种观点从中国历史的独特性、农耕文明的特殊性等人类社会学角度出发,阐释了中国农村并不是问题产生的原因,而中国农民也不需要外部力量进行塑造;认为只要外部环境不过多地干涉农民,任其在自身发展逻辑指导下自行发展即可。在这方面,有深入分析和集中论述的首推美国学者斯科特,他接连问世的几部著作表达了他的这种观点,从《国家的视角》、《弱者的武器》到《隐藏的文本》,随着研究的推进,他一步步向我们证明了农民社会独特的发展逻辑,以及农民自身应对现代社会的独特方式。然而,反观中国历史,我们发现从传统社会到现代社会,农民教育始终是农民自身社会化的重要方式。特别是近代以来,中国进入现代化进程之后,国家力量的介入与现代性因素交织在一起,成为影响农村社会和农民群体的重要因素。不论是在历史上,还是在现实中,国家力量对农民产生的教育影响都不容忽视。其实,产生上述两种理论分歧的原因是不同学者依据不同的研究视角对当代中国农民进行分析而得出的不同结论。前者以现代国家作为研究立场,沿自上而下的方式考察农民教育问题,认为农民教育应符合国家与社会发展的需要;后者则从农民自身立场出发,沿自下而上的方式考察农民教育问题，认为农民教育必须以农民自身的发展需要为目标。这两种研究立场与视角上的分歧恰恰反映了农民教育问题必要性与可能性之间的关系，即党和政府对农民的教育要求与农民自身的教育需求之间的矛盾统一关系。农民教育本身具有两方面的功能，一方面是农民群体通过接受教育而改变自身的思想意识和行为模式，从而符合外部社会环境需要，体现农民的社会价值；另一方面是作为教育对象的农民群体内在教育需求的满足，体现农民的个人价值。

1. 农民教育的必要性

国家发展的逻辑与社会个体不同，代表国家力量的政党和政府总是从整体上思考社会问题，其描述真实社会活动的目的都在于清晰化和简单化的管理。农民这一群体对国家的现实意义十分明显，出于对经济发展、政治稳定以及社会和谐等多方面的考虑，农民教育的问题在国家议程中是不可忽视的必要环节。

（1）经济发展的需要

20 世纪经济学界对农业能不能成为发展中国家经济增长的源泉，农民能否对现代农业贡献力量等问题看法不一。特别是五六十年代经济学家们普遍认同以工业为重心的经济发展战略，认为只有通过工业化才能实现经济腾飞；相比之下，农业则是停滞不前的，对经济发展不能作出贡献，农民也是愚昧的，至多只是为工业发展提供劳动力。然而，偏重于工业化的发展战略在现实中并不能解决发展中国家经济发展的所有问题，人们开始重新认识传统农业的地位和作用，并强调农业也是经济增长的一个重要源泉。但是，我们不得不面对的现实是："仅使用传统生产要素的农业是无法对经常增长作出重大贡献的，但现代化的农业能对经济增长作出重大贡献。"①作为一个传统的农业大国，中国的经济发展在很大程度上既得益于农业的发展，又受制于农业的发展程度。因此，中国的农业能否实现现代化发展目标，对整个国家经济的发展都具有非常重要的意义。农民作为农业生产中的人力要素，是农业生产中最关键的要素，因而，对农民进行教育培训，能够对农业发展起到"点石成金"的作用。发展

① ［美］西奥多·舒尔茨：《改造传统农业》，商务印书馆 2006 年版，第 5 页。

经济学家舒尔茨通过比较各个国家农业现代化过程的成功经验，认为发展中国家的政府需要持续地对农民进行人力资本投资，以改善他们的教育程度和技能状况，由此达到改造传统农业的发展目的。当然，这仅仅说明后发现代化国家对农民进行教育的一方面需求，即主要限于农民职业教育对农业生产发展的促进作用。另一方面，基于中国人多地少的特殊国情，大量农业剩余劳动力的转移也成为影响国家经济发展的重要因素。这些转移至城镇社会从事非农生产的务工人员，他们接受教育的程度和对现代技能的掌握能力对城镇工商业部门的发展至关重要。综上所述，现代国家在经济发展层面上，对农民教育的需求不仅关键，而且十分必要。

（2）政治稳定的需要

传统国家中，由于农村人口数量众多，因而成为影响国家政治稳定不可或缺的基础力量。亨廷顿分析指出："农村主导集团所起的作用实系决定政府稳定或脆弱的关键因素。如果农村支持政府，政府就有潜力去孤立并遏制城市反对派……如欲罢免遭其前任政府的同样下场，都必须在农村找到支持力量。"①而在政治意识和政治参与正在拓宽的制度内，农民就成了决定性的集团。如果农民默许并认同现存制度，他们就为该制度提供了一个稳定基础。如果农民积极反对这个制度，他们就成为革命的载体。② 进入现代化转型期，面临更为多元的政治环境和更加棘手的社会问题，中国共产党需要在更广泛的层面上对农民进行引导和教育，使他们接受并认同国家的各项改革措施，成为农村社会稳定的基础力量。这种现代化改革的复杂性，并不是所有类型的政党和政府都能应付自如的。近代农村社会中，国民党政权对农村社会的政治整合和对农民群体的政治控制非但没有取得建构现代国家的效果，还使农村社会出现了"政权内卷化"③的政治混乱。中国共产党领导的革命与建设之所以取得成功，关键在于对农民群体卓有成效的政治教育和组织动员。当前形势下，中国

---

① ［美］亨廷顿：《变化社会中的政治秩序》，上海人民出版社 2008 年版，第 241 页。

② ［美］亨廷顿：《变化社会中的政治秩序》，上海人民出版社 2008 年版，第 242 页。

③ ［美］杜赞奇、王福明：《现代化的陷阱——1900—1942 年中国国家政权的扩张对华北乡村社会的影响》，《战略与管理》1994 年第 4 期，第 39 ~ 40 页。

处于改革深化阶段，农民群体分化，利益诉求多元，不同农民群体在政治参与方面产生了更多的需求。党和政府能否对这种参政需求加以有效的引导与教育，使他们在合法范围内有序参政，将对农村社会和整个政治秩序的稳定起到重要作用。从某种程度上来讲，这种对农民政治上的引导和教育直接关系到党和政府的政治运作能否长久进行，因此其必要性不言而喻。

（3）社会和谐的需要

社会和谐是党和政府执政的价值追求，体现为人与自然、人与社会、人与人之间协调和睦的关系。当前，中国社会处于城乡二元分离格局，农民整体素质的发展程度制约着中国和谐社会的建设步伐。一方面，普遍存在于社会之中的小农文化意识成为影响社会和谐的不利因素。正如秦晖分析的："中国的城市没有独立的市民文化传统，而长期处在城乡一体的农民文化氛围中，'城里人'包括其中的精华——知识分子，其精神深处都多少具有'农民心态'。可以毫不夸张地说，我国的问题实质上就是农民问题，中国文化实质上就是农民文化，我们的现代化进程归根结底是个农民社会改造过程，这一过程不仅是变农业人口为城市人口，更重要的是改造农民文化、农民心态与农民人格。"①如何在现代化建设中克服这种小农意识的影响，已成为党和政府需要时时面对的文化心理层面的治理难题。另一方面，农村社会受到现代市场经济的冲击，产生了与社会发展不相适应的消费主义和利己主义等不良倾向，影响到农村社会的和谐秩序。这些思想文化困境，促使党和政府不得不关注农民道德文化方面的需求，并探索出一条能够丰富农民文化生活、提高农民综合素质的教育途径，以此促进和谐社会的建构。

2. 农民教育的可能性

农民教育过程，不论是对农民个体的发展而言，还是对社会整体的发展而言，都是通过作为教育对象的农民来实现的，因而农民自身成为我们分析教育可能性首先要面对的问题。马克思主义唯物史观告诉我们，推动个体进行实践活动的根本力量就是人的需要，因此，农民自身的需要和

① 秦晖、苏文：《田园诗与狂想曲——关中模式与前近代社会的再认识》，中央编译出版社 1996 年版，第 2 页。

利益，成为他们进行任何实践活动的出发点。农民教育的内在动力正是产生于农民自身的发展需要，这种发展需要体现在经济、政治和文化、社会等多个方面：

（1）经济方面

马斯洛的人类生存需要层次理论认为，人最基本的需要就是个体生命的延续，即生存需要的满足。产生于前现代社会的农民群体，由于农业生产资料——土地资源的稀缺以及农业生产方式的落后，时时处于生存困境中，正如托尼对20世纪30年代中国农民的描述："有些地区农村人口的境况，就像一个人长久地站在齐脖深的河水中，只要涌来一阵细浪，就会陷入灭顶之灾。"①长期的生存危机使农民具有一种被斯科特称为"生存伦理"的行动逻辑，即以最大限度满足自己的生存需要为出发点。这与马克思早先的分析不谋而合，马克思认为农民对小块土地和经济利益的追求支配着他们的全部生活，现代市场经济条件下则表现为资本对他们的奴役。进入现代社会，市场经济的发展激发了人们对物质利益的追求，也激发了农民"发家致富"的朴素愿望。通过各种途径改变自身经济条件，成为农民的首要需求。因此，经济利益上的需求是农民最基本、最重要的需求，由此决定了能够带来经济收益的农业生产知识与技术，以及相关的转业技能培训，是农民最迫切的教育需求。首先，农业生产知识与技术。在传统社会，农业生产技能是在代际之间传授的，在共同生产劳作中由父传子，是一种口授身教式的传习方式。进入现代社会，随着技术的革新和机器的应用，传统农业及兼业方式逐渐不能完全适应现代社会的发展。此时，通过正规农业教育体系和多种信息传播途径接受新的农业技术信息和兼业经营信息成为现代农民的发展需求。其次，相关的专业技能培训。随着城乡二元格局的松动，越来越多的农村劳动力能够通过流动与迁徙进入城镇社会，成为各行各业的劳动者，与此相适应的职业技术培训成为农民进城务工的必要准备。不同方面的教育需求都反映出农民最根本的生存需要，正是这种经济上的追求成为农民接受教育的内在可能性。

---

① 转引自[美]斯科特：《农民的道义经济学：东南亚的反叛与生存》，译林出版社2001年版，第1页。

（2）政治方面

以往对农民的传统研究大多集中在经济领域，一般将农民作为农业生产的人力要素加以研究和分析。但是，20 世纪的社会发展趋势有力地反驳了这种判断，巴林顿·摩尔首先证明农民在政治上也可以有所作为："面对现代世界的入侵，农民阶层备遭压迫，戴上新的锁枷。他们在共产主义者的领导下，为推翻旧秩序和推动国家进入新时代提供了毁灭性的革命力量。"①农民群体在政治上的需要和倾向也通过参与革命和社会建设逐渐显露出来。古希腊时期，柏拉图曾精辟地分析人的政治性，强调人只有在政治生活中才能实现自身的存在价值。传统社会的农民群体对政治事务的关心具有局限性，表现为仅对与自己密切相关的公众事务较为关心，而对更大范围内的事务漠不关心，这就是阿尔蒙德提出的前现代社会"地域型政治文化"与"依附型政治文化"②。因此，在传统政治系统中，农民作为国家政治统治的对象，处于被动地位，只能接受外来的政治规范，而无法发挥自身的能动性，对政治方面的教育需求也极为有限。在中国封建官僚专制体系中，仅仅表现为乡村子弟研习儒家经典，以期通过科举考试进入政治体系的行为。进入现代社会，中国农民越来越多地表现出对政治事务的兴趣，以及在政治事务中能够实现自身效能的信心。对政治事务的这种参与需求，使农民产生了接受政治信息与引导教育的需求。这种教育需求，主要表现为农民对国家政策信息的了解，对基层政治事务的关心，以及参与实际政治活动的愿望。与传统社会中农民参与政治多采取抗争与革命的形式不同，现代社会中，农民更多的是通过了解相关法律法规和国家政策，来维护自身的政治权利。因此，农民在事关经济利益的生计教育之外，还有对参与政治所需意识与能力的教育需求。

（3）文化方面

中国传统文化所依存的社会经济背景，是延续几千年的农村社会以及农耕文明。这种传统文化集中体现为儒家思想对农村文化秩序的规范：人人都是在血缘和亲缘组成的家族关系中实现自己的存在价值和人

① ［美］巴林顿·摩尔：《民主与专制的社会起源》，华夏出版社 1987 年版，第 5 页。

② ［美］加布里埃尔·A. 阿尔蒙德，西德尼·维巴：《公民文化——五个国家的政治态度和民主制》，东方出版社 2008 年版，第 16～20 页。

生追求，就如梁漱溟先生所说的“伦理本位”。在农村社会中，农村居民通过这种传统儒家思想的浸染和传习，获得自身存在的文化价值。进入现代社会，随着市场经济带来的社会变迁及文化转型，消费主义文化席卷农村社会。农民在增收不多的情况下，教育、医疗方面的支出却过快地市场化。以上种种状况使农民遭遇到前所未有的文化窘境：他们被告知原先节俭的消费习惯已经落伍，没有钱是可耻的，使他们羞愧于自己的贫穷；他们被告知原有的地方性知识是错误的，传统信仰是愚昧的，使他们在文化转型中不知所措。因此，农村居民非常迫切地渴望寻找到重建自身文化价值的途径，在文化方面的这种需求使得更宽泛意义上的引导和教育具有现实的可能性。

农民群体自身在经济、政治和文化等方面的发展需求，以及由此带来的教育需求，一方面是农民接受教育的内在动力，促使农民在更广泛的领域内主动接受和研习现代知识和规范；另一方面也成就了农民教育的可能性。由教育心理学的相关理论可知，人作为个体存在物，其人格与品性能够通过文化的传播和后天的学习得以塑造，具有可塑性。因此，农民作为人类群体的一分子，是具有可塑性的能动者，这是农民教育可能性存在的前提。进一步来说，农民自身实际的教育需要，是农民教育得以展开的实践起点。

（五）农民教育的目标追求及价值关怀

1. 目标追求：结合现代与传统的完整人格

农民教育的目标追求旨在提高农民综合素质，实现农民现代化。现代社会中，随着农业生产效率的提高、农业经济的发展，作为农业生产承载者的农民群体未来何去何从，直接影响农民教育的目标追求。经典马克思主义作家认为随着现代大农业的发展，机器、资本、技术等生产要素流动至农村社区，使土地集中在少数人手中，并进而建立大规模的农场。推行农场式现代农业制度，会挤压传统小农的生存空间，他们迟早会被社会化大农场的生产方式所吞没。另一种观点基于对“二战”之后很多发展中国家小农制普遍发展的分析，认为现代小农制在现实发展中仍具有旺盛的生命力，足以证明社会化小农存在的可能性。因此，小农完全可以在现代社会中找到自己的位置，并经由现代化的改造而成为农业发展、农村建设的坚实力量。基于上述对小农前途判断的两种观点，我们认为首先需要对已有的判断加以分析和选择，才能最终确立当代中国农民教育的最终目标和价值追求。当代西方著名学者丹尼尔·索尼说："期待农民早日消失的任何想法可能是不聪明的，我们被告知农民面临末日审判已有一百多年了，我们面前曾展示过没落中的农民在绝望挣扎的种种画面，尽管如此，他们与他们的问题仍然非常重要，农民的'最后力量'是不可低估的！"①这说明虽然小农及小农制最终将在社会化大农业的发展中消失，但农民作为一种职业选择，仍将长期存在于人类社会。因此，当代中国农民教育的目标追求不能仅仅局限在非农化或是市民化的转业培训中，还应该从现代与传统两方面出发，对农民的未来发展作出实质性规定。

现代化包涵政治、经济、社会、文化等多个层面的发展和演变进程，它涉及人类思想和行为所有领域内的变革。世界范围内的现代化过程，是指18世纪工业革命以来人类社会所发生的深刻变化。它包括从传统经济向现代经济、传统社会向现代社会、传统政治向现代政治、传统文明向现代文明的转变过程及其变化。它既发生在先进国家的社会变迁里，也存在于后进国家追赶先进水平的过程中。② 作为后发现代化国家，中国近代以来就被迫卷入了世界现代化浪潮，日益紧密的全球化交往，使民族国家不得不面对现代化趋势，作出及时的反应。在所有现代化指标中，人的现代化是最重要的因素之一。正如英格尔斯在《人的现代化》一书中所指出的：国家的现代化首先是人的现代化，如果一个国家的人民在心理、思想、态度和行为上没有经历一个现代化的转变，实现国家现代化是不可能的。他进一步认为，理想的现代人是一组相互联系的个人品质的综合，这些品质和特征可以概括为4个主要方面：(1)他是消息灵通、积极参与的公民；(2)有显著的个人效能感；(3)在对待传统势力影响上，尤其当处理个人事务需要下决断时，他高度独立自主；(4)乐意接受新经验和新思想，即思想相当开放，认识问题灵活。所以，现代人的素质是涉及人的观念、

---

① 转引自秦晖、苏文：《田园诗与狂想曲——关中模式与前近代社会的再认识》，中央编译出版社1996年版，第1页。

② 何传启：《现代化概念的三维定义》，《管理评论》2003年第3期，第8～14页。

知识、能力、思维等各个方面的一系列品质,显露出一种极为复杂的、多方面和多元的综合特征。研究当代中国农民教育的目标追求,不可避免地是要参照人的现代化这一标准,农民教育的核心目标便是农民的现代化。农民的现代化,实质上就是农民传统性不断削弱与农民现代性增强的过程。通过英格尔斯在6个不发达国家中的现代化模型实证调研,我们可以清楚地看到教育在农民个人现代化过程中居于首要地位,特别是对成年农民社会化过程中现代化素质的培养意义重大。由于个人现代性被赋予特殊的社会内容,因此,从严格意义上讲,显然没有人生下来就是现代化的。人只有通过变为现代化的途径,通过成熟或社会化,或兼而有之的途径,才能成为现代人。从这个意义上来说,现代化带有思想启蒙的色彩,意味着引导农民获得独立的意志和自由的人格。当然,农民个人的现代化教育目标并不是单一指向的绝对化标准。中国作为后发现代化国家,不仅具有悠久的文化传统,还拥有自身特殊的现实国情,在农民教育目标的选择上也呈现出现代与传统相交融、相协调的价值取向。

传统的现代化理论以西方发达国家的现代化进程为主要研究对象,并认为现代与传统是相对立的两个概念,无法融合,传统的消减意味着现代的增加,反之亦然。其实,这是在理解传统与现代这对概念关系上存在的误解,现代性的增加并不一定意味着对传统文化的背离和彻底否定;相反,在现代化进程中,人们完全有可能保持传统,并使优良的文化传统以一种更多元的形式存在于现代社会中。这在东亚国家实现现代化过程中存在非常突出的例子,日本的崛起和新加坡的发展无不表明现代与传统相结合的奇妙效果。同时,业已成功的发展道路告诉我们,对传统的继承和保留,或许对后发现代化国家应对现代化带来的负面影响是有好处的。特别是在促使国民更好地调适自己以适应现代社会方面,传统文化的合理保留能够在一定程度上消解现代化带来的变动与不适。亨廷顿曾说过:"现代化免不了带来异化、沉沦颓废和无常等一类新旧价值观念冲突造成的消极面。在新的技能、动力和才智能在社会上站住脚并创立新的社会组合之前,新的价值观往往会破坏社交和权威的旧基础。"①现代化

① [美]亨廷顿:《变化社会中的政治秩序》,上海人民出版社2008年版,第29页。

有可能瓦解传统意识形态和行为模式，导致作为传统力量代表的农民群体心理上的涣散和抵抗，而这种涣散和抵抗恰恰又最有可能形成新的意识和认同。这种现代化带来的负面影响，也会让代表传统的农民群体开始反思自身所具有的传统特性，挖掘自身的归属感和存在感，并以此来与现代势力对话。我们在探讨农民教育的目标追求中需要综合考虑现代和传统两方面的因素，并通过对植根于农业文明的文化传统进行反思和甄别，使其在现代社会发展中焕发出新的生命力。同时，从历史发展上看，现代化倾向本身就是人类传统文化健康的继续和延伸，它一方面全力吸收了人类历史所创造的一切物质和精神财富，另一方面又以传统从来未曾有过的创造力和改造能力，把人类文明推向一个新的高峰。在这个层面上，我们需要反思并探讨一直存在于农村社会中的传统文化如何在与现代的冲突与矛盾中找到两者的平衡，使本土地方性知识顺利实现现代转换。外部国家力量对农民的现代教育介入也只有在直面农村社会的传统文化，并寻求一种现代与传统的成功嫁接之后，才能达到农民现代化的教育目标。因此，在这个意义上，传统与现代在农民教育的目标追求这一问题上都有所体现，倘若将现代国家力量视为外部变革势力对农民进行的现代化改造和培养，那么农民群体作为教育接受者，对自身社会和文化等方面特性的反思与挖掘，正是产生于现代教育，却异于教育目标的另一种正面的积极效应。这正如亨廷顿的结论："任何社会都可能按自己独特的方式来实现传统和现代因素的融合。"①

在现代化转型社会中，传统与现代的碰撞、冲突乃至融合，是农民教育目标无法绕开的现实问题，用丹尼尔·勒纳的话说，我们需要培养的持现代观念的人，应有一种能适应所处环境变化的"转换性人格"。这种转换性人格代表传统的人能够在现代社会中寻找自身全新定位的调适能力，而这种调适能力经由外在国家力量的教育，能够呈现出更灵活、全面的发展趋势。因此，我们探讨当代中国农民教育的目标追求，将其定义为结合现代人格与传统美德的完整人格，这也符合马克思在未来社会设想中对人类解放这一终极目标的描述。马克思认为，人的本质追求是：人以

① ［美］亨廷顿：《变化社会中的政治秩序》，上海人民出版社2008年版，第153页。

一种全面的方式,也就是说,作为完整的人,占有自己的全面的本质。这种完整人格是农民教育的目标追求,也是基于现实的需求对未来发展的一种界定。它不仅反映出农民自身发展的目标指向,还体现出国家与社会相互关系的协调发展,体现出中国传统文化的现代转型。它不仅是一个政治问题,也是一个社会问题,更是文化问题。

2. 价值关怀:单纯的去农化能否解决问题

在厘清农民教育的目标追求后,我们需要进一步思考在实现既定的教育理想目标过程中所体现出的人文关怀是什么。目标代表农民教育的方向性选择,在这一实践过程中,对农民本身生存与发展的关怀,体现出社会科学以人为核心的价值理念。现有的农民个人现代化存在三种可能途径:一是以农村居民流动并迁徙至城镇社会,最终实现市民化为途径;二是在农村社会中,农村居民实现职业的非农化为途径;三是在农村社会中,以农民群体自身的现代化为途径。现有的研究中,人们常常倾向于鼓励农村居民作为劳动力要素更快、更多地转移至城镇社会,并能够最终定居下来,实现市民化,这种农民个人的现代化途径体现在很多西方发达国家的现代化过程中。由于农民在市民化过程中有机会获得工厂工作经验和城市生活经历,这些因素在改变农民的思想意识、价值观念和行为方式,帮助成年农民成为更积极的公民方面是行之有效的。因此,针对第一种农民现代化途径,党和政府需要作出的教育努力集中在对农村剩余劳动力的转业培训方面,还需要出台多种鼓励和保护农民向城镇流动的政策,保障更多有流动意愿、有转业能力的农村居民有序地进入城镇社会,在自身城市化过程中,完成现代化历程。这是农村居民现代化的一种途径,也是现阶段为农民工提供教育保障的一个方向。然而,我们探讨的农民教育是在后两种农民现代化途径基础上,进一步实现农民现代化的人文反思。根据最新的统计年鉴,我国的城市化水平到2010年已达到50%的水平,但仍然有7亿人生活在农村社会。有限的城市发展速率以及庞大的农村人口基数,不仅说明城镇的容纳能力无法承载过多的农村居民通过市民化的途径完成自身的现代化转型,还说明期望定居在城镇社会的农村居民需要经过更艰辛的努力才能实现自身的转化。另一方面,现有的候鸟式迁移方式使大批游走于城镇社会和农村社会的务工人员无法完全融入工作所在的城市社会，他们没有稳定的职业和居所，无法与城市文化进行更多的沟通，常常成为游走于城市的“边缘人口”。现代化发展带来的社会变迁和动荡也因此显现出负面的效应：不能融于新的社会背景，使很多农村居民发现迁徙这一过程和现代化经验是十分令人痛苦的。这些现实状况表明，我们不能单纯依靠农村居民市民化途径实现农民的现代化，大批的农村居民仍然不得不将农村社会作为自己生存发展和未来生活的主要场所。同时，农业是基础性产业，中国这样一个发展中大国，粮食安全问题具有突出的战略地位，农业地位更加突出。中国又将长期处于社会主义初级阶段，家庭承包经营制作为一项基本国策不会动摇。因此，一大批农民依然居住在农村社会这一现状必将伴随着中国现代化过程的始终。而且，随着农村生活环境的改善，农村生存空间的比较优势会进一步彰显，不再从事农业生产而从事非农生产的农村户籍人员也会依然选择留在农村。所以，我们还需要回到农村社会，探讨通过非农化或农民现代化实现农民教育目标追求的现实途径。当然，这种回归与找寻并不意味着回到传统田园诗般的农村生活规范中去，而是在市场化、社会化甚至是全球化的农村社会中重新建立一种基于现代与传统的内在价值和外在行为的规范体系。这种重建是期望通过党和政府的外部力量，综合经济发展、政治保障和社会建设多方面措施，建立新型的农村社会；侧重于农民教育方面的人文关怀，更加注重通过多重手段和多元方式，最终实现农民个人完整人格的教育目标；这种侧重点从政治方式出发，最终落脚于社会建设和文化复兴方面。

（六）农民教育的主要内容

农民教育实践的展开，主要涉及的是农民教育的具体内容以及由此决定的教育途径和方式。国家主导的农民教育，由于教育主体是党及其所领导的人民政府，不可避免地具有政治性，在政治教育方面的诉求成为农民教育首先要面对的问题，这一点在建立现代国家的革命时期尤为凸显。随着国家政权的逐步稳定，经济发展、政治文明、文化繁荣等现代化目标逐渐显现，不难发现，农民教育的内容在当代有了很大的丰富和扩充。基于党和政府教育农民这一自上而下的方向上的考量，我们认为农民教育的主要内容体现在三大方面：

1. 知识与科技为基础的基本生存技能教育

对农村居民的个人现代化来讲，其最基本的素质要求就是从事农业及其周边产业所具有的生产技能。个人的现代化是建立在一定的物质经济基础上的，只有具备基本的生存技能，才能实现农民个人在其他层面上的心理需求和发展可能。因此，以现代化知识和科技为基础的基本生存技能教育应当是农民教育的主要内容之一。市场经济的发展对从事农业及周边产业的农民的生产技能提出了更高的要求，社会化大生产方式对农民的市场意识、科技能力和创新精神也提出了相应的要求。由此看来，对农民进行以知识和科技为主的生存技能教育是我们考察农民教育内容的重要方面，这一基础教育能够帮助农民培养符合现代社会发展需要的基本技能，使他们不论是在农村社会从事农业或周边产业，还是迁移至城镇社会从事非农产业，都能获得生存和发展的基本条件。对社会经济发展而言，农民群体的生存技能也影响到包括农业在内的诸多行业的人力资源水平，作为人力资源的农民群体自身的文化知识和科技水平直接影响其所在行业的发展程度，对他们的现代技能教育无疑具有重要的经济与社会双重效益。在对农民的现代化教育和塑造中，基本生存技能教育是基础，也是对农民自身影响最为直接的教育内容。这主要包括三方面：一是以接受学校正规教育程度为标志的文化知识教育。农村居民的识字率往往成为他们获得其他技能和教育的基础，是不可忽视的基本技能。二是代表先进生产力的科学技术教育。现代科技的运用在农业及其他行业都是极为关键的生产力因素，农民群体对科学技术的接受和掌握程度是决定其生产能力的重要指标。三是在传播知识和科技过程中，对农民群体现代意识和思维能力的培养。文化知识和科学技术不仅给农民群体带来实在的生产技能和物质财富，还会在潜移默化的过程中，培养农村居民对新生事物的认知能力、时间观念、竞争意识等一系列现代意识和思维方式，这也是促进农民现代化必不可少的综合素质。2006 年中共中央“一号文件”对新型农民做出的具体要求，即“有文化、懂技术、会经营”，体现出党和政府对农民进行基本生存技能教育的现实要求，这是我们考察农民教育基本内容的政策出发点。

2. 以民主与法制为核心的公民素质教育

公民是指具有一国国籍,并根据该国法律规定而享受权利和承担义务的人。农民群体属于中国公民的组成部分,理应接受以民主与法制为核心的公民教育。从这个意义上说,对农民实施的公民素质教育在教育内容上与公民教育有部分重合。公民素质通常是指一个国家中的公民在进行社会实践过程中,具备一系列与国家法律制度和政治制度相适应的品德、知识、技能、情感等。公民素质教育主要是以爱国主义教育、社会主义教育、法制教育、公德教育等为主要内容的素质养成训练。对农民提出公民素质教育的目标,主要是针对农民群体在传统时期形成的以个人和家庭为主的血缘、亲缘与地缘关系,从而具有以上述关系为标准展开的社会联系和道德规范,这些联系与规范通常表现出"私"的特征。换句话说,产生于传统社会的农民群体对更大范围的民族国家和公民社会的理解和认可存在较大障碍,他们往往缺乏适应现代国家发展和公民社会准则的意识与能力。因此,对农民群体进行以民主与法制为核心的公民素质教育,主要是促使他们建立现代交往准则,养成符合现代社会政治规范的民主法治精神,进而成为合格的现代公民。不仅如此,从国家政治稳定与政治发展角度来讲,在公民素质方面相对落后的农民群体,他们的政治情感、政治态度和政治行为对处于现代转型中的共产党及其领导的人民政府也非常重要。塑造农民群体的公民素质,不仅有助于农民群体形成法制化和制度化的政治行为,还有助于党和政府赢得农民群体的政治认同。当前社会,对农民进行的公民素质教育主要包括:(1)培养农民的民主意识和法制观念,使他们在基层民主实践过程中逐步建立起理性合法的交往准则和参政观念。(2)向农民群体灌输以社会主义核心价值体系为主要内容的主流价值观念,使他们在市场化和全球化的发展中,仍然能够坚持对社会主义的信仰和认同。(3)培养农村居民有序参与政治过程的能力,促使他们形成规范的政治行为方式。

3. 道德与精神文化教育

道德与精神文化教育是农民教育中较高层次的教育内容,同时也反映出农民教育的文化归宿。费孝通先生在晚年时提出了一个重要命题——文化自觉。他指出:"生活在一定文化中的人对其文化有'自知之明’，明白它的来历、形成的过程，所具有的特色和它发展的趋向，自知之明是为了加强文化转型的自主能力，取得决定适应新环境、新时代文化选择的自主地位。”①道德与文化教育的目的在于帮助农村居民在现代工商文明的冲击下，仍然能够保持身为农村居民的道德追求和精神文化世界。农村社会和农民群体在市场经济发展中，越来越遭受到来自城镇社会的挤压和大众消费主义文化的侵扰，他们在流动与比较中受到社会不良风气的影响，逐渐转向以物质财富的积累程度来评判自身和周遭的社会行为，在现实发展中时常陷入道德水准下降和精神文化空虚的困境。综上说明，对农民进行道德与精神文化教育，不仅能够对农民群体的日常行为进行有效的道德规范，还能帮助农民群体在现代社会发展中获得与自身相适应的精神追求和文化享受。农民教育中的道德与精神文化教育主要涉及两个方面：一是对农村居民实施的道德教育。2001 年中共中央印发的《公民道德建设实施纲要》明确提出了“爱国守法、明礼诚信、团结友善、勤俭自强、敬业奉献”的基本道德规范。由此可知，农民的道德素质主要是指农民自身全面的发展，农民应成为有理想、有道德、有文化、有纪律的合格公民。二是对农村居民精神文化追求的引导和满足。这主要是通过社会主义新农村的文化建设，为农村居民提供较高层次的精神文化产品，培养他们对美的感受、对休闲时光的合理运用以及自我情操的陶冶。

在诸多教育内容中，不同的内容是存在优先级别的，正如马斯洛在研究人的基本需要层次中划分的不同需要的优先之分。我们认为，党和政府在教育农民过程中根据国家整体发展的规划，也存在对教育内容的优先安排。当然，通过对农民教育实践的跟踪，即一些基层农村田野调查的事实分析，我们也发现从另一方面来讲，农民群体对自身教育需求也存在不同的认识和优先安排，这与自上而下的国家逻辑存在一定差异。这种差异性也在一定程度上影响到农民教育过程最终的效果。不可否认的是，在不同的时空背景下，党和政府对农民教育具体内容的选择上存在不同的选择倾向。在革命时期，由于国家内忧外患的侵扰，正在形成的国家力量更多地着力于如何动员农民，使其具备与政党意愿相一致的政治素

① 费宗惠、张荣华：《费孝通论文化自觉》，内蒙古人民出版社 2009 年版，第 69 页。

质，通过深入的宣传与教育，获得农民群体的政治认同，从而得以组织农民反抗国内外反动势力的打击，最终取得革命的胜利。毫无疑问，这一时期政治教育居于农民教育的首要位置。在革命党上升为执政党之后，为了巩固新生的国家政权，党和政府有必要将新的政治价值和意识形态扩展到作为政治基本力量的农民群体当中。当然，后发现代化国家在执政中都无法避免现代化的诉求，这一时期经济发展上的考虑也进入国家的视野，因此对农民基本生存技能方面的教育与培训也成为农民教育关注的重点之一。进入改革开放时代，逐渐形成的开放多元的社会环境，给党和政府带来全新的挑战，“共产党人为处于现代化之中的国家所提供的，首先就是这种满足道德需要和创建合法公共秩序的能力”①。因此，农民教育的内容也从政治、经济的角度，扩展到公民意识、思想道德、文化素质等更多的社会学层面。与此同时，农民自身的教育需求也随着时代的变化，有了更多的选择和追求。脱胎于传统小生产的农民群体，对经济利益的热衷一直持续存在，由此决定了他们对与经济利益相关的文化、技术、经验的传习更为关注。改革开放以来，随着经济条件的逐步好转，一些东部发达地区的农民也开始有了文化、政治上的教育需求。

三、国内外研究综述

对本书界定的农民教育概念展开研究，我们发现以往的农民研究多是在经济学、社会学、人类学、政治学、历史学等多学科范畴内，基于现代化转型的大背景下，对农民以及农村、农业问题展开各领域的研究。这些研究基本上沿着两个方向展开：一是对以党和政府为代表的现代力量自上而下主动介入农民群体、塑造农民群体的教育实践的研究；另一是对农民群体如何应对现代化变迁，以及随之带来的农村社会变革的研究。前者的研究多集中在政治学、社会学的范畴，后者的研究多是人类学的反思。纵观农民研究的学术史，我们不难发现，专门论及农民教育的著作和文献非常有限，而以农民为核心展开的研究却为我们提供了丰富广阔的

---

① ［美］亨廷顿：《变化社会中的政治秩序》，上海人民出版社2008年版，第25页。

学术积累。因此,我们将对中国农村、农民问题的研究,即在不同历史阶段如何看待农民地位、如何解读农民社会的观点和思想做一回顾和总结,期望成为农民教育研究得以展开的学术起点。同时,对1978年改革开放之后的农民教育研究,重点展开综述。

传统中国处在封闭的国家体系中,由于农业一直是中国得以维持的根本大业,中国长期实行重农政策,农民在士、农、工、商的职业序列中,也属于声誉较好的阶层。因此,对农民较为重视的“民本”思想以及对乡村生活秩序较为推崇的文化理念,一直是传统社会国家意识形态的主流思想。这一时期农民教育的论述多是讨论如何在家庭伦理生活中恢复和重建礼教,以儒家的人伦思想来教化村民。最初对农民教育的学理研究可以追溯到19世纪,当时国外对中国农村和农民的兴趣,主要体现在鸦片战争之后来到中国的传教士和探险者的观察和记述中。美国传教士明恩溥在其撰写的《中国人的素质》(1894)和《中国乡村生活》(1899)中,以西方现代的眼光和传教士的改造精神反思和研究中国农民身上诸多传统特质,并提出了以基督教精神教育农民来改善其行为的观点。

进入20世纪上半叶,尽管国内战乱和贫穷的侵扰使研究中国农民的条件极为恶劣,但中国人自己在各个方向上进行的农民研究成果却十分丰富,主要体现在三个方面:一是乡村建设派的实践与研究,二是以费孝通为代表的学院派的研究,三是中国共产党成立早期对中国农村和农民的调查和分析。乡村建设运动主要由梁漱溟在山东邹平主持的乡村建设、晏阳初领导中华职业教育促进会在河北定县进行的平民教育以及黄炎培在江苏进行的乡村教育组成。乡村建设派研究的出发点较为相似,认为近代中国农村文明遭到以现代工业文明为载体的西方文明的破坏,爆发了空前的社会危机和大动荡,解决中国问题要从解决“问题乡村”入手。因此,对农民进行各个方面的教育成为乡建派改造农村的首要途径。在教育方案具体实施方面,晏阳初将中国农民问题归为“愚、穷、弱、私”四端,主张以“文艺、生计、卫生、公民”四大教育分别对症下药。梁漱溟则认为“中国问题并不是什么旁的问题,就是文化失调;——极严重的文化失调,其表现出来就是社会构造的崩溃,政治上的无办法。此其问题的演进，先是这老社会受新环境的包围，感觉有点应付不了”①。因而，他主张通过乡村建设恢复传统人伦，复兴中华文明。这一学派的研究成果集中体现在章元善、许仕廉主编的《乡村建设实验》第一、二、三集（1934、1935、1938）和后来的《乡村建设论文集》（梁漱溟，1934）、《乡村建设理论》（梁漱溟，1937）等著作中。虽然乡村建设派的种种努力囿于文化教育范畴，同时受到整个中国战乱的影响，未能获得最终的成功，造成了“号称乡村运动而乡村不动”的结果，但这一时期各地蓬勃开展的乡村建设运动的实践尝试和理论成果却成了日后农民教育研究的重要财富。

学院派的研究主要是一些学者从各自学术领域出发对中国农村、农民进行的研究。1926—1927 年间，李景汉指导燕京大学学生对北京郊区 160 户农家进行调查，并于 1929 年出版了《北平郊外之乡村家庭》一书，随后又根据自己以及中华平民教育促进会社会调查部的同仁进行的定县调查出版了《定县社会概况调查》（1933）。在这批学者中，最典型的代表是费孝通，他在人类学大师马林诺夫斯基的指导下，结合之前在家乡江苏吴江开弦弓村进行的田野调查，写出了名为《开弦弓：一个中国农村的经济生活》的博士论文，后来该书中文版译为《江村经济》。随后，费孝通还出版了《乡土中国》《生育制度》《乡土重建》《中国绅士》等研究中国农村和农民问题的著作。费孝通在他一系列的研究中提出，在中国由“熟人社会”向“陌生人社会”的转型中，由于人多、资源匮乏的传统处境，决定了中国的社会属性是乡土特性。他还探讨了这种传统文化如何在现代社会中生存和转变，例如“文字下乡”如何改造中国传统文化等问题。费孝通的研究不仅首次将人类社会学引入了中国农村和农民研究中，或者说是将中国传统农村人类学的研究素材介绍到国际社会科学界，还为不同历史阶段中国农民教育问题的研究提供了丰富的、可供比较的田野材料和思考路径。

以澎湃、毛泽东为代表的中国共产党人在革命形势发展中逐渐认识到农民的重要作用，主张以革命的方法动员农民发动农村革命运动，并以此教育广大农民群众，彻底改造农村社会。毛泽东在参加革命初期就认

① 《梁漱溟集》，群言出版社 1993 年版，第 266 页。

识到中国农民问题的重要性，先后深入农村基层进行大量调查，撰写了许多关于农村生活、农民状况的调查报告，如《湖南农民运动考察报告》（1927 年 3 月）、《寻乌调查》（1930 年 5 月）、《兴国调查》（1930 年 10 月）和《长冈乡调查》（1933 年 11 月）等。与之前马克思主义者对农民在历史变革中的作用所下的判断不同，毛泽东认为农民由于其自身的阶级特性而成为中国革命的基本力量，并强调通过革命动员方式，如何教育和改造农民，使其转变为革命主体的具体途径。以毛泽东为代表的共产党人对农村和农民的调查研究和分析判断，是近代中国农民教育研究的重要组成部分。它为新中国成立后农民教育的展开提供了现实的借鉴经验，也为共产党动员和赢得农民，并最终取得革命的胜利发挥了重要作用。

1949 年中华人民共和国成立之后，中国共产党所领导的新政府在全国范围内开展土地改革，随后主导了诸如农业合作化、大跃进、人民公社化等一系列农村改革运动，期望通过一系列社会运动，教育并改造基层农民，使他们早日具有共产主义意识，并最终实现中国农村、农业和农民的现代化目标。显然，这一时期农村和农民问题的研究具有很强的意识形态色彩。然而，执政党及其所领导的政府通过国家力量介入农民日常生活，经由改变农民内在意识和外在行为的主观性努力，为新时期农民教育问题的探讨提供了重要的历史经验。这一时期的农民研究主要体现在史学领域中对农民在历代革命战争中重要地位的研究，被称为史学“五朵金花”之一的“农民战争史”曾红极一时，占据农民研究长达 30 年的主导地位；还有一些党政部门开展的对策性的农村调研从未间断。然而，正如之前所述，由于受政治大环境的诸多影响，这些研究成果对农民教育的实际帮助较为有限。

与国内学术研究几近停滞的情形相对照，国外对中国农村和农民问题的研究却取得了一定的进展，其中较有影响的是：(1) 受到中国共产党欢迎的柯鲁克教授夫妇在 1948 年作为观察员，对晋冀鲁豫边区人民政府所在的河北武安县十里店村的土改和整党运动进行采访，出版了《十里店——中国一个村庄的群众运动》（1959）。革命胜利后，他们又到该村调查，出版了《十里店——中国一个村庄的继续革命》（1979）。柯鲁克夫妇生动而翔实地记录了十里店土改复查、整党等基层农村运动的过程，以及整个运动过程对农民内心世界和日常生活的诸多影响，不失为建国以后社会主义建设时期农民教育的重要文献。（2）美国的韩丁教授于 1948 年和 1971 年先后两次到山西省潞城县张庄进行广泛的调研，先后出版了《翻身——中国一个村庄的革命纪实》（1966）和《身翻——中国一个村庄的继续革命》（1983）两本著作，生动地记述了中国农村的革命性变革，深入探讨了中国革命给农民教育和农村变迁带来的多层面的影响。（3）美国学者陈佩华、安戈、赵文词三人对从中国大陆地区陈村迁入香港的村民进行数百次的访谈，辗转获得调研资料后，写成了《陈村：毛泽东时代一个农民社区的现代史》（1984），对后革命时代中国农村政治和农民生活进行了详尽的分析；《当代中国农村历沧桑——毛邓体制下的陈村》（1996），对改革开放以来陈村的政治变化有所追踪；赵文词还单独撰写《一个中国村落的道德与权力》（1984），从政治文化的角度对陈村的社会权力结构和干部权力的道德基础进行深入分析。特别是进入 20 世纪60 至70 年代，以俄国学者恰亚诺夫倡导的社会农学为源头，出现了农民学研究的辉煌十年。比较突出的有巴林顿·摩尔的《民主与专制的社会起源》（1966）、孟德拉斯的《农民的终结》（1967）、米格代尔的《农民、政治与革命——第三世界政治与社会变革的压力》（1974）、詹姆斯·斯科特的《农民的道义经济学：东亚的反叛与生存》（1976）等一系列书籍，90 年代中央编译出版社翻译并出版了《农民学丛书》，系统地总结和整理了农民学的理论成果，为中国农民教育研究提供了广阔的比较视野。

1978 年之后，随着农村改革的推进，中国进入了改革开放新时代，中国农村和农民在市场化改革浪潮中发生了翻天覆地的变化。从包产到户，到乡镇企业，再到村民自治，农村新事物、新现象层出不穷，此前掩蔽在农村中的各种问题与矛盾也逐步显露，为农民教育问题的深入研究提供了强大的动力。同时，学术界意识形态环境日渐宽松，西方社会科学的研究成果也大量引入，为农民教育研究提供了可资借鉴的理论基础。80 年代，中国农村和农民的研究主要围绕家庭联产承包责任制、乡镇企业、小城镇建设和农村人口流动及其所引起的农村社会结构变迁和农民心理行为变化等现实材料展开。进入 90 年代，随着不同学科范畴和研究方法的多元化，大量的研究成果呈现百花齐放、百家争鸣的局面，还出现了多学科交叉融汇的研究盛况。特别是改革开放对农民的现代素质提出了全方位、多层次的要求,农民教育的研究也得以在多学科领域展开。以下我们就农民教育研究主要涉及的几个方面进行探讨:

(一)有关农民教育的可行性

在农民教育可行性问题上,已有的研究成果中存在着截然不同的两类观点:一类观点认为农民作为人类社会的组成群体之一,对其进行教育具有可行性;另一类观点从历史和人类学角度出发,认为农民作为产生于前现代社会的群体,对其进行教育的引导难免带有现代化的审视眼光,其可行性值得商榷。

一些学者从各自学科角度论证农民教育的可行性:第一,马克思主义中国化的相关研究,通过回顾中国共产党在民主革命时期以及新中国成立初期对农民进行的卓有成效的教育实践,如土地改革、冬学、扫盲班等,进而证明党和政府在新的历史条件下进行农民教育的必要性和可行性。第二,传统教育学理论认为人具有可塑性,尤其当人进入社会成为社会人之后,其可塑性越发凸显。因此,农民教育是必要且可行的社会化行为。第三,发展经济学的学者认为,从发展经济学生产要素供给理论出发,对农民进行人力资本投资,即引进现代生产要素,是改造传统农业的必要条件。舒尔茨在其名作《改造传统农业》中依据丹麦、日本等国家发展农业生产的成功经验,充分证明了对乡村教育追加投资具有现实可行性。

另一些学者从人类学和历史学视角反思,认为农民教育因受到现代化眼光的审视,难免有失偏颇:第一,一些学者认为,建国初期,随着基层国家政权的建立与渗透,行政力量强制嵌入传统乡土社会,形成对乡土农民的组织与整合。基于当时的历史背景,农民教育多是从革命需要和政治统治需要出发,而非着眼于农民主体地位的提高和综合素质的提升。因此,在价值判断上,不支持农民教育,其中较为典型的是赵旭东和庄孔韶。其主要文献有:赵旭东《乡村成为问题与成为问题的中国乡村研究——围绕"晏阳初模式"的知识社会学反思》,载于《中国社会科学》2008 年第 3 期;庄孔韶的《中国乡村研究三十年》,载于《开放时代》2008 年第 6 期。第二,对乡土文学作品的研究观点认为,建国之后很长一段时间内党和政府对农民的教育实质上是农民意识形态的再生产，而抽象化了农民的主体地位和权利，反而使农民成为沉默的大多数。因此，从文学启蒙这一角度看，党和政府对中国农民的教育只是扩大领导权的话语策略，因而缺乏现实意义。① 第三，还有学者在现代化的反思中，认为党和政府在改造农民、推进现代化进程中，忽视了对乡村社会的尊重和对转型期农民的心理疏导，对农民的教育势必会使其成为现代化的牺牲者。这部分研究主要有严海荣的《虚空的农村与虚空的主体》，载于《读书》2005 年第 6 期。

以上 3 种观点，主要是针对建国初期中国共产党通过新生的国家政权，将行政力量延伸至农村基层，对农民进行直接教育实践的反思和探讨。同时，国外学者通过各种史料和文献，对发展中国家农民教育过程进行梳理和反思，也提出了对农民教育的反思。

第一，美国学者查尔斯·林德布洛姆在其《政治与市场——世界政治与经济制度》一书的分析中，认为"共产主义的'新人'是通过训导式'教育'创造的"，这种训导式的教育靠新的权威消灭旧阶级残余来达成，是中国的政治精英控制农民的一个主要手段。因此，在训导理论中，对农民的教育是加了引号的反对表达。

第二，从中国历史的独特性、农耕文明的特殊性等人类社会学角度出发，阐释中国农村并不是问题产生的原因，而中国农民也不需要外部力量进行塑造；相反，外部环境不应过多干涉农民，任其在自身发展逻辑指导下自行发展即可。在这方面，有深入分析和集中论述的首推美国学者斯科特，他接连问世的几部著作正反映了他的这种观点，从《国家的视角》《弱者的武器》到《隐藏的文本》，随着研究的推进，他一步步向我们证明了农民社会独特的发展逻辑，以及农民自身应对现代社会的独特方式。

通过对农民教育相关文献的梳理和回顾，我们认为对于农民教育可行性的研究在学界内曾引起较大范围的争论和探讨，主要以北京大学、中国人民大学等高等学府的相关教授，如赵旭东、应星等，和由贺雪峰、吴毅、吴理财等学者组成的"华中派"之间的论争为代表。前者从社会人类

---

① 具体研究参见吴高泉：《乡土叙事——20 世纪中国文学中"关于农民"的话语研究》，浙江大学博士论文，2006 年。

学角度出发,认为对农民进行现代化教育往往只是满足外部现代力量的审视眼光,常常忽略农民自身的实际状况和农村社会的特殊情况,因此对农民教育的可行性持否定态度。后者以中国农村社会和农民发展的实地调研材料为出发点,认为应该区别对待现代与传统、西方语境与中国实情之间的关系,主张对农民进行适当的教育和引导。虽然两派之间的论证并不是主要围绕农民教育展开,而只是在各自论述中对农民教育有所涉及。但是,我们仍然能够在这场学术交锋中,整理出不同学科背景下的农村研究对农民教育可行性的不同观点。当然,我们应该清楚地看到,很多学者对农民教育可行性进行的反思和探讨,都是从历史和人类学的角度展开的。当代中国迅速发展,农民教育的社会背景、教育方式和教育目标都发生了很大的变化,若是从农民个人现代化和中国整体现代化的角度思考农民教育问题,势必会得出不同以往的结论。

(二)有关农民教育的必要性

关于教育农民问题的必要性和重要性,主要有以下几种观点:

第一,马克思主义中国化理论研究的观点普遍认为,中国农民具有两面性,需要在革命与建设的实践中不断改造其落后性和保守性,以此作为革命胜利和建设成功的保证。一类研究集中在对马克思主义经典作家著作解读的基础上,分别选取了马克思、恩格斯以及列宁在晚年针对教育农民问题的论述,认为教育农民的必要性和重要性在于:(1)农民由于和封建自然经济结构相联系,形成了自身独有的小农意识和阶级特点,阻碍社会化大生产的发展;(2)农民是无产阶级天然的同盟军,无产阶级革命必须有农民的参与和支持,才能取得最终胜利;(3)农民自身的文化素质低下,严重阻碍了社会主义国家通过农村合作经济形式来发展农业的进程。① 另一类研究侧重于中国共产党各个历史时期教育农民的思想与实践:(1)认为在民主革命时期,农民占中国人口的80%以上,是中国革命的主力军,同时自身存在诸如文化水平较低、缺乏阶级坚定性、组织纪律性不强,以及缺乏政治远见等局限性,需要加以改造(卢少求、周建华:《对

---

① 相关研究参见袁银传:《马克思主义视域中的小农意识改造》,《毛泽东邓小平理论研究》2008年第12期。

国民革命时期毛泽东农民教育思想的“三性”分析》，载于《毛泽东思想研究》2005 年第 5 期）；（2）在建国初期的土改结束后，全国范围内普遍出现了“李四喜思想”，即农村干部和群众中的松气思想，反映出农民自私狭隘的落后观念，因而需要对其进行思想政治教育（王瑞芳：《“李四喜思想”讨论——建国初期中共教育农民的尝试》，载于《史学月刊》2006 年第 9 期）；（3）结合新时期基层农民教育的成功个案研究，认为在当今中国现实国情和市场经济条件下，如何提高农民的综合素质，使其适应生产力发展和社会进步的要求，是教育农民的首要原因。①

第二，有学者从破解“三农”问题的现实需要出发，认为为农民提供更为公平开放的教育环境，提供较为充裕的教育资源，是改变农民自身地位，促进其全面发展的重要途径。同时，促进农民个体的发展也是社会进步的最终归宿。②

第三，也有学者通过回顾并研究近代知识分子乡村教育理论，提出作为国民主体的中国传统小农具有“愚、贫、弱、私”等劣根性，是旧中国积贫积弱的重要原因，因此迫切需要通过乡村教育改造农民的落后性，并由此完成中华的复兴。③ 同时，这些研究还结合农民教育的现实状况，分析近代乡建学派的农民教育经验对现实农民教育的借鉴意义。

第四，个人现代化理论的观点认为，在新时期，中国农民是现代化建设的推动者和建设者，是主体力量之一，需要通过自我教育和自我提升，克服其局限性，成为现代化新型农民。这一观点得到英格尔斯的《人的现代化》一书中六国实证研究的支持，强调了教育对农民个人现代化的重要意义。

对于农民教育必要性的研究始终贯穿整个中国现代化进程中。早在民主革命时期，就有许多乡建派学者对农民教育的必要性进行论证。建

① 相关研究参见疏仁华：《关于农民现代化问题的战略思考》，《高等农业教育》2005 年第 6 期。

② 相关研究参见李兰芬：《城镇化中农民人格的公民化趋向》，《毛泽东邓小平理论研究》2009 年第 11 期。

③ 相关研究参见储诚炜：《近代中国现代化和民主化视野中的农民教育——基于乡村建设思想和毛泽东教育思想的比较分析》，《理论与改革》2009 年第 4 期。

国以来，越来越多的学者从现代化发展理论出发，对农民教育的必要性进行深入的剖析和探讨，这部分研究的局限性在于对农民教育必要性的探讨主要偏重于对其基本生存技能的培养，或是思想政治素质的提升，而较少从农民现代化综合素质的培养出发，全面地探讨农民教育的必要性。

（三）有关农民教育的主体选择

由谁对农民进行教育的研究，主要是对农民教育主体的探讨。随着中国的日益开放和学术研究的整体发展，这部分的思考在不同的学术范畴内广泛展开，形成了以下几种主要观点：

第一，马克思主义中国化理论研究的观点。有学者通过对马克思主义经典作家相关论述的研究，认为无产阶级及其政党要在革命实践中用无产阶级的世界观和科学理论武装小农、改造小农。无产阶级是革命的领导力量，理应对作为同盟军的农民阶级进行思想上和组织上的引导，成为农民教育的主体。

也有学者从不同角度对中国共产党教育农民的思想和实践进行研究，其中一种观点从政治整合理论深入分析，认为伴随市场经济的开放与发展、社会的分化与流动，中国共产党领导、动员和教育农民的主体地位非但不会被动摇，相反还会随着党执政方式的完善和执政能力的提升，以不断创新的领导方式得到加强。另一种观点是从民主革命时期以及建国初期中国共产党领导革命、建设和教育农民的历史实践出发，认为中国共产党在中国现实政治中的领导核心地位及其农民教育的成功实践，决定了党在新时期在农民教育中的主体地位。其中，较为突出的是杨素稳、李德芳主编的《中国共产党农村思想政治教育史》（中国社会科学出版社2007年版），从民主革命时期到建国后的社会主义建设时期，详细地梳理并总结共产党在不同历史时期对农民进行思想政治教育的历程和经验，由此认为党及其领导的人民政府是农民教育的主体，并始终发挥着重要的主体作用。还有一种观点结合农民教育的现实问题和新时期党在农民观和“三农”政策理念等方面发生的转变，认为当下中国共产党主要是通过各级政府及其出台的“三农”政策，还有社会市场经济自由竞争模式和社会组织的新兴力量等多种途径，对农民进行全方位、切合实际的教育。

第二，乡村政治学理论强调农民作为基层的建设主体，随着市场经济的发展和社会的有序流动，主体自觉和权利意识逐步觉醒，自我管理能力增强，能够在国家提供的基层民主自治框架内，完成自我教育，成为教育的主体。（吴毅：《村治变迁中的权威与秩序——20 世纪川东双村的表达》，中国社会科学出版社 2002 年版）

第三，在“三农”现实问题研究中，以温铁军和于建嵘为代表人物，他们认为应该由基于农民自愿建立起来的农民组织，对农民进行全方位的教育。只有这样，才能保证农民在各个方面现代化综合素质得到全面提升。这一观点主要集中阐述于温铁军的《中国农村发展的另类解读——“中国经验”、“比较优势”与乡建试验》（载《理论前沿》2008 年第 13 期）、于建嵘的《新农村建设需要新的农民组织》（载《华中师范大学学报》2007 年第 12 期）中。

第四，成人教育学。从教育投入促进经济发展的角度，有人认为应该由政府财政支持的各级教育系统，诸如九年义务教育、成人教育和农村职业教育等，按“科学性、针对性、实用性”的原则，全面推进农民素质教育，为“三农”发展服务。（见贾宾强、邹静琴、向安强、易钢：《新型农民培养与农民教育体系重构》，载《农业考古》2008 年第 3 期）

第五，国外农民教育经验的研究与借鉴。很多学者对国外发达国家和发展中国家教育农民的成功经验进行分析，认为在政府的重视和支持下，发挥多元主体优势，特别是通过农业协会等社会力量，对农民的农业生产技能和现代管理技能进行专门培训十分必要。（李燕萍、蒋文晶：《国外农民开放的经验对我国新型农民培育的启示》，《前沿》2008 年第 12 期）

需要指出的是，这部分文献与当下成人教育学中的农民教育理论研究有重叠的部分，更接近农村成人教育或是农业技术教育，对农民教育的研究范围较为狭窄。

（四）有关农民教育的最终目标

回顾 1949 年之后的研究成果，其中较为突出的是对小农未来生存状况的判断，不同的分析得出不同的结论。一种观点认为，传统小农不可避免地要面临终结的命运,孟德拉斯在《农民的终结》中提到,在现代化工业与农业极大发展的情况下,传统的小农及其依赖的农业耕作方式最终会被现代化机器所取代,从而无可避免地走向消亡。另一种观点认为,传统的农民会在现代社会发展中寻找到新的生存方式,从而实现自身的转化,持这种观点的主要代表人物是俄罗斯经济学家恰亚诺夫和美国经济学家舒尔茨,他们分别在《农民经济组织》和《改造传统农业》两本书中论述了现代小农制度存在的客观原因。舒尔茨认为,传统小农作为理性的"经济人"比之任何资本主义企业家都不逊色,最重要的是对农民进行现代化的教育和培训,使其成为现代农业发展的人力资本。恰亚诺夫通过对单个农场的微观分析,得出小农的发展前景,即不是"大生产"消灭家庭农场,而是通过合作——服务的"纵向一体化"把无数小农联系起来并使之成为社会化经济的有机细胞。因此,他认为对农民的分析和教育要充分考量"人口因素"和"经济因素"两个方面,恰亚诺夫本人也因为其对农民未来命运的设想而被认为是"农民的马克思"。① 这两种观点说明在农民教育目标研究的选择上,存在两种本质上的区别:一种是主张通过符合城镇社会发展需求的转业教育与培训,将越来越多的农村居民培养成为能够从事非农生产的劳动力,帮助他们实现自身非农化的过程;另一种则主张通过对农村居民进行多方面的现代化教育,帮助他们获得符合现代社会发展需要的综合素质,并实现在城乡之间的自由流动。

近年来,部分研究涉及教育农民的目标追求问题,虽然为数不多,但在理论上拓展了农民教育的研究视野,开辟了农民教育问题深层次的价值取向研究。一类研究是从《中共中央国务院关于积极发展现代农业,扎实推进社会主义新农村建设的若干意见》中提出的要培养"有知识、懂技术、会经营的新型农民"出发,进行文件解读,力求对教育目标进行准确定位(详见李兰芬:《城镇化中农民人格的公民化趋向》,载《毛泽东邓小平理论研究》2009 年第 11 期)。另一类研究成果以中央宣传部宣教局组织编写的《新农村道德建设丛书》为代表(共 5 本,包括《农民道德规范读本》、《农村道德建设常识》、《中国农民道德新貌》、《中国古代道德故事》

① 秦晖:《当代农民学研究中的"恰亚诺夫主义"》,见 A. 恰亚诺夫:《农民经济组织》(代中译序),中央编译出版社 1996 年版。

和《国外农村道德生活面面观》),通过对农民教育中具体道德规范要求的阐述,说明党和政府农民教育的目标要求。

另外,有一种观点从价值取向上定义农民教育的目标,实现“工具人”向“人本论”的转变,因为“长期以来农民教育价值观的工具主义取向在革命和政权巩固时期起到了巨大的作用,但在进入经济建设时期后其消极作用也明显地表现出来。教育的对象是人,促进人的发展应当是教育的基本价值。只有当人的发展能力提高之后,社会才能获得源源不断的发展动力”。[详见陈敬朴:《中国农村教育观的变革》,载《东北师范大学学报(哲学社会科学版)》2001 年第 4 期]。

(五)有关农民教育的具体方式和主要内容

目前,理论界对农民教育内容的探讨存在广义与狭义之分:从广义上说,认为农民教育的内容包括文化素质教育、科学技能教育、思想政治教育、法制教育、公民教育等(详见李秀忠:《农民教育:21 世纪农村全面发展的战略问题》,载《山东社会科学》2001 年第 5 期);从狭义上说,认为农民教育的内容集中在农村职业教育和成人教育,多数是在成人教育理论框架内进行探讨。

对农民教育具体方式方法的探讨散见于农民教育的大多数研究中,归纳起来存在以下几种观点:

有学者通过比较马克思、恩格斯和列宁改造、教育农民的思想,提出通过改造其赖以生存的自然经济结构和小生产方式,将普遍灌输和典型示范相结合,以此提高农民的文化素质。还有学者依据历史和现实两个维度,梳理和研究中国共产党及其政府在不同历史时期教育农民的方式与方法。在历史研究方面,有学者回顾建国初期中国共产党农民教育的经验,提出开办多种形式的文化补习班、开展诸如土地改革之类的农民运动,以及对基层党员干部进行细致密集的阶级教育等方式,向农民传递新政权的政治导向,进而教育其成为社会主义事业的建设者。在现实研究方面,基于农民素质对农业发展和城乡协调的种种制约,从政策角度提出了很多有益的教育方式设想,主要观点有:出台相应的“三农”政策,突破城乡二元格局,保障农民接受教育的权利;完善各级现代教育体系,通过学校各个层次的教育体系对农民进行教育；建立多种激励保障机制，确保农民教育顺利进行；运用现代科学技术和大众媒体贴近农民生活，提高农民教育的有效性；等等。还有一部分研究在个案调研的实证基础上，根据各个地方政府农民教育的特色经验，总结出了一些诸如农业户办学、网络教学等卓有成效的教育方式。

总体来讲，近年来国内学者针对中国共产党教育农民的问题进行了一定的研究，但与宏观意义上的“三农”问题研究相比，关于当代中国农民教育整体研究的成果还相当匮乏。目前的研究现状存在以下几个问题：

第一，农民教育的研究视角有待拓展。

学术界对农民教育的研究视角需要进行反思和转换。由于历史与现实等多种原因，很多学者对农民教育问题存在认识上的误区，认为但凡探讨党和政府农民教育问题，势必会产生诸如合作化、人民公社化等政治倾向明显的教育模式。其实，回顾党和政府农民教育的历史经验，我们不难发现，1978 年之后，伴随着改革开放的不断发展与深化，党和政府已经反思并调整了农民教育的出发点和方式，特别是 2006 年“一号文件”中提出建设社会主义新农村，培育新型农民，标志着党和政府已经突破原先经济领域的单一改革，转而从政治、社会、文化等多个层面应对农民教育问题。另一方面，不得不面对的客观现实是当前中国的现代化转型始终在党和政府的主导下进行。因此，我们研究农民教育问题的视角应该从单纯强调党和政府退出农村社会的思路，转向思考如何促进党和政府转变教育理念，创新教育方式，更好地履行对农民群体的教育责任。

第二，理论渊源与教育经验的整体梳理尚存在不足。

现有的研究侧重于对中国共产党历任领导核心农民教育思想的个别研究，特别集中在建国前后对毛泽东农民教育思想及其后继领导者对农民教育思想观点的研究，缺乏对马克思主义经典作家相关理论的整体回顾，以及中国共产党历任领导核心农民教育思想继承与发展的脉络梳理，未形成对中国共产党农民教育思想和现实实践的总体回顾。中国共产党自 1921 年建党以来，在民主革命时期和建国后的社会主义建设时期，积累了大量动员、教育农民与依靠、组织农民的经验，对这部分历史的回顾将为中国共产党在新阶段更好地教育农民提供正反两方面的经验借鉴。

第三，实践操作方面，对教育目标和价值取向的探讨有待深入。

现有的研究未能在改革开放新时期的现实背景下，对农民教育问题进行系统的理论梳理和现实研究。改革开放引发深刻的社会变迁和农民分化，使中国共产党对农民的教育在不同程度上出现弱化的趋势。这种趋势也为中国共产党在新时期调整执政理念、完善执政方式，并在此基础上创新农民教育的途径和方式提供了有利契机。因此，这部分研究的展开具有重要的现实意义。随着市场经济的发展和社会政治的进步，农民自身的权利地位和价值追求也逐渐凸现出来，对挣脱旧体制束缚的农民群体进行适当的引导和教育，除了经济、政治、社会等方面的宏观考虑外，还应该更加注重农民个体的全面发展。

从总体上看，当代中国农民教育问题的研究刚刚破题，研究的内容还有待于拓展和深入，对于一些核心问题还需要进一步转变观念、统一认识。基于此，本书在以往相关研究的基础上，基于社会主义新农村建设和城乡协调发展的大背景，从思想和实践两方面着手，考量历史和现实两个维度，研究如何在新时期实现对农民进行有效的现代化教育，企望通过本书的研究进一步拓宽当代中国农民教育的理论视野，把握新阶段中国农民教育的规律，以促进农民的全面发展和社会主义和谐社会建设。

四、研究方法及研究框架

（一）研究方法

1. 文献分析法

现代化进程是人类由传统农业社会向现代工业社会的转型过程，在此过程中，先后进入现代化的国家都要面对农村与农民的现代化问题。特别是对于中国这样以农立国的传统国家而言，农村与农民的问题始终是国家发展中必须面对的问题。因此，在国内外发展史上形成了以不同学科为背景，共同针对农村和农民发展的研究和理论。深入研究农民教育的相关经典著作和有关文献，能够使我们在思考中明确研究的指导思想，同时借鉴历史与国际经验，依据各种文献资料，形成丰富的理论脉络。

2. 实证调查法

农民教育问题既是一个理论问题,更是一个实践问题,具有重要的实践意义。因此,在研究中离不开对当前农村现实中农民教育实践过程的把握与总结。本书在研究中立足于实践,先后多次深入农村地区开展田野调查,探求当代中国社会转型时期农民教育的现实状况,并在此基础上综合分析形成农民教育现状的诸多成因,希望通过对农村和农民的实证调查,来掌握当代中国农民教育问题的第一手材料。

3. 比较研究法

比较研究是指对彼此间有某种联系的事物进行对照和比较,确定其内在的联系,从而揭示事物本身的本质和规律。研究当代中国农民教育的问题,不仅要在马克思主义农民教育理论指导下进行,还要综合借鉴相关的理论研究成果;不仅要在纵向上回顾和总结不同历史时期的农民教育过程,还要在横向上对比和分析不同国家或地区的农民教育经验。运用比较研究法,有助于我们从不同方面认识和理解当代中国农民教育问题的时代性和现实性。

(二) 研究框架

本书分为上下两编。

上编为理论篇,主要内容包括:

第一章是导论部分,主要对当代中国农民教育问题的提出背景、研究意义和具体研究内容进行界定;综合已有的文献材料对农民教育问题进行文献综述;最后,提出当代中国农民教育问题的研究方法、研究框架。这一部分是对整个研究提纲挈领的概括与把握。

第二章是马克思主义农民教育思想理论,主要对马克思主义经典作家和中国共产党的农民教育思想进行梳理和总结。这两部分的思想理论主要有:马克思、恩格斯关于农民教育的原则和具体设想,以及中国共产党的农民教育思想。这部分思想理论是本书研究的理论工具和分析框架,构成了当代中国农民教育问题的理论基础。

第三章是近代中国学者和国外学者对农民教育的思想观点。针对处于现代化转型中的中国农民教育问题,回顾和归纳近代中国学者以及国外有关学者的农民教育思想观点,分别以不同学者对农民教育的思考为线索,总结农民教育思想观点。这部分梳理构成当代中国农民教育的借鉴理论。

第四章是在上述理论研究的基础上,针对当前农民教育问题的分析和解决,提出总体上的指导思想和解决思路。

下编为实证篇,主要包括:

第一章是当代中国农民教育的现实困境和成因分析。基于对中国农村地区的实证调研材料,从调研问卷和访谈案例两个方面形成的现实材料出发,提出并分析农民教育在现实中遭遇的三方面困境,即封闭与落后的基本生存技能困境、政治边缘化的公民素质困境以及处于传统向现代过渡的道德与精神文化困境。针对上述困境,进行成因分析,认为产生农民教育困境的原因有 5 个方面。

第二章是中国农民教育历史经验分析。从历史沿革的角度,对不同时期的农民教育的经验进行总结,分为近代中国农民教育经验和建国以来中国共产党农民教育经验两部分。

第三章是农民教育的国际(地区)经验。通过对北美、东亚、欧洲等国家以及台湾地区的农民教育经验进行归纳和解读,总结出不同农民教育模式中对当前中国农民教育构成有益思考和借鉴的成功经验。

第四章是综合上述研究成果,同时在考察第一章当代中国农民教育现实困境的基础上,对新形势下农民教育进行一些有益的思考,提出了 6 方面有针对性的建议。

第二章 马克思主义农民教育思想理论

古往今来,对农民教育的思考和探讨在各个学科范畴内都有所论及。虽然专门论述的著作数量有限,但在马克思主义理论视角下,很多思想观点依然为现实的研究提供了丰富的理论材料。依照本书界定的农民教育概念,我们着重研究的是以党和政府为代表的现代力量教育和形塑农民群体的过程。因此,本研究展开的理论基础是马克思主义农民教育思想,主要包括两个部分:

第一个部分是马克思、恩格斯的农民教育思想。马克思、恩格斯的这些教育思想遍布经典著作的很多地方,从历史唯物主义、辩证唯物主义观点形成早期,到无产阶级革命理论的逐步完善,再到科学社会主义理论的创立,最终在马克思、恩格斯晚年对于社会历史发展规律所做的人类学反思中,处处体现着马克思、恩格斯农民教育思想的方法论原则及其所蕴含的对人类自身解放的价值关怀。马克思、恩格斯对处于社会发展进程中的农民群体所做的研究和解读,对无产阶级政党与国家如何对待农民、教育农民的实践设想,以及在未来社会的设计方案中对各个社会群体如何实现自身完善与解放的具体主张,都是我们农民教育问题现实研究的理论基础。为了便于我们更好地从马克思主义的经典原著中汲取研究养分,我们将马克思、恩格斯研究农民问题的方法论和农民教育的基本原则与具体的农民教育主张分别加以回顾和总结,以期更全面客观地从整体上把握经典理论的精华。

第二个部分是马克思主义中国化理论成果中的农民教育思想，即不同历史时期中国共产党人的农民观及由此决定的农民教育的出发点和具体思想。中国共产党早在民主革命时期就开始关注中国广大农民的生存和发展问题，很多共产党的革命家和理论家还特别对此进行了专门的田野调研和理论论述。在历经了民主革命时期，到新中国成立后的社会主义建设时期，再到改革开放新时期后，中国共产党农民教育思想也先后经历巨大的变化，构成了前后相继的农民教育思想体系。

一、马克思、恩格斯关于农民教育的思想

马克思主义理论的思想内容非常丰富，涉及社会科学研究的方方面面，其中最核心的主题体现在对人类解放（人的解放）的追求上。马克思主义思想体系的构建，主要是对人类解放的社会理想的构建以及对这一社会理想如何实现的研究。在现代化的全球背景下，研究中国农村和农民问题，回顾和反思马克思、恩格斯关于农村与农民问题的研究方法和基本观点，特别是如何在未来社会的构建中引导、教育传统小农群体走上全面发展道路的思想观点，对我们很具启发性。马克思、恩格斯以研究人类社会的发展进程及其发展规律为主线，回顾了西方国家和东方社会现代化的历程。同时，以英、法、德、美等国家农业现代化道路为参照，运用历史唯物主义和辩证唯物主义的科学方法，对处于农业社会向工业社会、农业文明向工业文明转变的农民群体进行全面深刻的分析。马克思、恩格斯在《1848年至1850年的法兰西阶级斗争》、《法兰西内战》和《法德农民问题》中阐述了他们对农民教育的思想探索，体现了马克思主义农民教育思想始终坚持消灭阶级剥削和压迫，最终实现农民全面自由发展的价值关怀。

（一）关于农民教育的基本原则

1. 马克思、恩格斯关于农民教育的方法论

马克思、恩格斯对农民的考察和研究，贯穿于对整个人类社会发展的

研究之中，并始终遵循两个基本方法论原则：

一是历史唯物主义的方法论。对农民研究的历史唯物主义方法，是将农民群体置于社会发展的具体过程和客观环境中加以分析。马克思在回顾自己的学术生涯时曾说："我们判断一个人不能以他对自己的看法为根据，同样，我们判断这样一个变革时代也不能以它的意识为根据；相反，这个意识必须从物质生活的矛盾中，从社会生产力和生产关系之间的现存冲突中去解释。"① 马克思、恩格斯在分析资产阶级社会如何取代封建社会的过程中，对农民经由革命获得的独立自由的身份给予了肯定。同时，围绕农民解放这一问题，马克思、恩格斯认为教育农民的最终目的是通过未来共产主义社会的建立而实现农民自由独立的发展。依据所处的不同时代背景，他们对农民群体抱有不同的态度。最初，马克思、恩格斯以经济地位决定政治态度的理论，断定作为落后生产力代表的农民，"他们不是革命的，而是保守的。不仅如此，他们甚至是反动的，因为他们力图使历史的车轮倒转"②。经过 1848 年的欧洲革命，马克思、恩格斯改变了对农民的看法，在《1848 年至 1850 年的法兰西阶级斗争》一文中，他们认为农民"在一瞬间扮演了革命剧中的活跃的主角，别人就再也无法强迫他们重新回到合唱队的无所作为的、唯命是从的角色中去了"③。因此，在后期的研究中，马克思、恩格斯更注重研究如何动员、教育农民，使其成为无产阶级革命和未来社会构建的积极力量。马克思、恩格斯在不同的时空背景下对农民群体所做的历史的、动态的考察，体现了他们进行农民研究的历史唯物主义原则，这是我们今天研究农民教育问题的基本方法论。

二是从"现实的人"出发的方法论。对人类的研究是建立在对作为社会存在物的个人物质实践活动，以及由此产生的社会关系的客观考察之上的。马克思、恩格斯对农民研究的理论出发点是："我们开始要谈的前提不是任意提出的，不是教条，而是一些只有在想象中才能撇开的现实前提。这是一些现实的个人，是他们的活动和他们的物质生产条件，包括他

---

① 《马克思恩格斯选集》第 2 卷，人民出版社 1995 年版，第 33 页。

② 《马克思恩格斯选集》第 1 卷，人民出版社 1995 年版，第 283 页。

③ 《马克思恩格斯选集》第 1 卷，人民出版社 1995 年版，第 412 页。

们已有的和由他们自己的活动创造出来的物质生活条件。”① 基于这样的方法论，马克思、恩格斯认为对农民教育的研究要深入农村，充分了解不同类型农民的利益和需求，并根据不同时期的实际状况，考虑到农村居民的知识水平和接受能力，提出恰当的教育原则和实施方法。同时，要从“现实的人”出发，“不是处在某种虚幻的离群索居和固定不变状态中的人，而是处在现实的、可以通过经验观察到的、在一定条件下进行的发展过程中的人”②。一方面，从社会层面来理解，强调外部客观环境是人的思想意识的起源，外部社会环境对人的思想意识具有决定作用，特别是作为现代力量代表的民族国家对身处其中的社会群体具有塑造作用。另一方面，从个体层面来看，强调人的主观、能动的特点，使个人由教育过程的被动接受者变成主动作用力量，从而使其成为改变外部教育过程的能动承担者。接受教育的个人对于教育过程的能动反映，也在不断影响和改变教育的最终效果，这是双向塑造过程的客观考察。这一研究思路中增加了“从人到外物”这一条线，人在教育过程中根据自身的条件和需要，在一切层次上对外部教育过程进行改造和创造。最终，作为教育者的个人与外部教育力量之间建立起真正的反馈机制，这不仅为我们进一步深入农村，了解农民教育现状提供颇有价值的指导原则，还为我们在现实发展中丰富马克思主义农民教育思想提供空间。历史唯物主义研究方法和从“现实的人”出发的方法论，在纵向历史研究和横向社会研究两个方向上，构成了马克思、恩格斯研究农民问题的基本方法论。

2. 马克思、恩格斯关于农民教育思想的哲学原则

马克思、恩格斯农民教育思想是以马克思主义哲学思想为前提的，是马克思主义哲学思想的具体体现。马克思主义哲学思想与近代哲学思想的本质区别，是马克思主义哲学思想主张从现实的人的主体性出发，不仅要认识世界、解释世界，还要批判、改造世界，并以此为基础提升人的实践品格和能力。因此，马克思、恩格斯农民教育思想的展开是建立在以下几个哲学原则基础上的：

第一，主体性原则。

① 《马克思恩格斯选集》第1卷，人民出版社1995年版，第66～67页。

② 《马克思恩格斯选集》第1卷，人民出版社1995年版，第73页。

首先，马克思提出了现实中具体的人，用以批判抽象的主体性，从而揭示了“现实的人的教育”的认识前提。他认为：“全部人类历史的第一个前提无疑是有生命的个人的存在。”① 因此，个人的主体性成为教育得以展开的前提。以往的哲学思想从社会意识决定社会存在的角度出发，认为人的主体性是高度抽象化的类本质。据此，有人甚至将受教育者的主体性预设为一种先验的可以自我完善的主体自我意识，认为受教育主体可以直接决定教育过程中的一切内涵。马克思教育哲学思想认为，必须尊重受教育者的具体生活现实和实际思想状况，否则教育过程将成为教育者自己的独角戏。从这个意义上说，教育的主体性与教育最终的有效性存在密切的关联。然而，现实的人是处于一定物质生产和生活中的主体，受到客观环境和历史条件的限制，因而是一种受到具体社会生活制约的有限主体。正如马克思所说：“人们自己创造自己的历史，但是他们并不是随心所欲地创造，并不是在他们自己选定的条件下创造，而是在直接碰到的既定的，从过去继承下来的条件下的创造。”② 个人有限的主体性，同样决定了受教育者本身需要进一步规范、塑造的可能性和必要性。

其次，马克思将人的发展历程分为三个阶段，并置于相应的3种社会形态中加以考察，揭示了人自身主体性的发展规律。马克思指出：“人的依赖关系（起初完全是自然发生的），是最初的社会形态，在这种形态下，人的生产能力只是在狭窄的范围内的孤立的地点上发展着。以物的依赖性为基础的人的独立性，是第二大形态，在这种形态下，才形成普遍的社会物质交换，全面的关系，多方面的需求以及全面的能力体系。建立在个人全面发展和他们共同的社会生产能力成为他们的社会财富这一基础上的自由个性，是第三个阶段。”③ 马克思关于人的发展形态的论述，本质上是人逐步摆脱依赖性而实现独立的过程，是一个张扬主体性的过程。农民教育是人类的实践活动，在此过程中，农民并非像一部机器，被动地接受教育者的塑造，他们完全可以在参与教育实践的过程中寻求自身的完善。

---

① 《马克思恩格斯选集》第1卷，人民出版社1995年版，第67页。
② 《马克思恩格斯文集》第2卷，人民出版社2009年版，第470~471页。
③ 《马克思恩格斯文集》第8卷，人民出版社2009年版，第52页。

第二，实践性原则。

实践性是马克思将人类与动物加以区别的根本属性，人类的存在和演进就是以自身合目的的物质实践活动为主要形式。马克思认为："思想根本不能实现什么东西，为了实现思想，就需要有实践力量的人。"① 正是由于人的活动，思想才能变成现实。人是实践的主体，所以历史不是由思想创造的，而是由人创造的。但是，人的活动是由人的思想来指导的，思想只有变为人的思想，理论只有掌握群众，才能变成物质力量，才能真正创造历史。人民群众是一切社会实践尤其是生产实践的主体力量，离开人民群众的社会实践，尤其是生产实践活动，任何社会都难以存在和发展。马克思认为："在一切生产工具中，最强大的一种生产力是革命阶级本身。"② 从这个意义上说，在人类社会的发展进程中，人的物质实践活动起着决定性的作用。教育实践活动是人类以往积累的技能、文化得以传承的主要社会方式，整个教育过程都体现出实践性原则。因为人的生产实践活动使人"也改变着，他炼出新的品质，通过生产而发展和改造着自身，造成新的力量和新的观念，造成新的交往形式，新的需要和新的语言"③。正是"生产劳动给每一个人提供全面发展和表现自己全部的即体力的和脑力的能力的机会"④。

同时，教育过程本身也体现着人类通过改变自身主观环境，进而改变外在客观环境的过程。马克思指出："环境的改变和人的活动的一致，只能被看作是并合理地理解为变革的实践。"⑤ 脱离生活实践，试图在人们生活方式之外改造人们思想的方式，实际上是犯了观念革命的错误，即认为人们思想问题的解决可以单独在思想观念领域内解决。农民教育的目标是对农民个体的教育和改造，这一目的的实现只能通过农民个体在教育过程中的参与来完成。马克思指出："只有在现实的世界中并使用现实的手段才能实现真正的解放……当人们还不能使自己的吃喝住穿在质和

① 《马克思恩格斯全集》第1卷，人民出版社2009年版，第320页。
② 《马克思恩格斯选集》第1卷，人民出版社1995年版，第194页。
③ 《马克思恩格斯文集》第8卷，人民出版社2009年版，第145页。
④ 《马克思恩格斯选集》第3卷，人民出版社1995年版，第644页。
⑤ 《马克思恩格斯选集》第1卷，人民出版社1995年版，第59页。

量方面得到充分保证的时候，人们就根本不能获得解放。”① 农民教育的发展须遵循实践性原则展开，因为“如果一个人的生活资料使他只能牺牲其他一切特性而单方面发展某一特性，如果生活条件只提供发展这一特性的材料和时间，那么这个人就不能超出单方面、畸形的发展，任何道德说教在这里都不能有所帮助”②。

第三，人的本质论原则。

与以往的思想家不同，马克思、恩格斯在探索人类发展路径上，突破了过去仅从个人需求或是社会需要单个层面上探讨教育价值的局限，而将个人发展与社会发展相结合，从个人与社会的辩证关系中探讨人的本质，并以此为基础，形成农民教育的本质论原则。马克思、恩格斯指出：“人的本质不是单个人所固有的抽象物，在其现实性上，它是一切社会关系的总和。”③ 社会关系包含现实的经济、政治、文化等一系列内容，它是人类物质活动的产物，也将人置于与自然、与社会的互动之中，体现出人与自然、人与人、人与自我的重重复杂关系，这构成了对现实的人、具体的农民进行分析和研究的多重维度。一方面，农民教育赋予农民个人一定的社会思想、道德文化的规定性，从而使农民个人得以实现社会化过程，并适应现代化的进程。在此方面，农民教育要培养具有鲜明个性特征和良好素质的现代公民，要求其不仅能够担当一定的社会角色，还要具有与社会发展和时代要求相一致的完整人格。另一方面，农民教育又体现出农民个人对引导社会发展方向的理想和价值的追求，赋予农民个人在品性养成上自我超越的动力和能力，发展和丰富农民的现代个性。基于上述对马克思主义关于人的社会化与社会的个性化辩证统一关系的理解，农民教育的过程相应的就是农民个体的社会化与社会的个性化双向作用和双向互动的过程。在此过程中，个人与社会互动共生、相互依存、有机统一。农民个人作为能动的存在物，对农民教育过程中所提供的社会思想和道德文化进行选择，使农民教育对自我的塑造成为一种方向性的过程，农民个人在选择与实践中又会带来新的社会思想和道德文化的发展

① 《马克思恩格斯选集》第1卷，人民出版社1995年版，第74页。
② 《马克思恩格斯选集》第3卷，人民出版社1979年版，第295~296页。
③ 《马克思恩格斯选集》第1卷，人民出版社1995年版，第56页。

与创新,在个人与社会的双向建构中,最终实现促进个人与社会协调发展的教育目标。

(二)关于农民教育的具体设想

现阶段对马克思主义农民教育思想的回顾,既需要我们从民主革命的角度,也需要我们从未来社会的科学构想角度,更需要我们从脱离传统社会而走入现代公民社会的角度进行更为多元的反思。19 世纪的马克思主义者,不仅面临着如何反对资本主义的问题,即社会主义革命或曰无产阶级革命的问题,而且面临着如何走出近代传统社会而建立近代公民社会或曰民主社会的问题,即所谓资产阶级革命或曰民主革命的问题。① 在这一复杂的历史进程中,如何对农民这一庞大的传统人群进行教育,使之最终达到"自由人联合体"的理想状态呢?综观马克思、恩格斯的著作,他们在很多地方都阐述这些思想,具体表现在以下几个方面:

第一,对教育对象——农民群体进行辩证分析。

首先,充分认识农民群体的重要历史地位。马克思、恩格斯早期著作中认为,农民群体(在当时情况下,小农是这一阶级的主体,所以马克思、恩格斯多将其称为小农阶级或小农)在资本主义社会将被消灭,因此无产阶级的革命任务主要是直接地推翻资产阶级的统治。然而,随着欧洲大陆资本主义的发展以及由此引发的资产阶级民主革命,小农及小农经济并未完全扫除;相反,小农及小农经济在现代社会还表现出顽强的生命力,并逐渐在革命中显现出积极的进步作用。经过一系列的民主革命斗争,特别是 1848 年的法国革命,使马克思、恩格斯适时地调整了对农民的看法,并对小农阶级在历史发展中的重要作用进行了分析和评价。恩格斯在《法德农民问题》中提出:"农民到处都是人口、生产和政治力量的非常重要的因素。"② 小农阶级在资产阶级反封建的民主革命中,获得小块的具有私有性质、可自由支配的土地,为农民个体突破传统共同体的束缚,结束"人的依附性"而形成"人的独立性"奠定了经济基础。他们认

① 秦晖:《土地改革 = 民族革命?集体化 = 社会主义?——马克思主义农民理论的演变与发展》,《学术界》2002 年第 6 期,第 43 页。

② 《马克思恩格斯选集》第 4 卷,人民出版社 1995 年版,第 484 页。

为，农民由于日益恶劣的生存条件而越发革命化，并有可能成为无产阶级忠实可靠的同盟者；同时，作为劳动者的农民在工业化进程和现代农业发展中，由于自身经济的贫困化和地位的低落，最终将转化为未来的无产者。因此，马克思也断定农民对于无产阶级革命的重要意义，提出："无产阶级要想有任何胜利的可能性，就应当善于变通地直接为农民做很多的事情，就像法国资产阶级在进行革命时为当时法国农民所做的那样。"①基于对农民群体在民主革命向社会主义革命转化中以及未来社会的构建中所具有的历史地位的分析，马克思、恩格斯提出无产阶级及其政党要充分认识到农民群体的重要作用，并以此为基础对其进行适时的引导和教育，使之成为社会发展的积极力量。

其次，坚持对农民进行辩证解读。马克思、恩格斯认为，对农民群体在革命发展和未来社会建设中的两面性要有清醒的认识。一方面，地域的孤立、生产方式的落后、彼此之间的隔绝造成了农民阶级的落后性。正是这种传统的保守性，使农民宁可忍受资产阶级的盘剥之苦，也要固守自己的私有财产。小农阶级起初追随资产阶级进行反封建的斗争，就是想借此保存自身的私有财产。随着资产阶级统治的确立，他们的这些愿望变得越来越不切实际。至此，"农民的利益已不像拿破仑统治时期那样和资产阶级的利益、和资本相协调，而是和它们相对立了"②。因此，马克思、恩格斯认为随着革命形势的发展，处于资本压迫和奴役下的小农阶级的生存状况日益恶劣，会使他们更加具有革命性。农民越来越向无产阶级靠拢，并"把负有推翻资产阶级制度使命的城市无产阶级看作自己的天然同盟者和领导者"③。无产阶级在联合农民群体的过程中，还需要时时和农民群体身上固有的小农意识及其对革命形势和社会发展造成的不利影响作斗争，通过宣传教育的方式，改造小农群体，引导他们在实践中完善自身。

第二，坚持无产阶级国家在农民教育中的主导地位。

首先，无产阶级要通过工农联盟的革命建立民主国家，就有必要对农

① 《马克思恩格斯选集》第 3 卷，人民出版社 1995 年版，第 287 页。
② 《马克思恩格斯选集》第 1 卷，人民出版社 1995 年版，第 681 页。
③ 《马克思恩格斯选集》第 1 卷，人民出版社 1995 年版，第 681 页。

民进行教育。虽然农民群体在民主革命中逐渐显现出重要的作用，但由于被传统的生产方式所束缚，他们很难成为一个独立的阶级来从事争取和维护自身利益的运动。这就需要通过其他阶级的领导（马克思、恩格斯在这里主要是指无产阶级的领导），带领农民参加革命斗争，实现自身的生存权和发展权。另一方面，无产阶级的革命也需要依靠人数上占优势，同时生存状况越来越接近无产阶级赤贫者的农民群体的支持。因此，在无产阶级领导的革命斗争中，和农民结成革命的同盟关系，并对其进行引导和教育，成为无产阶级革命取得胜利的必不可少的政治因素。同时，这也是生存在资本主义条件下的农民群体摆脱原有的社会控制，在革命中实现自身利益的最佳途径。恩格斯在《德国农民战争》序言中指出："这个阶级（农民阶级——编者注）因零星分散而软弱无力；政府和贵族十分知道它的潜在力量，因而故意使教育事业凋敝，好让这个阶级继续处于愚昧无知的状态。唤起这个阶级并吸引它参加运动，是德国工人运动首要的最迫切的任务。一旦农业短工群众学会理解自身的切身利益，在德国就不可能再有任何封建的、官僚的或资产阶级的反动政府存在了。"① 马克思、恩格斯还进一步设想，在未来民主国家的建立中，无产阶级要打碎旧的国家机器，建立新型的国家政权，"把国家变成纯粹的生产管理机构"②。新型国家由凌驾于社会之上的控制机构转变为适应现代大生产的管理机构，能够更好地满足农民群体多方面的需求。当然，马克思、恩格斯认为农民群体"作为未来的无产者，他们本来应当乐意倾听社会主义的宣传。但是他们那根深蒂固的私有观念，暂时还阻碍他们这样做"③。因此，无产阶级国家有必要对农民进行全方位的教育，使他们摆脱传统的落后意识，成为建设未来社会的积极力量。

其次，无产阶级在建立民主国家后，对农民的教育与发展负有不可推卸的责任。无产阶级国家对农民提供慷慨的帮助，特别是保障其接受教育、获得发展的权益，有助于促进整个社会的变革与发展。一方面，对农民自身的发展而言，无产阶级在新型国家中有责任对其进行全面的教育，

① 《马克思恩格斯选集》第 2 卷，人民出版社 1995 年版，第 630 页。
② 《马克思恩格斯选集》第 1 卷，人民出版社 1995 年版，第 304 页。
③ 《马克思恩格斯选集》第 4 卷，人民出版社 1995 年版，第 488 页。

用以克服以往的国家机器强加在农民身上的不公正与不平等。马克思、恩格斯认为："共产党人并没有发明社会对教育的作用；他们仅仅是要改变这种作用的性质，要使教育摆脱统治阶级的影响。"① 在以往的社会形态中，对农民的教育集中在巩固其对财产和资本的依附性上，以此将农民束缚在封建的，或是资本主义的控制之下。而无产阶级力图建立的新型国家，寄希望于农民的自我觉醒。同时，通过消灭私有制、消灭城乡对立，使农民从历史铸造的枷锁中完全解放出来。另一方面，对社会的整体进步而言，占社会人口大多数的农民群体的综合素质对社会的发展具有不可低估的作用。无产阶级国家发展现代的社会化大生产，需要从各个方面得到农民力量的补给，对他们进行全面的教育是提高他们劳动素质最重要的方式。因此，无产阶级国家必须担负教育农民的责任，教育"不仅是提高社会生产的一种方法，而且是造就全面发展的人的唯一方法"②。

最后，无产阶级国家具有教育农民、促进其个体发展的能力。近代以后的资本主义社会，随着工业化在城市和工业部门的率先展开，出现了农业落后于工业和农村落后于城市的城乡二元分割、城市统治农村的现象。"资产阶级使农村屈服于城市的统治。它创立了巨大的城市，使城市人口比农村人口大大增加起来……正像它使农村从属于城市一样，它使未开化和半开化的国家从属于文明的国家，使农民的民族从属于资产阶级的民族，使东方从属于西方。"③ 无产阶级在取得国家政权之后，将社会财富集中起来，使自身拥有的用以改变社会各个群体生存现状和发展前景的能力获得极大的提升。无产阶级在取得公共权力之后，利用这个权力把脱离资产阶级掌握的社会生产资料变为公共财产。通过这个行动，无产阶级使生产资料摆脱了它们迄今具有的资本属性，使他们的社会性有了得以实现的充分自由。同时，无产阶级国家在缩小城乡差别和工农业差别方面，也能够承担相应的责任。城乡的分离造成农村居民在各个方面的保守与落后。无产阶级国家通过发展社会生产力、现代大工业，带动社会财富在各个生产部门合理流动，促进了农民群体自由流动，使其在城

① 《马克思恩格斯选集》第1卷，人民出版社1995年版，第290页。
② 《马克思恩格斯文集》第5卷，人民出版社2009年版，第557页。
③ 《马克思恩格斯选集》第1卷，人民出版社1995年版，第276~277页。

市工商文明的浸染中获得自身发展的动力。正如马克思所说："农村居民由于分散于广大地区，由于难以达到大多数意见的一致，所以他们永远不能胜利地从事独立的运动。这一点也同样是十分明显而为各个现代国家的历史所证实了的。他们需要更集中、更开化、更活跃的城市居民的富有首创精神的推动。"①

第三，尊重农民实际需要的自愿原则。

马克思、恩格斯一向主张尊重农民群体的实际需要，以自愿原则为基础，实现农民的解放与独立。这不仅是遵循人类社会发展规律的道义原则，也是一种教育农民自觉走上社会主义道路的现实策略。恩格斯晚年在《法德农民问题》中特别强调，要关注农民的需要，如果违背农民自身的意志，任何社会变革都不会持久。"当我们掌握了国家政权的时候，我们决不会考虑用暴力去剥夺小农（不论有无报偿，都是一样），像我们将不得不如此对待大土地占有者那样。我们对于小农的任务，首先是把他们的私人生产和私人占有变为合作社的生产和占有，不是采用暴力，而是通过示范和为此提供社会帮助。"② 尊重农民实际需要，就能最大限度地争取农民群体的政治认同，"被我们争取过来的农民人数越多，社会改造的实现也就会越迅速和越容易"③。此外，农民阶级中不同阶层的政治态度和倾向，决定无产阶级在分析、教育并取得农民支持的过程中，时刻要注意不同时期、不同类型的农民由于经济利益存在差异而持有不同的政治态度。正如恩格斯在《德国的革命与反革命》中分析的，大农和中农属于富裕的农民，其政治上最有可能和城市中反封建的中间阶级结成联盟；其余的小农阶级，包括小自由农、封建佃农和农业工人，"在革命以前是从来不怎么关心政治的，但这次革命显然已经为他们开辟了一个充满光辉灿烂的前景的新天地。革命对他们中的每个人都有利，因此可以预料，一旦运动全面展开，他们就会一个跟着一个参加进来"④。最后，马克思、恩格斯认为无产阶级政党和国家需要根据小农的实际利益和农业发展的实际情

① 《马克思恩格斯选集》第1卷，人民出版社1995年版，第489页。
② 《马克思恩格斯选集》第4卷，人民出版社1995年版，第498～499页。
③ 《马克思恩格斯选集》第4卷，人民出版社1995年版，第500页。
④ 《马克思恩格斯选集》第1卷，人民出版社1995年版，第489页。

况，善于针对不同阶层的农民提出有针对性的纲领；同时，根据不同历史时期农民的知识水平和接受能力，对其进行适当的引导和教育。对于小农基于传统的经济结构而具有的私有性和落后性，马克思、恩格斯认为坚决不能违背小农的意志，强加给他们任何超越他们能够认同的财产关系，而应该尊重他们的意愿："我们则坚决站在小农方面；我们将竭力设法使他们的命运较为过得去一些，如果他们下了决心，就使他们易于过渡到合作社，如果他们还不能下这个决心，那就甚至给他们一些时间，让他们在自己的小块土地上考虑考虑这个问题。"① 随着现代农业的发展，小农阶级能够逐步地摆脱旧有的生产关系的束缚，并在社会化大生产中，充分地发展自己各个方面的能力，完善自己全面的本质。

第四，通过经济手段、政治方式教育农民。

无产阶级政党及其国家在确立政权之后，需要对农民群体实施进一步的教育政策。作为资产阶级民主革命结果的独立的自由农民，能够成为无产阶级社会主义革命重要的同盟力量。进入未来社会主义建设阶段的农民，由于其对小块土地所有权的执著，将与社会主义的现代化大生产方式不相适应。那么，在无产阶级政党所领导的国家中，通过政府力量对其进行引导、教育就成为社会取得进步的重要途径。

一方面，满足农民的经济需求，通过一系列经济手段为教育农民奠定坚实的物质基础。农民由于受到较为保守落后的生产方式的制约，热衷于争取和占领小块土地和私有财产。因此，在对农民进行具体的教育和改造时，要充分考虑其经济上的强烈需求。马克思认为，无产阶级可以采取一些改善农民状况的措施，从而使他们参加到社会主义的改造中来，让他们自己通过发展经济的道路来实现从私有制向集体所有制的过渡。首先，马克思、恩格斯主张通过发展商品经济，促进现代农业的发展，保障小农的经济利益，以此争取小农的信任和支持。接着，通过社会化生产，以及农业合作制来组织农民，发展经济。国家在这一过程中应当慷慨地对待农民："为了农民的利益而必须牺牲的一些社会资金，从资本主义经济的观点看来好像只是白花钱，然而这却是一项极好的投资，因为这种物质

① 《马克思恩格斯选集》第4卷，人民出版社1995年版，第500页。

牺牲可能使花在整个社会改造上的费用节省 9/10。因此,在这个意义上说来,我们可以很慷慨地对待农民。"① 在前两者的基础上,无产阶级国家将逐步消灭城乡二元分裂的局面,促进城乡居民的共同发展。在现代工业和城市的发展中,由于受城市工商文明的熏陶,城市居民的文明程度往往高于农村居民,而人们的文明程度又与其生产方式、生活方式、交往形式和受教育程度紧密联系。因此,在商品经济发展和社会化生产发展的基础上,促进农村人口的自由流动和迁徙,鼓励诸如劳动力、资本、技术等生产要素的城乡流动,是在现代工业社会中教育、塑造现代农民的重要方式。

另一方面,运用无产阶级政治动员的方式,对农民进行实际的思想教育。无产阶级国家需要在革命中对农民进行宣传、教育。"我们党的义务是随时随地向农民解释:他们的处境在资本主义还统治着的时候是绝对没有希望的,要保全他们那样的小块土地所有制是绝对不可能的,资本主义的大生产将把他们那无力的过时的小生产压碎,正如火车把独轮手推车压碎一样是毫无问题的。"② 无产阶级政党及其国家通过政治动员的方式,将自己的斗争目标和执政理念传播至社会的各个角落,使在革命洗礼中逐渐转变的农民群体继续茁壮,并以此来坚定他们的革命意志,丰富他们的精神生活。当然,这种政治动员的方式也是有条件的:首先,无产阶级需要深入农村,找到接近农民的正确方法。无产阶级大多是产生于城市工业体系的产业工人,他们对农村和农民的状况不是很了解,这会阻碍他们更好地对农民进行宣传、教育。因而,无产阶级对农民的政治动员要建立在对农民群体的亲近与理解上。其次,无产阶级要有耐心地对农民进行长期的宣传。农民群体多数都世代散居在广袤的土地上,对他们的宣传教育要做好打持久战的准备。通过生产力在一段时间内的积累,加上无产阶级坚持不懈的宣传、教育和动员,农民群体才会在实际生活的改善中对无产阶级产生信任和支持。接着,在无产阶级革命行将建立的民主国家中,将确立全体人民的普选权,为农民自身进一步的解放创造政治条件。这正如马克思在《法兰西内战(初稿)》中所设想的,"公社则要

① 《马克思恩格斯选集》第 4 卷,人民出版社 1995 年版,第 500 ~ 501 页。
② 《马克思恩格斯选集》第 4 卷,人民出版社 1995 年版,第 501 页。

给他们(农民——编者注)一个廉价政府……要恢复他们的独立的社会生活和政治生活！公社要让他们在教师的教导下学到知识"①。无产阶级通过改变农民的生活方式、政治方式和教育程度而使他们成为完全不同的人,"根据共产主义原则组织起来的社会,将使自己的成员能够全面发挥他们的得到全面发展的才能"②。在政治生活和社会交往中成长起来的农民,将成为具有现代意识的新型农民。

第五,确立以农民自由而全面的发展为教育目标。

恩格斯在判断小农的发展趋势时曾这样断定:"我们的小农,同过了时的生产方式的任何残余一样,在不可挽回地走向灭亡。他们是未来的无产者。"③ 根据马克思、恩格斯对未来社会小农历史命运的这一判断,我们认为他们在论及小农未来发展趋势上提出小农的灭亡,是指小农制作为经济形式的最终消亡;而农民群体则是以另一种形式,即未来无产者(农业工人、农村工人或城市产业工人)的身份存在。这种小农发展的历史命运是通过对农民进行教育完成的,而其中的教育目标就是农民自由而全面的发展。实现社会全体成员自由而全面的发展,是无产阶级建立未来社会的目标追求和价值意义。马克思、恩格斯指出:"代替那存在着阶级和阶级对立的资产阶级旧社会的,将是这样一个联合体,在那里,每个人的自由发展是一切人的自由发展的条件。"④ 在未来社会中,为实现农民教育这一目标,无产阶级需要创造一切可能的条件。

首先,无产阶级要大力发展生产力,为农民自由全面的发展奠定物质基础。未来社会中,农民全面自由的发展主要取决于农业生产力提高所带来的社会变革。农业生产力的显著提高,不仅能够改善作为农业劳动者的农民与自然的关系,提升农民主动掌握、合理利用自然的能力;还能将农民从繁重、枯燥的农业生产中解放出来,使之成为全面的人。这样,"由社会全体成员组成的共同联合体来共同地和有计划地利用生产力;把生产发展到能够满足所有人的需要的规模;结束牺牲一些人的利益来满

① 《马克思恩格斯选集》第3卷,人民出版社1995年版,第100页。
② 《马克思恩格斯选集》第1卷,人民出版社1995年版,第243页。
③ 《马克思恩格斯选集》第4卷,人民出版社1995年版,第487页。
④ 《马克思恩格斯选集》第1卷,人民出版社1995年版,第294页。

足另一些人的需要的状况;彻底消灭阶级和阶级对立;通过消除旧的分工,通过产业教育、交换工种、所有人共同享受大家创造出来的福利,通过城乡的融合,使社会全体成员的才能得到全面的发展"①。同时,生产力的提高还为无产阶级国家消灭城乡的分离隔绝、工农业的差别以及不合理的社会分工奠定坚实的物质基础。

其次,无产阶级要统筹城乡,协调社会分工,使农民在流动和学习中锻炼全面素质。资本主义生产方式在现代社会造成农村屈服于城市、农业从属于工业的状况,严重阻碍了农民自身素质的提高和完善。农民长期处于封闭、隔绝的生产和生活环境中,目光短浅,保守落后,在生产能力、生活需求和社会联系等方面存在难以逾越的片面性。"城市已经表明了人口、生产工具、资本、享受和需求的集中这个事实;而在乡村则是完全相反的情况:隔绝和分散。"② 因此,无产阶级在构建未来社会时,要统筹城乡发展,协调社会分工,促使农民在各个生产部门合理地流动,从而锻炼自身的全面素质。"教育将使年轻人能够很快熟悉整个生产系统,将使他们能够根据社会需要或者他们自己的爱好,轮流从一个生产部门转到另一个生产部门。因此,教育将使他们摆脱现在这种分工给每个人造成的片面性。"③

最后,无产阶级要满足农民精神上的高层次需求。在消灭城乡差别、工农业差别的基础上,马克思、恩格斯提出:"人以一种全面的方式,也就是说,作为一个完整的人,占有自己的全面的本质。"④ 基于生产力发展奠定的物质基础,随着城乡、工农业差别的逐步消灭,农民群体获得了占有自己本质的客观条件,有可能实现全面发展,最终形成完整人格。然而,物质条件和城乡关系只是为农民发展提供客观的外在环境,农民真正全面发展还需要实现自身更高层次的精神需求。首先,无产阶级要帮助农民克服政治上的冷漠态度,实现农民的政治地位。以往的社会中,农民大多被束缚在土地上进行繁重的生产劳动,对政治活动漠不关心,甚至存

① 《马克思恩格斯选集》第1卷,人民出版社1995年版,第243页。
② 《马克思恩格斯文集》第1卷,人民出版社2009年版,第556页。
③ 《马克思恩格斯选集》第1卷,人民出版社1995年版,第243页。
④ 《马克思恩格斯文集》第1卷,人民出版社2009年版,第189页。

在敌视变革的保守态度。生产力的发展和城乡交往的频繁,使农民逐步摆脱地域和民族的狭隘性,培养出参与政治活动的意识和能力。正是在积极参与社会政治活动的过程中,农民由地域性的个人成长为更为全面的个人。其次,无产阶级要帮助农民利用闲暇时间,获得自由发展的机会。随着社会劳动生产率的提高,农民用以满足基本生存需要的劳动时间缩短,从而拥有了更多可供支配的闲暇时间。这些自由时间为农民的全面发展提供了广阔的空间,无产阶级可以充分利用农民的闲暇时间,促进农民精神生产的开发,使他们过上丰富多彩的精神生活。

二、中国共产党的农民教育思想

中国共产党在成立之初,与其他国家的共产党一样,将政治工作的重心放在城市,致力于组织工人进行革命运动。随着国内革命形势的发展,共产党在第一次国内革命战争失败后开始关注农民问题,意识到占据中国人口大多数的农民群体是革命取得成功必不可少的力量。此后,中国共产党将革命重心转入农村地区,认真思考中国革命与农民问题之间的关系,并进一步提出对广大农民进行革命动员,使其成为革命成功的重要保障的农民教育思想。通过一系列卓有成效的教育实践,共产党不仅与农民群体建立了紧密联系,使党的基层组织不断发展壮大,还在农村地区建立了革命根据地,并在全国范围内取得了革命的最后胜利。在此过程中,中国共产党逐步成长为一个成熟的马克思主义政党,在 1949 年完成了由革命性政党向执政党的转变;同时,随着对中国农民问题不断深入的探讨,中国共产党也借助对农民问题的探索,寻找到了解决中国革命与建设问题的切入点。建国之后,不论在社会主义建设时期,还是 1978 年之后的改革开放时期,中国共产党始终重视对农民教育问题的思考和探索,形成了前后相继的一系列农民教育的思想和观点。

(一) 关于农民教育的出发点

在不同的时空背景下,中国共产党根据不同的形势需要,对农民进行不同的解读,由此形成了农民教育不同的出发点。中国共产党成立之初,中国处于内外交困的民族危机中，如何动员全国力量进行革命斗争，成为革命的首要问题。中国共产党早期领导人对农民和农民教育问题在民主革命中的作用做了初步的分析和阐述，由此奠定了共产党在革命时期农民教育思想的理论基础。作为中国第一批共产主义运动领导人的李大钊较早认识到农民群体在中国革命运动中的地位和作用，在1919年发表的《青年与农村》一文中，他提出："我们中国是一个农国，大多数的劳工阶层就是那些农民。他们若是不解放，就是我们国民全体不解放；他们的苦痛，就是我们国民全体的苦痛；他们的愚暗，就是我们国民全体的愚暗；他们生活的利病，就是我们政治全体的利病。"① 因而，他认为农民的文化素质和政治觉悟直接决定中国革命的前途，青年知识分子必须重视以教育去提高农村的文化，启蒙农民的政治觉悟。随后，中国共产党早期领导人瞿秋白在参与和领导中国革命的斗争中，对农民和农民教育问题积极关注，提出了有关农民教育问题的见解，这些观点集中反映在他的《国民革命之农民问题》《农民政权与土地革命》以及为毛泽东《湖南农民运动考察报告》撰写的序言《湖南农民革命序》等论著中。特别在五卅运动后，瞿秋白根据革命运动的经验指出："除无产阶级自身而外，只有中国农民（及兵士）是革命里最有力、最伟大、最主要的同盟军，因为只有他们的民权主义的要求，是可以和无产阶级的社会主义的要求结合的。"② 因此，在瞿秋白的努力倡导下，中共"四大"在党的历史上首次阐明中国共产党在民主革命中的领导权，以及对农民运动进行教育和引导的重要意义："中国共产党与工人阶级要领导中国革命至于成功，必须尽可能地系统地鼓动并组织各地农民逐渐从事经济和政治的争斗，没有这种努力，我们希望中国革命成功以及在民族运动中取得领导地位，都是不可能的。"③ 中国共产党在随后几十年的奋斗中，始终将如何教育动员农民、与农民保持紧密的联系置于政党发展的首要位置。当然，针对不同时期的国内外形势、农民自身呈现出的不同特点，以及共产党不同时期的发展方针，农民

① 李大钊：《李大钊文集》上册，人民出版社1984年版，第648～649页。

② 瞿秋白：《瞿秋白选集》，人民出版社1985年版，第328页。

③ 中共四大党史编纂委员会：《中国共产党第四次全国代表大会》，中共党史出版社2004年，第59页。

教育的出发点也有所不同。从总体上回顾不同阶段中国共产党农民教育的现实出发点,是我们全面正确理解共产党农民教育思想的基础。

在民主革命时期,中国共产党对农民的教育主要从无产阶级革命需要出发,将农民视为共产党重要的革命同盟军,对其进行研究与动员。在中国共产党整个发展史上,较早关注农民教育问题并对其进行系统研究的是毛泽东。他在马克思主义农民理论指导下,借鉴和吸收近代启蒙学者的国民教育思想,同时结合自己早年在农村地区发动农民参与革命的实践经验,从对中国革命形势的分析与革命力量的探寻出发,不断深化对农民教育问题的认识。20 世纪 20 年代中期,毛泽东在考察湖南农民运动时,已经意识到蕴藏在农民身上的革命斗争性。在 1927 年撰写的《湖南农民运动考察报告》中,毛泽东描述了这种农民革命的伟大力量:“很短的时间内,将有几万万农民从中国中部、南部和北部各省起来,其势如暴风骤雨,迅猛异常,无论什么大的力量都将压抑不住。他们将冲决一切束缚他们的罗网,朝着解放的路上迅跑。”① 正是农民这种革命力量,使毛泽东认为中国革命的胜利需要仰赖于占据人口大多数、历史上向来处于底层的农民。因为物质上的极度贫困,特别是进入半殖民地半封建社会以来,生活状况陷入前所未有的困境使他们最倾向于革命,成为中国革命最坚定的依靠力量,“从秦朝的陈胜、吴广、项羽、刘邦……直至清朝的太平天国,总计大小数百次起义,都是农民的反抗运动,都是农民的革命战争。中国历史上的农民起义和农民战争的规模之大,是世界历史上所仅见的。在中国封建社会里,只有这种农民的阶级斗争、农民的起义和农民的战争,才是历史发展的真正动力”②。中国共产党在变化的革命形势中,意识到只有发动农民参加国民革命,中国的革命才有前途和希望。毛泽东在其著名的《国民革命与农民运动》的开篇就明确地强调这个观点:“农民问题乃国民革命的中心问题,农民不起来参加并拥护国民革命,国民革命不会成功;农民运动不赶速地做起来,农民问题不会解决;农民问题不在现在的革命运动中得到相当的解决,农民不会拥护这个革命。”③ 这种思

① 《毛泽东选集》第一卷,人民出版社 1991 年版,第 13 页。
② 《毛泽东选集》第二卷,人民出版社 1991 年版,第 625 页。
③ 《毛泽东文集》第一卷,人民出版社 1993 年版,第 37 页。

想随着毛泽东在中国共产党中领导地位的确立，普遍地被共产党人所接受，成为共产党领导民主革命重要的政治策略之一。然而，与农民在革命中的重要作用和地位不相符的是农民在文化素质和政治觉悟上的局限性。造成这种局限性的原因，除了小生产经济形式的制约、封建专制体制的压迫以及封建伦理关系的束缚之外，还因为农民自古以来就缺乏真正的教育与动员，正如毛泽东分析的："中国历来只是地主有文化，农民没有文化。可是地主的文化是由农民造成的，因为造成地主文化的东西，不是别的，正是从农民身上掠取的血汗。中国有百分之九十未受文化教育的人民，这个里面，最大多数是农民。"① 同时，农民群体作为中国共产党领导的革命军队的重要组成力量，其身上固有阶级意识的缺乏、小生产的分散性以及思想上的迷信与盲从等特点，还会影响革命队伍的纯洁性和先进性。因此，中国共产党意识到若想号召农民大众参与民主革命，并在革命中将农民群体改造为合格的无产阶级革命力量，就必须首先重视对其进行教育动员："动员了全国的老百姓，就造成了陷敌于灭顶之灾的汪洋大海，造成了弥补武器等等缺陷的补救条件，造成了克服一切战争困难的前提。"② 将农民由潜在的革命力量转变为革命可靠的同盟军和主力军，是中国共产党在民主革命时期农民教育思想的基本出发点。

1949 年中华人民共和国成立之后，中国共产党由革命性政党转变为执政党，肩负起建设新中国的严峻任务。在建国后近 30 年的社会主义建设探索时期，中国共产党的中心任务和指导思想发生了变化，农民教育的出发点也随之产生相应的变化。建国初期，中国共产党主要从巩固新生政权的需要出发，对农民教育问题进行全新思考，以期通过对农民大众的教育来树立新的政治秩序和道德规范。随着中国农民的角色定位由民主革命时期的革命同盟军向新中国的生产者和建设者转变，中国共产党主要考虑的问题是如何使占人口大多数的农民与共产党在政治和思想上保持一致，以此来巩固新生政权。因此，中国共产党在政治和文化方面对农民提出新的要求。首先，从政治上来讲，封建思想的束缚以及宗族势力的影响，使农民仍然存在对传统社会的依附心理，这些都不利于农民大众对

① 《毛泽东选集》第一卷，人民出版社 1991 年版，第 39 页。
② 《毛泽东选集》第二卷，人民出版社 1991 年版，第 480 页。

共产党所领导的新生国家政权产生认同与支持。因而,通过对农民进行意识形态的灌输和教育,是共产党在农村地区乃至全国范围内建立新的政治权威和政治秩序的必然要求。作为新中国成立之后共产党领导核心的毛泽东,坚信对农民的思想政治教育不仅能够塑造出具有政治觉悟的社会主义新人,还能够通过这种社会主义教育运动发挥制度的优越性。同时,毛泽东也意识到对农民的思想政治教育是一项长期的任务:"人民的觉悟不是容易的,要去掉人民脑子中的错误思想,需要我们做很多切切实实的工作。对于中国人民脑子中的落后的东西,我们要去扫除,就像用扫帚打扫房子一样。从来没有不经过打扫而自动去掉的灰尘。我们要在人民群众中间,广泛地进行宣传教育工作,使人民认识到中国的真实情况和动向,对于自己的力量具备信心。"① 其次,从文化上来讲,农民"由于长时期的封建阶级和资产阶级的统治,不识字,无文化,所以他们迫切要求一个普遍的启蒙运动,迫切要求得到他们所急需的和容易接受的文化知识和文艺作品"②。文化是服务于经济和政治的发展要求的,长期浸染在封建统治社会中的农民不可避免地存在一些思想意识和文化心理方面的缺点,这些对社会主义经济建设和政治巩固都十分不利。因此,中国共产党在建立新的国家之后,认为必须重视发展农民的文化教育,以此培养符合社会主义发展要求的劳动者。刘少奇在建国初期曾指出:"中国劳动人民的生活水平和世界许多先进国家比较起来,还是很低的。他们还很穷困,他们迫切地需要提高生活水平,过富裕和有文化的生活。这是全国最大多数人民最大的要求和希望,也是中国共产党和人民政府力求实现的最基本的任务。"③

随着土地改革的顺利完成,农村中出现了一些引起党和政府关注的现象。一是"李四喜现象"的产生。李四喜是贫雇农干部的一个典型,他在土改工作中十分积极,成为基层干部的代表。但是,土改完成之后,他就不愿意工作了,一心只想回家从事农业生产。"李四喜现象"反映出当时农村干部满足于"30 亩地一头牛,老婆孩子热炕头"的生活,不愿继续

① 《毛泽东选集》第四卷,人民出版社 1991 年版,第 1131 页。
② 《毛泽东选集》第三卷,人民出版社 1991 年版,第 862 页。
③ 《刘少奇选集》下卷,人民出版社 1985 年版,第 1 页。

从事革命工作的消极倾向。二是农村的中农化现象。土地改革后，分得田地的农民生产积极性大大提高，各阶层经济地位上升，出现了农村中农化的现象。以四川省资中县一个行政村为例，这个村共有 103 户，其中中农 74 户，占总数的 71.84%，除老中农 29 户外，佃富农变成中农 1 户；新中农 44 户，其中雇农上升 10 户，贫农上升 33 户，手工业者上升 1 户；中农中又有富裕中农 9 户，其中由中农上升的 5 户，由贫农上升的 4 户；贫农原有 46 户，现有 17 户，占总户数的 16.5%。① 这些新的变化显然和中国共产党领导的新民主主义革命要进一步向社会主义革命过渡的政治目标不相符合。以毛泽东为代表的共产党人认为，要克服农民的小农意识和私有观念，需不断地向他们灌输社会主义思想，引导农民走上合作化的道路，在社会主义的集体中对其进行根本改造。同时，从国家经济发展需要来看，为了在短时间内迅速恢复农业生产，为工业建设提供最大限度的农业剩余和资金积累，需要将农民组织起来，走集体化的发展道路。中国共产党在土改完成之后，面临的主要任务是通过经济发展将中国由一个落后的农业国家建设成为一个先进的工业国家。在 1945 年中共七大报告中，毛泽东就颇有预见性地提出中国农业必须有所进步，从其“古老的落后水平”提高到“现代化的水平”，以便为工业提供市场，“从而造成将农业国转变为工业国的可能性”。中国共产党发展农业经济的集体化思路，一方面源于学习苏联建立集体农庄以支持工业发展的经验，另一方面源于延安时期陕甘宁边区大生产运动的实践经验。毛泽东早在 1943 年《组织起来》的讲话中就充分肯定了这种经验，他指出：“在农民群众方面，几千年来都是个体经济，一家一户就是一个生产单位，这种分散的个体生产，就是封建统治的经济基础，而使农民自己陷于永远的穷苦。克服这种状况的唯一办法，就是逐渐地集体化；而达到集体化的唯一道路，依据列宁所说，就是经过合作社……只要是群众自愿参加（决不能强迫）的集体互助组织，就是好的。”② 中国农民长期的分散劳动和小生产的耕作方式会妨碍农业生产的集体化道路，毛泽东在《论人民民主专政》中提出：“严

① 史敬棠等编：《中国农业合作化运动史料》下册，三联书店出版社 1959 年版，第 274 页。

② 《毛泽东选集》第三卷，人民出版社 1991 年版，第 931 页。

重的问题是教育农民。农民的经济是分散的,根据苏联的经验,需要很长的时间和细心的工作,才能做到农业社会化。没有农业社会化,就没有全部的巩固的社会主义。"① 此时,中国共产党农民教育的出发点主要是引导分散的小农逐步转变到大规模集体经营的发展道路上来,从经济上巩固新生国家政权。

1957 年以后,随着农业社会主义改造的完成以及合作化运动的蓬勃发展,沿袭数千年的农民个体经济逐步转变为社会主义集体经济,这不仅带来了十分复杂深刻的社会变革,还使广大农民在思想上经历了巨大的转变,使之逐步接受和认同了社会主义思想。在中国共产党社会主义发展目标的激励下,农民们显得兴奋不已,一些地方的农民甚至超越共产党的设想,在合作化的道路上走得更远。加之后来党内斗争形势的扩大以及毛泽东对当时国内阶级斗争形势的判断,作为党内核心领导者的毛泽东对社会主义建设道路的认识与理解发生了一定程度的转变。毛泽东的这些转变不仅改变了整个中国社会的政治方向和思想氛围,还使农民教育运动经历了自 1957 年反右斗争扩大化开始至"文化大革命"结束,长达 20 多年的曲折道路。这一时期中国共产党农民教育思想鲜明而集中地体现在毛泽东 1955 年《关于农业合作比》一文中:"按照同样的自愿和互利的原则,号召农民进一步地联合起来,组织大型的完全社会主义性质的农业生产合作社。这些步骤,可以使农民从自己的经验中逐步地提高社会主义的觉悟程度,逐步地改变他们的生活方式,因而可以使他们较少地感到他们的生活方式的改变好像是突然地到来的。"② 不可否认,中国共产党这一时期的农民教育思想带有明显的主观倾向,经由民主革命的胜利,使共产党对教育这一组织号召农民的方式寄予很高的期望,坚信能够通过对包括农民在内的群众进行思想教育,改造他们的精神世界,凭借强大的主观意志和彻底的革命觉悟,克服经济发展中的物质障碍,获得预期的发展成果。这种明显带有唯意志论色彩的农民教育思想给社会主义探索时期的农民教育带来了很严重的负面影响,也是我们新时期思考农民教育问题需要着重关注的理论过程。

---

① 《毛泽东选集》第四卷,人民出版社 1991 年版,第 1477 页。

② 《建国以来毛泽东文稿》第五册,中央文献出版社 1991 年版,第 252 页。

1978年中国共产党召开十一届三中全会，结束了“文化大革命”以阶级斗争为纲的政治动员方式，把全党工作的着重点和全国人民的注意力转移到社会主义现代化建设上来。由此决定了新时期中国共产党农民教育思想出发点的转变。作为改革开放总设计师的邓小平根据自己对马克思主义指导思想的理解，以及对建国之后30年社会主义建设探索阶段经验的总结，提出重新认识和理解“什么是社会主义，怎样建设社会主义”这个重要的时代命题。回顾建国之后社会主义探索时期的农村发展，他曾说：“从一九五七年起，我们生产力的发展非常缓慢。拿农村来说，到一九六六年的十年间，农民的收入没有增长多少。虽然有一些地区的农民生活比较宽裕，但是多数地区的农民还处在贫困状态。如果按照社会主义的标准来要求，这是很不够的。”① “占全国人口百分之八十的农民连温饱都没有保障，怎么能体现社会主义的优越性呢？”② 通过对以往正反两方面建设经验的反思，他将实现社会主义现代化作为新时期社会主义建设的奋斗目标，从促进经济发展的角度来思考社会主义现代化建设的问题。从农村建设来讲，邓小平认为农业发展与农民致富是新时期社会主义建设的主要目标，以他为代表的中国共产党指导思想的改变，也使新时期农民教育的出发点发生了重大的调整与改变。在确立社会主义社会的发展目标后，邓小平从人口素质和中国建设的实际情况出发思考中国的现代化问题，认为社会现代化建设的关键和根本保证在于对人才的开发和利用：“我们要实现现代化，关键是科学技术要能上去。发展科学技术，不抓教育不行。靠空讲不能实现现代化，必须有知识，有人才。”③ 邓小平正是在现代化建设人才战略的意义上来思考和解决农民教育问题的，他明确提出：我们搞的现代化，是中国式的现代化，“在四个现代化前面有‘社会主义’四个字，叫‘社会主义四个现代化’”④。这说明中国现代化发展目标的实现对农民教育有两个要求：一是要建成与国际发展水平相一致的现代化国家，需要培养具有现代化素质的农业劳动者；二是中国现代

① 《邓小平文选》第三卷，人民出版社1993年版，第137~138页。

② 《邓小平文选》第三卷，人民出版社1993年版，第255页。

③ 《邓小平文选》第二卷，人民出版社1994年版，第40页。

④ 《邓小平文选》第三卷，人民出版社1993年版，第138页。

化道路的发展方向是社会主义，需要加强对农民的社会主义思想政治教育。首先，农民的文化素质偏低，未能达到社会主义现代化建设的人才要求，特别是在建国之后的社会主义建设时期，农民的文化、科技等基本生存技能都没有得到显著提高。据相关资料表明，截至十一届三中全会召开之前，全国4.9亿农村劳动力中，高中及以上文化程度的只占13%，而初中的仍占49%，小学及小学以下的占38%，其中基本不识字或识字很少的占7%。① 较低的文化素质制约农民在文化、科技等方面接受教育的水平和能力，因而对农民进行文化、科技素质的培训是新时期现代化建设的前提条件。其次，新时期仍然需要加强对农民的思想政治教育，这是坚持社会主义现代化建设方向的有力保证。“我们要建设的社会主义国家，不但要有高度的物质文明，而且要有高度的精神文明。所谓精神文明，不但是指教育、科学、文化（这是完全必要的），而且是指共产主义的思想、理想、信念、道德、纪律，革命的立场和原则，人与人的同志式关系，等等。”②

改革开放30多年的历程中，中国共产党始终在现代化发展战略思想指导下思考和解决农民教育问题。在这一问题上，历任领导人基本上延续了邓小平对农民教育思考的方向和思路。同时，共产党人也根据变化着的世情、国情和党情，对农民教育问题进行拓展性的思考，这些思想集中反映在2006年的一号文件《关于推进社会主义新农村建设的若干意见》中。与以往中国共产党农民教育思想的现实出发点不同，这一文件首次将农民置于新农村建设的宏观背景中，从农民自身的发展要求和实际需求出发，探讨农民教育对农民自身的意义与价值。不论在革命时期、建设时期，还是改革开放新时期，中国共产党对农民教育思考的出发点一直从革命战争需要、政权巩固需要或者是现代化经济发展需要等宏观层面进行考量，带有明显的“工具论”色彩。2006年之后，共产党农民教育的出发点出现明显的回归，开始从农民个人全面发展视角思考农民教育问题。虽然农民教育思想出发点的这种转变还处在不断发展变化中，但其中体现的农民教育态势已经颇为明显，成为当前思考农民教育问题新的

---

① 中国农业年鉴编辑委员会：《中国农业年鉴（2001）》，中国农业出版社2001年版。

② 《邓小平文选》第二卷，人民出版社1994年版，第367页。

出发点。

中国共产党从建党初期就开始关注农民教育问题，从某种程度上说，中国共产党领导人民进行革命、建设和改革的历史，就是中国共产党人探索和解决农民问题的实践史，也是中国共产党试图通过教育来解决与农民关系的历史过程。随着作为现代执政党的中国共产党的逐步成熟和完善，共产党的农民教育思想也在各个方面沿着不同的历史轨迹得以展开和深入。

（二）关于农民教育的原则及依靠力量

在不同历史时期，农民对于中国共产党领导的革命、建设和改革进程也有着不尽相同的现实意义，由此决定了共产党在不同时期农民教育原则和依靠力量的转变。所谓教育原则，是指教育主体为了达到相应的教育目标和效果，在对教育对象施加教育影响的过程中，遵循的指导方针和行为规范。根据不同时期农民教育重要性的演变，中国共产党农民教育原则也随之产生相应的变化。同时，中国共产党在民主革命中逐步确立了在农民教育中的主体地位，这一主体地位也是依靠不同时期具体的基层教育力量来实现的。因此，我们还需要依据不同时期的农民教育原则对实施教育的依靠力量进行梳理。

民主革命时期，农民教育的重要性表现在两个方面：一是农民作为无产阶级革命的重要力量，对其进行教育是中国共产党壮大革命队伍、保证革命胜利的前提条件；二是中国共产党是由农民组成的革命队伍，时刻保持对农民进行革命教育，是保证党的队伍先进性和战斗力的有效途径。因此，作为处于革命中的共产党对农民教育须遵循以下几个教育原则：

第一，明确中国共产党教育主体原则。明确共产党在农民教育中的主体地位，这一原则不仅贯穿于整个农民教育过程之中，还是共产党领导革命取得胜利的重要保证。近代中国，共产党作为革命领导力量，其自身的发展和壮大，与对农民教育的参与和领导密不可分。可以说，正是凭借对农民和农民教育问题的成功解决，共产党才得以在众多政治势力中脱颖而出，成为掌握中国革命命运和前途的政党力量。对农民群体而言，在自身物质条件和社会地位日益恶劣的情形下，只有接受代表其利益的共产党的政治动员，组织起来投身到革命之中，以此改变自身的生存状况，才能找到自我解放的现实途径。因此，始终坚持中国共产党对农民的教育动员和直接领导，是革命战争时期农民教育首先要遵循的原则。土地革命战争时期，由于农村地区缺乏共产党的组织，缺乏共产党对农民群众普遍的教育与动员，共产党没有很好地组织农民起来完成革命任务。因此，毛泽东认为，“革命战争的激烈发展，要求我们动员群众……把广大人民群众组织起来，并且教育他们，使战争得着新的群众力量”。在此过程中，要始终注意“去加强无产阶级的领导”①。由此可见，在革命斗争中，坚持共产党对农民运动和农民教育的领导地位是农民教育的首要原则。

第二，坚持教育农民为革命斗争服务原则。共产党在民主革命时期对农民进行教育动员主要围绕革命战争的需要出发，致力于将分散保守的农民塑造成具有阶级意识和革命斗志的政治力量。坚持教育农民为革命斗争服务这一原则主要经由两个步骤：首先是对农村中广大农民群体进行阶级分析。在共产党的历史上，毛泽东首次运用马克思主义阶级分析方法科学地引导全党树立阶级意识，区分农村中的不同阶级，并认为这是启发农民政治觉悟、动员农民起来革命的前提。早在 1925 年，毛泽东就深入农村地区对中国农民阶级作出了初步的划分，在《中国社会各阶级的分析》的开篇就提出：“谁是我们的敌人？谁是我们的朋友？这个问题是革命的首要问题。”② 由他根据农民群体各个阶层在民主革命中不同的政治态度和选择，确定不同的农民群体在革命中的作用和地位，并据此有针对性地展开农民教育活动。其次是对农民中的革命先锋力量进行政治动员。在阶级分析基础上，根据不同层次的农民在接受能力和觉悟程度上的差异性，进行不同形式的政治动员，是保证共产党教育农民为革命战争服务这一原则的关键步骤。“乡村中一向苦战奋斗的主要力量是贫民。从秘密时期到公开时期，贫民都在那里积极奋斗。他们最听共产党的领导。”③ 所以，共产党主要针对贫民这一革命先锋力量展开教育动员活动。毛泽东反复强调：“政治上动员军民的问题，实在太重要了。我们

① 《毛泽东选集》第一卷，人民出版社 1991 年版，第 119 页。
② 《毛泽东选集》第一卷，人民出版社 1991 年版，第 3 页。
③ 《毛泽东选集》第一卷，人民出版社 1991 年版，第 20 页。

之所以不惜反反复复地说到这一点，实在是没有这一点就没有胜利，没有许多别的必要的东西固然也没有胜利，然而这是胜利的最基本的条件。”① 在民主革命时期，共产党农民教育活动在阶级分析和政治动员的基础上，始终遵循教育为革命斗争服务这一政治原则。

第三，维护农民利益的群众路线原则。中国共产党在革命实践中逐渐认识到要发动农民投入革命斗争，首先必须满足他们的实际生活需求，将共产党反帝反封建的革命任务同农民的切身利益结合起来，形成从农民利益出发的群众路线原则。毛泽东在1934年发表的《关心群众生活，注重工作方法》中提出：“一切群众的实际生活问题，都是我们应当注意的问题。假如我们对这些问题注意了，解决了，满足了群众的需要，我们就真正成了群众生活的组织者，群众就会真正围绕在我们的周围，热烈地拥护我们。”② 这就需要使农民群众了解中国共产党是代表他们利益，并为他们的长远利益而奋斗的，因而拥护共产党提出的革命战争任务，接受共产党的政治号召，将革命推向全国，是农民群体最终实现自身利益的唯一途径。同时，在具体的教育动员工作中，要采取实际的工作方法而反对官僚主义的工作方法，采取耐心说服教育的方法而抛弃命令主义的工作方法，这就是维护农民利益的群众路线原则。在革命中教育农民，要从农民的实际情况出发，“只有代表群众才能教育群众，只有做群众的学生才能做群众的先生”③。维护农民利益的群众路线原则是共产党领导农民进行民主革命获得胜利的重要保证。

在上述教育原则指导下，共产党成功地动员农民广泛参与民主革命，实现教育农民为革命战争服务的目标。毫无疑问，中国共产党是农民教育的主体力量，直接从事对农民进行教育动员的革命任务。在具体教育实践中，共产党除了对自身组织进行完善与约束外，还依靠所领导的革命军队以及各地农民协会组织展开教育活动。

首先，共产党的组织完善是农民教育得以开展的前提。随着共产党对农民问题日渐深入的认识和自身组织力量的不断发展，中国共产党的

① 《毛泽东选集》第二卷，人民出版社1991年版，第513页。
② 《毛泽东选集》第一卷，人民出版社1991年版，第137页。
③ 《毛泽东选集》第三卷，人民出版社1991年版，第864页。

农民教育运动也在农村革命根据地广泛开展。对此,毛泽东不止一次地向全党强调:“没有一个全国范围的、广大群众性的、思想上政治上组织上完全巩固的、布尔什维克化的中国共产党,这样的任务是不能完成的。因此,积极地建设这样一个共产党,乃是每一个共产党员的责任。”① 借由共产党组织的建设及其在基层农村的发展壮大,党对农民教育的直接领导也逐渐深入,最终使农民群众广泛的组织力量“完全要靠党在乡村之中有扩大的支部组织,网罗全境,结合乡村贫民及苦力中最坚决最革命的分子”②。这不仅是将农民群众塑造成为革命中坚力量的组织保证,还为共产党自身完善提供了有利契机。其次,革命军队也是担负宣传与组织农民进行集中教育的力量。随着共产党对农民教育的深入,越来越多普通群众的政治觉悟和革命斗志被激发起来,他们积极要求加入共产党所领导的革命军队,奋起反抗中外反动势力的压迫。从某种程度上讲,农民“是中国军队的来源。士兵就是穿起军服的农民”③。因此,依靠不断壮大的革命军队对期望加入组织的农民进行思想政治教育,这是不可忽视的教育力量。邓小平在《动员新兵及新兵政治工作》中指出:“在部队中,应动员老战士,提倡友爱精神,发动老战士帮助新战士学习军事和政治……采取更多的教育说服方式,推动新战士自觉地遵守纪律,努力学习。”④ 同时,还需要注意革命军队对周边农民进行教育动员的作用,在1929年《关于纠正党内的错误思想》中,毛泽东明确指出:“红军决不是单纯地打仗的,它除了打仗消灭敌人军事力量之外,还要负担宣传群众、组织群众、武装群众、帮助群众建立革命政权以至于建立共产党的组织等项重大的任务。红军的打仗,不是单纯地为了打仗而打仗,而是为了宣传群众、组织群众、武装群众,并帮助群众建设革命政权才去打仗的,离了对群众的宣传、组织、武装和建设革命政权等项目标,就是失去了打仗的意义,

① 《毛泽东选集》第二卷,人民出版社 1991 年版,第 652 页。

② 中央档案馆:《中共中央文献选集》第 3 册,中共中央党校出版社 1989 年版,第 461 页。

③ 《毛泽东选集》第三卷,人民出版社 1991 年版,第 1078 页。

④ 《邓小平文选》第一卷,人民出版社 1994 年版,第 6 页。

也就是失去了红军存在的意义。”① 最后，依靠各地农民协会进行革命宣传与组织。毛泽东在《湖南农民运动考察报告》中对共产党在各地领导的农民协会对农民教育的重要作用做了深入分析：“政治宣传的普及乡村，全是共产党和农民协会的功绩。很简单的一些标语、图画和讲演，使得农民如同每个都讲过一下子政治学校一样，收效非常之广而速……有农会的地方普遍地举行了政治宣传，引动了整个农村，效力很大。”② 以农会为代表的基层群众组织是抗战时期农民教育主体的重要补充，邓小平在1943年《根据地建设与群众运动》中，就群团组织的教育作用做过相关论述：“今后的群众运动，应做到由群众团体特别是农会去出面领导，党务工作干部、军事工作干部去从事群众运动时，可以群众团体面目出现，或经过群众团体的介绍。只有这样，才能培养起群众自身的组织观念，培养群众团体的威信，也只有这样，才能培养出群众的领袖。”③

1949年建国后的社会主义建设时期，农民教育的重要性表现在经济、政治和文化三个方面对巩固新生政权的群众基础的作用上。经济方面，共产党领导的新民主主义革命向社会主义革命过渡，需要通过教育将农民组织起来，完成农业机械化和集体化的建设任务。政治方面，需要克服农民自身的狭隘性与落后性，和对传统封建势力的依附性，通过现代教育从而获得对共产党所领导的新生政权的政治认同与支持。文化方面，基于自给自足小生产基础上的农民愚昧无知，需要对其进行文化教育和现代知识普及。因此，根据中国共产党在建国后各方面的建设需要，农民教育需遵循以下两点原则：

第一，教育与生产相结合的原则。新中国建立后，共产党由革命性的政党转变为执政党，担负起国家经济建设的重任，这就要求农民教育原则发生相应的转变，为广大农民适应新的建设形势提供教育方向。解放战争行将胜利之际，毛泽东在《在晋绥干部会议上的讲话》中就提出：“在任何地区，一经消灭了封建制度，完成了土地改革任务，党和民主政府就必须立即提出恢复和发展农业生产的任务，将农村中的一切可能的力量转

---

① 《毛泽东选集》第一卷，人民出版社1991年版，第86页。
② 《毛泽东选集》第一卷，人民出版社1991年版，第35页。
③ 《邓小平文选》第一卷，人民出版社1994年版，第73页。

移到恢复和发展农业生产的方面去，组织合作互助，改良农业技术，提倡选种，兴办水利，务使增产成为可能。"① 这预示着中国共产党农民教育方针随着由革命时期转入建设时期而发生相应的转变，为了服务于新生政权的经济建设，首先应采取教育与生产相结合的原则。在抗战时期陕甘宁边区的建设中，中国共产党首次提出了在农民教育中教育与生产相结合的原则，用以克服战时经济困难，强调"各级党政军机关学校一切领导人员都须学会领导群众生产的一全套本领。凡不注重研究生产的人，不算好的领导者……争取男女老幼和游民分子一律参加生产，培养干部，教育群众"②。建国后，以毛泽东为代表的共产党继续发展这一教育原则。1958 年 9 月，毛泽东在最高国务院会议上提出："几千年来，都是教育脱离劳动，现在要教育劳动相结合，这是一个基本原则……中心问题是教育劳动相结合。"③ 同年 8 月，毛泽东在《对中央关于教育工作指示草案的批语》中也指出："党的教育方针，是教育为无产阶级政治服务，教育与生产劳动相结合。"④

第二，尊重农民意愿的教育原则。中国共产党在农民教育中一贯强调尊重农民意愿的教育原则。毛泽东在 1944 年《文化工作中的统一战线》一文中，对这一教育原则进行了总结，其中指出："必须联系群众，而不要脱离群众。要联系群众，就要按照群众需要和自愿。一切为群众的工作都要从群众的需要出发，而不是从任何良好的个人愿望出发。有许多时候，群众在客观上虽然有了某种改革的需要，但在他们的主观上还没有这种觉悟，群众还没有决心，还不愿实行改革，我们就要耐心地等待；直到经过我们的工作，群众的多数有了觉悟，有了决心，自愿实行改革，才去实行这种改革，否则就会脱离群众。"⑤ 建国之后，在农业合作化运动中，毛泽东多次强调尊重农民意愿的教育原则："我们对于一切暂时还不想加入合作社的人，即使他们是贫农和下中农也罢，要有一段向他们进行教育的

---

① 《毛泽东选集》第四卷，人民出版社 1991 年版，第 1316 页。
② 《毛泽东选集》第三卷，人民出版社 1991 年版，第 911 ~912 页。
③ 《建国以来毛泽东文稿》第七册，中央文献出版社 1992 年版，第 396 页。
④ 《建国以来毛泽东文稿》第七册，中央文献出版社 1992 年版，第 356 页。
⑤ 《毛泽东选集》第三卷，人民出版社 1991 年版，第 1012 页。

时间，要耐心地等待他们的觉悟，不要违反自愿原则，勉强地把他们拉进来。”① 1955 年合作化高潮时期，虽然毛泽东一再强调尊重农民意愿的教育原则，但实质上共产党在各地农民教育实践中已经走向偏离农民自愿这一原则。

农业社会主义改造完成后，中国共产党在主观上认为我国社会生产力已经取得相当大的发展，随即可以通过农业合作化、“大跃进”以及人民公社化等一系列政治运动迈向社会主义建设道路，促进国家的全面发展。在这种急于求成的“左”倾思想指导下，共产党的农民教育原则也出现了全面改造农民思想意识的教育革命倾向，其主要表现是片面强调人的主观意志和精神力量的作用，认为只要通过对普通农民群众进行社会主义思想意识的教育和塑造，就能超越社会生产力的发展阶段，促使整个国家由社会主义过渡到共产主义。在“一大二公”的人民公社体制中，共产党对农民的教育被拔高到政治路线的高度，不仅违背经济发展规律，阻碍生产力的实际发展，给农村发展和农民生活造成巨大损失，还严重损害农民教育工作的科学性和权威性，使农民思想政治教育工作误入歧途。虽然在 1960 年前后中国共产党迫于现实发展的困境，不得不对农民教育原则进行反思和调整，但十年“文化大革命”时期，在“无产阶级专政下继续革命的理论”指导下，特别是在“四人帮”的大鸣、大放、大字报、大辩论的冲击下，农民教育完全违背中国共产党一贯坚持的实事求是的教育方针，形成了对农民全面改造的教育畸形化态势。

随着中国共产党党组织在全国范围内的发展和在基层农村的壮大，延伸至基层农村的党组织成为建国后农民教育的主体。除此之外，由中国共产党直接领导的群团组织，成为农民教育不可或缺的协助力量。一方面，各级党组织随着共产党在全国范围内国家政权的层层延伸，不断向基层农村发展，成为社会主义建设时期农民教育的主体。民主革命时期，基于对农民成功的教育和动员，中国共产党得以在革命中取得最终的胜利，逐步成熟的共产党建立了从中央到地方的政权组织。在向基层农村延伸组织力量的过程中，共产党通过不断吸收新的党组织成员获得组织

① 《毛泽东文集》第六卷，人民出版社 1999 年版，第 428 页。

发展,这一组织建构过程始终伴随着对新近纳入农民群体的思想政治教育和组织规范培养。经由党组织层层严密考察并吸收的农民出身的党员干部成为社会主义建设时期党在基层农村主要依靠的教育主体。在土地改革、合作化和人民公社等一系列政治运动中,共产党依靠上级机关向农村基层派驻的共产党员工作组和基层农村发展起来的党组织一同主导农民教育。毛泽东在《关于农业合作化问题》中集中论述了这种政治安排:"必须由上面派出大批经过短期训练的干部,到农村中去指导和帮助合作化运动;但是由上面派下去的干部也要在运动中才能学会怎样做工作。"①同时,他还强调:"不论建社工作和整社工作,都应当以乡村中当地的干部为主要力量,鼓励和责成他们去做;以上面派去的干部为辅助力量,在那里起指导和帮助的作用,而不是去包办代替一切。"② 另一方面,共产党领导下的群团组织伴随着共产党组织的发展,也在农村地区广泛发展起来,成为农民教育不可缺少的协助力量。共产党组织在基层的发展壮大,引领大批群团组织的建立,主要包括妇女组织、共青团、少先队和民兵组织等。这些群众自发组织在共产党的政治领导下逐步壮大,成为党领导和教育不同农民群体的重要力量。早在抗战期间,邓小平就对群团组织的教育作用做过精辟的总结:"群众团体的责任是在党的政治领导之下,独立地去进行发动、组织与教育群众的工作,把群众的认识提高到政治斗争武装斗争阶段,使群众形成一个自觉自为的阶级力量,去与地主资产阶级实行统一战线而又巩固统一战线,诱导群众执行政府的革命法令,号召群众参加与拥护革命军队并把自己武装起来加入民兵。"③ 这些群团组织在新中国成立后获得了极大的发展空间,进而成为基层农村地区农民教育的积极力量。

改革开放后,党和政府确立了实现社会主义现代化的发展目标,农民教育的作用更加凸显。首先是为国家现代化建设培养合格的农业人才,"我们要实现现代化,关键是科学技术要能上去。发展科学技术,不抓教

---

① 《建国以来毛泽东文稿》第五册,中央文献出版社 1991 年版,第 243 页。
② 《建国以来毛泽东文稿》第五册,中央文献出版社 1991 年版,第 235 页。
③ 《邓小平文选》第一卷,人民出版社 1994 年版,第 66 页。

育不行。靠空讲不能实现现代化,必须有知识,有人才"①。其次是服务于国家的发展和社会的稳定。邓小平曾表示:"改革首先是从农村做起的。因为中国人口的百分之八十在农村,如果不解决这百分之八十的人的生活问题,社会就不会是安定的。工业的发展,商业和其他的经济活动,不能建立在百分之八十的人口的贫困的基础上。"② 1980年,邓小平在《关于农村政策问题》一文中还指出:"中国有百分之八十的人口住在农村,中国稳定不稳定首先要看这百分之八十稳定不稳定。城市搞得再漂亮,没有农村这一稳定的基础是不行的。"③ "农村不稳定,整个政治局势就不稳定。"④ 对农村居民进行思想政治教育是实现国家发展和社会稳定的重要途径。最后是致力于社会主义精神文明建设。改革开放之后党和政府将工作重心转向经济建设,同时也强调精神文明建设与物质文明建设具有同等重要的地位,邓小平特别强调:"不加强精神文明的建设,物质文明的建设也要受破坏,走弯路。光靠物质条件,我们的革命和建设都不可能胜利。"⑤ 由此可见,改革开放新时期,在现代化目标的指导下对农民教育提出了更高、更全面的要求,中国共产党的农民教育原则也发生了相应的变化,体现为:

第一,以事实进行教育原则。在建国后的社会主义建设时期,共产党领导并教育农民进行社会主义建设,由于对社会主义内涵理解上的偏差,造成党和政府在新中国成立后经历了一段曲折的建设道路。在对历史的深刻反思中,邓小平认识到要开辟一条具有中国特色的现代化道路,必须解放思想、实事求是,在正确认识"什么是社会主义,怎样建设社会主义"这一根本问题基础上,坚持以客观事实对农民进行教育的原则。首先,要充分尊重农民意愿,正视农民的积极性和创造力。早在1962年,邓小平在《怎样恢复农业生产》中就提出:"生产关系究竟以什么形式为最好,恐

① 《邓小平文选》第二卷,人民出版社1994年版,第40页。

② 中共中央文献研究室:《邓小平思想年谱(1975—1997)》,中央文献出版社1998年版,第315页。

③ 《邓小平文选》第三卷,人民出版社1993年版,第65页。

④ 《邓小平文选》第三卷,人民出版社1993年版,第237页。

⑤ 《邓小平文选》第三卷,人民出版社1993年版,第144页。

怕要采取这样一种态度，就是哪种形式在哪个地方能够比较容易比较快地恢复和发展农业生产，就采取哪种形式；群众愿意采取哪种形式，就应该采取哪种形式，不合法的使它合法起来。”① 其次，针对部分农民群众对改革开放政策持有怀疑态度，邓小平认为应该强调大力发展社会主义生产力，调整社会主义生产关系，使农民群众在发展中实现自身的物质利益和自主权利，从而在发展的事实中获得社会主义现代化的教育。对此，他提出：“既然搞的是天翻地覆的事业，是伟大的实验，是一场革命，怎么会没有人怀疑呢？即使在主张和提倡改革的人当中，保留一点怀疑态度也有好处。处理的办法也一样，就是拿事实来说话，让改革的实际进展去说服他们。”② 最后，在强调经济发展事实的同时，不能忽视对农民进行思想政治教育。“在工作重心转到经济建设以后，全党要研究如何适应新的条件，加强党的思想工作，防止埋头经济工作、忽视思想工作的倾向。”③

第二，农民教育为现代化建设服务原则。改革开放新时期，党和政府确立了社会主义现代化的发展目标，农民教育原则也相应地体现出为现代化建设服务的导向。邓小平曾指出：“劳动者只有具备较高的科学文化水平，丰富的生产经验，先进的劳动技能，才能在现代化的生产中发挥更大的作用。”④ 在现代化目标指导下，农民教育在各个方面都体现出新的要求。在经济上，让农民富起来，切实保障农民的经济利益成为农民教育的物质基础。重新正视并尊重农民的致富愿望是在现代化建设目标指导下开展农民教育的前提。邓小平曾明确指出，贫穷不是社会主义，落后也不是社会主义，“不讲多劳多得，不重视物质利益，对少数先进分子可以，对广大群众不行，一段时间可以，长期不行……革命是在物质利益的基础上产生的，如果只讲牺牲精神，不讲物质利益，那就是唯心论”⑤。在政治上，下放更多管理权力给基层单位组织和农民个人，促使农民在自我管理、自我教育中培养民主法制精神。邓小平曾多次强调党和政府要给予

① 《邓小平文选》第一卷，人民出版社 1994 年版，第 323 页。
② 《邓小平文选》第三卷，人民出版社 1993 年版，第 156 页。
③ 《邓小平文选》第三卷，人民出版社 1993 年版，第 48 页。
④ 《邓小平文选》第二卷，人民出版社 1994 年版，第 88 页。
⑤ 《邓小平文选》第二卷，人民出版社 1994 年版，第 146 页。

农民更多的自主权利,“要切实保障工人农民个人的民主权利,包括民主选举、民主管理和民主监督”①。这是在现代化建设目标指导下开展农民教育的有力保障。在文化上,重视对农民进行思想政治教育在农业发展和农村建设中的重要作用。“我们要提倡精神文明,在这方面我们有自己的传统,要教育我们的后代有理想,有道德,讲礼貌,守纪律,要艰苦奋斗。我们国家的每个人包括娃娃都要有爱国主义精神,有民族自尊心,这与实现四个现代化是密切相联的。”② 农民群体在精神文化上的提升是现代化建设目标指导下开展农民教育的最终归宿。

第三,统筹城乡思考和解决农民教育问题的原则。随着改革开放的深入,中国在21世纪初总体上已进入小康社会,然而不得不面对的困境是城乡之间发展差距拉大,农村地区持续发展动力不足,“三农”问题凸显,制约中国整体现代化建设水平。针对远远落后于城市和工业发展速度的农村和农业这一现实瓶颈,党的十六届三中全会通过的《中共中央关于完善社会主义市场经济体制若干问题的决定》中第一次正式提出了“统筹城乡发展”的思想,这也成为新时期党和政府思考和解决农民教育问题的重要原则。十六大以后,党和政府尝试突破以往在城乡二元现实格局中仅仅局限于农村社会思考农民教育的指导原则,着眼于将城乡发展相结合,在保障农民合理流动于城乡之间这一思路指导下,统一规划农民教育问题。温家宝在2003年全国农村教育工作会议上的讲话中指出,谁能享受良好的义务教育,谁就能获得更多的发展机会,否则就难以融入现代社会。特别是在欠发达的中西部地区,摆脱经济贫困首先必须改变教育落后。“今天的辍学生,就是明天的贫困户”,这是农民群众从现实生活中得出的结论。目前我国城乡之间、地区之间经济社会发展水平存在明显差距,一个重要原因就是农村和欠发达地区广大群众受教育水平和接受教育机会明显落后于城市和发达地区。我们要缩小教育差距,促进城乡之间、地区之间的协调发展,就必须大力发展农村和欠发达地区的教育。

进入改革开放新时期,在统筹城乡思考和解决农民教育问题原则的

① 《邓小平文选》第二卷,人民出版社1994年版,第146页。

② 中共中央文献研究室:《邓小平思想年谱(1975—1997)》,中央文献出版社1998年版,第215页。

指导下，农民教育主体也得到了扩展和充实：一是依靠基层党组织。遍布农村地区的基层党组织始终是农民教育依靠的主体力量，在广大地区发挥着教育堡垒的作用。邓小平在改革开放之初就提出基层党员干部是沟通政府部门和普通农民之间的桥梁，需要向农民群众及时传递政策信息："群众关心的实际问题和时事政策问题，各级领导一定要经常据实讲解，告诉大家客观的情况以及党和政府所作的努力，并且对群众所反映的不合理现状及时纠正。"① 进入21世纪，党和政府先后出台了7个指导"三农"工作的中央"一号文件"，在不同层面上强调基层党组织在农民教育中的主体地位。2006年出台的《关于推进社会主义新农村建设的若干意见》提出，不断增强农村基层党组织的战斗力、凝聚力和创造力。充分发挥农村基层党组织的领导核心作用，为建设社会主义新农村提供坚强的政治和组织保障。不仅如此，2010年一号文件还首次强调了基层农村党组织的人员配备要求："提高村党组织带头人队伍素质，注重从转业退伍军人、务工回乡青年、致富能手等党员中选拔村党组织书记。"由此，从组织上保证了农民教育的实际效果。二是依托基层村民自治组织。村民自治组织是20世纪80年代继人民公社的解体而出现的农村基层组织形式，随着1998年《村民委员会组织法》的颁布实施，已成为农村基层正式的组织单位。1994年，中共中央召开全国农村基层组织建设会议，明确提出要完善村民选举、村民议事等制度，并最终形成对村民委员会的定位，即为村民自我管理、自我教育、自我服务的基层群众性自治组织。至此，村民自治组织成为在民主实践中教育引导农民树立民主法治观念的重要力量。当然，这一教育主体力量的发挥还需要农民自我教育的配合。

（三）关于农民教育的目标及内容

不同历史时期，基于不同的现实出发点，共产党对农民进行教育的目标不尽相同。自民主革命时期起，先后经历了农民革命化到农民集体化，再到农民现代化的教育目标转换。同时，根据中国共产党农民教育目标的转变，农民教育内容的侧重点也发生相应的变化，由片面强调思想政治

---

① 《邓小平文选》第三卷，人民出版社1993年版，第144页。

教育到重视文化科技教育，再到加强社会主义市场经济条件下的文化道德教育。

民主革命时期，共产党的中心任务是将农民动员起来，参加反帝反封建的革命斗争，农民革命化成为中国共产党教育农民的目标。毛泽东对此做过精辟分析："我们现在的中心任务是动员广大群众参加革命战争，以革命战争打倒帝国主义和国民党，把革命发展到全国去，把帝国主义赶出中国去。谁要是看轻了这个中心任务，谁就不是一个很好的革命工作人员。"① 早在1926年，陈云也做过相同的分析："以农立国的中国，占全国人口百分之八十强的农民，是民族运动中唯一大主力。农民不参加运动，中国革命鲜有希望。"② 近代中国处于民族危机之中，共产党领导农民进行的革命斗争，首先要通过教育动员，将农民由潜在的革命力量转变为积极投身于革命的阶级力量。"在发动与组织群众中注意群众的政治教育，在发动与组织任务完成之后，应将重心转入教育群众，把群众运动提高到民主政治和武装斗争的阶段，使群众形成一个自为的阶级力量，去参加统一战线，去参加群众性的游击战争，以巩固既得的政治经济权利"③。

针对农民革命化的教育目标，中国共产党对农民进行教育的内容作出详细的论述，这些论述主要反映在毛泽东的《新民主主义革命》一文中："革命文化，对于人民大众，是革命的有力武器。革命文化，在革命前，是革命的思想准备；在革命中，是革命总路线中的一条必要和重要的战线。"在民主革命时期，这种革命的文化集中表述为民族的、科学的、大众的文化，主要包括对农民进行以下几方面的教育：

第一，政治思想教育。政治思想教育是农民教育的首要任务。毛泽东认为："如此伟大的民族革命战争，没有普遍和深入的政治动员，是不能胜利的。抗日以前，没有抗日的政治动员，这是中国的大缺陷，已经输了敌人一着。"④ 经由民主革命不同时期的战争洗礼，共产党不断发展壮

① 《毛泽东选集》第一卷，人民出版社1991年版，第136页。

② 《陈云文选》第一卷，人民出版社1995年版，第2页。

③ 《邓小平文选》第一卷，人民出版社1994年版，第68页。

④ 《毛泽东选集》第二卷，人民出版社1991年版，第480页。

大，逐渐意识到对农民群众进行政治思想教育，使他们由自给自足的小生产者转化为无产阶级革命的同盟军、主力军，对于党所领导的民主革命取得胜利至关重要。正如毛泽东在《论联合政府》中总结的那样："掌握思想教育，是团结全党进行伟大政治斗争的中心环节。如果这个任务不解决，党的一切政治任务是不能完成的。"① 对农民的政治思想教育有两重含义：一方面，通过对农民群体的政治动员，启发民众的爱国主义热情，唤起民众团结一致反抗侵略的觉悟，实现民族的解放和独立；另一方面，通过对农民群体的政治教育，将共产党在革命时期形成的新民主主义政治文化灌输给广大农民群体，借以训练农民的政治素质和参政能力，吸引民众积极参与和支持农村革命根据地的民主建设。

第二，文化教育。文化教育是农民教育开展的重要基础。中国的农民长期处于封建压迫之下，目不识丁，落后愚昧。文化素质的低下，严重地阻碍了农民群众参与革命斗争的决心和意志。共产党期望通过对农民进行教育动员，将他们组织起来，就不得不重视对农民的文化教育。只有农民在文化知识上有所进步，才能使他们在政治思想、科技知识、军事思想等方面的教育顺利开展。文化教育是共产党对农民进行全方位教育的基础。1933 年 9 月，毛泽东领导下的中华苏维埃共和国临时中央政府发布了《关于教育工作》的训令，其中特别强调："文化工作在整个苏维埃运动中占着极重要的位置……加紧教育工作来提高广大群众的政治文化水平，启发群众的阶级觉悟，并培养革命的新后代，应成为目前我们最主要的战斗任务之一。"② 由此可见，毛泽东历来重视解决农民文化教育的基本途径——普及文化的扫盲运动。这种教育方式主要是结合农民生产生活实际的识字活动、冬学运动等方式对农民进行文化教育，联系实际教授给农民签名字、看契约、算账目、定生产计划等实际知识。抗日战争时期，毛泽东还在陕甘宁边区发出要使边区老百姓每一个人至少识一千字的号召。针对农民文化素质进行的扫盲教育在农村地区以不同方式展开，成为共产党农民教育进一步深入的重要基础。

---

① 《毛泽东选集》第三卷，人民出版社 1991 年版，第 1094 页。

② 腾纯、轩辕轲、蒋伟志：《毛泽东教育活动纪事》，湖南教育出版社 1993 年版，第 102 页。

第三，军事教育。军事教育是农民教育的重要一环。对农民进行军事教育的内容与共产党革命抗战时期的主要任务密不可分。自近代鸦片战争以来，农民作为中华民族的一分子，不得不面对连年的战乱纷扰，成为帝国主义侵略战争的受害者，他们只有联合起来、奋起反抗，才能摆脱受压迫受奴役的悲惨地位。此外，共产党领导的民主革命同样需要农民作为革命军队的主要来源参与抗战，共同抵抗外来侵略的迫害。因此，有必要对农民进行军事思想和军事技能的教育，使他们成为共产党领导的无产阶级革命军队的主要力量，在反帝反封建的斗争中获得自我解放。一是用无产阶级军事思想武装农民，激发农民的革命热情，向农民灌输奋起反抗的革命思想。"首先是把战争的政治目的告诉军队和人民。必须使每个士兵每个人民都明白为什么要打仗，打仗和他们有什么关系。抗日战争的政治目的是'驱逐日本帝国主义，建立自由平等的新中国'，必须把这个目的告诉一切军民人等，方能造成抗日的热潮，使几万万人齐心一致，贡献一切给战争。"① 二是向农民传授实际的军事技能。邓小平在抗战时期曾指出，"由于过去对民众缺乏民族的教育特别是抗日的教育，甚至在抗战爆发后，这一重大的工作，依然表现着异常的不够"②。对此，毛泽东也做过相应的分析："我们的兵，昨天入伍今天就要打仗，简直无所谓训练。军事技术太差，作战只靠勇敢。"③ 由于共产党领导的革命军队绝大部分是由各地的农民组成的，因而提高广大农民的军事技能是革命胜利的重要保障。在第一次国内革命战争时期，毛泽东就强调："没有健强的体力，就有万分的革命精神和意愿也无从施用；没有良好的射击技术，就不能在战场上杀伤多数敌人，而自己也就多受损失。"因此，加强身体锻炼和提高射击技术等军事技能的训练是"军事训练的第一要着"④。

社会主义建设时期，服务于建国以后中国社会主义的建设和发展，农民教育的目标是将农民塑造成社会主义新人，使他们在党的领导下走上

---

① 《毛泽东选集》第二卷，人民出版社 1991 年版，第 481 页。

② 《邓小平文选》第一卷，人民出版社 1994 年版，第 1 ~ 2 页。

③ 《毛泽东选集》第一卷，人民出版社 1991 年版，第 64 页。

④ 《毛泽东军事文集》第一卷，军事科学出版社、中央文献出版社 1993 年版，第 150 页。

社会主义集体化道路。针对这一需要，毛泽东认为必须把广大农民群众培养成为毫不利己、专门利人，有思想、求奋斗、轻物欲、绝私利的全面发展的新人。新中国成立后，农民作为社会主义的建设者和农业生产劳动力的供给者，党和政府对其在思想意识和文化素质等方面都提出了更高的要求。刘少奇说："当着群众已经发动，并已初步组织起来和达到基本的经济要求之后，就应把对群众的教育工作提到第一位。"① 在新生国家政权中，共产党需要努力"训练人民成为新的公民"②。1957 年，毛泽东在《关于正确处理人民内部矛盾的问题》讲话中对农民教育目标作出具体阐述："我们的教育方针，应当使受教育者在德育、智育、体育几方面都得到发展，成为有社会主义觉悟的有文化的劳动者。"③ 这一教育目标主要有以下几个标准：一是作为社会主义新人，首先要具备社会主义觉悟，认同党和政府确立的社会主义奋斗目标和发展道路，并在实际生产和生活中拥护党和政府的政策方针；二是作为普通的劳动者，只有具备相应的文化素质和科学技能，才能为社会主义建设贡献自身力量；三是作为新中国的公民，要在德、智、体等方面得到全面的发展与提升。

社会主义改造完成后，在全面建设社会主义的指导思想下，党和政府的农民教育目标具有明显的政治倾向，期望通过一系列的政治运动和意识形态教育将农民塑造成思想上、政治上和文化上都具有社会主义政治觉悟的新人，成为一系列政治运动的积极支持者和参与者。因此，这一时期的农民教育内容主要是对农民进行各个方面的思想政治教育，同时辅以文化教育和科学技能培养。

首先是思想政治教育。对农民进行思想政治教育的目的在于唤醒农民群众的阶级意识，促使他们投身于改变自身命运的革命与建设中。毛泽东在《新民主主义论》中针对农民思想政治教育的转变提出自己的设想："当作国民文化的方针来说，居于指导地位的是共产主义的思想，并且我们应当努力在工人阶级中宣传社会主义和共产主义，并适当地有步骤地用社会主义教育农民及其他群众。但整个的国民文化，现在也还不是

① 《刘少奇论教育》，教育科学出版社 1998 年版，第 29 页。
② 《刘少奇论教育》，教育科学出版社 1998 年版，第 26 页。
③ 《建国以来毛泽东文稿》第六册，中央文献出版社 1992 年版，第 340 页。

社会主义的。”① 新中国成立后，根据社会主义革命的发展要求，党和政府逐步开展对农民的社会主义思想启蒙教育。这一时期，刘少奇认为对农民进行思想政治教育，首先应当提高农民群众的政治觉悟程度，以巩固党的群众基础，然后才是提高农民群众的文化水平。如果能在深入的教育工作中吸引广大农民群众，“使他们不论在什么困难的情况下都跟随我们走，那我们就成为不可战胜的力量”②。因此，党和政府对农民的思想政治教育主要包括：一是加强对党和国家的认同教育。中国广大农民长期处于传统家族共同体的人身束缚和思想压迫中，缺乏对现代政党和国家政权的政治认同，这与共产党致力于建设新生国家政权的愿望不符。此外，中国的农民长期处于小生产的传统束缚中，普遍存在小农意识和落后观念，这与当时党和政府所确立的社会主义农业合作化集体化道路不相符合。因而，有必要对农民进行政治认同教育，使他们摆脱原有的地方认同而获得对现代国家的政治认同。同时，使他们意识到社会主义集体化道路的重要性和必要性。对此，各级党组织采取了多种教育方式，通过土地改革、抗美援朝、镇反运动等一系列思想政治活动，培养农民的阶级意识和爱国思想。党中央还明确要求：“乡村党的组织在农业生产合作社的工作，必须善于联系社员的实际生活，不断在社会中进行关于社会主义（没有人剥削人，而使大家富裕起来）和资本主义（最少数人剥削最大多数人，而使大家富裕起来）两条新旧不同道路的教育。”③ 二是加强集体主义教育。土改完成后，各地农村地区出现了中农化和两极分化的发展趋势。为防止农民两极分化，发展农业集体化，毛泽东认为：“全国大多数农民，为了摆脱贫困，改善生活，为了抵御灾荒，只有联合起来，向社会主义大道前进，才能达到目的。”④ 不仅如此，毛泽东认为从长远上解决农村和农民问题的最佳途径，就是将农民组织起来，变个体经济为集体经济，以集体化方式实现共同发展。在随后开展的合作化运动中，基层农村出

① 《毛泽东选集》第二卷，人民出版社 1991 年版，第 704 页。

② 《刘少奇论教育》，教育科学出版社 1998 年版，第 31 页。

③ 黄道霞：《建国以来农业合作化史料汇编》，中共党史出版社 1992 年版，第 172 页。

④ 《建国以来毛泽东文稿》第五册，中央文献出版社 1991 年版，第 246 页。

现了一些值得注意的问题,部分贫农被排挤入社,一些中农在申请入社中利益受损,被迫退社。这些情况严重影响到党和政府所领导的农业集体化发展道路。为此,党中央在《关于发展农业生产合作社的决议》中指出:"教育社员把个人利益和集体利益即国家利益结合起来……教育社员加强劳动纪律和互相团结(特别是关于贫农和中农的团结,关于新老社员的团结);教育社员成为遵守国家法令和响应国家各项号召的模范,成为支援国家实行社会主义工业化的模范;教育社员爱护公共财产;教育社员善于团结和帮助单干农民。"① 中共中央在1958年还发出了《中共中央关于今冬明春在农村中普遍开展社会主义和共产主义教育运动的指示》,号召基层农村干部和群众以大辩论的方式使爱国主义和集体主义观念在农民心中逐渐统一。三是灌输社会主义思想。共产党所领导的民主革命最终将转向社会主义革命,这是由共产党的阶级性质和近代中国的历史道路所决定的。在此过程中,党和政府"政治工作的基本任务是向农民群众不断地灌输社会主义思想"。"富裕农民中的资本主义倾向是严重的。只要我们在合作化运动中,乃至以后一个很长的时期内,稍微放松了对于农民的政治工作,资本主义倾向就会泛滥起来。"② 因此,需要有针对性地向农民群众灌输社会主义思想,使他们支持社会主义道路。在人民公社运动中,毛泽东十分强调社会主义思想的灌输,认为只要农民群众服从党的领导,接受社会主义思想的洗礼,就能战胜客观环境的限制。在《中国农村的社会主义高潮》一文中,毛泽东指出:"遵化县的合作化运动中,有一个王国藩合作社,二十三户贫农只有三条驴腿,被人称为'穷棒子社'。他们用自己的努力,在三年时间内,'从山上取来'了大批的生产资料,使得有些参观的人感动得下泪。我看这就是我们整个国家的形象。难道六万万穷棒子不能在几十年内,由于自己的努力,变成一个社会主义的又富又强的国家吗?"③ 经过从中央到地方各级党政组织的努力,广大农民在农业合作化的浪潮中不仅改善了生产生活质量,还在思想上逐步深化了

① 黄道霞:《建国以来农业合作化史料汇编》,中共党史出版社1992年版,第161页。

② 《建国以来毛泽东文稿》第五册,中央文献出版社1991年版,第503、505页。

③ 《建国以来毛泽东文稿》第五册,中央文献出版社1991年版,第490页。

对社会主义的认识。虽然,随后的社会主义教育出现了“左”倾主义偏差,但不可否认的是,至1956年底农业社会主义改造完成时,5亿农民已自觉或不自觉地投入到社会主义建设之中。在经济上,个体经济转变为集体经济,实现了深刻的社会变革;在思想上,经过党的社会主义教育,经历阵痛之后,广大农民逐渐认同和接受了社会主义的理想和信念。

其次是文化知识教育。建国初期,刘少奇强调:“必须使我们的工人、农民有文化,而且是有相当高的文化,我们这个国家的整个面貌才可以改变,才可以逐步消灭三大差别,将来才有希望进入共产主义。”① 如何提高全民族的文化素质,使他们成为社会主义建设的重要力量,是党和政府思考社会主义经济建设问题时首先要解决的难题。社会主义条件下,农民群众应该接受文化知识教育,成为合格的有文化的劳动者,“从百分之八十的人口中扫除文盲,是新中国的一项重要工作”②。党和政府在新中国成立后,积极采取各项措施,大力发展农村文化教育,提高农民大众的文化知识水平。对此,毛泽东指出:“随着经济建设的高潮的到来,不可避免地将要出现一个文化建设的高潮。中国人被认为不文明的时代已经过去了,我们将以一个具有高度文化的民族出现于世界。”③

再次是科学技能培养。共产党领导农民进行革命和建设活动,根本目的在于促使农民群体自身解放,迅速发展农业生产力,其中重要的一环便是对农民科学技能的培养。同时,发展农业科学技能教育,提高农民科学技能水平,也可以在一定程度上消除农民的迷信愚昧。从农业现代化发展角度出发,毛泽东认为对农民科学技能的培养,一是学习他人的先进经验,应用现代技术,做到科学种植和养殖;二是帮助农民学会使用农业机械,实现机械化。

最后是现代生活习惯养成。新中国成立后,许多农民群众成为新生国家的公民,然而长期浸染于封建传统生活中,农民尚未养成现代健康的生活习惯,这对整个国家民族素质的提升极为不利。毛泽东指出:“我们

① 《刘少奇论教育》,教育科学出版社1998年版,第254页。
② 《毛泽东选集》第三卷,人民出版社1991年版,第1083页。
③ 《毛泽东文集》第五卷,人民出版社1996年版,第345页。

必须告诉群众，自己起来同自己的文盲、迷信和不卫生的习惯作斗争。"①在人民公社化运动中，以毛泽东为代表的共产党人希望通过集体生活的规范和塑造，使广大农村居民养成科学良好的生活习惯。毛泽东在1957年中共八届三中全会上关于农业问题的讲话中指出，要使农民群众在人民公社中逐步养成勤俭节约、讲究卫生和计划生育等现代生活习惯，还要注意克服封建思想和落后习俗。

1978年改革开放后，党和政府的工作重心发生重大调整与改变，重新确立了社会主义现代化的发展目标，由此决定了农民教育的目标也将逐步摆脱原有的政治倾向，转而形成现代农民的教育目标。从社会主义现代化建设角度出发，教育内容也转而侧重于培养农民现代知识、科学技能、法制观念和民主意识等方面的内容。

改革开放初期，邓小平从我国经济发展要求和现实国情出发，提出："教育要面向现代化，面向世界，面向未来。"② 与毛泽东对中国农村和农民问题的思考方向不同，邓小平认为在处于社会主义初级阶段经济文化都比较落后的国家中对农民进行教育，需要根据现实的客观条件，解放思想，开动脑筋，激发农民生产和生活的积极性。确立的农民教育目标不仅要反映农民实际的物质利益，还要兼顾对农民精神文化上的引导；不仅要反映农民自身的发展需求，还要兼顾党和国家对农业劳动者的素质要求。因此，邓小平在1986年提出"四有"教育，即"有理想、有道德、有文化、有纪律。其中我们最强调的，是有理想"③。随后，邓小平在不同场合又多次强调这一思想，并认为这是改革开放时期，党和政府培养社会主义新人的标准。1983年《中共中央关于加强农村思想政治工作的通知》正式下发，文件指出："在搞活经济，继续放宽某些政策的同时，要大大加强和改进党在农村的思想政治工作，逐步提高农民的政治、思想觉悟，使人人争做有理想、有道德、有文化、守纪律、爱祖国、爱社会主义、爱党、爱集体的社会主义农民。"随着社会主义市场经济体制改革的不断推进，农民中不可避免地存在着与社会主义现代化建设不相适应的问题，党和政府在新

---

① 《毛泽东选集》第三卷，人民出版社1991年版，第1011页。

② 《邓小平文选》第三卷，人民出版社1993年版，第35页。

③ 《邓小平文选》第三卷，人民出版社1993年版，第190页。

时期又重申农民教育的目标:“适应实现农业现代化和建设社会主义新农村的需要,提高农民的思想道德水平和科学文化素质,培育有理想、有道德、有文化、有纪律的新型农民。”① 进入21世纪,中国共产党在改革开放中不断发展创新,寻求在全球化市场经济条件下新的执政理念和执政方式。2006年一号文件《关于推进社会主义新农村建设的若干意见》对农民教育提出了更明确的目标:“提高农民整体素质,培养造就有文化、懂技术、会经营的新型农民,是建设社会主义新农村的迫切需要。”

改革开放以来,农民教育目标逐渐向全面多元方向发展,随之,农民教育的内容也获得了较大的拓展,主要包括以下几个方面:第一,文化素质教育;第二,科学技能教育;第三,民主法治观念等公民教育;第四,市场经济条件下的现代意识教育;第五,社会主义思想道德教育。1995年,江泽民在为《农民思想政治教育读本》所撰写的序言中指出:“从当前农村的情况看,在农民群众中进行邓小平同志建设有中国特色的社会主义理论和党的基本路线教育的基础上还要抓好这样几个教育:一是加强爱国主义教育。二是加强集体主义教育。三是加强社会主义市场经济的基本知识,以及普及科学常识,反对封建迷信、封建宗法活动的教育。四是加强富了不忘国家、不忘社会而应多为国家为社会做贡献的教育。五是加强勤俭持家、艰苦奋斗的教育。”这些在实施农民教育的具体内容上具有可操作性。

① 温家宝:《关于新时期的农民问题》,《求是》1995年第24期,第8页。

第三章 近代中国及国外学者对农民教育的思想观点

一、近代中国学者的农民教育思想

中国在近代被迫卷入现代化进程之后，中国农村经济日趋破产，阶级矛盾空前激化。一部分爱国知识分子深感不安，他们在20世纪30年代初、中期掀起了一场颇具声势的“乡村建设”和“农村复兴”运动，其中最著名的派别有梁漱溟所领导的“乡村建设派”和晏阳初所领导的“平民教育派”。此外，黄炎培主持的中华职业教育社也热心从事农村改进事业。他们试图从乡村入手，以教育为手段，通过社会组织的改良、生产技术的改进来复兴农村，使中国走上民族复兴的道路。

（一）黄炎培的职业教育思想

在中国现代教育史上，第一次系统地提出职业教育理论并付诸实践，取得辉煌成果的，当数黄炎培先生。

1. 职业教育的目的是：“使无业者有业，使有业者乐业”

在黄炎培看来，人类最基本的需要是“求生”，即求得自身生存和发展。但是，任何一个人都不可能离开其他人而孤立生存，即所谓“孤生不能，生办寡超，乃求群”，就是说，在求生之外，第二大需求即是“求群”。为了求生，就要具备维持生存和发展所必需的能力、知识和技能。由此，人类就产生了求知的欲望。求群的本能是人类具有一种与生俱来的同情心，用黄炎培自己的话来说，就是“天赋我以知，更赋我以爱”，他把求知欲望和具有同情心作为人类两大天赋的本能。从这一基本观点出发，黄炎培认为，职业是增进人们知识、技能，提高人们生产、生活能力，从而增进社会总供给的最好手段。而教育则是保持、扩充人类同情心的最好办法。教育与职业的沟通、结合，必将“使无业者有业，使有业者乐业”。

黄炎培也认为，职业教育的重心应放在平民百姓这一头，面向中下层民众。他曾说过这样一层意思：整个社会就像一个花瓶，其重心是在下边，如果重心上移，花瓶就会倾倒。“因劳工占社会大多数，一切问题，皆以大多数的平民为重心。”职业教育就是要“解决平民问题”。为此，他在职业教育活动中，都把平民的利益放在第一位。职业学校的招生原则明确规定“应收寒素子弟”和“费用务求减轻”。

2. 职业教育的办学方针是：社会化、科学化

黄炎培十分重视职业教育的社会化和科学化。这既是他对几十年办职业教育宝贵经验的提升和总结，更是他在长期职业教育活动中所遵循的办学方针。所谓社会化，就是办职业教育不能关起门来，而要走向社会。黄炎培多次说过：“办理职业教育，并须注意时代趋势与应走之途径，社会需要某种人才，即办某种学校。”“职业教育的原则，着重在社会需要。”办什么学校，设置什么专业，开什么课程，用什么教材，完全要因地制宜。在教学方法上，他特别注重实习和训练，并注意到农村、工场、企业和商店去实地考察。对职业学校的教师，他主张要充分利用职业界的人才；甚至在校长的选择上，明确提出，除了要有热情、学力、德行和经验外，还要加上一件，那就是社会活动力。1926 年以后，他进一步发展这种思想，认为办职业学校的，须同时和一切教育界、职业界努力地沟通联络。提倡职业教育的同时须分一部分精力，参加全社会的活动。此后，他甚至把这种社会化称作职业教育机构的唯一的生命。

所谓科学化，用黄炎培的话讲就是：“用科学来解决职业教育问题。”这句话初听起来似乎有点不着边际，什么事不用科学能解决？但认真思考一下，确实是针对性十分明显。在黄炎培看来，职业教育的所有工作可

以归纳为两大类别：一类是物质方面，一类是人事方面。前者如农业、工业、商业、金融、财贸等各类专业课程的设置、教材的编写、教学训练原则的制订、实习设施的配置等，这些都力求因地制宜、因时制宜，通过调查研究，经过实验，取得经验，逐步推广。要充分尊重科学精神，体现科学态度，不能头脑发热，随意跟风。后者则是要采用科学的管理方法进行职业教育机构的自身建设。黄炎培指出，要按照职业的不同性质与人的性格、兴趣和天赋的不同，分类对待，来确定谁适宜做什么，谁不适宜做什么，尽量做到事得其人。

3. 职业教育的教学原则是："手脑并用，做学合一"

针对中国传统教育的影响和清末以来兴办实业学堂存在的问题，黄炎培明确指出，职业教育的目的在于养成实际有效的生产能力。要实现这一目标，就需要手脑并用。为此，他明确把手脑并用、做学合一、理论与实际并行、知识与技能并重，作为职业教育最基本的教学原则。

在实践中，他力图通过各种制度建设来保证这一原则的贯彻落实。比如，在中华职业学校的招生简章上明确写着：本校持重实习，学生半日授课，半日工作，务期各种技能达于熟练。一些专业还具体规定：每周授业时间均为48小时，其中上课24小时，实习24小时，但必要时于休息时间亦得课以实习。学校开设银行、商店、实习工场供学生见习，同时与社会相关单位建立固定的联系。在教师聘用方面，他提出，最理想的教师是既能教理论，同时又具有职业经验并能动手者，在二者不能兼备的情况下，宁可聘用有职业经验者。在招生方面，他主张尽量选招那些家长有某方面职业经历的学生进入相应的专业学习。

（二）晏阳初的平民教育思想

晏阳初是当代世界著名的教育家，他毕生从事平民教育实验研究，在长期的教育实践中，逐步形成了独特的教育理论体系。他强调平民教育对改造国民性的作用，主张通过教育来提高劳动人民的文化知识，提高人民的参政监政能力。他根据"民为邦本，本固邦宁"的中国古训，将平民教育与乡村建设有机结合、整体推进，创造出了具有鲜明特色的、系统的平民教育思想。

1. 平民教育的原则

晏阳初认为,平民教育是"中国持创的教育"。所谓平民教育,其平民二字中的"平",除"平凡"一义外,还含有"平等"的意思,首先是民众人格平等,其次是教育机会平等。只有真正实现平等的时候,天下才能太平。从上述观点出发,晏阳初分析近代中国教育的发展历程,认为清末以来数十年的教育制度与内容"无非东抄西袭,不合国情,不切需要",所以不能完成"造人"的使命。① 基于上述认识,晏阳初提出了推行平民教育的一系列原则,其要点是:平民教育是全民的,凡一切不识字或已识字而缺乏常识的青年成人,无论男女老少、贫富贵贱,都有受教育的必要。教育应以平民需要为标准,即所学当为所用,所用即为所学,做到学用一致。为适应平民生活状况,课程及教授应力求精简,用最少的费用和最短的时间使平民学有所得。要根据本国国情和人民心理,设定教育目标、方法和实施步骤。地方主动负责,出人出钱,养成本地责任观念和自立精神。晏阳初认为,人人都有参加教育的可能,受过教育的人可以来教人,未受过教育的人可以来受教育。

2. "除文盲,作新民"的教育宗旨

"除文盲,作新民",是晏阳初推行平民教育的根本宗旨。第一次世界大战时期,晏阳初在为法国战场上的华工义务当翻译过程中,发现中国有一个巨大的"脑矿"。他目睹华工工作的艰辛,以及他们所受到的鄙视和侮辱。他发现,华工大都勤劳勇敢,品德优良,他们在智力上并不比外国人差,只是没有机会接受教育而已。

晏阳初在发现中国有一个巨大的"脑矿"之后,就立志要开发这个大矿。他认为,开发"脑矿"的办法就是推行平民教育,"万灵丹就是读书识字"。晏阳初指出,平民教育不是慈善为怀的施舍米粥,也不是为少数人专有的贵族教育,更不是全盘照抄的国外模式,而应该是培养国民元气,提高国民素质,巩固国家基础的民族化、平民化的"固本"教育,它必须符合中国的国情。平民教育要切合实际,为此,最迫切的有三点:第一,培养知识力,最低限度须培养平民的民族意识与国家观念;第二,培养科学的

① 《晏阳初文集》,四川教育出版社 1990 年版,第 95 页。

生产力;第三,培养组织能力,养成纪律生活。谈到平民教育的目的,晏阳初指出,平民教育的目的是教人做人。做什么人?做“整个的人”。什么叫“整个的人”?第一要有知识力,第二要有生产力,第三要有公共心。

3. 核心内容:四大教育

晏阳初认为中国农村问题千头万绪,但最基本的问题应从乡村改造的主体——“人”身上去寻找。农民的病症,可概括为“愚、贫、弱、私”四个字。所谓“愚”,是指中国最大多数的农民缺乏知识力,不但没有必备的知识,而且是目不识丁的文盲。所谓“贫”,是说中国大多数的农民,生产力水平低下,经济困难,挣扎在生与死的夹缝中,不知什么叫生活程度、生活水平线。所谓“弱”,是指中国大多数的农民缺乏强健力,身体衰弱,生死听天由命,谈不上科学治疗和公共卫生。所谓“私”,是说中国大多数的农民缺乏团结力,如一盘散沙,不能团结,不能合作,缺乏道德的陶冶和公民的训练,难以自立自强。存在这四个基本缺点,就谈不上任何社会改造和建设。而要根本救治这四大病症,就要在“除文盲,作新民”的目标下,推行四大教育:以文艺教育救愚,以生计教育救穷,以卫生教育救弱,以公民教育救私。希望中国,人人都是富有知识力、生产力、强健力与团结力的新民。

文艺教育,旨在攻“愚”,主要应从文字和艺术教育入手,使农民认识基本文字,得到求知识的工具,作为承担一切建设事务的人才。其范围包括研究文字、开办学校、编写教材、讨论教学方法、确立乡村教育制度等。

生计教育,旨在攻“穷”,应分别从农业生产、农村经济和农业工艺等方面入手。在农业生产方面,注重选种、园艺、畜牧等工作,并注意运用先进的农业科学技术。在农村经济方面,利用合作方式教育农民组织合作社、自助社等,使农民在破产的农村经济状况下,能得到相应的补给。在农业工艺方面,除改良农民手工业(加工棉纺织业)外,还要提倡其他副业,以充裕其经济收入。生计教育的具体做法,一是加强农业科学研究,二是组织生计巡回训练实验学校,推广农业科学知识的运用。

卫生教育,旨在攻“弱”,应根据农村医药卫生的实际状况和人力财力的现有情况,一方面实施卫生教育,普及卫生知识,另一方面训练卫生习惯,用公共的力量谋公共的卫生,以提高农民的健康水平。

公民教育，旨在攻“私”。晏阳初猛烈抨击那些“缺乏公德心，一举一动，只知有自己的祸福利害，不顾国家社会”的“自私自利的亡国奴”，并期望通过深入乡村的公民教育，提升农民的公共品性。

（三）梁漱溟的乡村建设思想

梁漱溟是活跃于20世纪上半叶的教育家、思想家和社会活动家，他的乡村建设思想及其20世纪30年代在山东邹平领导的乡村建设实验在民国乡村建设中占有重要地位。梁漱溟因此被称为“30年代农村改革的全国性发言人”，邹平乡建也成为民国乡村建设运动三大典型模式之一。

1. “创造新文化，救活旧农村”

梁漱溟认为乡村破坏的原因，一是天灾人祸，二是风气的改变。他认为要救济中国乡村就要创造一个新文化。在谈到乡村建设意义时，梁漱溟一再强调：乡村建设除了消极地救济乡村之外，更要积极地创造新文化。在他看来，所谓“创造新文化”，也就是要换一种新的生活方式，他称之为“生活的样法”。梁漱溟指出，要换一个“新的生活样法”，既不能像西化派所主张的那样，把西方“生活的样法”全盘移植过来，也不能像守旧派所主张的那样，坚持中国旧有的“生活样法”。而是只能“返本开新”，从旧的“生活样法”中转变出一个新的“生活样法”，也就是说从旧的文化中转变出一个新的文化。

2. 提高农民的自觉性

“农民自觉”，就是说乡下人自己要明白现在乡村的事情要自己干，不要再和从前一样，老是糊糊涂涂地过日子，迷迷糊糊地往下混，这样子是不成的。故此，梁漱溟一再强调：“农民自觉，乡村自救，乡村的事情才有办法；所以我们说乡村建设顶要紧的第一点便是农民自觉。”① 要农民自觉，乡村自救，首先就必须对农民进行教育，使他们认识到“天下事无论什么都要靠他本身有生机，有活气，本身有生机，有活气，才能吸收外边的养料”②。农民教育的关键是要解决乡村的“精神破产”，“让乡下人活起来”。所谓“精神破产”，“是指社会上许多旧信仰、观念、风尚、习惯的动

① 《梁漱溟全集》（一），山东人民出版社2005年版，第618页。

② 《梁漱溟全集》（一），山东人民出版社2005年版，第617页。

摇摧毁，而新的没有产生树立，以致一般乡民都陷于窘闷无主，意志消沉之中"①。

那么，怎样才能解决乡村的"精神破产"，"让乡下人活起来"呢？在梁漱溟看来，这首先必须"启发农民的智慧"，"让他认识古人的道理，让他已失去的合理观念恢复起来，把传统的观念变为自觉；让他安定，让他看见前途"，认识一点进取的方向。"再则在人生实际问题上来给点明"，从而使他"从苦闷中找到出路，从彷徨中找到方针，从意志消沉中仿佛叫他有了兴趣"，变意志消沉为"乐生之心，进取之念"。在邹平的乡村建设中，"精神陶炼"就是启发农民智慧、解决乡村"精神破产"的灵丹妙药。

3. 培养农民的组织能力，实现组织生活

梁漱溟认为，中国社会太散漫，散得像一盘沙一样，太缺乏组织，太缺乏团体生活。在近代社会，中国之所以敌不过西洋，固然有缺乏新科学技术的原因，但缺乏团体组织和团体生活是更要紧的一点。缺乏团体生活的训练，又导致中国人的两大缺点：缺乏纪律习惯；缺乏组织能力。乡村组织建立起来后，要通过各种方式、方法，"让团体里面的每个分子对团体生活都渐为有力地参加"。梁漱溟认为乡村组织有两个重要的意义：第一，让团体里面的每个分子对团体生活都渐为有力地参加，也就是培养组织能力，实现团体生活。第二，让内在自为的乡村社会与外面的世界相沟通，这样才可以把中国人缺乏的科学知识引进来，才可以"将学术研究与社会事实相沟通"，中国社会才会"须着自己原有的改良进步"。

二、国外学者的农民教育思想观点

国外学术界针对发展中国家的农民教育问题，先后提出过多种教育思想观点，其中较为典型的有英格尔斯人的现代化思想、舒尔茨的农村人力资本投资理论以及弗莱雷的农村成人扫盲思想。这些产生于不同历史时期和不同社会发展背景的农民教育思想，对思考和解决当代中国农民教育问题具有十分重要的理论借鉴意义。我们将择其观点，简要梳理。

① 《梁漱溟全集》（五），山东人民出版社 2005 年版，第 349 页。

（一）英格尔斯的人的现代化思想

亚力克斯·英格尔斯是经典现代化理论的杰出代表，他的现代化理论揭示了人的现代化在国家经济社会中的地位与作用、目标与价值、方法与载体以及特征与原因。“二战”后，许多发展中国家在面临自身现代化问题时，遭遇到前所未有的困境。他们发现：一个国家可以从国外引进作为现代化最显著标志的科学技术，移植先进国家卓有成效的工业管理方法、政府机构形式、教育制度，乃至全部课程内容。然而，进行这种现代化移植的国家，却往往收获的是失败和沮丧。这些沉痛的教训使越来越多的现代化理论家们感受到，那些完善的现代制度以及伴随而来的指导原则和管理方法，本身只是一些现代化的躯壳。如果一个国家的人民缺乏一种赋予这些制度以真实生命力的广泛的现代心理基础，如果执行和运用这些现代制度的人，其自身还没有从内在心理意识和外在行为习惯两方面经历一个向现代化转变的过程，那么这个发展中国家的现代化进程势必受到巨大的挫折。因此，在对“二战”后多个发展中国家的现代化进程进行跨区域的实证研究后，英格尔斯得出了如下的核心观点：人的现代化是一个国家经济社会现代化的先决条件。他认为，“个人现代性并不是国家经济现代化‘后’的产物或副产品，它不仅能在现代化机构不甚普遍的经济落后的国家里产生和发展，而且往往就是这些经济落后的国家走向经济现代化的先决条件之一”①，限制发展中国家现代化的原因在于发展中国家“国民的心理和精神还被牢固地锁在传统意识之中”②。总之，他认为人的现代化在国家经济社会现代化中具有根本性和终极性。一个国家发展生产力，提高劳动生产率，追求经济社会发展的和谐稳定，都是为了解放和满足人的需要，促进人的发展，提升和发展人的素质。

那么，农民该如何实现现代化呢？英格尔斯认为，实现农民现代化的一个重要途径就是进行农民教育，而农业合作社就是促成农民现代化的

---

① ［美］英格尔斯：《人的现代化——心理、思想、态度、行为》，四川人民出版社 1985 年版，第 86 页。

② ［美］英格尔斯：《人的现代化——心理、思想、态度、行为》，四川人民出版社 1985 年版，第 3 页。

一所很有影响力的学校。英格尔斯认为,农业合作社具有和工厂一样的功能和性质,“在作为促进现代化的学校时作用与工厂几乎相等”①。西方国家中的农业部门主要是雇佣农业工人在大农场中进行规模作业,其作用和形式与现代工厂基本一样,只是工作领域不同罢了。他通过对孟加拉国“库米拉”和以色列“莫沙夫”农业合作社的考察,认为农业合作社为农民发展提供了组织形式、使用资源和参与形式,这是一般农村无法提供的。凡是参加农业合作社的农民都比没有参加的农民更具有现代性,因此,“合作的农业显然有使人现代化的潜在能力,其速度同工业工作所能产生的相差无几……一个人在合作化的农业工作中会跟在工厂工作中一样,变为现代的”②。农业合作社内部的参与者是农民,不是具有现代性的工人。入社以后,农民由于共同参与管理、使用和推广新技术,统一组织开展活动,增强了主体意识,会获得一定的效能感,最终迈向现代化。

英格尔斯的“人的现代化”的思想开辟了现代化理论研究的新领域,将以往人们对制度层面和物质层面的现代化追求引入社会心理层面和个人发展层面。他的观点在美国一经发表,就引起强烈反响,并获得了“哈德里·坦特里尔”头奖。同时,英格尔斯还通过对多个发展中国家内部国民现代化综合素质的跨区域比较研究,罗列出个人现代化的衡量标准,这些个人现代化指标对处于传统向现代转型中的中国农村居民而言,具有非常重要的对比和借鉴意义。不仅如此,英格尔斯在人的现代化形成方面,也作了详细深入的实证考察。借助对孟加拉国、尼日利亚、以色列、印度、智利等6个发展中国家的个人现代性所进行的测试,他认为:越多地接触学校、工厂等现代化科层组织的农村居民,具有相对其他村民较高的现代性综合分数。此外,他明确指出,教育和大众传媒被认为是判断个人现代性中最适当的外部标准。英格尔斯对个人现代性外部形成环境的上述考察充分说明,通过作用于农村居民所处的外部环境,进而教育和引导农村居民养成符合现代化发展要求的综合素质,是当前中国农民现代化

① [美]英格尔斯:《人的现代化——心理、思想、态度、行为》,四川人民出版社1985年版,第200页。

② [美]英格尔斯:《人的现代化——心理、思想、态度、行为》,四川人民出版社1985年版,第203页。

教育开展的重要理论基础。

（二）舒尔茨的农村人力资本投资理论

进入20世纪以来，世界上许多发展中国家在农业持续发展和农村建设方面都遭遇了某种程度的停滞与倒退。换句话说，农业产业这一传统的生产形式，在日趋现代化的当今社会，其生产功能、经济效益和产业地位等都因陷入发展困境，而无法获得应有的重视和促进。针对这一现状，美国著名经济学家西奥多·W.舒尔茨通过对本土农业经济体系长期的研究发现，从20世纪初到20世纪50年代，美国的农业生产产量迅速增加，农业生产率不断提高，形成这一发展成果的主要原因在于农业劳动者的能力和技术水平的提高。通过进一步系统地分析教育投资对农业生产率的影响，以及对整个经济生产率的影响，舒尔茨提出了享誉世界的人力资本投资理论，并以此为基础，对一些发展中国家轻视农业、靠牺牲农业来优先发展城市和工业的做法提出了否定性的意见。

1961年，舒尔茨在《美国经济评论》上发表了《人力资本投资》一文，标志着人力资本投资理论的最终形成。在舒尔茨看来，完整的资本概念应当包括物质性资本和相对应的人力资本两个方面，物质性资本体现在物质产品上，人力资本则体现在劳动者本人身上。人力资本表现在劳动者所具有的知识、技能、素质等方面，劳动者的这些人力资本特质是经济增长诸多因素中的主要因素。

舒尔茨认为，对于发展中国家来说，要改变贫困落后的状况，促进新的生产要素在生产中广泛运用，就必须向农民进行教育和文化投资，这是最有利的人力资本投资。他认为："农民学会如何最好地使用现代要素，这既需要新知识又要新技能。这种知识和技能在本质上是向农民的一种投资。仅仅从经验中学习，不仅缓慢而且在许多方面比其他学习方法还要付出更大的代价。在教育能承担起提供基本知识和技能的工作之前，在职培训起着很大作用，特别是对这一代人更是如此。"① 舒尔茨还通过实例分析指出：在丹麦，如果没有向农民教育的大量投资，就不会有在

① ［美］舒尔茨：《改造传统农业》，商务印书馆2006年版，第149页。

1870 年至 1900 年间实现的对农业的现代化改造。这一比较研究清晰地揭示出教育投资是形成各地农业经济发展巨大反差的重要原因。舒尔茨认为，教育在现代化转型的发展中国家是最基本的，尤为重要，其原因“在于现在穷国从事工业化时并不是使用一二个世纪前那样简单而原始的机器和设备。即使他们希望用那样简单的设备，也是办不到的，因为那些东西都已成为博物馆的收藏品了”①。也就是说，现代生产过程的技术含量大大提高，对劳动者的素质要求更高。那么，应通过怎样的途径和方法对农民进行教育呢？舒尔茨认为可以通过 3 种方法帮助农民获得新的知识和技能。第一种是沿用已有的方式，即通过经验进行教授；第二种是通过在职培训，这种培训可以由出售新农业生产要素的企业，或是像农业推广站这样的政府机构，或是由农民自己来提供；第三种是教育，这是能够起到中长期作用，且最有效的方法。概括地说，舒尔茨认为，促进农民掌握科技知识和技能的根本途径是教育，尤其是职业教育和培训。因此，对农民进行教育投资和职业培训，无疑是促进农民现代化和农业现代发展的有效途径。

舒尔茨的农村人力资本投资理论无疑颠覆了以往人们对农业经济发展地位固有的轻视态度，将农村劳动力作为人力资源的重要组成部分，强调其自身所具有的现代化综合素质对经济发展具有决定性的作用。舒尔茨同时强调，在发展中国家改造传统农业过程中，对农村人力资本进行投资，即对从事农业及其周边产业的农村居民进行正规教育、在职培训和保健工作等，是保障本国的农业经济发展水平和现代化经济发展程度最为长期有效的途径之一。舒尔茨的农村人力资本投资理论对 20 世纪下半叶许多发展中国家的农业现代化进程和农民现代化教育，都产生了积极的理论意义和指导作用。同时，对中国这样的农业大国而言，舒尔茨的农村人力资本投资理论能够帮助国家从致力于农民现代化素质养成的教育层面上，思考改变农业落后以及农村发展停滞等现实困境的有效措施。

（三）弗莱雷的农村成人扫盲思想

弗莱雷是当今国际上颇负盛名的教育家，被誉为“活着时就成为传

① ［美］舒尔茨：《改造传统农业》，商务印书馆 2006 年版，第 157 页。

奇"的人物。由于出身平民家庭，青年时代的弗莱雷就体会到生活的艰辛、阶级的差别和社会的严酷。在早年的社会实践中，弗莱雷广泛地与农民和工人等社会底层人士接触，对他们给予生活上和学习上的帮助。20世纪50年代，弗莱雷开始在巴西东北地区参加成人扫盲工作，积累了丰富的成人扫盲工作经验。同时，在成人扫盲教育实践中，弗莱雷深刻体会到作为底层劳动人民的农民和工人，在接受教育过程中，时时受到阶级的压迫和教育者的奴役。因此，弗莱雷认为，对农民和工人的成人扫盲教育不仅是要促使受教育者掌握读写技能，更重要的是要让他们意识到作为改造现实的人所应有的权利和能力。1994—1995年，联合国教科文组织主办的国际教育刊物《教育展望》用4期特刊的形式，介绍了从孔子、亚里士多德到当代的100位具有国际影响的教育家，弗莱雷就是其中4位在世的教育家之一。弗莱雷毕生致力于成人扫盲教育，他的教育思想和方法在拉丁美洲和其他一些发展中国家产生了很大影响。

与传统的成人扫盲思想不同，弗莱雷不是把扫盲看做单纯地教会成人读写，而是把读写当做一种工具，将扫盲与改变他们的社会现实联系起来，培养他们的主体意识和社会批判精神。他强调，教育的真正目的在于能够使人们看清他们自己和他们生活的世界，并且能够去变革自己和世界，从而帮助他们获得更加完美的生活。为此，他主张采用提问式教育取代灌输式教育。他认为，灌输式教育是一种反对话方式，它通过否认学习者在学习过程中的主动性而为压迫者服务。然而在提问式教育中，人却能够形成批判性地认识他们在这个世界中的存在方式的能力，他们发现自己存在于这个世界之中，并与之共存。他们逐步明白，世界并不是静态的现实，而是在发展、在改造中的现实。教师和学生不断反思自身及这个世界，建立起真正的思想和行动模式。

在教学方法上，弗莱雷认为，"要使成人扫盲作为一种获得知识的行动，就要求教师和学生之间有一种真正的对话关系"，因而他大力提倡对话教学。什么是对话教育？弗莱雷认为，对话就是A（教师）与B（脱盲者）的一种平行关系。这种对话具有爱、谦虚、期望、信念、信心等许多成分。如果对话双方用平等、爱、谦虚与信任来相互联系，双方建立了一种亲密的关系，那么在探寻事物的过程中就能产生批判意识；也只有进行这样的对话,才能交流。由此,他提出了对话行动理论。对话行动理论有两个要素:反思和行动。离开行动,就没有改造;没有反思,就没有了改造的基础。只有同时拥有反思和行动,才能获得实践,而实践使改造得以发生。

弗莱雷以毕生的精力投入到为民主社会和民众教育奋斗的理想事业中,在他的教育实践改革中,他将自己的教育理念运用于实际,并积累起大量的经验,形成独特的农村成人扫盲思想体系和教学方法,对世界各国的农村成人教育产生了深远的影响。不同的历史背景以及社会制度促使弗莱雷不断地反思他的理论和方法,通过对非洲国家和拉丁美洲国家开展农民成人扫盲教育过程的异同点进行分析和总结,弗莱雷提出教育实践的观点,并指出教育改革的方向,为发展中国家农村成人扫盲教育工作提供改革思路。对中国这样的农村人口大国来讲,这些重要的教育思想和教育经验,都是当前进行农民教育可以借鉴的重要思想资源。

第四章 新形势下农民教育的总体思路

20 世纪 90 年代以来，中国农村和农民问题逐渐进入学术界的视野，不同学科背景的学者们为农民问题的解决开出各种“药方”。针对农民的现代化问题，最常见的说法，就是大力鼓励农民群体进入城镇社区从事非农生产活动，通过城镇化过程，减少传统意义上的农民，进而达到国家整体现代化的目标。这一对策背后蕴含的逻辑出发点是否符合中国现阶段的国情，能否从根本上解决农民现代化的问题，不禁让人心存疑惑。通过鼓励农民进城务工，使越来越多的农村居民得以在城镇社会提供的生存环境中，逐步养成符合现代社会发展需要的综合素质，这不失为农民教育的一条有效途径。然而，当我们深入农村地区，接触广大农民群众时，发现立足于农村社会的现实情况，从农民自身需要出发，或许能从另一个角度对农民教育的发展做一些思考。改革开放以来，与城市资源集中带来的发展和繁荣相比，农村社会正面临日渐凋敝的情形。反观我们的工业化和城市化步伐，截至 2009 年底，中国城镇人口已达 6.22 亿，城镇化水平达到 46.6%，“十一五”以来年均增加 0.9%。据此数据，进入 2010 年的中国仍然有 6～7 亿人口生活在农村社会；以年均增长 0.9% 的速率测算，每年城镇新增容纳农村人口的数字大约是 2 000 万人，那也得过数十年之后才能使农村人口的绝对数量比城镇人口少。而且，若促使这 2 000 万人顺利地融入城镇社会，彻底转变成为城镇居民，还将涉及政治、文化和社会多个方面的复杂而艰巨的问题。因此，单纯通过城镇化来解决农民教育问题，实现农民现代化目标，这是不现实的，也是非理性的。我们最终还必须回到农村社会中去，在现有的城乡一体化进程中，寻找解决农民教育问题的现实途径。

改革开放 30 年，农村社会和农民群体都发生了巨大变化，特别是 2003 年税费改革之后，农民教育进入崭新的阶段，面临更多发展机遇与挑战。对新形势下中国农民教育问题的思考，既需要我们坚持和发展马克思、恩格斯关于农民教育的思想理论，又需要我们秉承中国共产党农民教育工作的一贯立场和思路；既需要我们从共产党农民教育的历史经验中吸取有益的做法，又需要我们借鉴不同国家与地区在现代化进程中对农民实施教育的先进经验；既需要我们针对当前农民教育问题面临的新情况和新问题做出积极的回应，又需要我们根据农村地区的实地调研材料兼顾实际教育环境，最终对农民教育的现实发展做一些尝试性思考。

一、树立正确的农民教育观

农民教育观反映了党和政府对农民教育实践的认识过程正不断走向成熟的趋势。“教育思想是人类对社会和教育认识、概括、论证和思考的结晶，是社会和教育发展到一定阶段的产物，是人类社会进入文明时代、教育上升到自觉状态的标志。”① 改革开放以来，共产党的农民教育观始终围绕如何通过教育使产生于前现代社会的农民群体获得与现代社会发展相适应的综合素质这一议题，它包含教育价值观、教育功能观、教育目的观等不同层面。现阶段，树立正确的农民教育观无疑能为教育实践的具体展开提供科学合理的指导原则，构成农民教育实践的重要前提。

（一）充分认识农民教育的重要性

不论是民主革命时期，还是建国以后的社会主义建设时期，农民教育始终是共产党在基层农村社会开展的重要工作。然而，回顾农民教育的

---

① 王炳照、阎国华：《中国教育思想通史》（第一卷），湖南教育出版社 1994 年版，第 3 页。

历史过程，不难发现，不同时期的农民教育思想总是将农民教育视为农村经济与社会发展的应变量，而未能从教育的自变量价值上考虑其重要意义。特别是改革开放以来，学术界或是政策部门也往往将农民教育定位在技术层面，较少从战略层面认识农民教育的重要性。正如英格尔斯在《人的现代化》中阐释的："完善的现代制度以及伴随而来的指导大纲，管理守则，本身是一些空的躯壳。如果一个国家的人民缺乏一种能够赋予这些制度以真实生命力的广泛的现代心理基础，如果执行和运用着这些现代制度的人，自身还没有从心理、思想、态度和行为方式上都经历一个向现代化的转变，失败和畸形发展的悲剧结局是不可避免的。"① 结合市场化改革时期农民教育的实际情况，我们发现，以现代化为导向的农民教育对发展中国家的整体现代化进程意义非凡：一是从经济发展角度来讲，农民的现代基本技能教育不仅能为现代农业提供可持续发展的人力资源，还能为城镇社会的经济发展储备大量的劳动力资源。改革至今，中国经济发展所享受的"人口红利"从现实层面证明了农民教育对城乡经济发展的促进作用。二是从政治稳定的角度来讲，农民的公民素质培养不仅能为基层农村社会政治秩序的稳定提供有力的社会心理环境，还能为城乡社会的政治发展积聚相对正面的公民力量。三是从文化与社会的繁荣和进步来讲，农民道德与精神文化教育既能从传统资源中获得维持社会发展的文化支撑，又能从现代工商文明中吸取促进社会进步的智力资源。综上可知，农民教育不是外部政治力量对农民群体的恩赐，而是处于转型时期的社会经济政治发展的必然需要；不仅仅是服务于其他发展目标的应变量，而是从农民个人与社会发展两方面综合考虑的自变量。

与此同时，现代化发展带来的必然趋势是城乡的分离与差距，"城市的文化是开放的、现代的和世俗的，而乡村文化依然是封闭的、传统的、宗教的。城乡区别就是社会最现代部分和最传统部分的区别"②。因此，党和政府还需要从城乡和谐的战略高度上认识农民教育的重要性：农民教

① ［美］英格尔斯：《人的现代化——心理、思想、态度、行为》，四川人民出版社 1985 年版，第 4 页。

② ［美］亨廷顿：《变化社会中的政治秩序》，上海人民出版社 2008 年版，第 55～56 页。

育是党和政府在现代化背景中弥合城乡差距的重要手段。它通过对农民群体实施有效的现代教育,能够创造城乡和谐的社会统一性。进入21世纪,党和政府在统筹城乡视角下,对农民教育进行了更为深入全面的思考与布局,继2006年一号文件《关于推进社会主义新农村建设的若干意见》提出"建设社会主义新农村战略"后,2010年的中共中央一号文件《关于加大统筹城乡发展力度,进一步夯实农业农村发展基础的若干意见》又进一步提出:"把建设社会主义新农村和推进城镇化作为保持经济平稳较快发展的持久动力。"这表明党和政府在"三农"问题指导方针上已经逐步确立城乡和谐发展的思路。具体到农民教育思想上,从城乡和谐的战略高度,确保农民教育的重要性,还需要畅通农民群体在城乡之间自由流动与生活的渠道。一方面,在农村社会中,以"建设社会主义新农村"为指导目标,重视农民教育的积极作用,发动各方力量积极投入农民教育工作中,让农民在农村社会也同样享有较高水平的现代教育,使农村社会成为农民现代化教育的重要基地。因为"建设社会主义新农村的核心,就是建设一个让农民出得去、回得来的,可以容纳9亿农民在其中完成劳动力再生产,在其中过上体面而有尊严生活的社区共同体,从而使农村成为中国现代化的稳定器与蓄水池"①。另一方面,充分利用党和政府提出"积极稳妥推进城镇化,提高城镇规划水平和发展质量"的政策契机,鼓励有能力和有条件的农村居民迁移至城镇社会,促使他们在城镇社会的现代企业组织和教育体系中获得更多现代素质的发展空间,完成自身在农村社会之外的教育实践过程。

(二)确立"人本论"教育原则

中国自古以来就是以农业为主的大国,处于不同区域和发展阶段的农村社会在地理位置、气候条件和人文氛围等方面都存在较大差异,由此形成了不同类型的村庄。不仅如此,改革开放以来,不同村庄背景中的农村居民也处于流动与分化中,不同的年龄、性别、教育程度、职业状况等个人因素都将村民们划分为不同的群体,从而具有了不同的群体特征。在

---

① 贺雪峰:《新农村建设:打造中国现代化的基础》,《中南财经政法大学研究生学报》2007年第5期,第18页。

以往集体化时代的农民教育实践中，党和政府在实际操作中，往往忽略农村社会和农民群体具有的特殊性和差异性，“虽然在改造乡村社会过程中，国家也注意到乡土社会的差异性和农民的自主性，但是统一的行政机制必然要求一致性，甚至为了达到一致性而实行具有强制性的‘一刀切’的行政措施”①，由此造成了如秦晖所描述的农民教育困境：“无怪乎在中国‘农民问题’的历史上充满了这样的尴尬：人们越是‘重农’，农民越是倒霉。这一切显示我们需要一种新的农民观，而不仅仅是在褒扬农民或贬低农民、‘改造农民’快些还是慢些上兜圈子。当我们谈论‘农民问题’时首先要明白：我们讲什么‘农民’、什么‘问题’？传统社会是个农民社会，而现代化意味着对传统的改造。”② 因此，以农民为对象实施的现代教育必须从农民的实际需要出发，充分考虑农民群体所处的具体的村庄环境，以及不同群体的农民在心理需求、接受程度和发展意向方面的差异，因为我们知道“现代的人只能说服而不能强迫，要想说服就必须知道他们原来的价值观，他们是如何看待世界和他们周围的社会。简言之，必须知道他们的‘认知图示’”③。

从农民个体出发，有针对性地开展教育活动，归根到底是要从价值观上摆脱“工具论”倾向，树立“人本论”教育原则。“工具论”农民教育价值观强调教育对社会的价值和功能，将教育定位为促进经济、社会发展的手段与工具，忽略教育对人本身的促进作用。现代教育的本质在于通过育人而塑造未来，教育的本体功能是育人，促进个人在思想意识和行为习惯方面的成长与发展；而教育其他功能的实现都要以此为基础和中介，即通过育人，才能实现诸如促进经济发展、政治稳定和文化繁荣等社会功能。“当知识分子投入到一场社会改造运动中去的时候，他应该是在作为平民的个人与作为权力象征的制度之间起着沟通的作用，以增进平民的福祉。

① 徐勇：《“行政下乡”：动员、任务与命令——现代国家向乡土社会渗透的行政机制》，《华中师范大学学报（人文社会科学版）》2007 年第 5 期，第 8 页。

② 秦晖：《历史与现实中的中国农民问题》，《农村、农业、农民》（B 版）2005 年第 10 期，第 12 ~ 14 页。

③ ［美］埃弗里特 · M. 罗杰斯，拉伯尔 · J. 伯德格：《乡村社会变迁》，浙江人民出版社 1988 年版，第 320 ~ 321 页。

但是，这种沟通如果变成了一种强迫式的接受，那么沟通便成了一种权力的支配或文化的霸权。”① 在农民教育中，要时刻警惕这种单方面以外部现代化眼光衡量和改造农民的教育出发点，更多地考虑农民的实际需要，将农民自身的教育需求与社会发展的教育要求相结合，体现“人本论”教育准则。尤其在当前社会中，由于城乡二元经济社会结构形成的阻隔，以及农村居民在现代化发展中所处的不利地位，农民群体常常被冠以“愚昧”和“落后”的弱势群体的标签，而遭遇“比之那些极端的羞辱事例，我们会更加常见也更应该重视的是那些无意识的、散射性的羞辱，这种羞辱有时已演变成为一种社会仪式”②。在对这一群体进行引导和教育时，需特别关注他们的心理特征和教育诉求，因为农民现代化教育的最终意义在于帮助他们找到应对现代社会转型剧变，又获得自身身心健康发展的途径，这是一种重视农民自我发展和自身尊严的“人本论”准则，正如温家宝在2010年政府工作报告中强调的“国家发展最终目的是为了满足人民群众日益增长的物质文化需求，我们所做的一切都是要让人民生活得更加幸福、更有尊严，让社会更加公正、更加和谐”。

（三）明确以现代化为导向的农民教育目标

不同历史时期的农民教育实践，都是基于不同时空背景下社会发展的具体取向而展开的，“一般而言，发展经常是政治性的，并且与价值观念有关，乡村发展研究，必须明白价值取向的特征”③。因而，不同时期的农民教育实践往往以不同的教育目标为导向，从民主革命时期农民革命化的教育目标，到建国之后农民集体化的教育目标，再到改革开放之后农民现代化的教育方向，体现出党和政府根据社会发展的趋向，及时调整农民教育目标的努力过程。当代中国处于全球化和市场化的国际浪潮中，不得不面对日益分工细化的经济发展趋势和日益多元化的社会环境，只有

---

① 赵旭东：《农民、公民与意识形态——由三十年代的平民教育所想到的》，《社会科学论坛》1999年第7~8期，第18页。

② 孙立平：《穷人的尊严》，《教书育人》2008年第14期，第60页。

③ Hobbs, Darl J. “Rural Development: Intentions and Consequences ”. *Rural Sociology*. 1980, 45, 7-21,22.

突破农民教育目标单一化局限，明确以现代化为导向的更为综合多元的教育目标，才能促使农民群体在更为广泛的层面上适应现代社会发展的需要。以往单一化的农民教育目标在具体实践中获得过成功，也曾遭遇到失败。实践证明单一化农民教育目标仅能满足党和政府在短时间内对农民的教育要求，而无法为农民个人和农村社会的发展与进步提供持久有力的教育支持。以人民公社时期的教育实践为例，农民集体化是当时农民教育实践活动的目标导向，通过"政社合一"的管理体制、粮食统购统销的农业政策和描述共产主义美好未来的精神激励等多种方法，党和政府有效地将农民组织起来，走上社会主义农业集体化道路。然而，泛政治化的教育目标不能满足农民群体各个方面的发展需求，也不能为农村社会的整体发展提供持久的精神动力，最终将遭遇现实的挫败。进入改革开放时期，党和政府一度以经济的发展和物质生活水平的提升作为农民教育的目标指向，这又使农民教育不可避免地陷入另一种目标单一化的误区，农村社会中屡屡暴露出经济富裕、道德却滑坡的现实困境，也从反面说明单一化教育目标的局限性。

现阶段中国社会的发展目标是建设社会主义现代化，这不仅是对包括农村居民在内的全国各族人民进行社会主义建设的内在要求，也是处于全球化交往中的民族国家社会发展的必然趋势。当然，这个现代化目标必然体现出中国社会发展的独特性，正如邓小平所说，是"中国式的四个现代化"①。由此决定，农民教育过程应以现代化为导向，落脚于促进农民形成现代人格与传统美德相结合的完整人格。中国作为后发现代化国家，不仅具有悠久的文化传统，还拥有自身特殊的现实国情，在农民教育目标的选择上也理应呈现出现代与传统交融协调的价值取向。同时，农民教育的这一目标也符合马克思对未来社会人类获得自身最终解放的设定，他认为人的本质追求是"以一种全面的方式，也就是说，作为一个的人，占有自己的全面的本质"②。从马克思人学观点出发，我们认为以现代化为导向的完整人格这一农民教育目标，反映出中国社会与农民个人

① 中共中央文献研究室：《邓小平思想年鉴（1975—1997）》，中央文献出版社 1998 年版，第 111 页。

② 《马克思恩格斯文集》第 1 卷，人民出版社 2009 年版，第 189 页。

两方面的教育需求，在本质上与马克思所设想的人的自由而全面发展的终极目标具有同一性。农民的完整人格，或称为农民自由而全面的发展，体现出对农民群体综合多元的发展要求，主要包含三方面的教育内容：一是以文化知识、科学技能为核心的现代基本技能，这不仅构成了农村居民在城乡一体化进程中生存与发展的基本素质，还为农业发展、经济繁荣提供了相对稳定丰富的人力资源；二是以民主与法制为核心的公民素质，这体现出农民群体在城乡社会政治秩序中所享有的公民权利，还表明了农民群体为城乡社会的政治稳定应尽的公民义务；三是能够帮助农村居民顺利渡过社会转型期的道德与精神文化追求，这为身处城乡流动与现代转型中的农村居民提供了一种精神文化上的支撑。因此，突破农民教育目标单一化局限，树立以现代化为导向的综合目标，是保证今后农民教育工作得以顺利进行的重要理念。

（四）培养农民的自我教育意识

由现代教育理论可知，自我教育是人类教育活动的较高阶段，具体是指教育主体根据教育对象的实际情况，予以适当的引导和鼓励，充分发挥教育对象自身的自觉性和能动性，促使他们把教育主体的要求，转化为自我发展的目标。从一定意义上讲，自我教育既是教育活动的结果，又是教育活动得以延续的内在动力。借用前苏联著名教育学家苏霍姆林斯基的话说，只有激发学生去进行自我教育的教育，才是真正的教育。马克思主义唯物论也告诉我们，外因只有通过内因才能起到实际作用，教育活动必须通过受教育对象本身内化于心的改变，才能产生实际的教育效果。具体考察不同历史时期的农民教育实践，我们不难发现，农民教育活动的最终落脚点都集中体现在对农民群体本身的引导和影响上，只有那些真正被农民接受，并逐步产生内在思想意识与外在行为习惯上的改变，才能反映实际的教育效果。在这种外部教育力量与作为教育对象的农民之间的互动实践中，如何培养农民的自我教育意识，激发他们的主动性和积极性，无疑是延续教育效果，并产生持久教育影响的关键因素。反观建国后集体化时代中国共产党农民教育的历程，在教育和塑造农民的过程中，通常采取自上而下的行政模式，甚至通过一系列政治运动的方式展开，往往不能充分考虑农民的实际需求和乡土传统的合理性，忽视了作为教育对象的农民群体在自身发展层面的能动性，从而压制了农民群体的主动性和创造性，造成不良的教育后果。随着现代化进程的推进和市场化改革的深入，党和政府在新形势下思考和解决农民教育问题，必须立足于当前中国农村的发展现实和农民群体的内在需求，着力培养农民的自我教育意识，将外部的教育实践活动，转化为农民自身追求的发展目标。

党和政府在农民教育过程中，培养农民的自我教育意识，需要在两个方向上展开：首先作为教育主体的党和政府需要规范自身的教育责任，在实施教育过程中，更多地侧重于引导和启发式的教育方式，通过搭建一个公正、平等的教育平台，帮助农民群体实现自身的现代化发展。改革开放不仅松动了原有的社会结构，还极大地释放出社会空间，农民群体在日常的生产和生活中，越来越发挥出其聪明才智和创造能力。针对这些现象，共产党领导人认识到顺应历史潮流，培养农民自我教育意识的重要性，并将这一思想不断深入。早在改革开放初期，邓小平就指出："人是生产力中最活跃的因素"，"任何事情都是人干的，没有大批的人才，我们的事业就不能成功"。① 面对改革释放出农民自身发展的巨大潜力，邓小平认为，通过适当的农民教育，激发他们的创造力和能动意识，调动他们的发展积极性，势必能够为农村改革、农业发展和农民现代化带来明显的成效，"我们农村改革之所以见效，就是因为给农民更多的自主权，调动了农民的积极性"②。随着改革的不断深入，新的领导集体也充分认识到培养农民自我教育意识的现实意义："人民群众是历史的创造者，是我们的力量之源、胜利之本，必须牢固树立马克思主义的群众观点，自觉坚持党的群众路线，坚定地相信群众，紧紧地依靠群众，在各项工作中充分发挥人民群众的历史主动精神。"③ 对比改革开放 30 多年来农民教育的发展历程，我们能够清晰地看到，只有真正尊重受教育的农民群体，发挥他们自我教育的主动性和创造力，才会形成持久良性的教育过程。

---

① 《邓小平文选》第二卷，人民出版社 1994 年版，第 88、221 页。

② 《邓小平文选》第三卷，人民出版社 1993 年版，第 242 页。

③ 胡锦涛：《在全国防治非典工作会议上的讲话》，《十六大以来重要文献选编》（上），中央文献出版社 2005 年版，第 390 ~ 391 页。

其次，在实施农民教育过程中，作为外部教育力量的党和政府应该更多地思考如何通过塑造教育环境来影响农民的认知和自觉，从而将其教育理念经由农民自身的改变，反映到最终的教育效果上。这种教育思路，马克思在《关于费尔巴哈的提纲》中有所论述，指出："环境是由人来改变的，而教育者本身一定是受教育的。"① 从某种程度上讲，党和政府是农民教育的协助者和助推器，其主要作用在于对农民进行引导和刺激，激发其内在的自信、决心、创造性和主动性等。通过这种方式，农民无穷的智慧和创造力才会体现出来，促使农民自我发展力量的成长。在我们进行的农村实地调研中，先后碰到的几个案例都是党和政府发展农民教育的政策措施落实到基层农村社会后，常常由于无法获得农民的支持与参与，而陷入停滞不前的困境，外部力量"输血"式的教育方式，往往无法催生农村内部的"造血"机制。究其根本原因，在于外部教育力量并未能承担唤起农村居民自我意识、公民意识、权利意识和发展意识的重任。政府层面上再多再好的教育政策和教育支持，也不能替代农民自我教育产生的教育效果。党和政府只有通过各种措施和途径，培养农民群体的自我教育意识，才能形成现代教育在农村社会立足，并取得长久发展的思想基础。

（五）形成面向农村社会的大农民教育观

随着改革开放的深入，中国农村社会与农民群体的概念和内涵均发生了变化，农村社会已不再是封闭自足、单纯以农业生产为主的人群聚居地，而是处于流动开放与市场交换中的多产业复合的人居空间。农民群体也不再单纯以农业生产为主要谋生手段，而面临着知识技能、公民素质、市场意识等多方面现代化的挑战和考验。因此，在农民教育中不断总结与创新，形成面向农村社会的大农民教育观，非常现实和迫切。首先，面向农村社会是大农民教育观的前提。改革开放以来的农民教育过程迫于现代化发展的压力与需求，常常将现代化、工业化和城市化作为教育的导向因素，形成面向农村社会之外的城市与工业办教育、为城市与工业发展服务的教育理念，最终导致农村人才流失，农民教育缺乏后继持续动力

---

① 《马克思恩格斯选集》第1卷，人民出版社1995年版，第55页。

的现状。农民教育非但没有为农村社会的发展供给相应的人才，还使越来越多的农村居民抱持“学而优则跳农门”的想法，期望脱离农村社会，实现自身的非农化转变。虽然，农村居民的这种非农转化能够为其自身积累现代性要素创造一定的有利条件，但“村民”转变为“市民”并不意味着农民教育过程的最后终结，身份的转化还应以自身现代化综合素质的养成为依归。面向农村社会的农民教育不仅能够为处于转型期的中国农民提供适应现代生活的智力支持和精神支撑，还能使农民教育与农村建设形成良性的互动关系，使农村居民在城乡流动中更为全面自由。

其次，大农民教育观是一个综合多元的概念，包含3个有机的组成部分：一是动态开放的教育体系。当前中国农民教育处于城乡一体化进程中，是一个动态开放的体系，既为城镇化进程储备现代经济发展所必需的人才力量，又为社会主义新农村建设提供合格的成员；既体现在农村居民日常的生产和生活中，又反映在农村居民参与基层政治组织和公共事务的过程中；既反映在乡村基层党政干部对农民群体的直接教育和管理引导上，又体现在农村基层党组织在日常管理工作中对农民群体潜移默化的影响和疏导上。不仅如此，作为教育对象的农村居民本身也处在流动与分化中，这对教育体系提出更高的要求。因此，农民教育需在城乡之间，在乡镇政府不同职能部门之间，在村庄内部不同教育区域之间，形成开放动态的教育体系，从而满足农村居民不同方面的教育需求。二是中长期相对稳定的教育过程。农民教育的历史实践说明，任何文化的转型和国民心态的改变都是一个长期缓慢的过程，暴风骤雨式的革命虽然可以改变人们的文化表现形式，但无法改变人们内心深处的东西。人的综合素质往往在常态教育环境中经过磨砺而逐步形成，这是一个中长期的过程。对农民自身而言，教育是一个长期持续的社会化过程，应该贯穿于成年农村居民的整个人生当中。针对不同人生阶段的现实需要，农村居民应该获得终身教育的保障。我们特别需要避免短期教育行为的干扰，因为市场经济带来的简单快速的交易原则使得诸如教育这类的社会活动也难以避免功利化的价值取向。然而，教育是施加于人类本身的实践活动，最终的教育成效须通过人类自身的改变而体现，这个复杂漫长的过程无法在短期内取得明显的效果。所以，农民教育必须坚持中长期相对稳定的教育过程。三是整合性的教育规划。整合性的教育规划体现出农民教育在不同层面、不同方面和不同领域内的要求和目标。针对农村居民个人,整合性教育规划包含农民教育涉及的内在思想意识和外在行为习惯两个不同层面。教育要通过作用于个人内在的思想意识,从而达到改变其外在行为习惯的目标,这两个层面是教育需要同时兼顾的部分。就农民群体来讲,整合性教育意指农民这一群体在生产方式、生活方式和交往方式中呈现出与现代社会发展相适应的综合素质的培养过程。就农村社会来讲,整合性教育规划包含经济、政治、文化和社会等不同领域内对农民群体的整体要求。综上所述,我们不难发现,由于农村社会和农民群体所具有的复杂性与多重性,整合性教育规划是农民教育的题中应有之义。

二、准确定位党和政府在农民教育中的主体责任

回顾中国农民教育历程,不难发现,党和政府一直在农民教育中扮演着重要的主体角色。近代民主革命时期,共产党就作为存在于农村社会的现代力量,将现代的国家意识和政治观念输入农村社会,与广大农民建立密切联系。自此之后,党和政府始终注重对农民的引导和教育,承担不同时期农民教育的主体责任。1978 年开启的市场化改革进程同样是由党和政府主导推进的渐进式社会变迁过程。在此过程中,党和政府掌握着强大的社会资源分配责任,因而在农民教育中担负着不可推卸的主体责任。通过对比东亚国家的现代化进程,我们了解到具有后发赶超性质的东亚国家在农村建设和农民现代化过程中,正因为十分注重发挥政府的主导作用,从而取得了诸如韩国“新村运动”、日本农业发展等的成功。因此,进入改革开放新时期,准确定位党和政府在农民教育中的主体责任,对农民教育的展开具有重要的现实意义。

(一)规范党和政府的服务型教育责任

党和政府是一个存续性很强的角色,在可预见的未来,它仍会在农村社会变迁中扮演积极的主体角色,协助解决农村社会变迁带来的诸多问

题。特别是在农民教育过程中，需清晰地规范党和政府的教育责任边界，对其介入农村社会和农民群体的形式与程度作一分析，使党和政府自上而下的引导与服务同农村居民自下而上的发展与提高之间形成良性的互动与协调。党和政府对农民群体的教育和引导，随着市场经济改革和民主政治发展，不仅仅局限在革命式的政治运动、带有强制意味的政治动员和其他一些在政治领域内施加的影响，更多的是从经济发展、文化繁荣和社会进步等角度对农民辅以一系列的政策法规，以保障宏观教育环境的良性互动，从而帮助农民获得全面的现代化素质。这就说明，现代社会的变迁已促使作为教育主导力量的党和政府，不得不对自身的主体定位和责任边界进行重新思考与界定。

伴随着改革开放的深入，党和政府应在农民教育中扮演如下主体角色：一是组织者。由于改革中国家掌握强大的资源力量以及中国农村社会的特殊结构，党和政府在诸如农民教育这样的公益事业中承担着重要的组织角色。人民公社解体后，以"乡政村治"为特征的乡村治理方式逐步取代"政社合一"的组织方式，随着基层村民自治制度的产生和发展，党和政府在基层农村社会中的现代化努力大多通过以乡镇政府为代表的政治治理与以农村居民为代表的村民自治相衔接与结合，在双方的互动中共同完成。在此过程中，"具有自主性的乡村社会要求国家应该承担其对乡村社会的基本责任和使命。这意味着国家在推进乡村社会自治的同时，必须承当起建设和发展乡村经济、社会和文化的基本责任和使命"①。因此，党和政府必须整合不同的社会资源力量，通过改革基层乡镇政府的治理模式和组织方式，将乡镇政府及其领导下的村党支部作为农民教育有力的组织者，提供更多切合农民实际的教育服务。需要引起注意的是，党和政府在农民教育中的组织者角色，并不是传统意义上的领导和干预，以往带有明显政治色彩的压力型治理结构会使政府机构为追逐自身的行政目标而忽略农村社会和农民本身在教育实践中的真实诉求，会使农村居民对党和政府的教育政策及相关措施产生背离情绪。当前，随着基层村民自治制度的确立，国家行政力量在政策层面上已退出农村基层社会，

---

① 林尚立：《国家的责任：现代化进程中的乡村建设》，《中共浙江省委党校学报》2009 年第 6 期，第 8 页。

乡镇政府以一种全新的组织者角色介入农民教育过程中，承担了其他社会力量和村民自身无法完成的教育活动。二是支持者。市场经济固有的趋利性特征，使诸如企业之类的市场主体不愿意承担相应的公益责任，市场经济竞争性原则又使越来越多的农村居民由于受教育程度有限而在竞争中处于劣势地位。党和政府在农民教育中的另一个重要职能就是无偿地向农村居民提供公共产品与服务，个人或者商业不愿涉足的一些无利可图或者利润微小的农民教育领域，政府的大力支持和积极参与显得十分重要。十六大以来，党和政府开始实施以工哺农、以城市支持农村的发展政策，大力支援农业和农村的现代化发展，着力解决与农民生产、生活密切相关的教育问题，以支持者的角色定位介入农民教育工作。这些措施期望扭转改革开放之后忽视农村社会发展和农民教育的现实局面，以往这种忽视常常招致农村居民的不满情绪。相较于集体化时代党和政府对农村社会和农民生活的全面负责，越来越多的农村居民对市场经济条件下基层政府的无所作为渐渐心生不满，正如阎云翔所说："对于村民来说，最重要的问题不在于政府在多大程度上能够渗入基层社会，而是政府能为他们做多少事情。一个不断干预基层社会的政府或许能够为人民提供各种服务，因此有可能被视为好政府；相形之下，一个不闻不问的政府可能被看作是既不负责任且又无能。"① 党和政府在农民教育中的支持者角色主要应从宏观政策上对其进行把握和支持，在微观领域中则要注意从具体的农民教育工作中抽身，转而支持乡镇政府以及村党支部等基层组织，通过依托组织中的相关工作人员开展实际工作，避免新的越位与干涉。三是引导者。在现代经济和社会中，政府与市场、宏观调控与自由竞争作为两种基本的调节手段各具优势，又都有不足，两者密切相连、相互交织成为缺一不可的组成部分。在农村社会现代化和市场化转型过程中，国家的缺位常常不是表现为国家权力对农村社会的放弃，而是表现为国家体系无法弥补市场调节机制的固有弊病，无法有效地整合农村社会，并成功地引导农民教育在现代化轨道上良性发展。党和政府在农民教育中所扮演的引导者角色，不应像建国之后的集体化时代那样，处处以行政

① 阎云翔：《私人生活的变革：一个中国村庄里的爱情、家庭与亲密关系（1949—1999）》，上海书店出版社2006年版，第34页。

方式直接介入农村建设和农民教育过程中，体现管理与控制的角色特征，而是应该利用当前市场化改革的有利契机，通过乡镇政府相关职能部门、基层村党支部以及市场机制的配置资源，以间接的服务型角色定位，对涉及农民教育的相关组织力量和社会资源进行引导和敦促，从而完成在农民教育中的主体角色。市场化的发展趋势对党和政府在农民教育中主体角色的定位提出更大的挑战与要求，由于社会主义市场经济改革中难免带有政府领导的痕迹以及社会转型存在的不彻底性，党和政府扮演的主体角色常常存在边界模糊不清的非理性特征，在实际操作中，政府与市场的边界常常难以做到完全精确。因此，党和政府在农民教育中，更需要注重对市场化社会资源的运用和对农村社会情况的深入了解，实现自身定位由控制型向服务型转变，更好地履行农民教育中的引导职能。

（二）加大对农民教育的投入力度

从教育本身来讲，教育产生的功能与效益不仅具有私人性，更具有公益性，教育的收益具有巨大的社会性和外部性。也就是说，国家和社会是教育最大的受益者。在各个国家的现代化发展中，国民的教育水平以及由此决定的综合素质是其核心竞争要素，教育对社会发展的推动作用，特别是对处于弱势地位的农民群体的促进与改变作用更加明显。不仅如此，国家所提供的现代化教育还能使其国民在实现自身发展和贡献社会发展中，享受到较高层次的精神文化满足，从而推动整个社会的精神文明向前迈进。然而，“正因为教育在社会发展过程中的作用是无形的，所以它常常没有大的变迁，人们为了象工厂、水坝那些有形的东西而忽视了教育的发展”①。由于教育的投入产出效益不同于其他社会投资那样能够在短时间内看到明显的收益，而只有通过社会的长期发展和人类群体的持久变迁才能反映出其重要功能，因此，在很多后发现代化国家中，教育常常是被政府排在经济发展目标之后的容易被忽视的投资方向。中国在改革开放之后的很长一段时间内均以经济发展为中心，进行社会主义现代化建设，虽说在经济体制与发展模式上摆脱了集体时代的束缚，却也造

---

① ［美］埃弗里特·M.罗杰斯，拉伯尔·J.伯德格：《乡村社会变迁》，浙江人民出版社1988年版，第158页。

成了以经济效益为一切标准，忽视对诸如农民教育之类的公益事业和社会工程的投入。改革进入深化时期，农村社会现实发展的状况越来越明确地表明，党和政府只有加大对农民教育的投入力度，为农村发展提供一系列政策支撑，才能避免其他发展中国家只重经济而忽略教育所造成的发展困境。2003 年开始的税费改革无疑是党和政府重新思考和改善农民教育投入问题的有利契机。温家宝在 2004 年的政府工作报告中宣布："逐步降低农业税税率，每年降低一个百分点。5 年内取消农业税。"截至 2006 年，中国的农村居民已彻底和"皇粮国税"告别。不仅如此，党和政府规定从 2006 年开始向从事农业的村民提供"两支一补"，使农民群体得到更多的实惠。这一系列政策措施表明，党和政府已经开始在放权让利层面上，重新思考对农民教育的财政投入和政策支撑。

现阶段，党和政府需要在以下两个方面对农民教育进行切合实际的财政投入，以保证为农民发展提供相应的政策支撑：一方面，为克服财权与事权不对称的体制性障碍，借助"省直管县"财政改革契机，加大对县乡农民教育的投入力度。长久以来，财权与事权的不对称一直是我国教育经费投入的体制性障碍，成为制约农民现代化素质提高的制度因素。据国家统计局数据显示，2000 年全国财政收入中中央占 51%，省级占 10%，地市占 17%，县乡两级共计不过占 20% 左右。国务院发展研究中心的调查表明，目前以全国义务教育投入为例，乡镇负担 78%，县级负担约 9%，省地负担约 11%，而中央财政只负担 2% 左右。财权与事权在现实发展中极不对称。按照"以县为主"的教育投入体制，地方财政收入是公共教育经费投入的基础，但如果该地区地方经济落后，它就难以提供必要的教育经费，经济落后与教育落后必然相伴而生。同时，由于各财政层级间难以避免地会出现"事权重心下移、财权重心上移"的状况，致使我国基层财政投入，尤其是县乡财政在农民教育上的投入难题进一步凸显。针对上述财事权矛盾，财政部 2010 年公布了《关于推进省直接管理县财政改革的意见》，提出"省直管县"财政改革将在 2012 年底前在我国大部分地区推行。党和政府应当借此地方财政改革契机，通过省级财政直接加大对县乡农民教育投入的转移支付，从财政政策上，对农民教育给予切实有力的资助。另一方面，在税费改革后，为防止村级债务负担影响农村居民的教育投资，以发展政策来化解村级债务，应同时鼓励各村根据自身情况建立“村级财政”，以应对现代教育的发展需要。税费改革前，村一级组织为完成上级的计划指标和行政任务，不得不以村委会或村干部名义向外借债，形成了不同程度的村级债务，这些财政逆差在税费改革后，一时无法完全化解，成为农村社会的发展包袱。党和政府需要以发展的眼光和积极的政策来帮助农村社会在未来的经济增长中不断化解这些村级债务，还可以通过招商引资、财政转移等多重经济手段从不同方面来解决村级债务问题，最终为农村社会发展排忧减负，使农村居民在经济利益获得保障和经济收入得到提高后，更多地投入到自身的现代化教育上来。不仅如此，村一级组织还可以根据村庄的具体情况，利用省级财政转移、专项建设款、在村的乡镇企业税收返还和相关的赞助款项等方式，建立村一级财政，为居住在村庄内的农村居民提供公共教育服务和公共文化生活创造一定的财政基础。人民公社解体后，村集体经济逐渐瓦解，这也使得关乎农村居民生产、生活以及教育的公共事业逐渐凋敝。党和政府有责任在保证经济发展的同时，支持村级财政的建立，帮助农村居民所在的村庄逐步积累能够进行公共教育和文化事业投入的经济实力。

（三）将农民教育纳入基层政绩考核

党和政府对农村居民实施的教育是通过行政体系层层向基层延伸的，在基层农村社会中，主要表现为乡镇政府及其所领导的村党支部对农村居民的引导与服务，作为基层教育主体具体承载者的他们无疑会对农民教育过程产生非常直接且重要的影响。通过我们的考察可以发现，基层农村社会中的乡村政治结构存在许多值得探讨的问题，这些问题直接影响到基层教育主体开展农民教育工作的具体效果。改革开放以来，随着国家地方分权与分治治理模式的逐步确立，作为国家最基层政权的乡镇政府成为衔接国家与社会的重要桥梁，乡镇政府所承担的对基层农村社会的行政管理权与日益发展的基层村民自治权之间构成了密切互动的双向关系，其中乡镇政府能否从基层社会中积累社会资源，促使自身顺利地完成职能转型，并以此为基础在农民教育中发挥更为积极的作用，对党和政府的农民教育工作起着非常关键的作用。从政治结构角度来看，乡镇政府属于国家权力运作体制的最底层一环，是社会公共权力的组成部分之一，其政治结构具有明显的压力型特征。这种压力型特征要求作为基层政治组织的乡镇政府以完成上级经济指标和行政任务为主要目标，这些指标和任务的完成情况成为乡镇政府政绩考核几乎唯一的评价标准。因而，处于压力型政治体系中运转的乡镇政府疲于完成诸如促进经济发展、维护基层稳定等行政任务，而无力顾及关乎农民自身发展的教育问题。特别是税费改革之前，乡镇政府的主要职能是协助国家收缴农村居民的粮食、农业税和“三提五统”费用等，在现实乡村政治中，乡镇权力体系由于无法克服对自身利益的追逐而表现出很强的自我扩张惯性。由此造成的结果是乡镇政府非但不能很好地履行对农民进行教育的引导与服务功能，反而使自己日益膨胀的结构设置和人员配备成为加重农村居民负担的体制性原因之一。因此，近年来有许多学者提出对乡镇政府进行改革，综合起来共有 3 种代表性意见：一是主张加强乡镇政府，将它建设成为一级完备（或完全）的基层政府组织；二是主张虚化乡镇政府，将它改为县级政府的派出机构——乡（镇）公所，实行“县政乡派”；三是主张裁撤乡镇政府，实行类似于村民自治那样的社区性“乡镇自治”。① 通过对理论与现实的双重考量，我们认为乡镇政府改革的关键，不在于“加强”或“撤销”与否，而在于它的运转方式和职能定位能否朝向促进农村发展和农民现代化的方向发展。作为国家政权一级部门的乡镇政府，承载着传达国家政策、有效沟通民意、积极引导村镇发展的作用。同时，现有的农村状况是，乡镇一级政府往往下辖上万人的农村居民，简单的裁撤反而会加重农民的负担，使其在行使自身权利、传达自身意愿到政府中变得困难重重，无法达到上下沟通的效果。特别是乡干部多是熟悉农村实际情况、人员构成的人，他们若能转变工作方式，坚持依法行政，便能改变以往税费时代在村民心中留下的不良印象，重新确立党和政府在农民心中的地位，最终形成良性的农民教育实践过程。

在现有的政治结构和农村现实中，乡镇政府始终是党和政府在农村社会开展农民教育工作重要的组织力量，正如贺雪峰的分析：“乡村组织

---

① 罗建河、韩迎春：《乡村政府职能弱化与乡村教育资源的消逝》，《教育评论》2007 年第 4 期，第 12～13 页。

可以退出农村,问题是民间组织是否就会自然发育出来及是什么样的民间组织可以发育出来。据我们观察,乡村组织的退出,往往是黑色、灰色组织的跟进,是邪教组织的跟进,农村这块阵地,正面的组织不去占据,那些邪恶组织就会去占领。"① 在我们的实地调研中,同样也发现农村居民们在日常生产和生活中碰到种种状况和难题时,还是习惯于向政府部门求助,乡镇政府所履行的调解与服务职能在很大程度上仍然发挥着重要的教育与引导作用。特别是当前基层农村社会在税费改革后,乡村政治结构正在发生一个根本性的变化,这种变化为乡镇政府转变治理职能,形成服务为导向的治理模式提供根本性的基础。这也为党和政府适时地将农民教育纳入乡镇政府政绩考核中,从制度与政策方面促使乡镇政府的职能转型奠定现实基础。农村税费改革以及国家对农村居民进行相关补贴的财政政策,使乡镇干部不再以从农村社会汲取资源为主要行政目标。以我们调查的祠堂圩乡为例,乡干部日常的工作内容已简化为办理农村合作医疗、负责计生工作和基层维稳等方面。因此,党和政府有必要将农民教育、农村公共文化事业发展等软性建设指标纳入乡镇政府的政绩考核,突破以往仅仅从经济发展层面对乡镇政府的工作进行衡量的惯例,促使乡镇政府建立符合现代公共服务型政府标准的新型乡村治理模式,以此作为促进农民教育发展的重要组织力量。不仅如此,还要从乡镇治理与村民自治相结合的角度,改善乡镇政府的自身制度,从机构建制上适应农民教育发展等治理目标。税费改革之后的乡镇政府除了履行一些基本的管理职能外,很多工作人员在大多数情况下都处于闲置状态,常常从事一些为应付上级检查的形式化的工作。若是上级政府将农民教育的成效和文化建设的成果列入乡镇政府政绩考核中,将会在行政层面极大地激励乡镇干部主动参与与农民教育相关的工作,促使乡镇干部积极地深入农村地区,改变以往僵化的管理方法,转而从服务农民的角度出发,为农民搭建一个与外部世界沟通的平台,这些积极措施将对农民教育产生非常明显的正面效应。

---

① 贺雪峰:《新农村建设:打造中国现代化的基础》,《中南财经政法大学研究生学报》2007 年第 2 期,第 19 页。

（四）调动各方力量参与农民教育

党和政府在农民教育中主体责任的准确定位，不仅取决于政党和政府对自身的定位与调整，还取决于其所处农村社会的具体环境。随着经济发展和政治改革的稳步推进，农村社会日益呈现出开放多元的发展特征，这对党和政府农民教育工作的开展产生诸多影响。这些逐步壮大的社会力量为党和政府构建起一个新的生存和发展空间，使其不能再独立于社会之外进行自我建设。相反，党和政府必须与社会发展的大趋势密切联系起来，根据变化了的农村形势和社会发展趋势，思考和探讨进行农民教育的有效路径。尤其是在以基层村民自治为代表的农村社会力量逐步崛起的过程中，党和政府应当逐渐放弃原有的全能性的行政管理模式，转而按照现代市场经济的发展要求，适当地释放农村社会空间，调动社会各方积极的多元力量来参与农民教育。

从党和政府角度来讲，如何建立在农民心中的公信力是当前农民教育极为迫切的问题，因为任何教育政策和措施都需要民众从心理上接受它，并在行动上配合它，如果农民群众不接受和认同这一教育政策和措施，那么外部力量很难将对农民的现代化教育有效地推行下去。能够适应现代社会发展需求，适当地让渡自己固有的权力，释放出更多的社会空间，是合作型政府应有的执政特征。回顾党对农民的教育历程，不难发现，当党和政府以全面政治化的姿态进入农村社会，通过对农村资源的掌控而全面掌握农民教育过程时，往往因为压抑了农民群众自身的创造力和发展智慧而使当时的农村社会空间受到极大压缩，最终导致农民教育过程脱离社会发展的实际需要和农民自身的真实想法，从而很难避免其失败的结果。我们不得不面对的现实是：仅仅靠行政杠杆根本撬不动中国农村这块巨石，不恢复农村原有的自组织能力，农村的事情就不可能办好，而农村的自组织能力只能靠农民和农村社会自身的力量一点一滴地复原，才有可能真正具有力量，外面和上面的人们，无论有多么着急，怀有多少恨铁不成钢的好心，所能做的其实只是引导和教育。① 政府单纯运用

---

① 张鸣：《热闹中的冷想》，《读书》2001 年第 3 期，第 17 页。

行政力量很难达到对农民进行现代化教育的预期目标,用行政力量往往会扭曲真实的农村需求,造成农村对政府的依赖,却不能使农民现代化教育和农村自我发展的力量得到真正健康的成长。因而,释放农村社会空间成为整合不同社会力量参与农民教育的重要途径。从农村社会空间来讲,农村社会有其自身存在和发展得以延续的内在秩序和行为规范,上述本土特征与农村社会的历史、自然和人文传统相关联,构成了农村和农民现实发展的基础。党和政府对农民群体的现代化教育一方面需要以这些农村社会的本土特征为依据,才能使教育过程顺利展开;另一方面,党和政府这种外部力量的现代化教育实践过程也将极大地改变和重构农村社会空间。"乡村社会拥有内生权威与秩序的能力,多少取决于国家给乡村社会的自主空间和支持力量有多大……国家能够在多大程度上尊重乡村社会的自治天性以及能够给乡村社会多大的自主空间,很大程度上决定着乡村社会发挥其共同体的天性,实现有效自治的能力与水平。"① 这就要求党和政府在农村社会中对农民群体实施现代教育的同时,适当地释放一定的社会空间,激发农村内部的现代化积极性和农民群体自我教育的自觉性,使外部的教育力量与农村内部的教育力量相接洽,共同创造农民教育的良性发展。我们还需要注意一个现实问题,即党和政府在逐渐将行政权力退出农村社会、释放出越来越多的社会空间的同时,还有可能面临另一个困境,即"在国家干预减少之后,国家原来开拓的社会空间并不一定只是由传统的价值观来填补。相反,新兴的市场经济、消费主义以及激进社会主义遗留下来的影响等种种因素,都会与传统观念争夺空间"②。由此我们认为,仅仅释放社会空间还不能完全对党和政府的教育主体责任构成有益的促进作用,还需要调动社会各方积极力量参与农民教育,填补由国家行政权力退出后留下的巨大的社会空间。这些在农民教育中能够起到积极作用的社会力量主要有:(1)以现代企业为代表的市场经济组织。企业作为市场经济主体之一,具有科层管理和规范的组织

① 林尚立:《国家的责任:现代化进程中的乡村建设》,《中共浙江省委党校学报》2009 年第 6 期,第 7 页。

② 阎云翔:《私人生活的变革:一个中国村庄里的爱情、家庭与亲密关系(1949—1999)》,上海书店出版社 2006 年版,第 253 页。

架构等现代组织特征，不仅能够为农村社会发展贡献应有的经济力量，还能为农民自身现代化素质的培养提供适当的场所和环境，是参与农民教育重要的社会力量。(2)以农民自身为主体的各种农民合作组织。在现代市场经济发展中，农民群体只有组织起来，才能应对现代社会发展的诸多需求，并帮助农民群体在自我管理和自我教育中获得与现代社会发展相适应的综合素质。(3)由相关专家、学者和大学生构成的知识分子群体。知识和技能无疑是农民现代化教育中最基本的技能层面，由知识分子构成的外部多元力量能够在此方面为农民提供其所需要的各种帮助。

三、建立科学的农民教育管理体系

与发达国家或地区早先逐步形成的完备的农民教育管理体系相比较，中国的农民教育管理体系在组织机构、横向合作和相关法规政策等方面，基本上还处于初始发展阶段。面对日益处于全球化和市场化发展浪潮中的农民教育现状，党和政府有必要建立一整套由中央到地方层层负责，同时在横向上实现城乡一体化联动的农民教育管理体系。不仅如此，在纵横交错的农民教育管理体系中，还需要进一步完善农民教育的相关制度与法规，从而确保党和政府的农民教育政策落到实处，在标准化和规范化的轨道上持续发展。

（一）健全农民教育的管理机构

对农村居民实施以现代化为导向的综合素质教育，不仅事关整个社会经济发展、政治稳定，乃至于社会和谐的重要因素，还对农村居民全面自由的发展和个人的现代化进程意义重大。农民教育问题是在实际发展中产生，并迫切需要解决的现实课题，同时，农民教育的内容涉及基本生存技能、公民素质和道德精神追求等多个层面。因此，农民教育需要由党和政府出面，建立从中央到地方上下对应的专门的组织管理机构，层层负责，从而将中央一级服务于农民教育的一系列政策更好地贯彻到基层农村社会，保证广大农村地区的农民教育活动得以持久顺利地开展。就目前的农民教育状况而言，在中央一级的宏观层面上，还欠缺一个专门的、从总体上对农民教育工作进行统一管理和整体协调的组织机构。以往涉及农民教育的相关政策和法规基本上由农业部和教育部联合出台，并责成基层地方政府的农业部门和教育部门协同贯彻。然而实际上，除了农业部下辖的科教司会部分负责农民教育的相关事宜外，其他部委或职能部门未能直接负责或是起到推动农民教育工作的职能。① 同时，反观北美和台湾地区的农民教育实践，不难发现很多农业发达的国家或地区，在中央或联邦一级都设有专门针对农民教育工作的管理机构来负责日常的农民教育工作，与地方政府在农民教育工作上开展协作和沟通。这说明，在中央一级行政层面上，中国还缺乏专门负责农民教育工作的管理机构。此外，具体到地方政府而言，尤其下沉到县乡一级的基层政府，在本书实证部分涉及湖南农村地区的几个驻村调研中，我们发现，分管农村文化、教育工作的乡镇干事，通常还分管政协、财政税法和卫生等多项工作。这也从实际上说明，直接与农村社会相关联的基层政府一级，同样还没有形成专门针对农民教育工作的组织机构。

针对上述农民教育管理体系中存在的不足，党和政府理应从更好地履行自身的教育主体责任出发，建立健全从中央到地方层层相扣的农民教育管理机构，从而保障农民教育工作的切实开展。在中央一级层面，应思考如何在农业部建立专门负责农民教育工作的机构，吸纳有志于研究并实施农民教育工作的高级人才，组成专门的农民教育管理部门，主要负责对全国范围内的农民教育工作进行专项论证和总体规划。这样不仅能够保证在中央层面上出台的农民教育政策法规更具科学性和现实意义，还能对各个地方政府实施农民教育工作进行监督和指导，从行政负责方面保证农民教育在基层有效开展。在基层地方政府层面，对应中央一级政府的农民教育管理部门，设立相应的农民教育实施部门，由专门从事农民教育的人员组成，根据中央一级的政策文件精神，制定细致规范的农民教育内容，确定开展农民教育的具体方式，并直接负责农民教育的实施过程和监督评估。由此形成的从中央到地方层层推进的科学规范的农民教

① 根据笔者对农业部科教司网站的跟踪访问，发现科教司主要负责农业科技研发、推广与应用以及应对农业灾害等工作，这部分工作内容与本文探讨的农民教育内容中的农业科技教育相重合，但未能涉及农民教育内容的其他方面。

育机构，将会成为当前农民教育有效开展的组织保证。

（二）努力形成城乡一体化的教育管理体系

处于向现代化迈进的国家或地区，在农业发展和农民现代化历程中，都或多或少地遭遇城乡二元分割的局面。各类资源、现实条件和教育程度在城乡之间分布不均衡，往往会导致城乡之间教育状况的现实鸿沟。为应对城乡二元分割的现实局面，弥合城乡之间的教育发展差距，党和政府需要进一步思考如何形成城乡一体化的教育管理体系，促成不同的教育要素和教育资源在城乡之间合理流动，从而保证农民教育工作的协调发展。

努力形成城乡一体化的农民教育管理体系，需要从以下几方面进行思考和规划。首先，集中城镇社会的优势教育资源，发挥其对农民教育的先导示范作用。城镇社会中政府相应的农业科技部门、农业高等院校和农业科技研发机构，都是先进的农业科技产生的源头部门，这些部门从事的农业科技研究以及制定的农业生产标准，对广大农村地区农民们从事的农业及其周边产业的生产，具有非常重要的指导示范作用。同时，这些部门研发形成的农业科技成果，同样也需要应用于实际的农业生产，由此获得最终的成果检验。因此，党和政府需要适当地引导城镇社会中的优势教育资源合理地流入农村地区，将先进的农业科技和农机设备更快、更有效地引入农村地区，发挥科学技术的扩散作用，帮助农村居民掌握更先进、更科学的农业生产技术技能和生产设备。其次，深入了解农村居民在教育需求和教育活动等方面的心理预期，以开展更为有效的农民教育工作。农村居民在经济条件、生存环境和社会心理等各个方面，与身处于城镇社会的居民存在很大的差距。因此，产生于城镇社会的科学知识、文化产品和教育方式，在某种程度上不一定能够满足农村居民的实际需要，这就需要党和政府在中间起到协调和转化的作用。应从作为教育对象的农村居民的实际需求出发，将其作为开展农民教育工作的前提，以便更有效地利用城镇社会具有的优势教育资源。最后，党和政府除了在城乡之间建立统筹规划的教育管理体系外，还需要加强同其他农民教育组织的横向联系，形成网络化的农民教育管理体系。通过上一章节的论述，我们得知在当前农民教育发展中,存在包括企业组织、农民合作组织和知识分子团体等多元的农民教育参与力量,这些不同的组织形式都体现出社会力量在农民教育过程中的重要地位。通过政府的协调和统筹,将这些有志于参与农民教育的优势力量加以整合和利用,形成城乡一体化的农民教育管理体系,对未来农民教育的长期稳定发展极为重要。

(三)完善农民教育的制度与法规

任何一项涉及公益的社会活动,都需要完善的制度与法规加以规范,只有在相关的制度与法规的监督和评估中,公益性社会活动才能朝向组织化、规范化和长期化的方向发展。建国以来,特别是改革开放以来的农民教育工作,经历着一个朝向制度化和法制化发展的轨迹。进入2000年以来,从中央国务院到各级地方政府,都先后出台了一系列针对农民教育与培训的政策;2010年天津市还通过了《天津市农民教育培训条例》,这是全国范围内首次出现的针对农民教育培训工作出台的地方性法规。然而,我们也同样看到,针对农民教育培训的一系列政策还是未能积极有效地起到指导和监督农民教育的作用,尤其是在农民教育政策的延续性和整体性等方面尚有欠缺。不仅如此,截至目前,天津市的农民教育条例是国内迄今为止第一部地方性的农民教育法规,这也从另一个侧面反映出我国保障和规范农民教育工作的法规条例还较为稀少。综上所述,我们认为党和政府除了需要建立从中央到地方垂直的农民教育管理机构,拓展城乡一体化的农民教育管理体系之外,还需要进一步健全和完善涉及农民教育工作的制度与法规,以保证农民教育工作落到实处。

其一是党和政府须从现实发展需要出发,思考设计有关农民教育的总体制度,在宏观统筹层面上,加强农民教育的制度保证。农民教育制度主要是党和政府对农民教育工作资金投入、机构设置和人员培养等方面的规范化设计。不论是北美地区的农民教育工作,还是日韩等东亚国家的农民教育活动,都是在政府大力的政策支持下,才获得空前发展的。面对日益复杂多变的农民教育现状,党和政府也需借鉴其他国家或地区的先进经验,在制度设计和政策规范上,为农民教育的发展提供良好的外部政治环境,引导农民教育工作在现代化发展目标下,朝向持久规范的方向发展。

其二是党和政府需要从农民教育现状出发,制定一系列维护农民接受教育权益的法律法规,在法制层面上,对农民教育工作进行监督和规范。农民教育相关的法律法规,是对从中央到地方各级政府从事的农民教育工作进行监督和规范,也是对处在不同农村地区的农村居民的教育权益进行维护和保障。因此,需要首先由中央层面制定一部专门针对农民教育工作的法律,从总体思路和整体规划上,对全国的农民教育工作进行设计和支持。

通过建立从中央到地方纵向递进的农民教育管理机构,统筹城乡一体化的农民教育管理体系,同时对纵横相结合的农民教育管理体系进行政策和法制上的指导和规范,由此形成一系列科学的农民教育管理体系,是保障农民教育有效开展的重要思路。

下编·实证篇

第五章 当代中国农民教育的现实困境及成因分析——基于实证调研的分析

改革开放以来，中国社会由传统农业社会逐步转向现代工业社会，不仅社会经济结构和生产方式发生重大转型，而且社会政治制度和文化规范也发生相应变化，这对于身处其中的人类群体本身的发展也提出了新的要求和挑战。处于传统向现代转型的中国农村社会，一方面为当代中国农民教育提供广阔的社会背景，另一方面也为当前的农民教育问题带来机遇与挑战并重的发展空间。探讨当代中国农民教育问题，首先应当将其置于社会转型的现实背景中，着力分析农民教育问题面临的新形势与新情况，这是我们思考和解决当前农民教育问题的重要前提。因此，针对当代中国农民教育这一研究课题，笔者先后多次深入农村地区进行实证调查，通过对普通农民和乡村党政干部的问卷调查和深入访谈，了解到大量的农村信息和农民教育的种种现状。最终，根据调研地的典型性和普遍性特征，选择湖南省永州市祠堂圩乡的 3 个村庄作为案例分析的典型，同时结合其他学者对当前农村社会和农民个人的调查资料和研究文献，对农民教育涉及的几方面困境进行深入考察和分析，并在此基础上探讨产生多重教育困境的原因。

一、现代化转型期中国农民教育的社会背景及调研对象说明

（一）现代化转型期中国农民教育的社会背景

处于现代化转型期的中国农村为共产党农民教育工作的展开提供广阔而丰富的社会背景，这主要包含两方面的内容：从宏观层面上讲，开放与变动的农村社会是农民教育得以展开的空间范畴，当前农村社会处于现代化转型的激烈变迁中，准确把握农村社会的发展逻辑，是正确理解农民教育的基础；从微观个体层面上讲，农民群体在流动与分化中显现出越来越不同于传统时期的诸多特质，这些特质不仅给农民教育注入新的希望，还给农民教育带来新的问题。深入了解农民群体的特质，是研究并解决农民教育问题的出发点。

1. 处于现代化转型中的中国农村社会

课题研究的展开要以确定研究对象的时空坐标为前提，本书就农民教育展开的研究选定当代中国这一时代背景。首先，当代中国一般是指第二次世界大战之后，即 1949 年中华人民共和国成立之后的历史指称；本书的研究着重于 1978 年改革开放之后农民教育问题的现状及思考，从本质上讲这是一个现代性因素不断增长的变迁过程。当代中国作为时空坐标，代表着中国市场化改革和全球化接轨的双重含义，其本质是中国处于由传统社会向现代社会变迁的转型时期，“某一时期人们的价值观念、思维方式和生活方式是整个社会的文化和历史在特定时期形成的，深入每一个人的内心的规范和个体与群体的行为准则”①。处于现代化转型期的中国农村这一时空定位为农民教育研究提供了宏观的社会背景。现代化是一个包涵政治、经济、社会、文化等多个层面的发展和演变进程，它涉及人类思想和行为所有领域内的变革。世界范围内的现代化过程是指 18 世纪工业革命以来人类社会所发生的深刻变化，它包括从传统经济向

① 沙莲香：《中国人的民族性格和国民素质的提高——中国社会文化心理》，中国社会出版社 1998 年版，第 26 页。

现代经济、传统社会向现代社会、传统政治向现代政治、传统文明向现代文明的转变过程及其变化;它既发生在先进国家的社会变迁里,也存在于后进国家追赶先进水平的过程中。① 传统的现代化理论以西方发达国家的现代化进程为研究对象,认为现代与传统是相对立的两个概念,无法融合。传统的消减意味着现代的增加,反之亦然。20 世纪 70 年代出现的新现代化理论对已有的研究进行扬弃,试图找出现代与传统相互共存、相互渗透与相互融合的可能性,并提出像中国这样的后发现代化国家有可能追求自身独特的现代化发展道路。当代中国处于剧烈的社会变动时期,其生存和发展的脉络是充满机遇和挑战的复杂过程,资源的有限性、现实的局限性与对现代化发展的迫切需求构成了新时期农民教育滞后和发展的双重可能性。其次,具体到农村社会而言,处于现代化转型中的农村社会呈现出复杂多变的社会特征,马克思曾经指出:"人们自己创造自己的历史,但他们并不是随心所欲地创造,并不是在他们自己选定的条件下创造,而是在直接碰到的、既定的、从过去继承下来的条件下创造。"②由传统迈向现代的农村社会是农民教育问题产生的社会条件。传统社会又称为礼俗社会,现代社会又称为法理社会,德国社会学家滕尼斯用这两种社会来描述工业革命前后两种不同的社会生活状态。前者是由具有共同习俗和价值观念的同质人口所形成的关系密切、富有人情味、以集体主义为取向的、封闭交往模式的生活共同体;后者是由不同质人口所形成的、具有多元价值观、工具理性行为、以个人主义为取向、开放交往模式的生活状态。当代中国农村处于由传统社会向现代社会的转型,正发生着前所未有的深刻变化,市场化改革使农村社会越来越多地卷入一个城乡开放、横向流动、多元现代的社会化体系。同时,旧的社会规范与价值观念失效,新的规范与信念还没有内化于人们的精神世界之中,在这个转换过程中,需要一个主流文化积累与沉淀的过程。伴随着这一过程,农村社会秩序将会不可避免地出现短暂的失序状态,这是当代中国农民教育问题产生的客观社会环境。最后,不得不面对的现实状况是农村社会的转型过程远远滞后于国家整体现代化进程,这不仅对中国社会现代化转型产生重

① 何传启:《现代化概念的三维定义》,《管理评论》2003 年第 3 期,第 8 ~ 14 页。
② 《马克思恩格斯选集》第 1 卷,人民出版社 1995 年版,第 585 页。

大影响，还使农民教育成为社会问题凸现出来。据2009年全国人口统计，中国有53.4%的人口住在农村，70.8%的人口为农村户籍，其中约1.66亿农村户籍的人口居住在城市。如果将不能在城市安居的进城务工经商农民计算进农村人口（因为他们必须依托农村来完成劳动力再生产），那么中国目前的农村人口约在8.8亿左右。即使未来30年，农村人口每年减少1 000万，那么到2035年，中国还有5.8亿人口要依托农村完成劳动力的再生产。考虑到人口自然增长的因素，到时农村人口将超过7亿。这些数据清晰地表明，我国人口的很大一部分仍然集中在农村地区，他们所构成的农村社会的现代化进程成为影响我国社会转型进程的重要因素。然而，中国农村社会在转型中渐渐落后于社会整体发展，这不仅表现在农村居民可支配收入、接受教育程度、就业能力和现代化素质等方面普遍落后于城市居民，还表现在农村社会财政投入、教育环境和社会氛围等方面的缺失和滞后，归根结蒂是对农民全方位教育的缺失所致。正如罗吉斯的判断："在不发达国家，农民构成了人口的最基本部分。因此农民是变迁机构的首要目标……只有影响了广大的农民，发展规划才能实现。一个国家要实现现代化，它的大多数人口必须改变生活方式。"①

2. 迈向现代的中国农民

当前，中国处于农业社会向工业社会、农业文明向工业文明的社会转型期，许多发展的悖论与矛盾都集中体现在处于社会变迁的农民身上。在这一过程中，农民群体自身的双重性以极为复杂的形式表现出来：保守与进步，封闭与开放，现代与传统……早在分析农民群体在资产阶级革命中的作用时，马克思主义经典作家就揭示出农民历来具有双重性的特征，在《路易·波拿巴的雾月十八日》中，马克思充分地论证道："波拿巴王朝所代表的不是革命的农民，而是保守的农民；不是力求摆脱其社会生存条件即小块土地的农民，而是想巩固这种条件的农民；不是力求联合城市并以自己的力量去推翻旧制度的农村居民，而相反，是愚蠢地拘守这个旧制度，期待帝国的幽灵来拯救自己的和自己的小块土地并赐给自己以特权地位的农村居民。波拿巴王朝所代表的不是农民的开化，而是农民的迷

① ［美］埃弗里特·M.罗杰斯，拉伯尔·J.伯德格：《乡村社会变迁》，浙江人民出版社1988年版，第321页。

信;不是农民的理智,而是农民的偏见;不是农民的未来,而是农民的过去;不是农民的现代的赛文,而是农民的现代的旺代。"①简言之,农民的双重特质集中表现为革命与反动、现代与传统的矛盾统一。当前研究中国农村与农民问题,我们要秉承马克思主义辩证的科学态度,在现实中准确地把握农民群体的特征。一方面,需要认清农民群体处于传统迈向现代的个人转型中这一现状。当前的中国农民基本上还不完全具备现代新型农民的综合素质,但是与传统的农民又不完全趋同,可以称之为处于从传统向现代过渡的人群,即社会学家丹尼尔·勒纳所指的站在"传统——现代的连续体"上的"过渡人"。他们由于处在传统社会与现代社会中间的社会发展阶段上,混合着新旧两种特质,有着双重价值体系,所以,他们既不是严格意义上的"传统的人",也不是严格意义上的"现代人"。随着农村社会变得愈发开放与流动,农民群体的劳动场所和生产方式正发生着巨大的变化,他们的思想意识和生活方式必然产生连锁性变迁,使中国农民处于由传统向现代过渡之中。在现代化转型社会中,传统与现代的碰撞、冲突乃至融合是农民教育无法绕开的现实问题,用丹尼尔·勒纳的话说,我们需要培养持现代观念的人,培养能适应所处环境变化的"转换性人格"。这种转换性人格代表传统农民能够在现代社会中具备寻找自身全新定位的调适能力,而这种调适能力经由外部力量的引导和教育,能够呈现出更灵活全面的发展趋势。农民群体自身具有传统与现代兼具的特质,是准确把握农民群体特征,展开适当的农民教育的认识前提。另一方面,农民群体的这种转型始终以农民的现代化为目标指向。作为后发现代化国家,中国近代以来就被迫卷入世界现代化发展浪潮,日益紧密的全球化交往,使民族国家不得不面对现代化趋势,做出及时的反应。在所有现代化指标中,人的现代化是最重要的因素之一,正如英格尔斯在《人的现代化》一书中所指出的,国家的现代化首先是人的现代化,如果一个国家的人民在心理、思想、态度和行为上没有经历一个现代化的转变,实现国家现代化是不可能的。他进一步认为,理想的现代人是一组相互联系的个人品质的综合,这些品质和特征可以概括为 4 个主要的方面:(1)

① 《马克思恩格斯选集》第 1 卷,人民出版社 1995 年版,第 678 页。

他是消息灵通、积极参与的公民；(2)有显著的个人效能感；(3)在对待传统势力影响上，尤其当处理个人事务需要下决断时，他高度独立自主；(4)乐意接受新经验和新思想，即思想相当开放，认识问题灵活。所以，现代人的素质是涉及人的观念、知识、能力和思维等各个方面的一系列品质，显露出一种极为复杂的、多方面和多元的综合特征。① 研究当代中国农民教育问题，不可避免的是要参照人的现代化这一标准，因为农民个人的现代化是农民转型的目标指向。同时，在人的现代化进程中，农民现代化是社会现代化的基础和核心。② 农民的现代化实质上就是农民传统性不断削弱与农民现代性增强的过程。(周晓虹，1998)通过英格尔斯在6个不发达国家中进行的现代化模型的实证调研，我们可以清楚地看到教育在农民个人现代化过程中居于首要的地位，特别是对成年农民社会化过程中的现代素质培养意义更为重大。由于个人现代性被赋予特殊的社会内容，因此，从严格意义上讲，显然没有人生下来就是现代化的。人只有通过变为现代化的途径，通过成熟或社会化，或兼而有之的途径，才能成为现代人。③ 从这个意义上说，现代化带有思想启蒙的色彩，意味着引导农民获得独立的意志和自由的人格。由此，我们可以将农民现代化定义为在社会现代化进程中，农民在生产方式、生活方式和综合素质等方面，不断突破传统束缚，获得并发展其现代性，逐渐转变为现代新型农民，最终实现全面发展的过程。农民的现代化主要体现在心理、态度和行为 3 个层面上，包括知识文化和科学技术等基本生存技能、以民主与法制为基础的公民素质，以及道德和精神文化素质 3 个方面，划分出这 3 个方面也是为梳理当代中国农民教育的现实困境提供 3 个方面的参照标准。

（二）调研对象的选择与概况

为了深入农村地区了解当代中国农民教育问题的现状，笔者查阅大

---

① ［美］英格尔斯：《人的现代化素质探索》，天津社会科学院出版社 1995 年版，第 15～16 页。

② 伏晓：《论中国农民问题和农民的现代化》，《前沿》2005 年第 12 期，第 199 页。

③ ［美］英格尔斯：《人的现代化素质探索》，天津社会科学院出版社 1995 年版，第 18 页。

量相关资料后，经过反复认真思考，针对农村与农民的现实情况，设计了《农村居民现代化基本技能养成篇》、《农村居民公民素质培养篇》和《农村居民思想道德追求篇》等不同类型的调研问卷，还分别针对普通农民和乡村党政干部两个群体设计了不同的访谈提纲。在多次前往安徽、湖南、江苏等地乡村调研后不断完善和修正已有的调研问卷和提纲，通过对农民群体的走访和交谈，对农民教育问题有了更深层次的认识。由于时间与空间等客观条件所限，本书的研究最终确定以湖南省永州市祠堂圩乡的3个村庄作为研究样本。两年期间，笔者曾先后3次到访这3个村庄，累计进行了为期3个月的蹲点调研。同时，笔者还依托朋友之便在乡镇政府进行跟访调研，采集到相对完整的调研数据和大量丰富的农民教育个案。当然，需要特别说明的是，由于当代中国农村整体上处于开放与流动的社会体系中，农村中大量的剩余劳动力多数已转移至邻近的城镇中去谋求新的生存机会，祠堂圩乡的这3个村庄也不例外。因此，我们在调查过程中，往往无法取得一个行政村中普遍的调查资料，仅仅是针对在村居民展开抽样调查，抽样的方法是以行政村为单位，按人口的10%发放问卷表。同时，乡村两级党政干部是共产党在农村基层对农民实施教育工作重要的人员力量，特别是村一级党政干部自身也具有农民的职业身份，对这部分人群的调研和访谈也包含在当代中国农民教育状况调研中。

1. 调研对象的选择

本书的实证研究选择中国中部湖南省境内的几个村子，主要是出于以下几方面考虑：从社会结构特征上讲，在现代市场化过程中，中国广大农村地区的发展极不平衡，大体上分为东部沿海地区、中部地区、西部落后地区、东北部老工业区几个区域。处于中部的两湖地区历来都是农业大省，世居农民群体庞大。近代革命时期，两湖地区农村社会显示出明显的反抗特征，成为革命兴起的主要发源地，身处其中的农民成为革命力量的主要供给者。进入现代化建设时期，作为农业人口大省的两湖地区出现了新的问题，即占有资源的有限与劳动人口的过剩，迫使这一地区的农村居民大量迁移至城镇社会，形成了大规模的外出务工人潮。这一变化对两湖地区农村社会结构、村级治理状况和农民自身发展产生了一定的冲击，也使这一地区的农村和农民问题具有突出的典型特征。中部两湖地区日益成为“三农问题”矛盾的焦点地区，这有两方面原因：一方面，现代资本的强势力量引发东部沿海地区的崛起，而资源匮乏和劳动力弱势又造成中部的渐趋边缘化；另一方面，两湖地区深深浸润着具有强烈反抗性和追求自由的楚文化传统，使这一地区的农民更多地倾向于以非制度化的方式、途径解决现实问题，这对农村地区的稳定发展和农民自身的现代化进程都造成不利的影响。湖南省内的农村地区面临的现实困境既是经济发展滞后、政治治理不完善和农村文化匮乏等多方面因素造成的困境，又能代表当代中国农村发展的典型特征，值得进一步深入研究和分析。

从农村地区的发展程度和农村居民的整体素质来讲，作为中部省份之一的湖南省从各方面统计数据都表明，其代表中国广大农村地区的平均水平，更具有样本数据的普遍性。这种普遍性主要可从三方面加以考量：一是农村居民人均经济收入水平；二是农村劳动力资源总量在教育程度上的构成和农业从业人员数量及教育构成；三是农村居民在文教娱乐等文化消费方面的投入。根据2008年中国农村统计年鉴的数据显示，湖南省2007年农村居民人均纯收入为3 904.2元，通过与其他省份的数据比对，这个数据与全国人均收入水平4 140.4元较为接近。因此，湖南省农村居民人均经济收入水平处于全国平均水平。此外，从表1-1和表1-2中反映的农村劳动力资源和农业从业人员的受教育程度统计情况来看，湖南省所在的中部地区的农村居民的受教育程度也居于全国平均水平。同时，2008年中国农村统计年鉴相关数据还显示，湖南省2007年农村居民在文教娱乐用品及服务方面的消费支出为278.78元，占生活消费支出总数的8.7%，而全国在这一方面支出的平均数据为328.40元，占全国农村居民生活消费的9.48%。从统计数据上看，湖南省农村居民的文化消费水平略低于全国平均水平，但大体上接近全国的平均线。综合上述数据，我们认为湖南省在经济发展程度、居民教育程度以及居民在文化教育方面的投入倾向等方面都显现出与全国平均水平大体一致的情形，在调研对象的数据选择上更具代表性。

表 1-1　我国农村劳动力资源总量及教育构成①

		全国	东部地区	中部地区	西部地区	东北地区
农村劳动力资源总量(万人)		53 100	19 828	14 582	15 142	3 548
农村劳动力文化程度构成(%)	文盲	6.8	4.6	6.7	10.7	2.6
	小学	32.7	28.3	29.8	41.0	33.2
	初中	49.5	53.9	52.0	39.7	56.7
	高中	9.8	11.8	10.4	7.5	6.4
	大专及以上	1.2	1.4	1.1	1.1	1.1

表 1-2　我国农业从业人员数量及构成②

		全国	东部地区	中部地区	西部地区	东北地区
农业从业人员数量(万人)		34 874	9 522	10 206	12 355	2 791
农业从业人员文化程度构成(%)	文盲	9.5	7.7	8.9	12.8	2.9
	小学	41.1	38.5	37.0	47.0	39.0
	初中	45.1	48.8	49.2	36.7	54.6
	高中	4.1	4.8	4.7	3.3	3.2
	大专及以上	0.2	0.2	0.2	0.2	0.3

从调研地介入情况来讲，笔者本人是在城市长大的农村问题研究者，自身在占有和采集农村地区乡土信息方面缺乏背景优势，因此需要借助他人的帮助和介绍才能深入农村地区，进行农民问题调查研究。所幸，笔者有两位相熟的同学都是湖南省永州市人，在他们的帮助下，本人得以进入永州市下辖祠堂圩乡，进行长期深入的蹲点调研。同时，不可否认的是，通过农村社区内的“熟人”进入调研地，能够以相对亲切、熟悉的立场来亲近农民群体，获得相对可靠和真实的调研信息，这也是最终选择祠堂圩乡 3 个村庄进行调研的客观原因。

同时，本书对当代中国农民教育问题的研究，还将借助其他学者对农

① 根据中华人民共和国统计局 2009 年统计公报绘制。

② 根据中华人民共和国统计局 2009 年统计公报绘制。

村地区的实地调研材料和文献资料，以期从全国范围的宏观视角上，对当前农村地区存在的农民现代化教育困境进行深入剖析和解读，从更加丰富多样的实证调研样本中，找寻农民教育现状面临的共同困境以及形成困境的具体成因。

2. 调研对象的概况

湖南省永州市蓝山县祠堂圩乡位于南岭山脉中段北侧，东接郴州临武县，南界江华瑶族自治县及广东连州市，西邻宁远县，北交郴州嘉禾县。祠堂圩乡现辖 17 个行政村，土地面积 38.5 平方公里，耕地面积 9 830 亩，其中水田 8 240 亩；共有 124 个村民小组，2 884 户，总人口 12 253 人，其中非农业人口 52 人；2009 年，全乡完成农业总产值 1 296 万元，乡镇企业产值 2 338 万元，财政收入 112 万元，农民人均纯收入 2 821 元；乡镇共有 20 个党支部，共有党员 374 名。

被调查的 3 个村庄均隶属于湖南省永州市祠堂圩乡，为方便论述，我们将其指称为 D 村、S 村和 Y 村。它们散落于乡镇政府周围，距乡镇政府最远的是 S 村，距离 7 ~ 8 公里。2007 年，湖南省“村村通”公路建设工程开始实施，大部分乡村通道都在进行改扩建，其余的村子大都是砂子、石灰和水泥铺成的三合公路，县里的公交车也通到了离各村不远的省道上。总体上来讲，这 3 个村子的交通还算便利。3 个村庄在人口数量上有所差别，其中 D 村人口较多，为 739 人，其余 S 村和 Y 村人口在 350 人左右（详情见表 1-3）。同中国中部地区的其他村庄一样，这 3 个村子的经济状况并不十分理想，原有的村集体经济很少，多是近几年政府修公路时补偿的占地款。3 个村子经济来源大多集中在属于第一产业的粮食种植，同时辅以一些接受市场订单的烟叶种植，其余的第二产业多是靠山挖石，采石出售的资源消耗型、不可持续的产能类型。只有 Y 村在村支书的带领下开辟了诸如租借挖掘机、承包工程等服务行业。3 个村庄的人均纯收入约为 3 100 元，其中包括外出人员的打工收入。就目前来讲，3 个村子的经济收入水平不是很高，大多数村民还在为盖新房、娶媳妇、送孩子上大学之类的事情操心，小康生活对村民们而言依然是奋斗目标。村民们考虑问题和采取行动多是从理性、世俗的角度出发，日益个人化的生活追求使村民们的人际交往逐渐减弱，随之带来了村庄社会关联度的降低。同时，随着村庄逐渐开放和经济日益发展，因财富、地位和资源占有情况不同，农村社会出现了新的阶层分化现象，不同的经济水平和职业分化使同一村庄或是不同村庄的农村居民在个体现代化素质上存在较大差异。

表 1-3　祠堂圩乡 3 村庄的具体情况

项目 / 户名	组别(个)	户数(户)	人口(人)		耕地面积(亩)		受访人数(人)
			分田人口	统计人口	水田	旱土	
D 村	8	168	660	739	435.6	63.8	60
S 村	4	83	338	363	204	27.2	36
Y 村	4	91	322	356	322.4	16.3	35

3 个村庄居民的受教育程度普遍不高，其中初中学历所占比例最高，达到 46%，说明国家实行的 9 年义务教育对农村教育的发展有一定影响；不识字的文盲有 20% 左右，多是留守家庭的老人和妇女；高中学历较少，只有 11% 的人口；大专以上文化程度的人最少，仅有 7%，且这部分人口多是留在城镇工作，只是因户籍限制，仍计入村统计数据中而已。3 个村庄的基层民主自治制度运行基本较为顺利，村民们大多能够根据自己的意愿参加选举，并选举出自己满意的村干部，在民主实践中逐步获得民主与法制等现代公民素质。同时，不得不面临的现实困境是，这一地区的传统资源丰富，宗族势力对基层民主政治和村政运行的影响依然存在，这也给党和政府对农民现代公民素质的培养带来一定的挑战。

3 个村庄的村民同全国大多数农村居民一样，闲暇时光多是在看电视、闲聊、棋牌娱乐中度过，乡镇政府出面组织的公共文化活动日益弱化，多半集中在节庆假日的“赶圩”集会上。具体选择这 3 个村庄作为调研对象的主要原因，在于 3 个村子由于村庄内部秩序状况、村干部角色定位以及乡村关系状况等因素体现出 3 种不同类型的乡村治理结构典型，这对于在农村社会范围内展开的农民教育产生重要的影响。如 D 村就因缺乏形成村庄秩序的强有力的传统资源，村级治理状况较多地受到外部政治结构中成文制度的规定。村干部通常不能从职位上获得足够的社会性收益（声誉和面子），但村干部能够通过其职位获得相当可观的经济收入，这部分收入有可能来自国家财政转移支付、集体经济收入或是可变卖的集体资源等。正因为如此,村干部相对能够按照乡镇的要求执行相关政策,与乡镇之间保持较为良性的互动。此类村庄在实践中被称为"次生秩序型乡村治理"类型①。我们在调研中,发现此类村庄的居民大多在文化科技等现代基本技能方面较为欠缺。S 村受到宗族势力影响较大,具有形成村庄秩序较强的传统资源,这种资源不仅表现在村庄为村民们提供公共物品的能力方面,也表现在村庄为村民们提供人生价值和生命意义的文化内聚力上。村干部在其职位上往往能够取得与之相适应的社会性收益,为了获得声誉和面子而出任村干部的村民,更倾向于为保护村庄利益而充当村庄的保护型经纪人。由此,村干部与乡镇之间的关系常常趋向于紧张,村干部时常为了村庄利益而对抗来自乡镇的行政汲取,这种情况在 20 世纪 90 年代农民负担过重的时候较为普遍,此类村庄一般称为"原生秩序型乡村治理"类型。通过对此类村庄的实地调研,我们了解到,村民们由于长期处在相对传统与封闭的社会环境中,在公民素质方面往往显得与现代社会发展格格不入。Y 村在村庄内部秩序状况和村干部角色定位两方面都居于上述两种村庄中间,是处于传统与现代之间的典型的过渡性村庄。Y 村村庄内部秩序的构成既有以传统资源为基础展开的社会联系,又有来自外部政治结构的现代制度建构。Y 村村干部的角色定位既有代表村民利益的村庄代理人特点,又有执行上级政府政策的乡镇代理人特征。因此,在与乡镇政府产生联系时,这样的村会呈现出更为复杂的特点,被称为"乡村合谋型乡村治理"类型。处于变迁之中的此类村庄居民在道德文化追求方面有些无所适从。上述对 3 个村庄类型的概述,只是根据影响村庄发展的不同要素所做的粗浅划分,现实实践中的村庄处在不断变化之中,此类划分只是为了说明选择这 3 个村庄的典型意义,也是为了能够更好地将各种因素纳入农民教育的实地考察中。

综合分析样本数据,我们发现,年龄上的代际差别、性别角色差异以及外出打工经历都是影响农民个体现代化素质和农民教育过程的重要因素。总体而言,年龄在 35 岁以下的农村居民更能够接受社会的变迁以及

---

① 相关界定与划分详见贺雪峰、董磊明:《中国乡村治理:结构与类型》,《经济社会体制比较》2005 年第 3 期,第 47 ~49 页。

随之带来的诸多改变，并能积极地在新的社会规范和社会关系中找到自身的定位；35 岁以上的村民对传统更为重视，特别是代表农耕文化的传统美德和土地观念更为强烈。男性居民对基层选举、“三农”政策信息等方面的需求更为迫切，相比女性居民，他们更希望在农村社会的政治运作和日常事务中发挥积极的作用，同时，他们对党和政府更为信任，有信心在政治体系中发挥一定作用。女性居民则更为关注政府在思想道德和业余休闲文化等方面的政策支持，她们渴望更多的公共文化生活，借此填补她们留守在家的精神空虚。有无外出打工经历同样是重要的影响因素，一般来讲，拥有外出打工经验的村民，大多见多识广，对外部陌生环境并不像从未外出打工过的村民那样怀疑和惧怕，他们往往愿意尝试新的大众媒体形式，以此获得更多的现代化信息。

表 1-4　祠堂圩乡 3 村庄的基本情况（N = 131）

项目		人数	百分比（约）	项目		人数	百分比（约）
性别	男	54	41	主要职业（多项选择）	纯农	64	49
	女	77	59		兼业	41	31
年龄	25 岁以下	8	6.1		外出打工	5	4
	25～35 岁	5	3.9		在农村从事非农业	10	8
	35～45 岁	57	43.5				
	45 岁以上	61	46.5		赋闲在家	9	7
文化程度	文盲	26	20	身份	党员	7	
	小学	21	16		团员	6	
	初中	60	46		群众	118	
	高中	14	11				
	大专以上	9	7				

通过对样本数据的比对分析，我们得知：不同的年龄、性别、文化程度和职业背景都是影响农民现代化综合素质和农民教育实践的重要因素。不仅如此，中国幅员辽阔，处于不同地区的农村社会由于经济发展水平、政治文化环境、历史人文条件以及地域特征等诸多客观条件的差异，生活于其中的农村居民在思想意识和行为习惯等方面的现代化程度也会呈现出不尽相同的特质。因此，我们在深入中国农村地区进行调查研究时，经

常感到力不从心的地方便是无法取得所有地区农村社会和农民个体的样本信息，而只能通过对个别居于平均水平线上的农村社会进行研究，以此作为分析中国农民教育现实困境的切入点。

二、当代中国农民教育的现实困境

处于现代化变迁中的中国农民教育遭遇现实发展的瓶颈，面临着重重困境。农民教育上的诸多不足反映在农民个体身上，即体现为农村居民各方面综合素质未能达到现代化发展需求，呈现出与社会整体现代化发展程度不相适应的特征，这对于中国现代化经济发展水平、基层民主发展与政治稳定以及农村精神文化的现代转型都极为不利。参照人的现代化理论，我们认为农民的现代化综合素质主要包含三方面内容：一是以文化知识和科学技能为主的基本生存技能，二是以民主与法制为核心的公民素质，三是体现社会主义主流价值追求的道德文化素质。与之相对应，当代中国农民教育也可划分为以上述三方面为教育目标的教育内容，这是我们进一步深入分析和衡量农民教育现实困境的参照标准。

带着对当代中国农民教育这三方面内容实施情况的疑问，笔者先后于2009年至2010年3次前往湖南省永州市祠堂圩乡下辖的3个村庄进行蹲点调研。由于这3个村庄外出打工人数在逐年增加，因此我们采取多阶段随机抽样调查法，根据3个村庄总人口数的10%进行随机调研。本研究采取问卷与访谈相结合的调查方式，共发放问卷150份，收回问卷131份，其中D村收回60份，S村收回36份，Y村收回35份，基本达到了平均每村收回总人口数10%有效问卷的要求。除此之外，我们针对农村居民和乡村两级党政干部，又先后做了30余次深入访谈。毋庸置疑，处于现代化转型中的农村居民在现代基本技能、公民素质以及思想道德这三方面，不论是思想意识层面，还是行为方式层面都已取得很大发展，并且正在不断地向现代化的成长目标迈进。特别是处于现代化、市场化和全球化进程中，交往的普遍性使农村居民获得了前所未有的发展空间。新的思想从外界进入乡村并在农民之间蔓延。因此，“农民现代化的关键是他们从不同渠道接受新思想……传统的农民对世界的认识是很有限的，交往就象从大社会中射出的一道光，照进他们与世隔绝的社会，使传统的农民逐渐开始步入现代世界”①。当然，处于现代化进程中的农民教育还存在诸多现实困境，祠堂圩乡 3 个村庄农民教育现状的调研问卷及个案资料能够为我们的深入研究提供现实依据。同时，本书还将补充其他学者的一些实证调研材料和研究文献，与笔者的实地调研材料加以比对和分析，以此来丰富和拓展当代中国农民教育困境的现实材料，并在此基础上对形成农民教育现实困境的成因进行深入解析。

（一）封闭与落后的基本生存技能困境

在个人现代化素质的诸多影响因素中，依托学校组织的正式或非正式的教育，无疑是较为有力的改变途径。教育与个人现代化之间密切的关系体现在两个方面：一是教育对个人现代化的渗透和影响是多方面的，以学校为基础展开的教育能够使人们掌握阅读、识字、计算等最基本、最有价值的技能，这些技能能够拓宽个人的视野，为他们日后进行的各种社会实践打开新的天地。学校教育还能使人们学会阅读报纸、合同、说明书等外部信息来源，以掌握与现代社会同步的交往基础。“学校是重要的社会机构——正式教育是人生极为重要的一部分。现代各国对教育寄予很高的期望。人们普遍认为，教育可以医治社会病态。”②人们在学习中逐步掌握的社会科学知识和自然科技能力，给了他们信心去进一步了解和改变外部世界，并相应地产生和培养个人效能感。同时，学校不仅仅是一个教学机构，还是现代组织的一种形式，它提供给受教育者连续和有秩序的教学活动，使学生们逐步养成遵循时间规范和组织规则的现代习惯。

具体到农民教育而言，虽然我们课题研究的对象是生活在农村社会范围内的成年农民，对农村未成年居民的学校教育我们不做深入探讨，但不可否认的是，成年农民童年时期接受教育的情况为其个人在未来生活中体现出的现代化品质奠定基础，同时还将影响成年农民在自身生产和

① ［美］埃弗里特·M. 罗杰斯，拉伯尔·J. 伯德格：《乡村社会变迁》，浙江人民出版社 1988 年版，第 309～310 页。

② ［美］埃弗里特·M. 罗杰斯，拉伯尔·J. 伯德格：《乡村社会变迁》，浙江人民出版社 1988 年版，第 155 页。

生活中对教育的态度。这就为我们引出了教育与现代化另一方面的关系,即个人的现代化程度反过来影响其在自身接受现代教育、职业培训等终身教育方面的行为选择,以及对后代子女提供教育机会的行为倾向。这种农民个人最基本的现代化素质涉及农民教育最基本的内容层面,即对农民进行以文化知识和科学技能为主的培训和教育。现代化程度对农民个体在教育方面的选择是影响党和政府在农村社会范围内对农民进行可持续教育良性发展的重要因素。现代社会中,国家和政府代表着社会大多数群体的公共利益,为其全体公民提供足以改变自身生存条件和社会地位的现代教育是政府义不容辞的责任,这种教育责任的落实最终还需以受教育群体的真实意愿和接受情况为落脚点。只有被民众真正需要和接受的教育,才能起到改变个人成长发展的作用。特别就广大农民群体而言,他们在现代基本技能和教育选择方面存在弱势的倾向,制约他们对自身教育的掌控和表达,也直接影响他们接受文化知识和科学技能等现代教育的效果。因此,我们需要深入农村地区,了解农民群体在个人现代化素质方面的现实情况,以及在接受教育方面的真实意愿和诉求,从而找到农民基本技能教育的症结所在。

1. 农村居民受教育水平低下,整体素质普遍偏低

我们以对祠堂圩乡 3 个行政村的综合统计为例,在被调查的 3 个行政村总人口 1 458 人中,高中文化程度 107 人,约占 7.3%;初中文化程度 612 人,占 42%;小学文化程度 568 人,占 39%;不识字或识字很少的占 11.6%,平均受教育年限 6.55 年。① 这些数据显示,调研地的农民与全国农民的受教育程度存在一定差距。据相关统计资料显示,目前我国农村居民受教育程度普遍不高,平均受教育年限只有 7 年。在 4.9 亿农村劳动力中,高中及高中以上文化程度的只占 13%,而初中文化程度的仍占 49%,小学及小学以下文化程度的占 36.7%,其中不识字或识字很少的占 7%。相对于城镇居民的受教育年限在 2006 年已达到 9.7 年而言,包括调研地在内的广大农村地区的居民受教育水平都较为低下。城乡居民在校受教育年限方面的差别可以通过图 1-1 反映出来。文化知识水平是公民

---

① 资料来源于祠堂圩乡镇政府统计材料,2000 年配合全国人口普查时的统计数据。

现代素质最基本的体现，农村居民在受教育程度上存在巨大缺陷，严重制约农民其他方面综合素质的提升，成为农民教育中的薄弱环节。

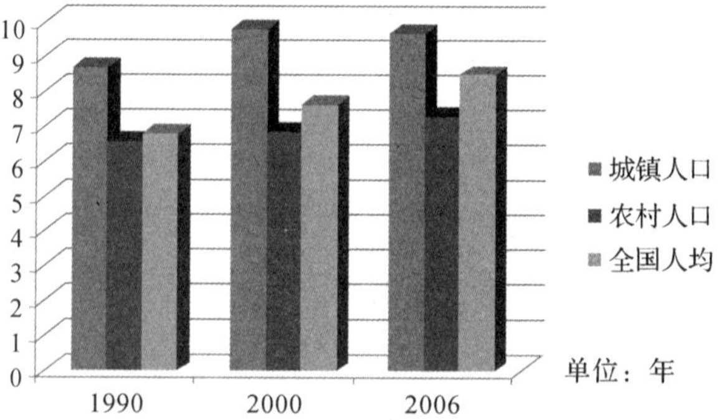

图 1-1　全国城乡居民受教育年限对比表①

与发达国家相比，我国农民在文化程度方面的差距也非常巨大。日本农民中大学毕业生占 5.9%，高中毕业生占 74.8%，初中毕业生占 19.4%；法国 7% 以上的农民具有大学文凭，60% 的青年农民具有中专水平。除此之外，我国针对农村居民在农业科学技能和其他产业的专业培训也较为有限。2006 年国务院发布的《中国农民工调研报告》表明，目前我国农村劳动力中，接受过短期职业培训的占 20%，接受过初级职业技术培训或教育的占 3.4%，接受过中等职业技术教育的占 0.13%，而没有接受过技术培训的高达 76.4%。

在美国、加拿大、日本等国的农村劳动力中，受过职业培训的比例都在 70% 以上；德国 7% 的农民具有大学文凭，53% 的农民接受过 2 至 3.5 年的职业培训；荷兰 90% 的农民受过中等教育，12% 的农民毕业于高等农业院校。在农业技术推广人员方面，我国平均 2 000 多个农业劳动力中才有 1 名农业技术推广人员，而发达国家平均不足 400 人就有 1 名。②

我们在祠堂圩乡 3 村的调研，同样印证了农民受教育程度低下这一普遍现象，在受访者中约 75.57% 的农村居民主要通过学校教育体系获得现代基本技能教育，但他们所接受的教育通常只到小学，因为大多数

---

① 根据 2010 年中国人口统计年鉴绘制。

② 姜岩、陈通、潘淑英：《加快发展我国农村教育，不断满足农民的教育需求》，《未来与发展》2006 年第 9 期，第 24 页。

人认为只要能够认识基本的汉字和掌握简单的算术，"外出不被人家骗"就可以了。他们中参加过县乡政府举办的农业技术培训和科技推广活动的只有9人，占总人数的6.87%，细问之后才知道，多半也是因为相应的培训可以获得良种和化肥优惠政策，或是冲着公家提供的"免费午餐"去的，真正具有强烈教育需求的村民很少。3个村庄的农村居民接受教育的方式如表1-5所示，其中接受过大学教育的有4人，占总人数的3%。很遗憾的是，这部分受访者只是恰好放假回家探亲，其就业意愿多数集中在上学的城市或是省城，并没有回到家乡从事农业或周边产业的意愿。

表1-5　祠堂圩乡3村庄农村居民获得教育或培训的主要方式（N=131）

曾经获得教育的方式	公社时期的扫盲、冬学	农村学校教育体系	大学教育	农业职业技术学院	农业技术培训
人次（人）	8	99	4	11	9
百分比（%）	6.10	75.57	3.0	8.30	6.87

不仅如此，调查还显示出农村居民在阅读信件、报纸，记账，上网等现代化技能方面的主要表现（如表1-6）。由于问卷设计是多项选择，我们可以从选项分布的密集程度判断农村居民具备的现代化技能。调研数据显示，能够记账、阅读信件报纸和相关科普书籍的人数较多，说明这些是相对普遍的技能。能够阅读协议书或合同以及写信、写报告的人较少，只占全部技能分布的20%左右，说明在文化知识的应用层面上，大多数农村居民显得力不从心。在涉及现代网络媒体的运用方面，绝大多数农村居民觉得遥远而陌生，只有极少数的农村青少年能够掌握相关技能。朱晓云在其调研手记中也提到过类似情况：与村干部的座谈会结束后，他提出要了解一下村中的远程教育设备使用情况，村中负责的"管理员急急忙忙拖网线、接插头、搬设备、连音响，弄了半天还是没有演示出来，偌大的投影幕布上始终无信号显示……由此看来，个别村居远程教育终端店还不合格，设备调试还不到位。个别的基层管理员还必须加强学习，提高站点管

理业务能力”①。

表 1-6　祠堂圩乡 3 村庄农村居民从事现代化技能的主要表现（N＝131）

能做哪些事	阅读信件、报纸	阅读协议书	阅读科普书籍	记账	写信和写报告	电脑打字	收发电子邮件	上网查资料
人次（人）	105	32	81	110	26	14	6	12
百分比（%）	80.1	24.4	61.8	83.9	19.8	10.7	4.5	9.2

与上一组数据作比对，我们不难发现，个人受教育程度是影响农民现代化技能的重要因素，而大部分农民的现代化技能较为欠缺，进一步从客观上限制了农民群体获得外部信息的渠道，大多数农村居民处于相对封闭和落后的环境中，整体素质受到明显制约。

在具体调研中，农村居民自身较为低下的受教育水平常常使他们在城市外来人员面前显得局促和自卑，他们对自己的现代化技能非常不自信，很多人在初次问卷中并不能完全列举自己掌握的技能，多是后来经访问员进一步解释和提醒，才填上具体的项目，还不忘再三强调“我书读得不多，懂得少”、“不像你们城里人”，等等。

2. 农村居民现代化综合素质欠缺，接受现代教育的渠道有限

农村居民的现代化是指“农民在社会化过程中，逐渐抛弃传统因素的束缚，不断接受现代的新观念、新思想，培养现代生产、生活技能和人格的过程”②。这里提到的新观念、新思想及现代生产、生活技能和现代人格，构成了农村居民现代化的综合素质，这些综合素质具体体现在个人独立自主的效能感、市场竞争意识、对新事物和变革的接受程度、时间观念与计划性、对陌生人的信任与合作，以及现代生育观念等方面。在对祠堂圩乡 3 村进行的驻村访谈中，我们发现农村居民的现代化素质欠缺，同时他们还缺乏接受现代教育的渠道。

① 朱晓云:《一位郊区组织部长的百村调研手记》，党建读物出版社 2009 年版，第 152 页。

② 伏晓:《论中国农民问题和农民的现代化》，《前沿》2005 年第 12 期，第 199 页。

【案例】

1. D 村的很多村民都向我们提起 2008 年村子错失的一个致富机会。乡镇府在 2007 年的招商引资中，和烟草局下属的一家企业达成合作意向，烟草企业有意在乡镇所辖的行政村中选定一个村子作为烟叶种植基地，以订购合同的方式提供种子，并在来年的春天来村收购。D 村由于地理条件和气候环境都相对适宜，被优先选定为种植村。但在项目洽谈中，却遭遇来自村民的不合作。原来若是接受合作，就需要参与种植的村民先行搭建供初期加工的烤烟房，大概每户要耗资 1000 元左右。企业承诺来年交付烟叶时，一并补贴这部分搭建款，同时由乡镇府出面作担保。但是，D 村大多数村民觉得这样"没有保障"的投资风险太大，纷纷表示不能接受。最后协商无果，种植烟叶的项目就转移至其他愿意先行搭建烤烟房的村子。我们特别采访了当初反对这一合作项目的村民，他们表示，确实对企业和政府提出的合作项目表示怀疑，有村民认为："合同、协议这类的文字材料能作数吗？到时候企业和政府不认账，我们到哪儿找人去？"同时，也有其他不甘心的村民表示，虽说合作遇到困难，但当初政府也没派人把事情讲明白，只说要先出钱盖房子，"那我们哪儿知道后来还给补房钱"？

2. D 村的村支书和村主任为另一件事头疼，国家"村村通"公路工程正好途经 D 村，这是一个很好的发展机遇：一是该村村民们能够获得国家修路而带来的一笔不菲的补偿款，二是国家公路途经该村，还有可能给村子带来更多的便利。但在实际操作中，遭遇到来自近邻 S 村的阻挠。D 村与 S 村在集体时代同属一个行政村，但由于这两个村子是由不同姓氏组成的，两村的宗族势力影响较大，历来不和，一直为争水、征地等事纷争不已。此次国家修路，刚好要通过 D 村和 S 村共有的一条村间道路，如果 S 村不配合，则国家会考虑另行方案，这就会直接影响到 D 村的实际利益。D 村已联系中间人，找 S 村的村干部们协商，希望得到他们的配合。但是反馈回来的意见是，即便可以共享补偿款，也拒不接受，中间人还具体转述："就是自己吃亏，也不能让他们（D 村）捞到好处！"D 村村干部多次到乡镇政府反映此事，却始终未能得到相应的解决。

3. 在对乡镇政府跟访调研中，遇到最普遍的行政任务便是计生工作。

对比其他省份农村地区的具体情况而言，湖南省大部分地区面临较大的计生压力。D 村就有两个计生困难户，一个是年轻妈妈连生 3 个女儿，家里始终不甘心，生到第 4 个终于盼来儿子，同时家里也耗尽了钱财，不仅家徒四壁，还要时时面临乡镇政府来收缴超生罚款；另一个是一名高龄妈妈，头婚的时候为前夫生了 4 个孩子，2 男 2 女，前夫死后改嫁，又给现在的丈夫生了 3 个孩子，第 3 个是儿子，这位妇女才 40 岁出头，却显得非常虚弱苍老。乡镇干部已经对此类情况见怪不怪，通常进入一家便出示依法行政的证明，然后告知当事人按照夫妻二人上一年度总收入的 2 ~ 6 倍罚款。因为存在自由裁量的空间，多半会有讨价还价的现象，最终双方各退一步，商定好罚款额度和最后缴纳期限。事后，我们在驻村采访中，和两位当事母亲有过深入的交谈，她们两人都觉得不停地生养对她们而言痛苦大于乐趣，但农村重男轻女的社会环境以及自身的弱势地位不允许她们发表意见。谈到计生教育，她们还说："每次乡里来人都是通知罚款，没见着和我们宣传政策的，要说教育，也得先说通我家老公和婆婆。"

从以上 3 个访谈案例中我们不难发现，农村居民在现代化素质及其养成方面存在诸多不足之处：

第一，对新生事物接受能力有限，缺乏市场意识。案例 1 中的烟草事件反映出大多数农民对待诸如订单化种植烟叶的怀疑和拒绝，不能不说是一种守旧的心理特征。与之相关的还有农民的一系列顾虑：与外部企业能否建立信任与合作的关系，种植烟叶是否会影响粮食生产，习惯于以年为单位计划生产的农户能否按期上交烟叶，等等。虽然改革开放以来，中国农民已不同于传统时期或集体化时期那样封闭保守，但在现代市场经济中，农民们始终缺乏足够的信心和思想准备去应对外部世界带来的机遇与挑战。究其根本，主要是因为身处相对闭塞社会环境的农村居民缺乏获得外部信息的渠道，相关的职能部门未能履行对农民进行沟通和引导的职能。在上述案例中，我们也了解到作为担保一方的乡镇政府在执行项目中，没有向全体村民及时地传递相关的政策信息，只是和少数村干部进行协商沟通，遇到群众质疑和犹豫时，即刻转向其他村庄。因此，农村居民接受新事物的能力和市场意识等现代化素质的缺乏，很大程度上是由于对其缺乏引导和教育所致。

第二，受传统宗族势力影响，欠缺理性科学的思维方式和应对能力。现代社会中，经济利益常常成为个人社会行为的首要考虑因素，这是现代市场经济的基本交往原则。反观案例 2 中 D 村的修路事件，明确的市场经济原则却在传统势力的夹裹中无法正常运行，当地居民在行为选择时，明显受到以往宗族恩怨的影响，表现出非理性的行为方式。他们的行为方式具有相当的传统特性，以地域和血缘为出发点思考和解决现实问题，体现出费孝通提出的“社会中最重要的亲属关系就是这种丢石头形成同心圆波纹的性质”①，即差序格局的乡土社会性质，人们常常遵循以家庭为核心的道德观念和行为准则。这种由社会关系格局的差别所引起的不同的道德观念，使农村居民往往不能突破对自身所在家族或宗族的忠诚，在更广泛的社会层面上与其他社会群体形成妥协或是合作的关系。村民们这种行为选择的背后所体现出的中国农民传统“私”的道德规范，常常不能为团体或是公共的利益作出让步。要想改变这种现状，除了要更多地鼓励当地居民外出流动，在与外界广泛的交流中开阔眼界，培养现代的思维方式和行为准则外，还要依靠村内正常的代际更替，期望那些在外接受正规教育的青年回村工作，就像一位乡镇干部对案例 2 的总结：“历史上的事情太复杂，要是村中受过教育、有见识的年轻人能出面主事，事情就会更好地解决。”

第三，生育观念落后。由于农村经济体制改革的深入发展，大众传播媒介在改革开放中对西方现代文明的介绍和引进，以及国家政策和社会舆论的传播和灌输，大多数农村居民逐步接受现代生育观念，形成了少育的意愿，并大体上接受了男女平等的思想。但是，在湖南省这样的中部地区，传统的生育观念仍然影响着人们的生育选择。费孝通在《生育制度》一文中认为，中国传统文化中的“接力模式”与“反哺模式”决定了中国人对待生育的态度。李银河的《生育与村落文化》中也指出，中国农民“多育”和“重男”的生育文化的源头在于其具体的生活环境——村落。祠堂圩乡这 3 个村现阶段仍然以农业生产为主要收入来源，同时像 D 村这样

---

① 费孝通：《乡土中国》，上海人民出版社 2006 年版，第 21 页。

面临宗族矛盾的村庄不在少数,两方面的客观原因都使生男孩成为必要的选择,因为男子的数量往往决定一个家庭的生产力来源,以及在宗族冲突中实力的强大程度。同时,农村生活成本较低,多生养带来的经济压力往往小于城镇地区。贺雪峰在《新乡土中国》一文中也记录道:“江西和安徽阜阳,每家生三四个小孩的情况很普遍,因为都超生,就形成了不超生就被人骂做‘断子绝孙’的村庄舆论。”①然而,不可忽视的另一方面原因,是对农村家庭在生育方面的教育和引导非常有限。案例 3 中涉及的两个家庭,除了在超生后遭遇乡镇干部的罚款处理之外,先前并未接受过任何相关的政策教育。曹锦清的农村调研笔记《黄河边上的中国》也提到这样的情形:在河北肥乡县中行村调研时,发现计生工作中的一个怪相,即不论各村超计划生育人数的多少,每个行政村每年必须完成上级下达的“流产指标”,即“每年得送 2 名孕妇去做流产手术”②,这样既不符合当地农村计生工作的实际情况,又未能起到一定的教育警示作用,可谓让人啼笑皆非。对比 20 世纪 90 年代各地涉及计生工作的野蛮执法,乡镇政府的依法行政已经取得相当的进步,但仍然未能履行对农民实施现代生育观念的教育职能,这不能不说是一种失职。

3. 农村居民的教育预期短视功利,存在两极化的教育行为

现代基本技能教育能够给人们带来科学知识和科学思想,开阔人们的视野,使他们更易于接受大众传播,更多地接触到新的、先进的观念与生活方式。因此,人们对教育所持的观念也是其自身现代化素质的重要体现,这两者之间是密不可分的双向相关关系。从我们的调研中可以看到,农村居民在教育预期和教育选择方面存在一定的问题,这也是现代教育无法有效落实到农村地区的现实困境。

(1)功利化的教育预期

调查显示,3 村的村民都对学校教育持有很高的期望,在图 1.2 和图 1.3 所显示的调研问题中,大多数村民都倾向于认为“受过更多教育”是

① 贺雪峰:《新乡土中国——转型期乡村社会调研笔记》,广西师范大学出版社 2003 年版,第 110 页。

② 曹锦清:《黄河边上的中国——一个学者对乡村社会的观察与思考》,上海文艺出版社 2000 年版,第 389 页。

一个人受到尊重的条件，并能够改善个人生活。这说明村民们已经认识到教育在个人成长中的重要性，“改进穷人们的福利的关键性的生产因素不是空间、能源和耕地，而是提高人口的质量，提高知识水平”①。为此，他们更愿意通过对下一代进行教育投资，来提升孩子的知识、技能和综合素质，使之在未来的社会竞争中处于有利地位，并进一步改变自己家庭的经济状况和生活处境。

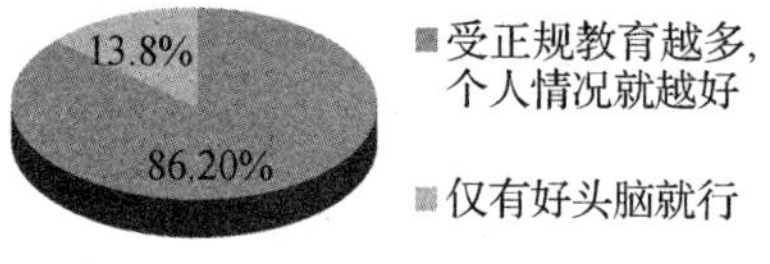

图 1.2　教育预期与个人状况

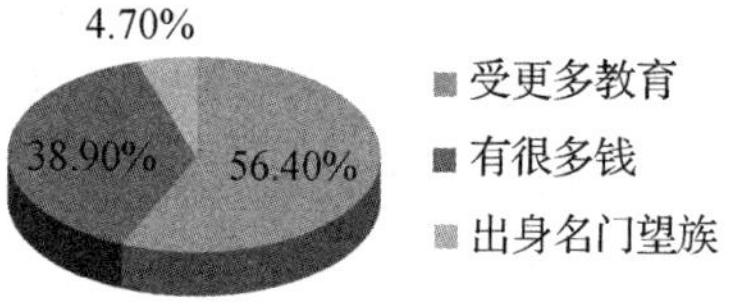

图 1.3　什么是让一个人受尊重的条件

因此，在图 1.4 所显示的对孩子提供教育的预期中，除部分家庭因经济条件所限，不能提供充足的教育之外，绝大多数农村居民愿意为下一代提供足以改变未来命运的教育投资。但是，农村居民对教育的高期待值通常具有明显的功利倾向，他们往往过分看重教育给孩子和家庭带来的经济、社会地位等外在价值，而忽略教育本身的育人价值。这就造成供给

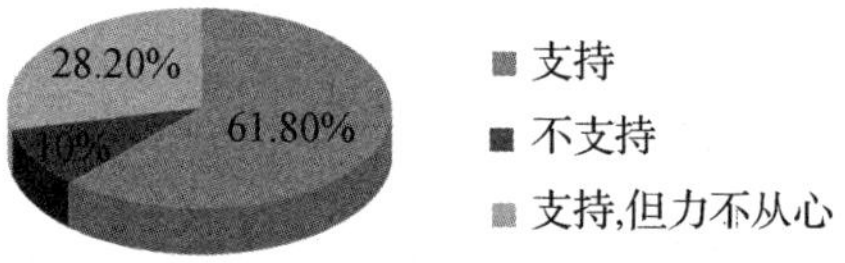

图 1.4　对子女教育的支持

孩子上学的农村父母常常以孩子毕业后的就业情况来评价教育的价值。若是孩子能在城镇社会中谋到体面稳定的工作，父母就会喜出望外，其在乡亲们中的地位和口碑也随之相应提升；反之，若是孩子不能在城镇中找到好的工作，他们就会对学校教育显现出非常失望的态度，还会发出“读书有什么用？出来还是一样打工，低人一等”的质疑。这样的教育预期反映出农村居民短视功利的教育观念，这不仅影响村民们在未来教育中的行

① ［美］舒尔茨：《对人进行投资——人口质量经济学》，首都经济贸易大学出版社 2002 年版，第 4 页。

为选择，还会影响农村教育的健康发展。随着经济的发展以及城乡流动的日益频繁，越来越多的农村居民希望通过学校教育体系，使自家孩子获得非农就业机会，实现“跳出农门”的愿望。这样的教育预期常常事与愿违，培养出来的农村孩子不仅不能为农村社会的发展贡献自己的力量，还会因为厌恶农村而又不能很快地被城镇社会所吸纳，显现出群体边缘化的困境。美国学者彭恩霖在对山东邹平的农村学校进行实地调研后总结道：“在建设现代化学校的过程中，教育地方化、分散化的改革政策产生了相互矛盾的结果，这是邹平县教育改革的一个悖论。确实，邹平县的教育现代化改革促使学校教育更加普及、更加系统化和组织更加合理。同时，这些改革措施也产生了更多新的教育不公平现象，在农村学校服务于农村地区的重新定位方面和寻找消除教育特权、增加受教育机会的途径方面没有找到新的突破点。”①反观当前农村社会，新的“读书无用论”又悄然在许多地区蔓延，2009 年重庆上万学生放弃高考，其中大多数是来自农村的农家子弟，这些不得不引起重视的功利化教育行为，从现实层面上反证了当前农村社会中的现实教育困境。

（2）两极化的教育行为

综合分析调研材料，我们发现，农村居民存在两极化的教育行为倾向：一方面，农村居民在日常生产和生活中时时感到自己的文化知识水平和科学技术能力不能很好地适应现代社会发展要求。特别是进入信息化时代，他们感到自己的观念、技能和对外在事物的接受能力等都无法跟上时代的步伐，因此需要接受来自外部的教育和指导，他们在教育内容和方式上都有自己的想法（如表 1-7 和 1-8 具体所示）。而进一步深入探访农村居民对自身以及子女受教育方面的满意程度时，却又发现，感到不满意的人占据一定的比例，满意或是非常满意的人数较少（具体见表 1-9），这体现出农村居民对现有的农民教育供给情况并不十分满意。换句话说，即大多数农村居民的教育需求未能获得实际的满足，村民们在农村社会中未能获得让自身得到提高的教育。王素君等人在河北省所做的实证调研也反映出：“82% 的接受访者认为，致富的障碍是缺乏科技知识和职业

① ［美］彭恩霖：《邹平的学校与教育》，载王兆成主编：《乡土中国的变迁——美国学者在山东邹平的社会研究》，山东人民出版社 2008 年版，第 207 页。

技能。农民创业致富最缺乏的要素依次是:资金、技术、带头人、市场信息、好的政策。"①另一方面,据乡镇干部和村干部反映,乡镇先后组织各个行政村开展的诸如法制教育、应急事务教育以及新农村村容教育等活动都未能获得村民的积极响应。其中尤其让他们感到不解的,是"全国农村党员远程教育服务工程"遭遇的冷落。这一工程是文化部和财政部共同实施的文化信息资源共享工程,为每个行政村党支部配备网络终端,并且提供终端网络安装和咨询服务。这个工程就政策出发点来讲,对普及农村居民的网络知识、提供给村民远程信息沟通服务等方面都非常有利。但在具体实施中却因为各个行政村的配合程度不一而遭遇部分搁浅,很多村子都以没有场地接收和担心会出现设备被偷窃和损坏现象而拒绝安装。当我们具体访问相关村子的村民时,他们也认为:"像是电脑这类的高科技产品还是少接触为妙,万一弄坏或是出洋相,那真是不知道如何对付才好。"这又体现出农村居民在真正接触现代基本技能教育时,表现出胆怯或是抗拒的态度,和此前调研问卷中对教育的迫切需求形成强烈的对比。当然,造成这一矛盾的原因是多方面的,我们在之后的章节中会展开分析,但这一现象的确是不容忽视的教育困境。

表 1-7 农村居民迫切需要的教育内容(N=131)

最需要的教育内容	人数(人)	百分比(%)
各种与农业生产及兼业活动有关的技术培训	109	83.2
除农业生产外,专门的手艺和技能	101	77.1
经营管理知识	26	19.8
扩大识字量,或是学习一门外语	92	70.2
人际交往、文明礼仪知识	20	15.2
政策法规的宣传和普及	95	72.5

① 王素君、李英:《创新农民教育模式培育新型农民——基于河北省农民素质及教育现状的思考》,《农业经济》2008年第6期,第64页。

表 1-8 农村居民期望的教育方式(N=131)

以下教育方式对农民素质有帮助的是	人数(人)	百分比(%)
国家出台相关政策扶持对农民的基础教育、职业教育、科技下乡等	117	89.3
外出打工长见识	76	58.0
村(两委)干部进行宣传、教育或是村委会组织自学活动	22	16.8
乡镇开办职业培训、学习班	35	26.7
通过农业科技“三下乡”	55	42.0
农民自发组织起来相互学习	47	35.9
不清楚	118	8.4

表 1-9 农村居民对教育现状的满意程度(N=131)(单位:人)

满意度 教育种类	非常满意	满意	基本满意	不满意
您对成年农民教育条件是否满意	2	11	23	95
对子女在学校接受教育是否满意	6	20	29	76

(二)政治边缘化的公民素质困境

在农村居民个人现代化素质培养中,以民主和法制为核心的公民素质是关键部分。这主要由两个原因决定:一方面,就农村居民个人而言,在经济不断发展和交往日益普遍的现代社会,社会成员在政治系统中的参与角色成为衡量其现代公民素质的重要标准。在心理层面上,政治参与体现出个人对现有政治系统的认知、态度和价值取向,这就是阿尔蒙德在《比较政治系统》(1989)一书中首先提出和使用的“政治文化”概念,它代表着个人在政治心理方面的现代化程度。在行为层面上,政治参与反映出个人在现代政治系统中的政治能力,对现有系统做出不同的反馈和回应,以此来实现自身的权利诉求,它代表着臣民能力向公民能力的现代转型。中国农村居民处于迈向现代化的过程中,其自身在政治文化和政治行为方面的具体表现也正在经历由传统臣民向现代公民的转变,这种转变不仅反映出农村居民现代公民素质的养成情况，还体现出农村居民能否在现有的基层民主自治体系中实现自身政治诉求的能力。另一方面，就宏观政治系统来讲，在处于现代化转型期的国家中，执政党能否赢得人民的支持，成功地领导并实现国家的现代化，农民的政治认同起着至关重要的作用。亨廷顿指出："农村的作用是个变数：它不是稳定的根源，就是革命的根源。对政治体制来说，城市内的反对派令人头痛但不致命。农村的反抗才是致命的。得农村者得天下……如果农民默许并认同现存制度，他们就为该制度提供了一个稳定的基础。"①当代中国社会，农民群体占据人口的大多数，其自身公民素质直接影响国家政治系统的稳定和发展。因此，综合上述两方面原因，农村居民的公民素质及其养成情况是农民教育的重要组成部分，我们需要依托相关调研材料，进一步掌握农村地区现有的公民素质教育现状。

1. 缺乏有效的政治沟通，农村居民政治参与意识和法制观念淡薄

对于现代政治体系而言，有效的政治沟通是确保政治系统正常运转的重要条件，同时上行下效的沟通还能确保公民的知情权和参与权等政治权利。特别是在乡村基层政治运行中，基层政府成为党和政府与农民群众之间沟通的桥梁与纽带，将上级的政策信息及时迅速地传递给农村居民，同时将基层群众对政策的回应与反馈真实地输入政治系统，这对于党和政府培养农村居民现代政治参与意识和法制观念至关重要。我们在调研中发现，当代中国农村居民不同于传统社会对政治体系的疏离与回避，也不同于建国之后集体化时代全民广泛参与政治的态势。在实施家庭联产承包责任制后，农村居民大量外出务工，的确在一定程度上冲击了原有基层政治组织的运作，引发了农村居民公民素质教育的困境。

在对调研地居民政治认识的测量中，大多数村民不能很明确地指出《中华人民共和国村民委员会组织法》中对乡政府与村委会关系的规定（如表1-10），真正理解并指出乡政府与村委会之间是指导关系的只有53人，占调查总数的40.4%。其余大部分村民还是延续集体化时代对村委会的印象，认为它是上级政府的派出机构，全权负责行政村的日常管理，

① ［美］亨廷顿：《变化社会中的政治秩序》，上海人民出版社2008年版，第241～242页。

甚至有年长的村民还称村干部为队干部(原集体化时代生产队下辖若干小队,队干部相当于现在的村干部)。同时,村民们往往不清楚村委会具体履行的服务和管理职能有哪些,只是存在大多数都是执行上级政策这样的模糊印象。显然,农村居民对其所处的政治系统的实际权限关系并不十分明了。此外,有部分村民反映,现在除了定期开展的农村基层选举之外,并没有什么机会接触实际的政治生活。尤其是税费改革之后,农村居民与村政之间的关系日渐疏远,也使村委会和村支部向农村居民传递政治信息的渠道日渐虚化。通过进一步对农村居民了解国家农村政策情况及途径进行调查(表 1-11),我们发现在调查对象中,大部分村民是通过看报纸、听广播和看电视等大众媒体获取相关的政策信息。这一获取途径反映出随着大众媒体的发展,村民们的实际交往范围不断扩大,大众媒体不失为一种较为先进的沟通途径。但是,不可否认的是,这种途径也存在弊端,访谈案例中出现的情况我们也不能忽视。

表 1-10　您认为《中华人民共和国村民委员会组织法》规定的乡政府和村委会是什么关系?(N=131)

	指导关系	领导关系	既指导又领导	不清楚
人数(人)	53	55	19	4
百分比(%)	40.4	41.9	14.5	3.2

表 1-11　您了解国家对于新农村的政策吗?通过什么途径?(N=131)

	不了解	乡干部宣传	村干部介绍	村民讨论	通过大众媒体
人数(人)	17	12	16	25	61
百分比(%)	12.9	9.2	12.3	19.0	46.6

【访谈案例】

S 村是距乡镇政府较远的一个行政村,由于在集体化时代这个村隶属于祠堂圩乡邻近的另一个乡,同时该村宗族势力较为强大,对村政的影响也相对较大,因此改革开放之后,划归祠堂圩乡的 S 村对乡政府的管理并不配合。尤其是 20 世纪 90 年代,各个乡镇在基层农村实施"三提五统"的税费政策以及较为严苛的计划生育政策,S 村村民时常在宗族长辈的带领下集体对抗乡镇政府的政策执行,还因此造成过人员伤亡。后来,继任的乡政府干部出于各种考虑，一般较少和S村的村干部和村民们进行直接沟通，连定期的基层民主选举也是S村自行进行，最后将结果上报乡政府备案即可。由于历史的积怨和惯性，村民们实质上很少能够通过常规的政治途径了解国家的相关政策，特别是税费改革、种粮补贴和合作医疗等优惠政策，更是需要村民们直接到乡政府了解。我们在乡镇政府跟访调研中，于政府接待日当天采访到了几位S村的长者，对此情况进行了深入了解。一位60出头的长者说："现在国家对农村的政策越来越好了，以前我很少看新闻联播，自从农业税取消之后，我就天天看新闻，看国家还有什么好政策。"但是，说到了解乡里具体的农业政策时，他表示："不过看电视、听广播只能了解大致的情况，而且有时候电视上讲和报上说的同实际情况并不符合。具体政策下到每个乡里，做的办法也不一样，我还是趁着每次赶圩①的时候，自己到乡里面问问，有什么新政策，我就回去和乡亲们说一说。"另一位近70岁的老人表示："乡里和村里一直关系不好，上面有什么好政策，乡里也不会有人专门来说一声。每次赶圩我就搭车来乡里一趟，碰到其他村子的人也可以打听一下，总之要自己懂，别被乡干部糊弄了。"还有一位来给家人办理合作医疗的老者说道："我没有文化，不太识字，报纸和信什么的都看不懂，村里的年轻人都外出打工，找不到人帮忙。我到乡里办事，主要就找乡干部了解情况，他们是干部，和我们平头百姓不一样。"

访谈案例反映出大部分农村居民还是希望通过乡村干部面对面的宣传和介绍来了解国家的涉农政策信息。一方面，因为不少村民的文化教育程度有限，在通过大众媒体获取信息方面存在诸多障碍；另一方面，不同乡镇的具体政策也存在差别，国家层面的政策信息还是离普通村民有一定的距离。但是，我们从表1-11中便可发现，真正选择通过乡村干部了解国家新农村政策的人数总共为28人，仅占总人数的21.5%。结合访谈案例中农村居民的实际想法，村民们对乡村党政干部的信任是影响基层政治沟通能否有效进行的重要因素。这种信任关系的建立主要在于被农村

① 湖南中部农村地区将赶集称为赶圩，每逢初一、初八、十五，村民都会到离乡政府不远的集贸市场上买东西、看节目，是一种典型的农村休闲集会形式。

居民贴上不同身份标签的乡村干部能否很好地履行政治沟通和引导教育的职能。随着时代的进步，村民们用一种正在形成的现代政治眼光来衡量干部的作为。一个人的学识、经验、能力、民主意识以及对社区事务的关心等，有可能逐渐成为对参与者尤其是被授权者——村委会干部的基本的个人素质要求。

表 1-12　您对参与村委会选举有兴趣吗？（N = 131）

	有	没有	有但兴趣不大	说不清
人数（人）	14	58	35	24
百分比（%）	10.7	44.3	26.7	18.3

同时，调研中发现，农村居民的政治参与意识和法制观念等现代公民意识较为缺乏。大部分村民对基层村委会选举参与意愿不强烈（如表 1-12所示），只有 14 人，约 10.7% 的比例明确表示有兴趣参与村委会选举，而其余人群不是没有兴趣，就是无法正面回应这个问题。虽然不同村民做出上述选择的原因不尽相同，但大体上反映出农村居民对政治参与相对消极的态度。徐勇和徐增阳在所著的《流动中的乡村治理》一书中，对河南省刘村的村委会换届选举进行跟踪调研，由于选举时间安排在 11 月份，最终的选举未能取得动员大多数村民参加的效果，这主要是因为"外出村民回村时间一般是在农忙季节和春节期间，由于忙于农活和走亲访友，加上政治权利意识淡薄，他们也对村委会的运作大多表示不感兴趣，除非村干部的行为严重侵害了他们的利益"①。接下来的两道题目主要测量农村居民在遇到法律事件或是民事纠纷时，通常会采取怎样的方式应对（见表 1-13 和表 1-14）。综合对比两道题的选择，我们发现大多数村民在遭遇法律事件或是民事纠纷时，还是倾向于求助传统的私人关系网络，而非通过现代的正式法律程序或是政治途径来解决问题。同时，这也反映出农村居民未能树立明确的法制观念和现代行为规则，仍然习惯于借助传统的血缘和地缘关系来维持或是应对社会关系的变故和问题。在对湖北省灵村的调研中，徐勇和徐增阳也同样发现：很多农村居民"开

① 徐勇、徐增阳：《流动中的乡村治理——对农民流动的政治社会学分析》，中国社会科学出版社 2003 年版，第 138 页。

始尝试通过非正式渠道——亲朋好友或'哥们'解决……在多次交涉或找正式组织解决无效后，只能纠集一些人采取威胁、暴力等其他途径，其行为显示出损害秩序的特性"①。

表 1-13　如果自己或者家里人惹上官司，您首先会怎么做（N=131）

	找亲朋从中调解	找律师了解相关内容	找村干部咨询	惊慌不知所措
人数（人）	73	12	30	16
百分比（%）	55.7	9.1	22.9	12.3

表 1-14　如果遇到民事纠纷，您通常会选择哪种处理方式（N=131）

	诉诸法律手段	找村干部解决	直接找对方协商	私下找人打击、威胁对方
人数（人）	23	30	54	24
百分比（%）	17.5	22.9	41.2	18.4

在深入访谈中，也有村民谈到他们的顾虑："跟人家非亲非故，出了事情，怎么好求他们？律师、乡干部我们见得很少，更谈不上还去找他们帮忙。就算是村干部，也有关系的远近，如果正好是走得近的亲戚，就会去找他们帮忙想办法。"简言之，大部分农村居民还是不能适应现代社会的交往准则、价值观念，未能树立起现代正确的民主法制观念。此外，调研材料也从侧面说明作为基层治理精英的村组干部，是共产党农民教育的直接主体。在一定程度上，村干部掌握着农村社会的公共权力，虽然不属于国家行政权力的一个级别，但是其代表基层自治组织的社区性权力的表征，是典型的地方社会政治权力的人格化载体。他们在国家和农民之间起到中介和承接的作用，无论是传统的治理格局，还是现代基层自治的村治格局，村组干部都是国家权力在村庄的基础，国家对农村社会的现代化改造，有赖于村组干部在政治引导和公民教育上的有效作为。

2. 忽视主流价值观念的灌输与引导，农村居民政治信仰与认同弱化

党在基层农村对农民的教育还体现在对农村居民主流价值观念的灌

---

① 徐勇、徐增阳：《流动中的乡村治理——对农民流动的政治社会学分析》，中国社会科学出版社 2003 年版，第 165 页。

输与引导，促使他们在改革开放新时期能够处理好国家、集体与个人三方利益关系，既能够满足自身在物质和精神方面的需求，又能遵循国家在集体意识方面对公民的要求，形成有益于农村社会政治稳定和发展的政治信仰与认同。政治信仰与认同是一种情感倾向和心理归属，属于政治态度的范畴，它由包括政治制度、政治现象、文化传统和社会关系在内的社会环境所引起，决定着政治行为的选择指向，并通过政治行为表现出来。①任何一种政治制度、政治关系和政治秩序想要长久持续下去，就必须得到包括农村居民在内的社会全体成员的普遍认同、接受和支持。党和政府想要获得这种认同和支持，不仅需要运用意识形态来论证其政治制度、政治关系以及政治秩序的合法性和有效性，还要通过层层向基层延伸的宣传途径，使广大农村居民熟悉并了解国家的主流价值观念，“公民对诸如国家利益和民族利益这些公共利益的信仰，是政治系统生存和发展的基本条件之一”②。通过对主流价值观念这一意识形态的宣传和灌输，可以使其获得具有凝聚社会成员力量的思想整合功能。反观当代中国农民教育的现状，从调研的实际情况中不难发现，在农村社会的实际政治运作中，基层农村党员干部常常忽视对农村居民的思想政治教育，造成村民政治信仰认同弱化的现实困境。

在有关政治信仰与认同的这组选题中，选项分布反映出在现代化转型背景中农村居民政治信仰与认同方面体现出的困惑与迷茫。“您认为理想的社会形式是哪一种”（表 1-15）这一题考察的是受访者的政治信仰和政治追求，在调研中，占据总调查人口 55% 的农村居民选择了社会主义社会。这表明在市场化社会，大部分村民对我国的政治体制和价值体系有着较高的认同。究其选择原因，很多村民表示长久以来党和政府都在宣传和教育广大村民，中国是社会主义国家，将来要建成社会主义小康社会和社会主义现代化的宏伟目标。因此，他们对这一理想的社会形式较为熟知和认同。同时，近年来党和政府的一系列惠农政策为普通村民带

① 彭正德:《我国转型期农民政治认同的弱化倾向探析》,《湖南师范大学社会科学学报》2007 年第 3 期,第 40 页。

② 俞可平:《权利政治与公益政治》,社会科学文献出版社 2005 年版,第 159 ~ 160 页。

来了实际的利益，因而能够得到村民们较为一致的认可和信任。然而，不可否认的是，部分村民对基层政府在执行政策中的具体作为并不十分满意，当村民身处城乡之间的流动与对比中时，常常体会到社会发展带来的现实差距，这些外部因素导致村民们对现有的政治价值体系产生怀疑和动摇。在调研中，约有6.1%的村民选择了资本主义社会为理想的社会形式，并认为那是保证人们赚取更多财富的社会形式；还有约28.2%的村民不能明确地回答自己理想的社会形式，原因在于，他们认为理想与现实的差距日渐扩大，无法做出准确判断。

表1-15　您认为理想的社会形式是哪一种(N=131)

	共产主义社会	社会主义社会	资本主义社会	不清楚
人数(人)	14	72	8	37
百分比(%)	10.7	55.0	6.1	28.2

当社会处于迈向现代化的转型阶段时，不同社会群体中产生多元而非一元的政治意识，是相对正常合理的社会现象。当然，执政党及其政府还需要在复杂多变的社会环境中把握主流社会意识形态方向，及时和普通民众进行政治沟通，正如邓小平曾经提到的："群众关心的实际生活问题和时事政策问题，各级领导一定要经常据实讲解，告诉大家客观的情况以及党和政府所作的努力，并且对群众所反映的不合理现象及时纠正。群众从事实上感觉到党和社会主义好，这样，理想纪律教育，共产主义思想教育和爱国主义教育，才会有效。"①具体到农村居民对社会主义核心价值体系的认同情况(见表1-16)，村民们不同的年龄分层和由此决定的人生经历和社会经验，使选项较为均匀地分布于不同理论中，其中，比较突出的是毛泽东思想和邓小平理论，分别有25.2%和27.5%的受访人群较为认同这两个理论。其原因在于：一方面，年长的农村居民对集体化时代的政治经历印象深刻，翻身得解放的政治经验和密集的政治宣传使这一年龄阶段的人群对毛泽东及毛泽东思想有着深入的了解和认识，他们中有不少人甚至还能背上几句毛泽东语录，在日常生产和生活中也会注重对毛泽东思想的实际运用，这些特殊的历史印记使很多人至今还对毛

① 《邓小平文选》第三卷，人民出版社1993年版，第144~145页。

泽东思想感到较为亲切和认同，他们也会将集体化时代的平均主义和集体主义同现在的市场经济发展做一对比；另一方面，改革开放以来的现实发展状况，使很多农村居民对邓小平理论较为认同，特别是在集体化时代因家庭出身等政治原因未获得充分发展机会的农村居民，对邓小平大胆改革以及支持农村分田单干的做法还是印象颇深，他们认为邓小平理论为农村和农民带来发家致富的可能性以及城乡流动的机会，这些政治发展的实际成果使他们对邓小平理论比较认可。

表 1-16　社会主义核心价值体系的理论中，您比较认同哪一种(N=131)

	马克思列宁主义	毛泽东思想	邓小平理论	“三个代表”重要思想	科学发展观	其他思想
人数(人)	18	33	36	19	22	3
百分比(%)	13.7	25.2	27.5	14.5	16.8	2.3

上述题目的选项分布表明，当代中国农村居民的政治信仰与认同在很大程度上取决于两个因素：一是该理论是否能够为政治发展和社会进步带来实际的指导意义和现实效果；二是党和政府在基层政治运作中，是否能够结合现实的政治生活对其进行广泛的宣传与教育。从其他选项情况来看，我们发现当前中国农村社会中，对社会主义核心价值体系的宣传和教育相对匮乏，调研中很多村民对“三个代表”重要思想以及科学发展观只有粗浅的认识，除了少数村民通过自己看报纸和从电视新闻中有所了解外，大部分村民对其具体的内涵和意义缺乏进一步认识，这直接影响到农村居民对它们的认同与信仰情况。综上反映出，对农村居民主流意识形态的灌输和引导较为缺乏，致使村民们对社会主义核心价值体系的最新理论成果未能及时了解和掌握，这会进一步影响其对社会主义制度与价值体系的认同与信仰。深入分析农村居民做出上述选择的原因(见表1-17)，我们发现，42%的受访居民选择认同理论的原因在于对该理论创始人的好感，这说明大部分农村居民还是习惯运用传统的评价标准来衡量和取舍相关的政治理论，他们更倾向于认同魅力型的政治权威，而非认同现代社会政治标准中的法理型政治权威。此外，约32.8%的农村居民凭借自身感觉和舆论宣传力度选择认同的政治理论。这从另一个方面证明，党和政府对农村居民政治思想的灌输和引导是塑造其现代政治价

值观念的重要途径，具有不容忽视的重要作用。

表 1-17　您做出上题的具体原因是什么（N=131）

	对该核心理论创始人的好感	对该理论有一定的了解和认识	认为该理论在指导实践中起到积极作用	凭感觉或是舆论宣传比较多，认为是好的
人数（人）	55	16	17	43
百分比（%）	42.0	12.3	12.9	32.8

3. 缺乏合理的沟通渠道及政策引导，农村居民政治参与方式存在非理性倾向

对农村居民现代政治知识和技能的培养和训练，是农民教育中公民素质培养的重要组成部分，因为这不仅关乎农村居民个人能否以科学理性的参与方式介入政治过程，发挥必要的政治作用，而且关乎基层民主自治组织是否能稳定地运行相关政治过程，并在此过程中有效地将党和政府的涉农政策传递给广大农民群众。在实地调研中，我们发现农村居民的政治效能感低下，同时个人的政治参与方式存在非理性的倾向。这反映出农村居民在合理有序参与政治过程和表达政治意见方面，其现代意识与能力非常欠缺。调研数据还反映出农村基层政府未能提供相对通畅的沟通渠道与有效的政策引导和思想政治教育，使农村居民获得实现其政治权利的途径。

调查中，大部分农村居民对自身在政治参与中的地位和作用表示出怀疑和不自信，在回答“您认为自己参加村委会选举对结果有影响吗”这一问题时（见表 1-18），约有 42.1% 的受访村民认为自己的参与对最终的选举结果没有影响，只有 10.7% 的村民明确地表示自己的参与对选举结果构成实际影响。其余的受访群众要么认为自己参与选举对最终结果虽有一定影响，但是作用并不大；要么无法对这种影响做出准确的判断而选择不知道。受访村民做出上述选择有两个现实原因：一是因为湖南省这一带农村地区的宗族势力影响仍然存在，多数村民认为，大姓的家族在基层民主选举中占据人数和影响力上的双重优势，自己的选票不足以对政治过程产生相应的影响。二是部分村民认为村委会选举不足以引起全体村民的兴趣，大部分家庭的主要成员都选择外出打工，而不能时常在家参与日常村政事务，村委会改选通常是在少数几个对此感兴趣的乡村精英

之间展开竞争,因此竞争的结果往往视他们个人与乡镇政府的关系远近和所占据的资源情况而定,与大多数村民的参与并没有直接的关系。

表1-18 您认为自己参加村委会选举对结果有影响吗(N=131)

	有	没有	有但作用不大	不知道
人数(人)	14	58	35	24
百分比(%)	10.7	42.1	26.7	18.3

这反映出农村居民在参与基层民主自治运作时个人政治效能感低下,大多数农村居民对政治参与显现出消极的态度,认为自己实际的政治参与并不能产生相应的政治影响,这有悖于农村居民现代公民素质的培养方向。大部分农村居民对基层民主政治消极的参与态度未能掩盖村民自治在实际运行中产生的问题,只有18.3%的受访村民认为村民自治的组织形式和运作方式在现实发展中没有问题(见表1-19)。然而,40.4%的村民认为村民自治只是形式上的民主过程,存在走过场、搞形式的问题;还有9.3%的农村居民认为,村民自治过程中存在干部违规操作的问题;另有32%的村民由于各种原因拒绝回答此类问题。在涉及"您如果对村政有什么意见的话会选择怎样的处理方式"这一问题时,约50.4%的受访村民表示自己不会做出任何明确的行为,只是忍忍就算了。只有19%的村民表示会找村干部直接反映情况,看看村干部们会做出什么反应。这部分群体多是具有较高受教育水平的村民,或是有亲戚担任村干部职务,或是自己曾经担任过村干部职务等,较为特殊的个人背景使他们多少见过些世面,并由此相信自己能够在政治体系中争取到相应的权利。还有24.4%的受访村民会选择找亲戚朋友私下解决,受传统政治观念影响,他们认为以私人关系介入政治过程,才能获得与自己所掌握资源相对应的权益。上述调查反映出农村居民的政治参与方式上存在消极的行为倾向,这种消极行为通常表现为政治上的疏离与不合作,这种消极的抵抗被美国学者斯科特称为"弱者的武器"。对来自外部或是上级的政治决策和政治行动,农村居民往往表现出怀疑或是消极对待等非理性政治行为,尤其当村民们不能完全理解政治过程,或是对基层政治过程产生不满情绪时,就会采取消极的抵抗方式,因为"公开的、有组织的政治行动对于多数

下层阶级来说是过于奢侈了……那即使不是自取灭亡，也是过于危险的"①。对于农村居民相对消极的政治参与行为，若是乡村两级党政干部不能及时疏导和教育，则会造成严重的政治后果，对农村居民公民素质的培养造成更为艰难的现实困境。

表 1-19　您认为村民自治在发展过程中存在问题吗？具体是什么（N=131）

	没有	走过场搞形式	干部违规操作	其他
人数（人）	24	53	12	42
百分比（%）	18.3	40.4	9.3	32.0

农村居民非理性政治参与方式的另一种表现形式是维权上访，在表1-20的问题调查中有6.2%的少数村民选择直接到乡镇政府上访，他们中多数人不相信村干部的政治作为，或是在以往的日常生产和生活中与担任村干部的村民发生过矛盾和纠纷，因此更倾向于向更高一级的政治系统输入自己的政治意愿，这就形成了维权上访的政治参与方式。这种参与方式同样表现出村民非理性的政治行为。我们在乡镇政府的跟访调研中，先后碰到过多例此类事件：

表 1-20　您如果对村政有什么意见的话会选择怎样的处理方式（N=131）

	找村干部反应情况	找乡政府干部上访	找亲戚朋友私下解决	忍忍算了
人数（人）	25	8	32	66
百分比（%）	19.0	6.2	24.4	50.4

【案例】

1．乡镇政府对下辖行政村中发生的维权上访事件较为熟悉，每年"七一"建党节和"八一"建军节等重大节庆日，乡政府会出面组织群众活动以及张罗招待饭菜，主要是针对往年的上访户，他们中有的是参加过越战而未获得相应养老保障的老军人，有的是被往届乡政府辞退未能获得赔偿的老干部，有的则是因为各种个人权益来乡政府上访的人员。乡政府通过对他们的招待和善意劝解，使他们找到抒发自己不满情绪的渠道，

---

①　郭于华：《"弱者的武器"与"隐藏的文本"——研究农民反抗的底层视角》，《读书》2002年第7期，第11～18页。

特别是这样全国性的重大节庆日，乡政府类似的安抚行为已成为不成文的惯例。这种维权上访行为通常只是表现在个人情绪的宣泄方面，因为历史遗留的政策问题，不论是乡政府干部，还是普通群众，都认为获得实际解决的可能性不大，只是能够以此作为村民们和乡镇干部做一沟通的形式，往往聚会结束后，大家都各自回家，并不会对基层政治秩序产生不良影响。

2. 还有一类上访事件是乡镇政府无法掌控的。S村有一位常年上访的妇女，因前些年自己女儿遭到同村村民的玷污，犯罪分子未获得公安司法程序的审判和惩罚，而经常到乡政府和县政府上访讨说法。后来县、乡政府为平息这一上访事件，许诺这位妇女一些诸如提供相应的经济补偿和安排非农就业机会等赔偿办法。然而，由于该妇女在常年的维权上访中积累了丰富的"斗争经验"，已成为"上访专业户"，去年她还选择进京上访这一更为极端的形式。由于信访制度的某些缺陷和基层政府的维稳压力，这位妇女在上访中不断地提出新的赔偿要求，还时时以上访为由向基层政府施加压力。这类上访常态化的系列事件对县、乡政府的正常运作构成相当大的压力。

通过上述维权上访事件不难发现，由于农村居民利益表达机制不畅以及矛盾协调机制不健全，他们往往采取更为极端的政治参与方式，对现有的政治体系施加压力，以期获得使自身满意的政治结果。同时，由于农村居民自身综合素质和公民意识的欠缺，此类事件往往会演变成游离于政治系统之外的社会事件。因此，对农村居民在公民素质方面的教育和培养呈现出非常迫切的现实需求，这也是引导农村居民提升综合素质，转型成为现代公民的重要途径。

不仅如此，作为连接国家政权与普通村民之间关系的村干部，既要履行作为国家代理人的角色，又要充当农村当家人的角色，在大多数情况下，基层农村地区的村干部未能起到应有的沟通和疏导作用，对农村居民的非理性参政方式没有履行应有的教育和引导职能。在具体的村政实施中，越来越多的基层村干部充当起"守夜人"和"撞钟人"的角色，消极对待自身的行政职能和教育功能。吴毅在《村治变迁中的权威与秩序》一书的实证调研中也详细地描述了他所蹲点调研的四川东部双村存在的这一现状。

【案例】

1. 一般乡里通知村里的干部和党员到乡政府开会，布置新一年度的任务，主事的干部们早已走了，但我却看见一位组长慢悠悠地牵着自家的猪去配种。经事后询问，干部虽然大都去开会，但是非干部的党员却大部分未去。

2. 村里接到通知，说省里有领导要来检查村民自治和文化建设的工作，要求村里做好准备。于是，陪同我检查的民政局李主任亲自上阵，指挥村小的老师布置村务公开栏。而在不远处的地里，村干部们却在挥汗如雨地忙着自家的农活，相比较之下，在农忙时节插秧栽种才是更为实在的事情。①

上述种种事实说明，作为基层教育主体的农村干部们对村政的懈怠，直接影响他们在具体的村政实施工作中，对广大农村居民合法参政的教育和引导，这不能不说是培养农村居民现代参政意识和参政行为方面的重大缺失。

（三）处于传统向现代过渡的道德和精神文化困境

传统中国农村社会，虽属于文野之别"野"的范畴，但在以农为本的传统国家中，农村社会是国家的根本，体现着以土地为核心的传统道德观念，勤劳节俭、安土重迁、礼教孝悌等一系列道德规范在乡土社会中无处不在。同时，农村社会中蕴含的乡土气息和质朴氛围常常是传统社会知识分子向往和歌颂的生活境界。身处传统农村社会的村民们在长幼有序、远近适宜的教化规范中，承继着自己的道德观念和精神世界，在既有的社会关系和社会规范中完成自身精神文化的再生产。然而到了近代社会，中国在与世界其他国家的交往中，逐渐认识到自身的保守与落后。特别是被迫进入现代化进程后，中国人的道德观念与精神文化也经历着严

---

① 吴毅：《村治变迁中的权威与秩序——20 世纪川东双村的表达》，中国社会科学出版社 2002 年版，第 222 ~ 225 页。

峻的现实考验。晏阳初曾说:“中国的社会结构问题也就牵连到具体的‘人’的问题。因了文化失调的高度而崩陷社会结构于纷崩,因了池湖积水的污浊和溷乱,而益萎竭了鱼的生命。中国人——尤其是大多数的农民——的衰老、腐朽、钝滞、麻木和种种的退化现象,更叫中国整个社会的问题,严重到不可收拾。”①因此,在现代化转型中,农村居民原有的道德文化状况也在日益流动与开放的城乡关系中遭遇到重重困境。尤其是20世纪70年代末80年代初中国开始的市场化改革,将整个社会置于全球化的发展浪潮中,代表着保守与落后特征的中国农民面临着自身现代化的种种挑战,这些挑战成为农民教育不可回避的现实问题。

1. 农村居民道德文明意识淡薄,极端个人主义追求盛行

农村居民处于传统向现代转型的过渡时期,受到现代化和市场化发展的影响,其个人的道德文明意识和行为准则也处于破除旧有的传统规则,逐步养成现代新规则的过渡阶段。费孝通曾将道德观念定义为:“在社会里生活的人自觉应当遵守社会行为规范和信念。它包括着行为规范、行为者的信念和社会的制裁。它的内容是人和人关系的行为规范,是依着该社会的格局而决定的。”②由此可知,人们的道德观念和行为准则是由其所处的社会环境所决定的。改革开放以来,农村社会处于以城市工商文明为代表的现代文明夹裹中,处处感受到自身原有道德观念的局限性与落后性:农村社会向来推崇和提倡的勤劳节俭、克制知足、安土重迁和家庭责任感等传统美德在市场经济发展中越来越显现出不相适应的特征,取而代之的是市场经济趋利性原则与消费主义文化的盛行,农村居民在现实生活中的发展越发趋于个体化的目标。他们常常将物质追求置于个人价值实现的首位,而往往在涉及道德评判和道德选择上无所适从,不仅现代文明意识和行为规范未能确立,部分地区还出现了道德失范和道德水准下降的现象。贺雪峰在苏北沭阳县对当地红白喜事操办情况的调研,在某种程度上反映出农村居民在办丧事上体现出的盲目攀比和追求物质化的倾向。“既然只是生者之间的竞争,办丧事就要办出声势。现

① 晏阳初、赛珍珠著,宋恩荣编:《告语人民》,广西师范大学出版社2003年版,第66页。

② 费孝通:《乡土中国》,上海人民出版社2006年版,第26页。

代手段的声势更大，与电声乐队震天的音响相比，唢呐声音就太尖细，太普通。你可以请电声乐，我就再加上唱流行歌曲；你唱流行歌曲，我就表演现代歌舞。总之，作为生者竞争的办丧事，因为失去了人们对死亡的敬畏，失去了对鬼神世界的禁忌和恐惧，而变成了大操大办、不伦不类的'喜事'，变成了外人无法理解的一出闹剧。"①农村居民在道德文化方面体现出的迷茫与倒退，一方面是由其所处社会变革和转型的客观环境所决定，农村改革的艰巨性和市场化发展的复杂性，使农村居民的道德文化发展呈现出消极多变且不易掌握的行为特点；另一方面，农村居民的这种道德欠缺也反映出党和政府对农村居民道德文化教育的缺失，对农村精神文明建设缺乏强有力的经济支撑和理性引导。

从调研中，我们发现社会转型给农村居民的道德文明意识以及行为选择方式带来某种程度的冲击和影响。就总体情况来看，农村居民对社会个体应该遵循的基本道德规范持认同态度，但深入分析可以发现，农村居民在社会责任感、公德意识和集体观念等方面还是较为欠缺的。在选择"您对赡养老人持什么态度"（表 1-21）以及"您对邻里关系持什么态度"（表1-22）两题时，绝大部分农村居民还是保有较为浓厚的"仁、义、礼、信"等传统美德：有 84% 的受访村民认为应该尽自己的全力赡养父母，只有 1.5% 的受访村民认为老人应该自己照顾自己或是住进养老院。有78.6% 的受访村民认为邻里之间要和睦相处，搞好关系，相比之下只有8.4% 的受访村民认为邻里关系无所谓，不用特别去相处。

表 1-21　您对赡养老人持什么态度（N＝131）

	应该尽自己全力赡养父母	应该由兄弟姐妹轮流赡养	老人应该自己照顾自己或者进养老院	说不清
人数（人）	110	12	2	7
百分比（%）	84.0	9.2	1.5	5.3

① 贺雪峰：《新乡土中国——转型期乡村社会调查笔记》，广西师范大学出版社 2003 年版，第 19 页。

表 1-22　您对邻里关系持什么态度(N=131)

	要和睦相处,搞好关系	见面打个招呼就好	无所谓,没什么关系	不清楚
人数(人)	103	8	11	9
百分比(%)	78.6	6.1	8.4	6.9

以血缘和地缘为基础的人伦纲常是中国传统农业社会最基本的道德规范,对长辈老者的尊敬和孝顺以及对乡亲邻里的善待和友爱,是人之为人最基本的道德操守。虽然经过近代中国革命的洗礼和改造,带有封建色彩的、不平等的孝亲观念已在大多数农村居民心中失去了存在的价值,但尊老爱幼的传统美德仍然是农村居民主流的道德追求。随着对3个村的农村居民深入访谈的进行,我们发现调查问卷在反映农村居民的道德意识状态方面存在局限性,即农村居民在道德意识上体现出的"向善"特征与实际生活中"为善"的行为方式存在差异性。"向善"带有一定的道德理想性,村民们在回答调研问卷时,常常从自己理想的道德追求角度作出回应,会不自觉地掩饰自己在道德行为上的具体作为。"为善"则表明个人在道德行为上的真实取向。我们在访谈中接触到的真实案例恰恰反映出农村居民在道德文明意识方面的欠缺。阎云翔在下岬村的长期调研中,从历史纵向发展的维度证明笔者在湖南调研得出的结论并非个案:"当我问到当今老人赡养的情况时,老一辈人都说,在集体化时代,他们自己的父母在家里的地位要高得多,而且受到了很好的照顾,他们觉得,非集体化以来,孝道开始衰落,同时也就出现了养老危机。"①

【案例】

1. Y村是祠堂圩乡经济发展较快的行政村之一,短短几年时间,就由一个穷得出名的靠山村变成了远近闻名的小康村。2008年,村集体积累达到62万元,人均收入也达到4 200元,还先后获得了全县"五个好"村党支部、县"新农村建设示范村"等荣誉称号。但是,与日渐改善的经济条件不相适应的是Y村令人担忧的养老状况,日益凸显的养老问题已成为困

① 阎云翔:《私人生活的变革:一个中国村庄里的爱情、家庭与亲密关系1949—1999》,上海书店出版社2006年版,第201页。

扰农村道德文明建设的现实问题。村中有3户人家的媳妇不愿赡养老人,曾先后将寄住家中的老人赶出家门。当然在随后的访谈中,她们各自都谈到和婆家的既有恩怨以及老人们在家中不妥的言行等种种理由,但她们的行为还是明显地违背了既有的道德规范。原本在传统时期较为有力的公共舆论在老人赡养问题上也日渐沉默,一方面农村居民个人隐私观念出现,大多数人不愿意干预别家的私生活,社会教化功能被大大削弱;另一方面,市场化经济浪潮改变了人们的道德观念,村民们不再将孝顺这样的美德视为最高的社会道德规范,而是将赚钱能力看做是衡量一个人能力的标准。因此,由各种原因带来的赡养老人问题日益突出,有越来越多的老人对自己的晚年生活表现出失望和恐惧。

2. Y村近几年经济发展迅速,渐渐富起来的村民们争相在自家的宅基地上建起新房,这也成为邻里关系变得紧张的导火索。村民A去年新建了三层楼的瓦房,觉得很给自家争面子;但今年与A对面而居的村民B也要盖新房,B认为A家去年新建的瓦房遮挡了自家的阳光和风水,因此执意要修建比A家房屋高度更高的4层新房。施工中,A慢慢发现了B的打算,几次到B家商量未果,就找人破坏B家的修建工程,阻挠B家给新房上大梁。这起纠纷由于双方互不相让,最后只得找村干部出面协商解决。Y村村干部反映,虽然现在村里经济条件好了,但乡亲邻里的关系却时常出现问题,虽说都是些盖房、养鸡、种菜的琐事,但抬头不见低头见的乡里乡亲出现隔阂,会给村里的生活带来很多不便。村干部们还说,主要是因为大家在外打工经商,相互之间的邻里关系不像从前那样紧密了,而且外出积累的社会经验也使他们意识到自己的权利,出了事情都以自己的利益为主,互不相让的情况越来越多。

从上述案例中,我们不难发现,农村居民在现实生活中的道德行为往往反映出他们道德文明意识的淡薄,越来越多的村民们在不断融入现代市场经济环境的过程中,逐渐培养了平等竞争的交往原则和独立自主的个体追求。同时,这些现代意识也给农村居民的道德规范带来一定的负面影响。农村居民在朝向个人现代化的发展中,常常表现出个体在道德文明方面的欠缺,体现出一种极端个人主义追求。

表 1-23 涉及公共道德的部分,您持什么态度(N=131)

	同意	不同意	不清楚
做人要厚道,不要斤斤计较	89%	2%	9%
与人相处应该诚实守信	92%	0%	2%
勤俭持家是美德	86%	7%	7%
勤劳致富值得赞扬,懒惰应该受到鄙视	89%	9%	2%
孩子的道德观念主要来自家庭的言传身教	65%	33%	2%
人人都应该赡养父母	77%	20%	3%
邻里之间应该互相帮助	86%	8%	6%
与人方便,自己方便	71%	26	3%
周围乡亲邻居有不道德行为应该出面制止	79%	14%	7%
要爱护公共卫生,从自己做起,从小事做起	88%	7%	5%
农民应该承担一部分的公共事务责任	75%	16%	9%
遵守国家法律规范才是好公民	90%	0%	10%

不仅如此,农村居民在社会公德、集体观念这类公共道德方面还存在一定欠缺。在具体到对公共道德态度这一题目(见表 1-23)的调查时,绝大部分村民都选择了严格规范自身在公共秩序中的道德行为,也有一小部分农村居民在作答中显露出迷惑。以选项为例,在“勤劳致富值得表扬,懒惰应该受到鄙视”这一选项中,有 9% 的村民不同意,还有 2% 的村民拒绝回答;在“邻里之间应该互相帮助”选项中,有 8% 的村民表示不同意,还有 6% 的村民无法回答;在“周围乡亲邻居有不道德的行为应该出面制止”选项中,有 14% 的村民明确表示不会这样做,还有 7% 的村民拒绝回答;在“农民应当承担一部分的公共事务责任”选项中,有 16% 的村民表示不认同,还有 9% 的村民无法作答,当然这其中还包括一些无法理解公共事务准确含义的村民。上述选择倾向反映出农村居民在社会公共道德意识方面的欠缺。下面的案例也从村民们的实际行为层面上证明了这一观点。

【案例】

Y 村不仅在近几年的发展中积累了一定的集体财富,还在国家的“村村通”公路建设中获得了新的发展机会。2010 年,国家修建的一条省级公路途径 Y 村,使得村里获得了一笔不菲的土地补偿资金。Y 村村支部杨书记和其他村干部商量后,认为这笔资金应该用在改善村中自来水设施和村公路建设上，这样不仅能够为村民们的生活带来更多便利，还会使Y村延续以往的建设成就，获得竞争市一级“新农村建设示范村”的机会。在就此问题召开的村民大会上，村中91户人家，大部分村民都同意村干部的安排和计划，有6户人家坚持要将补偿资金分给各户，不同意将集体资金用于村公共设施的改善。由于这6户人家不配合，使得村干部和其他村民期望改造村公共设施的想法不能得以实施，双方的争执进入胶着状态。

通过上述案例，我们清楚地看到，当前农村社会处于流动与变迁之中，农村居民和农村社会的关联度日益下降，村民们产生了对所处农村社会的离心倾向。因此，他们在履行农村社会的公共道德规范时，常常从自己的利益出发，未能考虑农村集体利益需求，造成农村社会道德规范困境。

2. 农村居民精神文化世界空虚，易受到不良势力的影响

在迈向现代化的进程中，农村居民在精神文化方面经受的压力和煎熬要远远大于城镇居民。一方面，农村社会的发展长期滞后于城镇社会，由此决定了乡土社会传统的精神文化生活也呈现出与现代社会发展不相适应的诸多特征；另一方面，相比城镇居民而言，农村居民在可支配收入、社会福利和生活方式等方面都显现出落后的境况，这使得农村居民在城市化背景中无法建立属于自己的精神文化世界和人生价值体系。特别是改革开放之后，“随着经济的发展和行政职能的重新调整，城市又重新具有了现代文明中心的优越地位。‘现代’和‘文明’本身就是意识形态建构，在改革开放时代，它们指代资本和发展，而且在城市里拥有永久居留权”①。同时，城镇社会相对于农村社会的这种精神文化方面的优越感，还体现在文化娱乐产品和学校教育体系的去农化倾向，以现代城市为指向的精神追求和文化生产使农村居民的精神文化世界越来越空虚和迷茫，他们甚至在生养自己的农村社会中也失去了属于自己的精神家园。农村居民精神文化方面的这种缺失，在现实生活中遭遇到各种不良思想的影响，呈现出诸多文化困境：“解放后曾一度销声匿迹的封建迷信在整个农村社会沉渣泛起，死灰复燃，并有日趋猖獗之势；打牌赌博，地下赌彩

① 严海荣：《虚空的农村和空虚的主体》，《读书》2005年第7期，第81页。

日渐横行；不少以前不信教的农民开始痴迷宗教，地下宗教在有些地方开始泛滥……”上述种种成为农民教育中必须予以关注的现实状况。

祠堂圩乡 3 个村的调研资料显示，农村居民的精神文化生活的确存在娱乐方式单一化、世俗化以及缺乏符合村民审美志趣和现实需要的文化产品输入等问题。在涉及“您业余时间主要从事什么休闲活动”这一题目时，大多数农村居民都表示没什么特别有意思的休闲活动，相比城镇生活的丰富多彩，村民们在农闲时无非就是看电视和打牌这类娱乐方式。综合问卷反映的调查情况，我们发现分别有 60.3% 和 47.3% 的受访村民选择看电视和打牌这两种休闲娱乐方式；对体育锻炼、唱歌跳舞和读书看报等积极健康的娱乐方式，做出选择的受访村民人数较少，都在 10% 以内；还有村民选择定期参加乡里的赶圩和上网等娱乐活动。上述休闲娱乐活动的选择倾向反映出农村居民在农闲时光文化娱乐方式的单一与乏味。还有村民在访谈中表示农村生活就是缓慢而且没有趣味，除了在家看电视和找朋友打牌之外，没什么丰富的娱乐活动。也有村民提出：“电视上的节目也不好看，大多数都是广告，小孩子看了总是要求买新的东西。电视节目、电视剧都讲的是城里、国外发生的事情，离我们太远，看不出什么名堂。”

表 1-24　您业余时间主要从事什么休闲活动（多项选择）（N =131）

	打牌	体育锻炼	唱歌跳舞	读书看报	在家看电视	其他
人数（人）	62	13	6	9	79	22
百分比（%）	47.3	9.9	4.6	6.8	60.3	16.8

农村社会休闲娱乐方式的单一化，使得一些不良的文化娱乐形式有了滋生的空间：村中的宗族祭祀活动日渐频繁，成为占据许多农村居民主要业余生活的文化活动；聚众打牌这一娱乐方式的普遍化，使很多牌局演变成赌博的温床；市场经济的席卷使原本紧密的乡亲关系日渐萎缩，村民之间的人情交往主要集中在红白喜事的请客送礼方面，每逢各家有类似的人情活动，大操大办、相互攀比的风气也占据文化娱乐活动的一部分。这些不良风气对农村居民精神文化世界的影响和侵扰，使村民们的文化生活和教育环境日渐恶劣。对此，多数村民也颇感无奈。在我们的深入访谈中，很多村民对此表达出自己的不满和担忧。Y 村中有年长的村民

向我们反映："村子里大多数人在农闲时，都喜欢聚在一起打麻将、打牌，家里的娃儿也照顾不到，稍大一点的娃儿也是有样学样，五六岁的小屁股（湖南地区对小孩的称呼）都会聚在一起玩牌了，家长顾不上管，长时间下去，娃儿都学坏了。"还有村民说："现在的风气不如以前好了，我们以往在公社的时候，忙完了还聚在一起学习学习，编排个节目啥的，挺有意思。现在的年轻人待不住，看到电视上演的，总想往外边跑。"在我们接下来对村民们进行的相关问卷调查中，着实反映出农村居民精神文化世界的空虚，已经致使他们对改变自身状况显现出无力与逃避。在问到"您自己会主动通过什么途径学习文化知识和科学技能"这一题目时，让人意外的是，约有58%的受访村民表示自己在以往的生活中没有这样的想法，有28.2%的受访村民认为自己是在外出打工中学习到了相关的知识技能，其余看书报自学和参加培训班的人数也相对较少。对比其他学者的实证调研材料，我们发现在许多农村地区，农村居民的业余文化生活都局限在打牌、搓麻将，甚至聚众赌博这些偏重于娱乐化和休闲化的文娱方式上。张世勇在江汉平原的贺集村调研中提到："无论走在村子里还是到农户家中，麻将摊随处可见，可谓是屋里屋外麻将声，声声入耳。毫不夸张地说，贺集村农民大量闲暇时间是在麻将桌上度过的。"①吕德文在川西平原农村调研时，也提到："一个村总有几个集中打麻将的麻将馆，这些麻将馆还喜欢凑在一起，那种壮观的景象，让人惊叹……正所谓'农忙时间把田种起，农闲时候把麻将打起'。"②特别对于处在城乡流动之中的农村居民而言，工作之余的大部分时间也都被用在娱乐上，徐勇和徐增阳在湖南清塘村的调研中，发现"当他们（流动中的农村居民——笔者注）回流到村庄时对传统的娱乐方式已不再感兴趣，而更喜欢聚众赌博"③。

需要特别说明的是，由于大多数农村青年都外出打工，因此我们调查

---

① 张世勇：《贺集村农民的休闲娱乐方式》，见薛毅主编：《乡土中国与文化研究》，上海书店出版社2008年版，第259～260页。

② 吕德文：《川西平原农民的休闲生活》，见薛毅主编：《乡土中国与文化研究》，上海书店出版社2008年版，第285～286页。

③ 徐勇、徐增阳：《流动中的乡村治理——对农民流动的政治社会学分析》，中国社会科学出版社2003年版，第198页。

的对象多是留守在家中帮忙照顾家庭和种植口粮田的老人和妇女，这两个群体在精神文化方面的现实状况和实际需求确实存在诸多不足之处。同时，这也反映出当前农村社会在精神文化方面的现实困境，即如何面对和弥补现有农村居民在精神文化生活上的落后和欠缺。

表 1-25　您自己会主动通过什么途径学习文化知识和科学技能（N＝131）

	没有	看书看报自学	参加相关培训班或上网学习	在外出打工中学习
人数（人）	76	12	6	37
百分比（%）	58	9.1	4.5	28.2

同时，深入农村地区的调研时刻提醒我们不能忽视农村居民精神文化生活面临的另一方面困境，即现有的城乡体系中提供给农村居民的精神文化产品与服务相对匮乏，以城镇文化为主要载体和以城镇居民为主要对象的文化产品与服务远远不能满足农村居民的精神文化需要。在问卷调研中，我们了解到大部分农村居民是通过报纸、电视、广播等大众传统媒体，以及自己外出的打工经验去认知外部世界的（见表 1-26），这两种认知方式常常带有明显的城市化痕迹。正如石勇在读《L 县见闻》中提到的："这不仅是一个乡土艺术的凋零、文化形式的被摧毁、远离农村生活的本真状态的娱乐形式已占据主流的问题，更重要的在于，在城市的文化殖民中，农村普遍出现了一种无意识的精神上的不安、文化上的焦虑。"①

表 1-26　您是通过什么来了解周围和世界的（N＝131）

	报纸、收音机、电视、广播和网络	通过朋友们议论	外出打工时听说	村干部介绍
人数（人）	106	41	79	23
百分比（%）	81%	31%	60%	18%

与村民们原先的乡土社会经验和认知感受不同，大众媒体和城市工作经验则给农村居民带来完全不同的人生体会，使他们在逐步养成现代意识和素质的同时，对自己既有的精神文化世界产生迷茫和迟疑。特别

① 石勇：《被文化殖民的农村——读〈L 县见闻〉》，见薛毅主编：《乡土中国与文化研究》，上海书店出版社 2008 年版，第 357 页。

是在农村社会向广大村民们提供的系统的学校教育中，以现代化和城市化为导向的教育目标和教育内容不但不能缓解外部世界带给农村居民精神上的冲击和影响，还会加剧他们对自己所处的农村社会文化上和精神上的背离和嫌弃，使他们在向现代的过渡中，出现精神文化方面的空虚与迷失。石勇在他的调研中也得出了相同的结论："贫瘠的土地使与土地联系在一起的一切都失去了魅力。这种文化生态使他们挣扎在想逃离却又无法逃脱、与苦难的生活联系在一起的精神煎熬之中。"①农村居民在精神文化上显现出的空虚和无助，同时也反映在他们对城镇社会的向往和对城市文化的追求上，在回答"您最希望了解的信息有哪些?"（见表1-27）时，多数受访村民迫切需要的信息主要集中在"城镇社会工厂等用人单位的招聘信息"，以及"农村之外的城镇生活方式和国内外的社会新闻"等方面。这充分说明大多数农村居民以现代化城市文明为追随和效仿的对象，对自己所处农村社会承载的乡土文明却避之唯恐不及，处于这种既不能完全具备现代工商文明的精神文化内涵，又无法成功地塑造现代乡土文明的精神文化特质的两难矛盾中，农村居民在精神文化方面常常遭遇困惑与迷茫，同样也折射出当代中国处于市场化发展中的农村文化教育方面的现实困境。

表1-27　您最希望了解的信息有哪些（N=131）

最想了解的信息种类	人数（人）	百分比（%）
国家有关农村和农民的相关政策	11	8.3
城镇社会工厂等用人单位的招聘信息	79	60.3
农业或农副业生产致富信息	30	22.9
农村之外的城镇生活方式和国内外社会新闻	9	6.9
其他	2	1.5

3. 缺乏健康的公共文化生活

农村居民的公共文化生活是相对于村民私人文化生活而言的，是根据提供主体、参与主体和活动场所的不同所做的一种划分。前者是指由

① 石勇:《被文化殖民的农村——读〈L县见闻〉》，见薛毅主编:《乡土中国与文化研究》，上海书店出版社2008年版，第357页。

政府或公共组织而非个人提供的文化资源，同时超出个人与家庭的范畴，在农村公共空间内展开的文化娱乐活动，诸如庙会、歌舞会、民俗表演等文化活动均属于公共文化生活。后者是指农村居民或家庭为满足自身文化生活需求在家庭范围内自我供给并自我享受的文化活动，诸如在上一部分中涉及的看电视、打牌、上网等家庭娱乐活动。① 改革开放以来，随着农村经济的发展以及农村居民物质生活水平的提高，农民群体私人文化生活比过去丰富，特别是有越来越多农村居民在流动与交往中获得了更多的私人文化生活内容。与之相对比，农村社会公共文化生活却出现式微的趋向：一方面，新中国成立后，农村地区依托封建社会结构和宗族文化资源的传统特色公共文化形式在历次政治运动中受到冲击和削弱，逐渐走向衰落；另一方面，改革开放实行的家庭联产承包责任制改变了国家对农村的资源供给方式和农村的社会经济结构形式，公共文化资源严重不足，再加上外来文化不断流入农村社会，对原有的习俗构成冲击和消解，致使农村居民的公共文化活动较为匮乏。农村社会公共文化生活的缺失不仅使农村社会逐渐失去生命价值和文化意义的再生产功能，还使农村居民处于社会管理与道德规范的真空中，成为阎云翔所形容的权利与义务不对称的极端个人主义的“无公德个人”②。

在对祠堂圩乡 3 村的调研中，我们发现农村地区的公共文化生活较为匮乏，很多村庄基本上没有严格意义上的公共文化生活。仅有的可以称之为公共文化生活的都是由村中的宗族亲属组织的祭祖和庙会活动。对于“您所在的村里是否经常开展一些文化活动”一题（如图 1.5 所示），绝大部分村民给予否定的回答，有近 81.6% 的受访村民表示没有此类活动，还有 13.8% 的受访者选择此类文化活动较少。通过深入访谈，我们了解到大部分村民认为现在村里几乎没有自己的文化活动，仅有的为数不多的文化活动都集中在乡镇政府所在的地方，主要是前两年放过一场电影，还有一些是为迎接上级检查而编排的民俗表演。但是，由于此类活动

① 相关划分可参考吴理财、夏国锋：《农民的文化生活：兴衰与重建——以安徽省为例》，《中国农村观察》2007 年第 2 期，第 64 页。

② 阎云翔：《私人生活的变革：一个中国村庄里的爱情、家庭与亲密关系 1949—1999》，上海书店出版社 2006 年版，第 257 ~ 261 页。

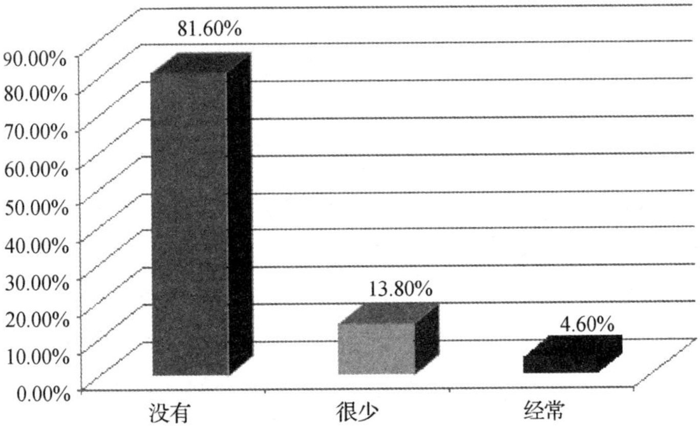

图 1.5　您所在的村里是否经常开展一些公共文化活动

只是偶尔才举办，而且基本上都是在乡镇政府附近举行，很多村民由于恰逢农忙时节或距离乡政府较远等原因，都不能积极地参与此类活动。正因为如此，大多数村民对当前农村社会中的文化活动总体评价都不高（如图 1.6 所示），有约 77.8% 的受访村民认为当前农村文化活动较为缺乏，有 12.1% 的村民认为文化活动情况一般，只有 10.1% 的村民认为当前农村文化活动较为丰富。经过我们对选项的进一步追问才发现，认为当前农村文化活动较为丰富的村民，多是将自己私人的文化娱乐活动与调研问卷中涉及的农村公共文化活动混为一谈，以致将自身在文化娱乐活动方面的更多选择误认为是公共文化活动的丰富。在我们对 3 村村民进行深入访谈中，同样也发现了农村公共文化生活诸多不足的现实案例。

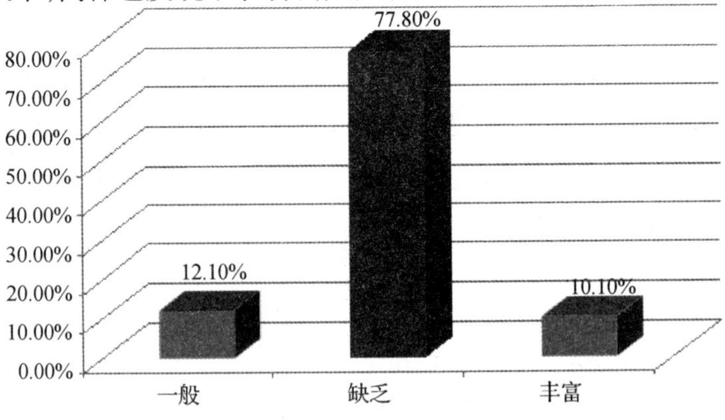

图 1.6　您对当前农村文化活动的总体评价如何

【案例1】

祠堂圩乡在乡政府附近有一个小型的农贸市场，平时用做乡镇政府周边的水果、蔬菜交易，而每逢初一、十五等日子，全乡的村民们都会集中到这儿赶圩，相当于北方农村的赶集。每隔一段时间就举办的赶圩活动，不仅为附近乡民们提供了一个交换物资、进行市场交易的场所，还为村民们提供了聚会娱乐的公共空间。很多村民们会在赶圩这天一早就搭乡亲熟人的车来到圩场，逛街、聊天、娱乐等活动就此展开。据乡里的老者介绍，赶圩活动在湖南地区历史很悠久，解放前的赶圩活动异常热闹，不同的人群会利用圩场聚集人气的特点，向乡民们宣传各自的政策主张，还会编排一些文艺活动吸引大家的目光。原先各村宗族还健全的时候，如果正好赶上民间节庆，赶圩活动就会成为各种民俗表演的场所。而现在的赶圩活动除了能买到一些日常的食品、衣服和其他日用品外，基本上没什么人再出面组织文化娱乐活动。然而，很多不健康的、愚昧落后的娱乐活动却悄然兴起，我们亲身经历的3次赶圩活动，就碰到有人组织聚众赌博，还有人利用有奖抽签活动骗取村民们的钱财，等等。这些低俗、落后，甚至是非法的娱乐方式不仅不能为农村居民建构健康良性的公共文化空间，还会因给普通村民带来财产和精神上的损失而演变成为刑事案件，危害农村社会的安定秩序。

【案例2】

乡镇政府为了响应国家的政策号召，在所辖的行政村范围内举办过相应的文化娱乐活动，却意外地未能收到预想效果。乡干部向我们反映，在过去两年中，乡政府一是借用邻近政府办公楼的乡小学场地，公开放映了两场电影，但除了乡里负责放映的干部以及家住附近的几个村民之外，几乎没有其他的村民们赶来观看。连经手的乡干部也不得不感叹，现如今家家户户都有电视机，很难再出现像以往那样全乡出动来观看露天电影的景象。因此，后来相关活动也就偃旗息鼓了。二是乡政府为响应县政府有关创建农家书屋的政策，按照遴选标准，最终选定了Y村作为农家书屋的试点村。虽然负责相关工作的乡干部将国家统一购买的图书送到Y村，并协助村里筹建了书屋。但是，在回访中发现，农家书屋的效果并不好，多数村民通常不会主动去书屋看书、读报，辛辛苦苦置办的农家书屋也只能沦为应付上级检查的形式而已。

通过上述案例，不难看出当前农村社会公共文化生活存在以下几方面缺陷：

第一，农村公共文化生活朝向单一化和低俗化发展。由于基层政府和其他社会组织未能有效地提供适宜的公共文化产品和服务，而留守农村的多是文化水平和精神追求较低的老弱妇孺群体，因此，大多数公共文化生活都是由私人娱乐活动延伸至公共空间形成的，带有自发性、个体性和传统性（乃至封建迷信）等特征，农村公共文化生活难以避免地出现单一化和低俗化的发展趋势。

第二，农村公共文化资源供给不足，难以满足农村居民的多样化需求。相比传统时期宗族负责公共文化事务，以及集体化时代由生产队出面组织公共文化活动的状况，改革开放在给农村社会带来流动和发展机会的同时，也使农村社会出现空心化、原子化现象。由于体制和职能等多方面限制，村委会和乡政府在农村公共文化资源供给方面往往呈现不作为的态势，这就致使农村公共文化资源供给不足，或者有限的供给未能从农村居民的实际需要出发，常常难以满足农村居民日益增长的多样化的文化需求。

第三，公共文化空间大大压缩，农村居民文化生活匮乏。传统时期，村庄中的河堰、小商店、寺庙、祠堂、茶室等都是农村地区较有代表性的公共空间，这些相对固定的公共场合是人们开展文化生活和文化交往的重要场所。这些进行文化活动和传承文化传统的场所帮助人们分享和认同共同的价值观念，很大程度上决定了农村居民对日常生活意义的理解，形成了在村舆论和村庄伦理。改革开放之后，市场经济倡导的个人原则和致富原则，使农村居民越来越多地将关注重心转向与他们的生产和生活利益密切相关的俗事，即他们已经成为最为典型的理性经济人，农村社会中村民之间的关系也呈现出功利化、疏离化的相处方式，公共文化空间大大压缩。

三、当代中国农民教育现实困境的成因分析

当代中国农民教育在现实发展中遭遇的重重困境是由多方面原因引

起的，不仅是由农村社会与农民群体所处的历史与现实构成的客观环境所决定，还起因于外部的教育力量在教育观念与教育职能等主观方面的缺失；不仅由农民群体所处的城乡二元割据的宏观环境所决定，还因为农民群体背负历史包袱而具有微观个体的种种落后特质；不仅有自上而下的乡村治理结构的内在矛盾原因，还有村庄内部社会文化资源缺失的因素。因此，从各个方面着手分析农民教育现实困境的成因，一方面是从理论角度深入剖析农民教育现实困境所反映的发展瓶颈；更重要的是，可以以此为基础思考并探索农民教育现实问题的解决途径。

（一）历史与现实的客观原因

中国农村社会和农民群体所处的历史与现实构成的时空坐标是我们理解当代中国农民教育问题的社会背景，这一社会背景所包含的客观因素成为当代农民教育问题产生的现实起点。马克思在《政治经济学批判》序言中提出："物质生活的生产方式制约着整个社会生活、政治生活和精神生活的过程。不是人们的意识决定人们的存在，相反，是人们的社会存在决定人们的意识。"①因此，探寻农民教育现实困境的成因，首先要对中国农民所处的历史与现实环境作一分析。

从历史层面来讲，中国自古就是以农立国的传统国家，身处其中的农民群体不可避免地具有与之相适应的传统特性。一是小农自给自足的生产方式决定了农民群体具有因循守旧、保守落后、惧怕变革的思想意识。在传统社会，农民始终以家庭为经营单位，在有限的土地资源上进行精耕细作，农业生产常常受到自然环境和气候条件等不可控因素的制约，处于封闭生产环境中的小农群体缺乏抵御自然风险和环境风险的能力，这使他们逐渐养成了因循守旧的传统人格。生产资料和生活资料的积累对小农来讲过于艰难，他们时常面临生存危机，按米格代尔的说法，农民之所以"对变革充满怀疑，因为他们意识到那些所谓进步可能把他们带入比现代还糟糕的地步。对这些挣扎在生存边缘上的农民来讲，这是一种无法承受的风险"②。二是传统社会封闭专制的乡村治理结构，使农民群体形

---

① 《马克思恩格斯选集》第2卷，人民出版社1995年版，第32页。

② ［美］J. 米格代尔：《农民、政治与革命：第三世界政治与社会变革的压力》，中央编译局出版社1996年版，第43页。

成对政治惧怕与疏离的依附型人格。在乡土社会中,地缘与血缘融为一体,家族权威与君主权威相互呼应,成为规范和制约农民群体思想意识和行为习惯的重要准则。农民从孩童时代起就被灌输以儒家政治文化为主的权威认同意识,对父权制家长权威的崇拜与服从,促成其对更高一级君主权威的认同与臣服,从而形成对整个政治体系盲目崇拜,同时又惧怕疏远的政治心理。除了少数通过科举考试进入政治体系的农民外,大多数农民都无法克服处于政治体系边缘,又不得不依附于专制政治体系的传统政治人格。三是乡村社会缓慢稳态的社会结构使农民群体时刻感到对生存的乏力,从而缺乏长远积极的道德追求和文化享受。定居型农业生产是传统农民单一的谋生方式,由此导致了农民群体聚族而居、安土重迁的超稳态的社会心理和价值取向。传统乡村社会是一个发展缓慢而不流动的稳定型社会结构,封闭狭小的村落共同体几乎构成了农民全部的生存空间,这些外部环境使农民往往执著于自身小家庭的再生产,形成现世的、功利的道德文化观念。产生于前现代社会的中国农民身上具有诸多传统特质,成为阻碍以现代化为导向的农民教育进程的历史因素。随着中国进入近代社会而开启的整个国家的现代化进程中,农民群体的传统特质在不断地削弱,其现代性在日益普遍的发展与交往中逐步增强,这就使农民教育过程遭遇到来自社会现代化发展客观因素的制约。

从现实层面来讲,现代化发展带来的城乡二元体制,使农村社会与农民群体处于更为不利的生存境地,这严重影响农民群体自身现代综合素质的提升。同时,现代市场经济带来人的物化存在,使农民群体在生存与发展中难以克服自身现代化的片面性。一方面,现代化发展本身意味着资本与知识的相对集中,城市社会日益成为现代化发展的代名词,亨廷顿对此总结为:“现代化带来的一个至关重要的政治后果便是城乡差距……城市成为新型经济活动、新兴社会阶级、新式文化和教育的场所,这一切使城市和锁在传统桎梏里的乡村有着本质的区别。与此同时,现代化还会向乡村提出新的要求,这加剧了乡村对城市的敌意。城市居民在才智上的优越感和对落后农民的蔑视感与乡村老百姓在道德上的优越感和对城市骗子的妒忌感,是半斤对八两。城乡变成不同的民族,彼此有着格格不入的生活方式。"①城乡对立的发展趋势使农村社会远远落后于国家整体的现代化进程,特别是对中国这样的传统国家来讲,农民的现代化进程更是在现代城市与工业发展的挤压和索取中变得举步维艰。农村社会成为支持现代化和城市化发展的资源供给地和人力输出地,而"农村成了国家经济投入策略中被遗忘的一块荒地。农业生产低迷不前的同时,在意识形态上,'落后'和'传统'这样的字眼也成了农村的代名词。在中国开始对外开放,引进外资的过程中,新的现代性的观念在形成,一种新的参照系在形成,这是人们对历史,对过去有了一种与以往不同的描述和诠释。过去那种纵比旧社会的豪迈和自信感觉已经荡然无存,现在我们的知识精英横比西方,认同西方人眼中看这个农民大国的感觉——'贫穷和落后'"②。毫无疑问,现代化发展带来的城乡差距,使越来越多的农村居民选择流动至城镇社会寻找自身发展的新空间。虽然他们的基本教育投资是由农村人口提供的,但所获得的知识和技能大多贡献给城镇社会,他们对于生养自己的农村家乡的背离,体现了传统农业文明在正面迎战城市工商文明中显现出的无奈与孱弱。实质上,大多数农村居民由于身份制度、社会保障和再生产能力等诸多限制,未能在城乡流动中获得自身现代化素质的明显提升,作为劳动力资源常常处于相对弱势的"被剥夺"地位。另一方面,市场经济的极大发展在为农民个人现代化的养成提供诸多有利因素的同时,也不可避免地给农村居民的生存模式和思想文化带来很多冲击和压力。市场经济这种消费主义文化对农村地区的侵扰,使越来越多的农村居民对未来生活的预期下降,对自身的生存状况产生怀疑,甚至是排斥,他们在精神文化与社会性存在方面遭遇到压力与痛苦。同时,农村居民由于在现代化转型中受到自身传统特质的制约,更易于形成仅仅满足于物质层面需求的片面性,致使其陷入短视功利、自私自利的发展困境中,而无法获得现代素质的综合提升。

(二)党和政府在农民教育中主体责任的欠缺

后发现代化国家中,社会经济、政治结构和生活方式的变迁主要是在

① [美]亨廷顿:《变化社会中的政治秩序》,上海人民出版社2008年版,第55页。
② 严海荣:《虚空的农村和空虚的主体》,《读书》2005年第7期,第82页。

国家的主导下进行的；现代化过程中的追赶模式也决定了执政党具有较强的自主性，在很大程度上左右着社会变化和国民发展的大方向。尤其像中国这样由革命政党建国的国家，以现代化为发展目标的政党成为主导整个国家现代化进程的领导力量。由此可知，共产党及其领导的人民政府在农民教育上具有不可推卸的主体责任，它不仅为农民教育的发展提供宏观上的理论指导和政策环境，还为农民教育的现代发展提供足以引起全局性变化的资源供给。农民教育在当代中国遭遇的现实困境，党和政府在农民教育中主体责任的欠缺也是其产生的成因之一。

1. 城乡二元分割的发展思路，阻碍农民教育的发展

1949 年新中国成立后，党和政府面临着民族国家实现现代化的迫切需要与我国战后工业体系和国民经济结构的破败落后之间的现实矛盾，因而不得不效仿前苏联的发展模式，实行“以农补工”的城乡二元发展策略。这种现代化发展思路从客观上造成城乡二元分割的局面，同时“由于国家统一和启动现代化客观上需要权力的相对集中，这导致我国转型期乡村政治结构的变迁过程中，国家权力不断下沉，深入到乡村社会的底层，成为获取国家现代化所需经济和政治资源的一种手段”①。这导致农村居民长期处于国家现代化进程的边缘地位，阻碍了农民教育的发展。一方面，对农村居民经济资源的剥夺限制其获得现代化教育的物质基础。据统计，从 1952 年至 1978 年，农民通过税收、价格剪刀差和储蓄等方式为工业化提供资金达 4 453 亿元，平均每年达 165 亿元，占工业化过程中国民收入积累的 2/5；同时，农民把粮食总产量的 1/4、棉花总产量的 90%、食用植物油总产量的 2/3 提供给国家，并为工业品提供了 50% 以上的市场和 566 亿美元的外汇，国民经济全部创汇额 2/3 以上来自农民所提供的副产品。② 在改革开放之后，这种城乡二元分立造成的城镇居民与农村居民之间经济条件的差异仍然存在，特别是城乡居民的人均收入差距还在不断地拉大。根据 2006 年中国农村统计年鉴的数据（如图 1.7 所示），我们看到自 1978 年以来，城乡居民的家庭收入都有不同程度的增长，但

---

① 于建嵘：《岳村政治——转型期中国乡村政治结构的变迁》，商务印书馆 2001 年版，第 438～440 页。

② 陈文辉：《农民与工业化》，贵州人民出版社 1994 年版，第 107～113 页。

是城镇居民收入的增长程度远远高于同时期的农村居民。需要特别指出的是，在现有的统计数据中，对城乡居民收入的统计是依照不同的标准，即城镇居民是家庭人均可支配收入，而农村居民则是将家庭人均纯收入全部计算在内。若是以相同的标准加以统计，可以想见的是城乡居民家庭人均收入水平的差距将更为巨大。农村居民在国民经济中的弱势地位严重制约其发展自身现代素质的物质条件，对农民教育的发展产生不利影响。另一方面，城乡二元发展思路造成农村居民和城镇居民在享受国家提供的现代教育服务上的差距。城市本身在经济发展、社会保障和文化交流等方面处于国家倾斜的有利地位；农村居民则在国家长期实行的严格的户籍制度、粮食统购统销制度和粮油供给制度等限制中，被禁锢在土地上，无法获得自由流动、现代交往和教育的机会。这些外部发展条件的缺乏，使农村居民被排斥在现代化社会转型的潮流之外，加深了农民自身在教育方面的弱势地位。

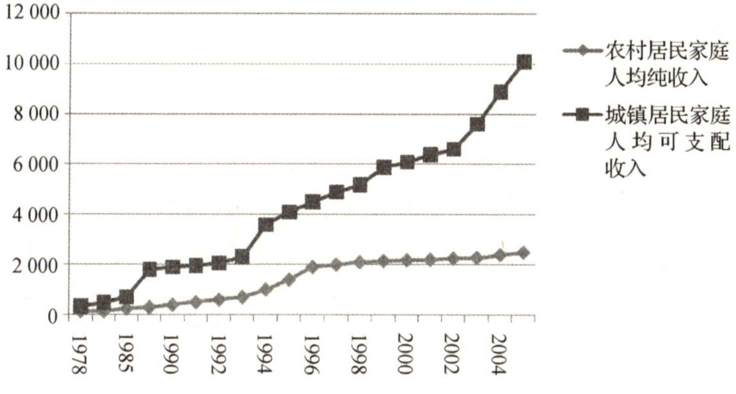

图 1.7　1978—2005 年中国城乡居民家庭人均收入图①

2. 以经济发展为主要目标，形成功利化的教育理念

在改革开放开启的现代化发展进程中，党和政府在一定时期内以经济建设为中心，对经济发展指标和经济发展成果过于重视，往往忽略对农民进行现代化教育的长期规划，形成功利化的教育理念。邓小平在总结改革开放成果时曾说："我们最近十年的发展是很好的。我们最大的失误

① 眭克仁、陈红、眭眭：《转型期的我国农民现状分析》，《安徽农业科学》2008 年第 13 期，第 55 ~ 56 页。

是在教育方面，思想政治工作薄弱了，教育发展不够。我们经过冷静考虑，认为这方面的失误比通货膨胀等问题更大。"①在农民教育中，党和政府功利化的教育理念往往偏重于对教育社会功能（如政治认同功能、经济发展功能等）的重视，以国家经济发展政策和市场化发展需要为依据，对农民进行诸如文化知识、科学技能等方面的教育和培训，这种教育理念带有实用主义的"工具论"色彩，其教育内容、教育方式，乃至教育结果都无法完全满足农民群体在现代化发展中的全面需要。不仅如此，功利化的教育理念还会造成农村社会内部精英的流失，早在20世纪20年代，教育家陶行知在《中国乡村教育之根本改造》中就指出："中国乡村教育走错了路！他教人离开乡下向城里跑，他教人吃饭不种稻，穿衣不种棉，做房子不造林。他教人羡慕奢华，看不起务农，他教人分利不生利。他教农夫子弟变成书呆子。"②在农村社会，对农民群体实施的功利化教育，不仅不能使他们获得自身生存发展的现代素质，还会使他们在强烈的致富愿望和改变现状的渴望得不到满足时产生挫败感，形成与农民教育预期方向相背离的教育结果。

3. 缺少对农民的教育投入，教育职能滞后于社会发展

按照现代政府公共管理理念，党和政府的基本职能是向全体公民提供相应的公共产品和服务，用以改变国民综合素质的现代教育无疑是最基本的公共产品之一。然而，中国政府的公共服务投入在人力资本的教育投入方面过少，其投资额只占全部GDP比例的2.5%，在实物资本（房屋建设、工厂建设等）方面的投入又很高，占GDP的30%，而美国在这两方面的比例分别是5.4%和17%。近几年来，中国在教育方面的投资已从2.5%上升到3.1%，但从总体上来看，中国在教育方面的投资占GDP的比例仍然很低。③ 特别是当前阶段城乡公共教育供给失衡，国家对农村社会的教育公共品供给相对城市来说，是少之又少，致使政府在农村社会

---

① 《邓小平文选》第三卷，人民出版社1993年版，第290页。

② 江苏省陶行知研究会、南京晓庄师范学校编：《陶行知文集》上册，凤凰出版传媒集团、江苏教育出版社2008年版，第225页。

③ 姜岩、陈通、潘淑英：《加快发展我国农村教育，不断满足农民的教育需求》，《未来与发展》2006年第9期，第25页。

的教育职能远远滞后于社会发展的实际需要。以我们实地调研的祠堂圩乡的义务教育为例，在城镇社会中主要由中央和省财政负担的义务教育投资，在农村社会的实际运行中却是通过上级政府转移事权由下级政府提供，即由县乡负担的：祠堂圩乡负担78%左右，蓝山县财政负担9%，省地负担约11%，中央财政只负担2%左右。这种财权与事权的不对称，导致我国农村基础教育经费短缺，而且不同县乡之间财力差别很大，无法保证农民义务教育的公平性。① 据统计，2002年全年全社会教育投资约5 800亿元，其中政府投入将近70%，而占总人口60%以上的广大农村地区只得到其中的23%。1993年，全国城乡小学生的人均经费差距为1.9倍，初中阶段的人均经费差距为2倍；直至1999年，中小学阶段城乡差距扩大到3.1倍。② 上述数据说明农村居民在基础教育阶段就明显遭遇到教育投入的不公平。除了基础教育外，国家对农民群体的技术培训也相对较少，截至2000年，农村劳动力中，高中以下文化程度的占88%，大专以上文化程度的不足1%，这说明党和政府在农民技术培训方面的投入也严重不足。不仅如此，农村社会在教育基础设施建设以及公共文化产品的供给方面也十分落后，难以满足农民在文化教育、休闲娱乐等方面的基本需求。综合以上不难发现，政府对农民教育投入不足，其教育职能的履行远远滞后于社会发展的实际需要，严重阻碍了农民教育的良性发展。

（三）乡村基层党政干部的教育示范角色蜕化

在具体的农民教育实践中，乡村两级党政干部扮演着无可替代的重要角色。一是乡镇政府是国家政权在农村社会的最基层行政机关，体现国家权力对乡村社会的渗透。正如于建嵘的分析："乡镇成为了国家与社会的边界。乡镇和乡镇以上的各级政权组织直接代表着国家的行政权力，属于国家的范畴，而乡镇以下的政权组织或行政区划不具有国家行政

---

① 姜岩、陈通、潘淑英：《加快发展我国农村教育，不断满足农民的教育需求》，《未来与发展》2006年第9期，第25页。

② 赵志勇：《农民教育与农民弱势处境的改善》，《前沿》2007年第2期，第193页。

组织的性质,属于社会的范畴。"①对于当代中国农民教育来讲,乡镇干部的行政作为直接影响农民教育的具体展开和实际效果,我们必须对其进行考察。二是村两委组织构成农村社会最基本的组织单位,反映出乡土社会的地方权威,村党委和村委会干部既是国家行政意志在农村地区的体现,又是当地农村社会自我组织、自我管理的权威代表。从某种程度上讲,村干部是党和政府对农民实施教育工作的基层主体,直接影响农民教育实践过程。因此,我们需要立足于基层农村社会,对乡村两级治理结构特征以及身处其中的党政干部的教育角色进行深入分析,以此厘清基层教育主体对农民教育困境承担的现实责任。

改革开放之后随着家庭联产承包责任制的实行,集体化时代形成的以人民公社制度为基础的乡村政治结构,逐步被以国家行政权力和乡村自治权力相分离为基础的"乡政村治"②结构所取代。从理论上讲,乡村治理关系被定位为指导与被指导的关系,但是乡村政治运作的实际情况却复杂得多。乡镇政府由乡镇党委与乡镇政府组成,在当前中国农村政治实践中,常常合为一体。乡镇政府所对应的村治结构是:与村党支部是领导与被领导的关系,与村委会是指导与被指导的关系。村两委在处理村庄事务时,通常是以集体领导的方式进行,即一套班子两块牌子,村党支部由于是代表国家授权的正式组织而在村庄中居于领导的地位,村支部书记也因此成为村庄权力核心的代表。正如我们在选择调研对象中考量的标准那样,不同的村庄类型同样决定村干部在农民教育中的行为取向以及与乡镇政府之间在农民教育方面的互动关系,这些因素将影响村干部在农民教育中主体角色的践行情况。这种乡村治理的现实结构为乡村两级党政干部在农民教育中具体的教育角色履行提供既定的制度框架,他们在各自教育角色上的表现成为影响农民教育过程的重要因素。

---

① 于建嵘:《岳村政治——转型期中国乡村政治结构的变迁》,商务印书馆 2001 年版,第 325 页。

② 最早提出"乡政村治"概念的是华中师范大学的张厚安教授。他认为,"乡政"是乡镇作为国家依法设立在农村最基础的一级政权,"村治"则是农村最基层的农民群众性自治组织。参见张厚安主编:《中国农村基层政权(序)》,四川人民出版社 1992 年版,第 1 页。

结合理论与现实的双重分析，我们发现乡村两级党政干部在农民教育中主体角色的蜕化，成为导致农民教育现实困境的原因。

首先，乡镇干部作为国家科层体制的组成部分，须按照国家政治体系的规则行使职权，其行为表现为压力型行政体制下的被动特征。一般而言，乡镇政府是按照科层制原则建立起来的国家最基层的行政组织，“仍未摆脱人民公社组织的影响。表现在上下级组织之间习惯于采取行政措施处理关系、习惯于直接指挥和控制，不善于运用各种杠杆和利益导向实行间接、弹性控制”①。在这种行政压力型体制下，乡镇干部通常习惯于被动地接受上级命令，按照“命令——服从”的科层制原则开展工作，较少开发创造性工作。如前所述，在党和政府以经济建设为中心的宏观环境中，上级政府对下级政府的政绩考核多集中在经济发展指标的完成方面，往往忽略对农民群体现代化教育工作的重视，以至于乡镇政府对农民教育工作的开展积极性不足，出现教育供给角色缺位的失误。在少数响应国家相关政策号召的教育实践中，乡镇干部还是习惯于计划经济条件下的行政运作方式，仅仅从执行上级政策的角度出发，对农民实施单向的、灌输性的思想文化教育。这种单向输入的教育模式主要是依靠国家行政力量自上而下地向农村社会“植入”主流的“精英文化”，却较少考虑农民群体的现实需要，难以激发广大农民积极参与其中的热情，从而达到党和政府预期的农民教育效果。我们在祠堂圩乡 3 个村的调研中得知，“农家书屋工程”、“农村基层党员干部远程网络学习工程”等农民教育政策未能取得相应效果，最终不了了之，这样的现实案例从反面证明了乡镇干部在农民教育中的角色缺失。

其次，由于村庄在内部秩序状况、村干部角色定位和乡村关系状况等方面体现出不同的类型特征，由此决定了村干部在农民教育中发挥的作用也不尽相同。以与乡镇政府之间互动关系的紧密程度为标准，可以划分为两种类型的村庄：一是，村庄内部传统资源相对缺乏，主要依靠现代社会外来的制度因素构建村庄社会秩序，同时村干部期望从职位中获得更多经济性收益，因此通常选择与乡镇干部保持较为紧密的关系。在这

① 陈吉元等：《中国农村社会经济变迁(1949—1989)》，山西经济出版社 1993 年版，第 637 页。

类型的村庄中，村干部往往倾向于配合乡镇政府的政策执行，较少地从本村庄的现实需要出发开发一些能够促进农民教育发展的工作。因此，我们认为在本质上，此类村庄村干部的行为特征类似于乡镇干部的行政压力型特征，村两委基层组织出现弱化趋势，对村庄内部村民的现代化教育未能构成有效的主体角色。在现实调研中，D 村和 Y 村大体上都属于上述这类村庄类型。二是，村庄内部有较为丰富的传统资源，宗族势力影响较大，村民们竞选村干部多是从村庄本身发展的角度出发，期望在村干部的职位上获得来自乡亲们的支持与敬佩这类社会性收益，因此他们往往为保护本村庄的利益而不惜与乡镇政府处于对抗的态势。这种类型村庄的村干部们往往会主动积极地探寻能够促进本村经济发展和文化繁荣的途径，也较为重视以村庄共同的价值观念和道德意识对村民们进行教育和引导。但是，正如我们在实地调研中所看到的，以 S 村为典型的此类村庄的村民们往往缺乏以民主与法制为核心的现代公民素质，在诸如像国家这样更大范围内的共同体中显得无所适从。

最后，乡村两级党政干部个人所具有的综合素质和道德操守是影响农民教育实际效果的重要因素。乡村两级党政干部，特别是两级党委中的党员干部，是国家政治体系在农村社会的代理人，代表着党和政府的形象，又是农民教育具体开展的主要实施者。他们自身形象的好坏，直接影响农民群体对党和政府教育实践的认同程度和参与态度。由于农民群体的心理结构和教育需求具有“世俗性”特征①，对农民群体开展的教育实践主要体现为形象感化，即基层干部的人格在农民心目中直接折射出的形象：如果党政干部秉公廉洁，真心实意为农民教育服务，则会产生无穷的人格力量，提升农民教育的实际效果；如果党政干部徇私枉法，欺上瞒下，将自身利益置于农民需要之上，则会给农民教育造成负面影响。我们在实地调研中了解到的干部情况说明基层干部的这种消极影响是客观存在的，以祠堂圩乡乡镇政府和调研涉及的 3 村党政干部的个人情况为例（见表 1-28），乡村基层党政干部的年龄结构普遍存在偏老龄化的趋势，其个人的教育程度多集中在初中水平，教育程度在大专以上的人才较为缺

① 杨胡列：《世俗性：农民教育中不可忽视的特点》，《前进》1998 年第 10 期，第 37 页。

乏，在村一级的党政干部中几乎没有大专以上人才。

与此同时，乡村基层党政干部的工作作风和工作方法也显现出与现代社会发展不相适应的特征，致使农民教育主体的权威下降，进而影响农民教育的实施过程。

表1-28　祠堂圩乡3村两级党政干部个人情况详表（单位：人）

		年龄构成			学历		
		35以下	35～45岁	45以上	初中以下	高中	大专以上
乡镇干部N=23		5	14	4	15	6	2
村干部N=10	D村	0	2	1	3	0	0
	S村	0	3	0	3	1	0
	Y村	1	3	0	3	1	0

（四）农村社会组织力量弱小，无力应对农民教育的现代需求

中国的农民由于其从事的农业生产多是以家庭为单位展开，在各自分散的小块土地上进行的精耕细作，常常被冠以“小农”的称谓。在现代化市场经济浪潮中，小农群体因彼此分散化的生产和生活而无力组织起来，以集体的力量应对现代化进程带来的种种挑战。特别是当前农村社会中组织力量弱小，严重阻碍农民群体积极有效地接受符合自身现代化需求的教育。传统时期，中国乡村社会基本上是自给自足、自成体系的社区范畴，封建专制体制向来有“皇权不下县”的概括，农村居民始终处于以宗族组织为自治主体的乡村社会中。近代社会，以共产党为代表的现代政党力量介入基层农村社会，以现代化为导向的价值观念重新规划农村社会、改造农民群体，将农村社会和农民群体纳入国家与民族整体现代化进程。同时，共产党对农村社会中的组织力量进行重新整合，依靠活跃于各个村庄中的基层共产党组织，运用新的政治标准和政治原则选拔并建立了一系列农村群众组织。在民主革命时期和建国初期，这些遍布于农村社会的各种群众组织实际上承担着组织和教育农民的职能。由于绝大部分群众组织都是在基层党组织的带领下建立并运作，具有很强的依附性和政治性，因此，新中国成立后，随着党组织向农村基层的延伸以及国家基层政权的建立，这些组织实质上就成为协助党和政府管理农村社会

和教育农村居民的组织，而缺乏作为独立社会组织的地位和作用。随着人民公社制度的建立，农村社会中这些依附于党组织的农民群众组织都被整合进“政社合一”的人民公社中，整个农村社会从而都被纳入了人民公社这一全能型的政治组织中。这种对农村社会高度集中的政治化的组织方式虽然为农村居民提供诸如生产、生活和消费等统一规划的生存模式，却因为从根本上破坏了传统农村社会的自组织资源，使农村居民不再隶属于某一个自愿性组织，而成了单个的国家农民。改革开放后，党和政府逐步改变了全能型的政治统治模式，从基层农村社会中退出，留给各种社会组织一定的发展空间，却面临着农村组织力量的发展困境：随着人民公社的崩溃，国家权力对基层社会的控制发生松动，原本萎缩的基层社会又一下子无法施行自己的自组织功能，中国农村尤其是落后地区的农村陷入了一定程度的无序和失范状态。

在当代社会语境下，我们需要首先对代表农村社会力量的农民组织的含义做一梳理。农民组织主要是由农民自发组织，或者是农民在政府的推动和支持下组织，以农民为参与主体，为了更好地实现农民的政治、经济利益或完成某种社会保障功能而组建的民间社团。从现有的组织情况来看，农民组织大体上可分为 4 类：(1)类政权性组织，主要指村委会、村民代表大会、村民议事会、村民治安调解委员会、计生协会等具有行政管理和基层自治双重职能的组织；(2)合作经济组织，主要指中国乡村各种专业合作社、社区合作社、专业协会或专业技术协会等组织；(3)维权性民间组织，主要指以维护农民的各种合法权益为宗旨的各种自发成立的组织，如各种减负协会、打工者组织等；(4)社会性服务组织，主要指不以营利为目的、能够提高农民福利的公益性、互益性组织，如老年协会、扶贫协会、红白喜事理事协会等组织。为了便于分析不同类型的组织在农民教育中的作用，我们将上述农民组织划分为两类：一是以村委会为代表的由国家自上而下引导农村居民建立的类政权性组织；二是农村居民为满足自身经济、政治、文化等社会需要，自下而上建立的自愿性组织。

首先，就村委会这类的类政权性组织而言，作为群众自治组织，它不是村民们自主发展的机构，而是在国家的引导示范下，由国家力量推动的结果。村委会作为农村居民的当家人和代理人，在执行上级行政管理职能上与村民自治管理职能中产生角色冲突，迫于行政压力往往不能有效地实行自治，而具有“准政府”的特性。正如我们在实地调研中所看到的那样，在强调党的核心领导下，党支部成为事实上的决策者，而村委会常常沦为执行者，往往不能体现出村民们“自我管理、自我教育”的自治功能，无法满足农村居民在文化教育方面的实际需要。特别是税费改革后，村委会缺乏必要的财政支撑，其组织形式难以为继，无法为农村居民的公民素质培养提供有力的组织支持和训练机会，同时难以提供有效的公共产品和文化服务。

其次，就农民自发建立的自愿性组织而言，由于缺乏来自党和政府政治力量的支持，以及缺乏来自市场经济中企业等经济组织的支援，在政府干预与市场机制双重缺位下，其自身的建立与发展困难重重，缺乏可预期的发展潜力。同时，农村社会处在流动与变迁中，面临着本土精英流失的发展困境，越来越多有知识、有能力的乡村精英选择迁移到城镇社会寻求更大的发展空间，这使得农村居民的自组织缺乏强有力的牵头人和领导者，从而使农民组织时常处于人员变更和组织动荡中。此类组织力量的缺乏还使农村居民在文化知识、科学技能和精神享受等方面的教育需求无法得到满足。原本在革命时期或是集体化时代承担农村居民学习、文娱等教育功能的识字小组与文艺表演队之类的农民组织在市场经济条件下也难以恢复。农村社会弱小的组织力量，使农村居民无法获得与自身现代化发展相适应的教育。

（五）农村社会公共空间萎缩，乡土教育环境恶化

每个社区都有其公共空间，在人类社会发展到区分为城市与农村两个不同区划这一阶段后，不同的城乡社区也因各自不同的公共空间形式，显现出不同的发展特征。从社会学角度来讲，公共空间是“社会内部业已存在着的一些具有某种公共性且以特定空间相对固定下来的社会关联形式和人际交往结构方式”①。根据这一定义，农村公共空间大体包含两个层面上的含义：一是乡村社区内的村民们可以自由进入，并进行各种思想

① 曹海林：《村落公共空间：透视乡村社会秩序生成与重构的一个分析视角》，《天府新论》2005年第4期，第88页。

交流的公共场所。如中国乡村聚落中的寺庙、戏台、祠堂,甚至水井附近、小河边、场院、碾盘周围等。人们自由聚集在这样的场所,交流彼此的感受,传播各种消息。① 费孝通认为中国乡村社会是"熟人社会"②,这一判断后来又被贺雪峰修正为"半熟人社会"③。无论如何,中国农村社会中,村民们经常性的、面对面的沟通逐渐形成乡村中的交流空间,这样的交流空间多以公共空间为依托。在具体的村庄中,人们的群体活动形式,例如妇女们聚集在河边洗衣服,或是男人们在村头一起打牌聊天,这类人们自愿聚集在一起活动的场所就成为乡村聚落中的公共空间。二是乡村社区内普遍存在着的一些制度化组织和制度化活动形式。如村落中的企业组织、乡村文艺活动、村民集会、红白喜事仪式活动等,村民们同样可以在参与其中的时候进行日常交往。④ 农村社会中的公共空间往往体现出村庄内部村民们之间的社会关联程度以及由此所形成的社会秩序,对于生长于农村社会的居民们来说,村庄的公共空间构成他们基本的人际交往、共同记忆和道德规范等许多社会性和文化性的精神世界。随着中国现代化进程的加快,工业化与城市化深刻地改变了传统农村的社会结构和价值观念,"从生态社区的外观、人文社会的制度,到日常生活的器物使用和日常行为的精神意图,均逐渐显示现代化的特征"⑤。从某种意义上讲,工业化改变了农村居民的生计方式,而城市化则大幅度改变了农村居民的生活方式,农村社会中的公共空间也因而出现日渐萎缩的趋势。

一是农村社会中村民们用以交流的公共场所日渐消失。随着农村居民物质生活水平的提升以及现代生活理念的逐步引入,他们的生活方式发生了巨大变化。村民们开始在自家的范围内完成诸如粮食加工、副业

---

① 周尚意、龙君:《乡村公共空间与乡村文化建设——以河北唐山乡村公共空间为例》,《河北学刊》2003 年第 2 期,第 72 页。

② 费孝通:《乡土中国》,上海人民出版社 2006 年版,第 7 ~9 页。

③ 贺雪峰:《新乡土中国——转型期乡村社会调查笔记》,广西师范大学出版社 2003 年版,第 1 ~4 页。

④ 曹海林:《村落公共空间:透视乡村社会秩序生成与重构的一个分析视角》,《天府新论》2005 年第 4 期,第 88 页。

⑤ 蔡明哲:《社会发展理论——人性与乡村发展取向》,(台湾)巨流图书公司 1987 年版,第 175 页。

生产和文化娱乐等活动。特别是电视机这类大众媒体形式普及之后，人们在农闲时节的休闲方式大都退回到了以家庭为单位的私人空间中。不仅如此，改革开放之后，各地宗族组织的恢复情况也不尽相同，大多数农村居民的祭祖活动也都局限在自己家庭范围内。村民们的私人空间逐步发展起来，虽然这对于农村居民形成独立自主的现代素质有一定帮助，但却在客观上使以往村民们用以交流信息、联络感情的公共场所日渐瓦解。这些公共场所常常能够为农村居民们提供一个互通有无、增长见识的有效途径。以集体化时代为例，村落中的公共场所通常是那些见多识广、有文化的村中能人传播外部信息和社会新闻的重要场所。可以说，村落中这些公共场所是在农村社会中村民们赖以传播技能和延续文化的重要教育环境，村落公共空间的日渐消失表明乡村教育环境的恶化。

二是农村居民们维系日常交往的制度化组织与形式逐步消解。现代化带给农村社会的另一方面影响是为农村居民提供可以自由流动和择业的机会，致使越来越多的农村居民将自身发展的期望和归宿都置于农村社会之外的城镇社区。再加上农村社会传统文化和亲缘关系的支撑力在市场化过程中不断减弱，村民们往往难以维系原先日常交往中的制度化组织与形式。这类公共空间的消解使农村居民与自身所处村庄之间的关联度越来越低，不仅表现在以亲缘和地缘关系为主的乡土人际关系的疏离，还表现在对所在村庄自身乡土文化认同感的日渐缺失，村民们最终无法在生养自己的农村中实现自我的文化价值和精神追求。传统的农村社会由于其亲缘关系的紧密和社会秩序的稳定，自然而然地成为教养农村居民道德意识和行为规范的重要环境。但在现实发展中，农村社会的乡土教育环境急速瓦解，反而给农民教育带来负面效应。

第六章 中国农民教育历史经验分析

传统中国，农民教育未能称其为问题，因为在以儒家伦理规范约束的封建官僚体制中，国家皇权与乡村村民之间缺乏必要而紧密的联系，转而以绅权在乡村地区的延伸为传递规范和解释信仰的途径。乡村居民在由地主知识分子制定的乡俗村规的浸染中，受到潜移默化的影响和教化，世代遵循家国同构的道德规范。1840 年鸦片战争之后，中国进入内外交困的半殖民地半封建社会，由此开始艰难的现代化进程。在传统与现代的碰撞中，中国农民因其与古老分散的农业小生产相联系而成为落后的代名词。自此之后，农民的现代化始终成为影响中华民族迈向现代化的关键因素。因此，有必要以历史发展进程为逻辑轴，回顾一下近代以来各种现代力量对农民的教育改造实践，特别是在诸多力量中始终占据主导地位的中国共产党在历史上是如何思考和解决农民教育问题的实践经验，这对反思中国当代农民教育问题具有非常重要的意义。

一、近代中国农民教育的历史经验

近代中国被迫卷入全球现代化发展浪潮，中国的农民也进而成为各种现代力量力图教育和改造的传统势力的代表，农民教育问题成为近代中国在现代化历史背景中产生的社会问题。迫于内忧外患的现实局势，各种现代力量在各自利益的驱动下开始涌向广大农村地区，他们依据不同的发展逻辑和建设思路开展改造农民和重建农村的运动。这些农村运动中较为突出的主要有乡村建设派的农村建设运动和共产党领导的农村革命运动。近代乡建派知识分子和中国共产党人依据各自对近代中国社会性质、农村形势的不同判断，形成了农民教育实践截然不同的设计方案和推进路径。当然，不可否认外部力量对农民群体的教育塑造还需以农民自身的具体回应为参照，只有被农民真正接受，对农民内在思想意识和外在行为规范产生实际影响的教育实践才会构成积极有效的教育经验。对教育者和教育对象这一双向互动的教育实践过程进行整理反思，有助于我们在历史的纵向轨迹中总结农民教育的基本经验。

（一）近代乡建派学者农民教育的经验

1. 在教育理念上，树立“人人都应该受教育”的全民教育思想

从乡村教育的对象来看，乡村教育家们以农村社会全体成员为教育对象，提出“人人都应该受教育”的全民教育思想。这是他们在构建乡村教育理论和开展乡村教育实践中的共同选择。

梁漱溟的乡村建设实验将一乡或一村的男女老幼皆作为“村学乡学”的学生，即所谓“学众”。他主张“乡村建设之教育一面，眼前可做之事甚多；而要以民众教育为先，小学教育犹在其次”①。因此，他非常重视成人教育，认为教育的主要对象大体上是成年农民。中国当时正处在社会改造时期，这一时期整个社会生活企图转变为新的方式，大多数成人虽已成年，但就新的生活方式所需要的能力而言还相当于未成年者，所以非要教育不可。因此，教育当然就主要地落实在成人教育方面：“在中国的此刻，已非平常时期，应着重成人教育，应以全力办民众教育，办理社会教育。”②

晏阳初相信中国大部分的文盲不在都市，而在农村。中国以农业立国，中国大多数人是农民，应当回到农村里去，所以他最终决定到（河北）定县工作。“晏阳初在定县开展的乡村平民教育实验，其教育对象是以青

① 马秋帆：《梁漱溟教育论著选》，人民教育出版社1994年版，第46页。
② 马秋帆：《梁漱溟教育论著选》，人民教育出版社1994年版，第191页。

年农民为主的农村社会的全体成员”①。

黄炎培等主持的徐公桥乡村改进实验注重对农村所有人员开展“普及教育”，包括以学龄儿童为对象的“普及义务教育”和以成年农民为对象的“普及民众教育”，目的是培养“新农民”，因而其教育的对象是农村所有的“农人”。“显然，乡村教育运动的倡导者和实践者们以学制系统以外的青壮年农民为重点，将农村社会的全体成员无论男女老少皆视为教育的对象，并实施相应的教育，这既是乡村教育家们民主平等思想的集中体现，是对当时中国教育思想观念和教育制度的一种超越，也是他们建设理想农村社会的实际需要和必然选择。”②

2. 深入农民实际调查研究，确定正确的教育方针

中国是一个具有数千年传统的农业社会，如何进行农民教育几乎无前例可援。传统农业社会的特殊性，决定农民教育不能亦步亦趋地效颦于西方，而必须另辟蹊径。这就要求农民教育必须深入到农民之中，了解农民的实际情况，以确定正确的教育方针和具体举措。

重视实地考察，进行调查研究，在此基础上开展自己的教育事业，探索中国教育改革之路，是黄炎培一贯的工作作风。早在民国初年，他就认为：“吾辈业教育，教育此国民，譬之治病。外国考察，谈方书也；国内考察，寻病源也。”③主持中华职业教育社工作之后，他将这种重视深入实地调查研究的精神和作风带进了职教社。正如他自己在徐公桥乡村改进工作全面展开之后所言，任何教育皆须脚踏实地，尤其是职业教育，不许用一分苟且工夫。究其原因，乃在于职业教育是一种“画人”而非“画鬼”的事业。俗话说：“画鬼易，画人难。”职业教育直接与社会生活和生产实际相联系，是“画人”的，所以“办职业教育而不脚踏实地，其失败比其他教育还快”。④ 为此，就得深入实地开展调查研究工作，“从事职业教育，如

---

① 赵晓林：《20世纪二三十年代“乡村教育运动”的特点及其现实启迪》，《陕西师范大学学报（哲学社会科学版）》2006年第2期，第126页。

② 赵晓林：《20世纪二三十年代“乡村教育运动”的特点及其现实启迪》，《陕西师范大学学报（哲学社会科学版）》2006年第2期，第126页。

③ 《黄炎培考察教育日记》第1集，商务印书馆1914年版，第1页。

④ 《黄炎培教育文集》第2卷，中国文史出版社1994年版，第446～447页。

果……没有用分析的方法、专攻的手段，来深切地研究，一一取得比较正确的解决方法，而徒盲目的或囫囵的提倡和试验，吾敢断言其无有是处”。

对于农村教育必须适应农民生活和农村实际需要的问题，晏阳初有着更为深刻的认识，“深入民间、认识问题、研究问题”是定县乡建的九大信条之一。他认为，中国当时教育上最大的错误，在于一切制度方法和材料大多从东洋西洋抄袭而来，反而不适应中国国情。这种现状在广大农村地区尤为明显，这种教育的恶果之一是把无数的农村青年变成肩不能挑、手不能提、在乡村不安、到城市无能、不文不武的无业游民。因此，晏阳初认为学问如果与实际生活不发生关系，就是死学问。学术与实际工作相联合，学术才有实际的价值。“凡满足需要解决困难的方法，即是教育应有的内容，我们要运用四大教育以求问题之解决，并且要在生活里实地试验，要看是否真能帮助农民的生活。换言之，研究实验的对象与结果，必须切合（农民）的生活。”①“做农村建设和民众教育的同志要更需努力，必须明了现在中国民族真问题之所在，然后抱着牺牲一切的精神去求其解决。”②为此，他在教育实践中强调要深入民间，到农村去，和村民们一起劳动和生活。

晏阳初将定县平民教育实验的程序规定为调查—研究—实验—表证—推行 5 个步骤。调查工作是整个实验的最基础性工作。在集中实验之前，他大约做了 4 年的准备。这 4 年中，他主要从事农业教育研究、农民教育研究和农村调查。农村调查是他最为重视的工作，投入的时间最长，所耗费的精力最多。因为在他看来，农村调查是决定定县实验能否取得科学结论的关键，也是他在定县工作的起始。他曾说：“定县实验的目标是要在农民生活里去探索问题，运用文艺教育、生计教育与公民教育的工作，以完成农民所需要的教育与农村的基本建设。而一切的教育工作

① 李济东、李志惠：《晏阳初与定县平民教育》，河北教育出版社 1990 年版，第 192 ~ 193 页。

② 《平民教育促进会工作演进的几个阶段》，《晏阳初全集》（一），湖南教育出版社 1989 年版，第 393 页。

与社会建设必须有事实的依据，才能根据事实规划实际方案。”①

梁漱溟同样不是一位坐而论道的玄学家，而是一位有理论、有实践的思想家、教育家和社会改造者。他认为，教育不可照抄照搬西方的或前人的，或者是他人现成的东西。教育是为了解决中国的问题。中国问题又是什么？这是一个众说纷纭的问题，如何将中国问题把握得比较准确，这就取决于对中国问题的研究是否深入。他设计出邹平实验理论后，便深入到邹平的实际生活中，去探索乡村建设与教育改进的规律和真谛，然后根据实验反馈的信息，及时地修正自己的乡村建设实验理论，从而使其教育实验理论不断得到完善，成为指导教育实验通向成功的指南。

3. 学校教育应与其他教育相结合

梁漱溟认为学校教育和社会教育密不可分，他在《社会本位的教育系统》草案中明确提出了这一思想。由于他按照行政区域设学，分为国学、省学、县学、区学、乡学，因此在具体教育方式上，区学、乡学以社会教育为主，国学、省学以学校教育为主，并且学校教育和社会教育相结合。为此，他认为，在农民教育中，可使农业教育与农业社会并进，而非脱离社会改造进行农业或职业教育。他主张以社会教育方法来开启农民的思想，进行乡村教育。可以说，他这种以学校代替行政，以乡农为学众，学校教育泛化成社会教育的方式，是受到杜威的“学校即社会”、“教育即生活”和陶行知的“社会即学校”、“生活即教育”等实践主义教育思想的影响。总之，在他的乡村建设实践中，始终实施的是以这种复合式社会教育为主的教育方式。②

晏阳初在乡村建设理论中系统地提出了以“四大教育”和“三大方式”为代表的“定县模式”。如果说“四大教育”是乡村建设的核心内容，那么“三大方式”则是实施这“四大教育”的方法。在一份名为《中华平民教育促成定县实验区》的文件中，晏阳初指出，“四大教育”的主要实施方

---

① 《〈定县社会概况调查〉序》，《晏阳初全集》（一），湖南教育出版社 1989 年版，第 196 页。

② 张菊霞、夏金星：《梁漱溟乡村社会教育思想与新型农民培养》，《职教论坛》2007 年第 1 期上，第 63 页。

式有3种：

一是学校式教育。这是实施"四大教育"的总枢纽，是以文字教育为主，以青年为主要教育对象，注重工具知识之传授与基本训练，注重个人的教学。它包括初、高级平民学校和生计巡回学校3种形式，各个学校都针对学生年龄特点和不同的实际需要，因地因时采取灵活多样的教学方法。

二是社会式教育。社会式教育是青年农民在平民学校毕业后继续接受教育的形式。同学会是社会式教育的主要团体，同学会的活动也是社会式教育的主要内容。在文艺教学方面，如组织读书会、演说比赛会和登台演戏及阅读刊物等；在生计教育方面，如成立自助组、合作社，举办农产品展览会等；在卫生教育方面，如推动接种牛痘、防疫注射、拒毒运动和开展武术活动等；在公民教育方面，如禁赌、修路、植树、自卫等。

三是家庭式教育。家庭式教育是中国特殊而又必需的一种方式。晏阳初认为家庭式教育的主要着眼点在于运用新的教育方式，把学校课程的一部分，比如培养卫生习惯的部分，交由家庭来承担。家庭式教育还可以帮助解决平民学校解决不了的问题。有些年长者和年幼者不能入平民学校读书，但家庭式教育可以解决这个问题。平民学校的学生可以把自己在学校所学得的知识传授给家庭其他成员，从而解决家庭与学校之间的矛盾，增加家庭责任感，使"家庭社会化"。另外，家庭式教育还可以冲破封建思想的阻碍，帮助家庭年长妇女减少对青年妇女接受教育的阻挠，使他们顺利接受教育。

（二）中国共产党的农民教育经验

民主革命时期，共产党通过对占据人口大多数的农民群体进行积极有效的教育动员，不仅使农民大众广泛参与现代革命，以确保其领导的革命斗争取得彻底胜利；还凭借对农民革命卓有成效的领导，成为近代中国最重要的政治力量，并进而建立新的国家政权和社会制度。回顾民主革命时期共产党农民教育的历程，不难发现，几乎所有的教育实践都是朝向使农民革命化的方向发展，促使传统农民和现代革命之间建立密切联系。革命是对一个社会占据主导地位的价值观念、政治制度和社会结构，进行一场急速的、根本性的、暴力的国内变革，常常是各种政治力量进行角逐的复杂而深刻的社会变迁过程。近代中国经历前后长达百年的革命历程，正是以这种独特的方式实现自身的现代化进程，“较确切地说，革命是现代化所特有的东西……革命是现代世界观的最高表现，这种世界观相信人有能力控制和改变其所处环境，他们不仅有能力而且有权利这样去做”①。可以说，近代中国革命中各种政治力量的角逐，在一定程度上来讲，是不同的政治力量在动员农民参与革命斗争有效性上的竞争。共产党在各种政治力量竞争中日渐强大，将现代化导向的革命过程引入农村地区，通过对农民深刻而细致的教育动员，促使农民大众具备革命斗志和现代意识，成为革命历史的行动者。正如巴林顿·摩尔的判断：“现代化进程以失败的农民革命为起点，在20世纪，它却经由成功的农民革命而进入高潮……在现时代，农民一如革命中坚分子，成了革命的代表，随着中坚分子大获全胜，他们也作为卓有影响的演员而步入历史舞台。”②中国农民得以在现代革命中重新塑造自我，并在革命中扮演重要角色，离不开共产党卓有成效的教育动员的努力。

早在1921年共产党成立初期，共产党员沈定一等人就在自己家乡萧山县衙前村成立了农民协会，掀起了轰轰烈烈的减租斗争，在党的历史上首次将革命思想灌输到农民心中，为此后共产党深入农村地区，从事农民教育运动指明方向。1940年毛泽东总结了共产党教育动员农民参与革命这种努力的初衷：“我们共产党人，多年以来，不但为中国的政治革命和经济革命而奋斗，而且为中国的文化革命而奋斗；一切这些的目的，在于建设一个中华民族的新社会和新国家……我们不但要把一个政治上受压迫、经济上受剥削的中国，变为一个政治上自由和经济上繁荣的中国，而且要把一个被旧文化统治因而愚昧落后的中国，变为一个被新文化统治因而文明先进的国家。一句话，我们要建立一个新中国。”③中国共产党在战争中日渐清晰的革命目标，决定其所领导的革命不仅仅是政治革命，

---

① ［美］亨廷顿：《变化社会中的政治秩序》，上海人民出版社2008年版，第220～221页。

② ［美］巴林顿·摩尔：《民主和专制的社会起源》，华夏出版社1987年版，第368页。

③ 《毛泽东选集》第二卷，人民出版社1991年版，第663页。

还是带领包括农民在内的人民大众进行的彻底的社会革命。因此,共产党在革命斗争中不断积累和完善农民教育的实践经验,以此作为带领人民取得革命最终胜利,迈向新中国建设的重要基础。

1. 共产党积极争取农民教育主体地位,时刻注重加强自身建设

中国共产党是在马克思主义理论指导下,有志于以暴力革命的方式推翻旧有的社会结构和政治秩序,建立全新的社会关系和国家制度的政治精英。他们从一开始就意识到其所领导的革命是一场现代革命,不仅要实现资产阶级民主革命的胜利,更要实现无产阶级社会主义革命的胜利。然而,共产党从成立之初就面临的现实困境是一种反差极大的局面:一方面是处于战乱中、急需一场全面彻底的革命来改变的社会状况和政治局势;另一方面是对政治普遍冷漠,未能组织起来奋起反抗的农民大众。因此,共产党若想获得民主革命的胜利,就必须将现代革命与传统农民相联系,将现代的革命意识和民族观念灌输给农民大众,引起他们的广泛共鸣,促使他们成为革命主力军。换句话说,共产党在民主革命时期农民教育的首要经验,是主动争取农民教育的主体地位,掌握教育动员农民的政治优势,并时刻注重加强自身建设。

共产党积极争取农民教育主体地位的行动,主要在两个方向上展开:一方面是共产党通过在意识形态方面对农村社会的渗透;另一方面,是通过党组织力量向基层农村地区的延伸。为了争取农民教育的主体地位,引导农民成为保证革命成功的重要力量,共产党将其坚定的革命信念和顽强的革命意志输送到农村地区,以改变农民大众冷漠的政治态度和一贯无所作为的政治选择。近代中国的现实国情及革命形势,从某种意义上讲,是一个独特的历史契机,它促使共产党在经历革命挫折后,能够以不同于其他政治力量的长远眼光,正视农民群体在革命中的重要作用,形成具有中国特色的革命战略,确立农村包围城市和建立农村革命根据地的革命道路。这种革命道路的实现仰赖于共产党有意识、有目的地将现代革命理念渗透到农村社会,注入农民的思想和精神,从而促使农民革命性的行动和农村革命性的变革。共产党在意识形态方面重新建构农村社会,重新塑造农民个体的努力,是教育农民朝向革命化的首要条件,因为“在旧有的农村格局中,很少会有人自发地开展活动。比如满清时代,在

农村与现存的社会制度发生对抗以前,他们需要外界的领导"①。还有学者断言:"如果没有共产党人,农民决不可能孕育出革命思想。"②中国共产党在马克思主义理论指导下,将现代的阶级观念和革命意识输送到农村社会,以达到马克思预想的"使革命在每个农村中滋长起来,把革命带到全国各地并使它农民化"③。民主革命时期,在共产党局部执政的农村革命根据地,先后经历了土地改革、减租减息、抗日战争等一系列政治运动的教育动员,广大农民的思想意识和道德观念获得了极大的解放和重塑,被激发出巨大的革命积极性,正如韩丁的描述:"农民在共产党的指引下,从部分认识逐步地到达全面认识,从自发的行动到指导的行动,从有限的胜利到全面的胜利。同时,通过这样的过程,他们把自己从自然和社会力量的被动的受害者,转变为一个新世界的积极的建设者。"④

除了将现代革命意识通过各种宣传动员方式灌输给农民大众之外,共产党还凭借日益向农村地区延伸的基层党组织,将农民有效地动员到革命中来,并在革命动员中进一步巩固自身在农民教育中的主体地位。相对于分散的农村社会和农民群体来说,中国共产党是高度组织化的、纪律严明的政党组织,"政党是一个现代化组织,为成功计,它又必须把传统的农村组织起来"⑤。在革命中,共产党凭借严密的组织性,确保其始终占据农民教育的主体地位,这种组织性促使共产党能够取代传统的乡村精英,成为主导农村革命和政治发展的领导力量。随着革命形势的发展,共产党组织力量在向农村地区延伸中,也在不断调整自身的角色定位,以保证党组织对农民的教育影响。革命初期,共产党以相对隐秘的形式进入农村社会,通过建立维护贫雇农利益的农民协会来教育和组织广大农民。1926 年陈云曾说:"以农立国的中国,占全国人口百分之八十强的农民,是民族运动中唯一大主力。农民不参加运动,中国革命鲜有希望。"⑥

---

① [美]巴林顿·摩尔:《民主与专制的社会起源》,华夏出版社 1987 年版,第 176 页。

② 比昂科:《农民运动》,见费正清主编:《剑桥中华民国史》(下卷),中国社会科学出版社 1998 年版,第 309 页。

③ 《马克思恩格斯选集》第 1 卷,人民出版社 1995 年版,第 458 页。

④ [美]韩丁:《翻身——中国一个村庄的革命纪实》,北京出版社 1980 年版,第 714 页。

⑤ [美]亨廷顿:《变化社会中的政治秩序》,上海人民出版社 2008 年版,第 361 页。

⑥ 《陈云文选》第一卷,人民出版社 1995 年版,第 2 页。

因此,“党应该确定独立的农民运动的政策”,“有系统地建立各级农民协会,争取把更多群众组织起来”。① 共产党依靠农民协会在农村社会的组织延伸,主要表现为代表现代政治发展方向的外生政党组织力量与农村内部基于亲朋网络关系基础上的领袖权威相结合,“通过政党对农民进行组织与动员,从而将一个传统的乡绅社会改造为一个现代政党领导和组织下的政治社会”②。随着各地抗日革命根据地的建立,共产党不仅巩固了自己的组织力量,还发展了诸如农会、抗敌协会、合作社、青年团、妇联等一系列群团组织,他们成为农民教育主体力量的有力补充。各个农村党组织中都有专门的宣传人员,履行宣传党的中心任务和革命目标的职责。同时,在党领导下的群团组织由于其成员来源于当地农村因而具有大众化和群众性的特征,其在教育与动员农民中能更好地根据农民的特点宣传党的路线、方针、政策。通过各级党组织及其领导下的群团组织持续不断地对普通农民进行宣传动员和教育引导,共产党的革命意志渗透到农村社会并内化于农民内心,从而将广大农民组织起来,参与到各种政治组织中去。在这一点上,共产党无疑取得了实际的教育成效,“如果没有共产党的领导,中国人民的斗争是很有可能要失败的。农民潜在的军事力量,生产能力和政治才干必须予以培养、动员和组织,而不是简单的‘解放’”③。

同时,共产党时刻注重加强自身建设是持续开展农民教育活动的有力保证。中国共产党担负着领导民主革命取得胜利的重任,同样也担负着对农民进行教育动员的重任。共产党正确有力的领导,是农民教育顺利开展的根本政治保证。因此,作为教育主体的共产党员时刻注重加强自身建设,成为农民教育持续开展的首要条件。首先,完成共产党组织在革命中的群众化历程是农民教育开展的前提。共产党是马克思主义理论指导下建立的无产阶级政党,其固有的阶级属性决定了它成为农民教育和民主革命的主导力量。然而,早期的共产党员主要由各地接受马克思

① 《陈云文选》第一卷,人民出版社 1995 年版,第 6 页。

② 徐勇:《“政党下乡”:现代国家对乡土的整合》,《学术月刊》2007 年第 8 期,第 13 页。

③ [美]韩丁:《翻身——中国一个村庄的革命纪实》,北京出版社 1980 年版,第 710 ~ 711 页。

主义新思潮的进步学生组成，与农村地区的广大农民在思维方式和行为模式上存在一定差异。为了弥合这种差异性，更好地接近农民大众，将无产阶级的革命意识和斗争方式灌输给缺乏政治意识的农民，各地共产党员积极地深入农村地区，逐步学习用农民熟悉的语言和文字向他们传输现代的革命理念，以此获得农民的信任和拥护。从某种程度上讲，共产党在革命中组织力量的壮大是伴随着自身群众化历程的深入而取得的，这也是农民教育取得成功的重要经验之一。毛泽东在革命中不止一次强调："只有代表群众才能教育群众，只有做群众的学生才能做群众的先生。"①早在第一次国内革命战争期间，毛泽东就在广州创办的农民运动讲习班上，向各级党组织学员宣传亲近农民、教育农民的实际经验。历时两年多的广州农民运动讲习所自 1924 年 7 月至 1926 年 9 月，先后举办了 6 届，共毕业学员 772 名，他们分赴全国各地，开办地方性的农讲所，发动和组织基层农民运动，形成了革命早期共产党组织群众化历程的重要成就，对日后革命运动中的农民教育产生了深远影响。

其次，通过共产党自身思想和组织建设确保党的正确领导。共产党作为农民教育的主体，自身在思想上和组织上的建设进程直接影响农民教育过程的有效性。共产党在革命期间先后几次通过整风和整党运动，用无产阶级思想武装全党，纯洁党的组织队伍，确保农民教育的正确方向。在思想建设方面，共产党在成立之初，由于学习和宣传时间仓促，存在对马克思主义思想理论准备不足的问题。同时，随着越来越多的群众加入革命阵营，共产党处在各种非无产阶级思想的包围中。这些思想建设方面的困境是党内出现"左"、右倾错误的重要思想根源，严重妨碍共产党对农民教育的有效开展。针对这些情况，毛泽东提出："掌握思想教育，是团结全党进行伟大政治斗争的中心环节。如果这个任务不解决，党的一切政治任务是不能完成的。"②在 1942—1945 年反对主观主义、宗派主义和党八股的延安整风运动中，毛泽东先后撰写了《改造我们的学习》、《整顿党的作风》等文章，号召全党进行深刻的马克思主义思想学习，确保党在革命中坚持正确的思想领导。在组织建设方面，共产党的组织力量

① 《毛泽东选集》第三卷，人民出版社 1991 年版，第 864 页。
② 《毛泽东选集》第三卷，人民出版社 1991 年版，第 1094 页。

在革命中获得很大发展，以抗战胜利后1945年至1947年为例，全国共产党员由120万人增长到270万人。① 各级党组织队伍的迅速扩大为农民教育的逐步开展提供了有力的组织保障。但与此同时，党的基层队伍中也出现了成分不纯和作风不正的问题，影响到农民教育工作的顺利进行。从1947年开始，共产党在老解放区和半老解放区的党组织中开展了"三查"（查阶级、查思想、查作风）和"三整"（整顿思想、整顿组织、整顿作风）的整党运动，旨在纠正党内组织不纯等问题。通过整党运动，农村基层清退了一批假公济私的官僚主义分子，发展了大批贫雇农积极分子，党组织的纯洁性和纪律性得到加强，这为农民教育工作的持续开展奠定了良好的组织基础。

最后，在实际教育中发挥党员的先锋模范作用。农村基层共产党员是直接向农民进行宣传和动员的教育主体，他们在实际工作中的言行直接影响农民对共产党的认可和接受程度。"如果有一部分甚至即使是很少数的党员有不好的言行，那就会破坏党的战斗力，降低党在群众中的威望。"②因此，共产党在自身的发展中特别注重其成员阶级觉悟和先锋意识的提高，以确保各级党组织成员能够在群众运动中起到模范带头作用，赢得农民群众的信任和支持，从而使农民教育获得实效性。"共产党在日常生活中树立的榜样，同他们说的话或提出的计划有同样决定性的作用。归根结底，正是革命者表现出来的优秀道德品质——正直品德、献身精神、不辞劳苦、老老实实面对错误、接受批评以及勇于自我批评，等等——使农民们深受感动。正是因为共产党员把公众的利益摆在私人利益之上，把长远利益放在眼前利益之上，把全局利益放在局部利益之上，并且在自己的个人生活中身体力行，农民才愿意跟他们走。"③

2. 从农民实际需要出发，实施选择性动员战略

共产党在革命中对农民进行的教育动员，以农村社会中的具体农民

---

① 杨素稳、李德芬：《中国共产党农村思想政治教育史》，中国社会科学出版社2007年版，第125页。

② 《朱德选集》，人民出版社1983年版，第280页。

③ ［美］韩丁：《翻身——中国一个村庄的革命纪实》，北京出版社1980年版，第713页。

为对象。因此,从农民的实际需要出发,深入农村地区实施选择性动员战略是另一条重要的历史经验。马克思在《论犹太人问题》中曾说:"把他们连接起来的惟一纽带是自然的必然性,是需要和私人利益。"①可以说,农民最根本的物质利益正是他们的实际需要所在,也是产生革命精神的经济基础。离开农民对物质利益的实际需要空谈农民教育,不仅违背马克思主义唯物论,还会损害共产党农民教育的实际效果。近代中国农民长期处在经济条件恶劣和战乱侵扰的生存困境中,生存的需要是他们首先要面对的问题,农民作为一个有一系列必不可少的迫切需要的耕者而不是具有长远眼光的理论家②。共产党在对农民进行教育动员时,就充分认识到从农民实际需要出发关心农民实际生活,对动员群众参加革命并取得胜利意义重大。从成立初期,共产党就将带领农民改变经济环境,获得物质利益作为党的斗争目标。1925 年党的"四大"通过的《对于农民运动之议决案》中指出:"须于国民党之外,同时独立地进行本党公开的宣传和支部的工作。此项工作以各地农会中之支部为中心……务使农民渐渐知道本党是真为他们利益而奋斗的党。"③毛泽东在 1934 年第二次全国工农代表大会上进一步告诫全党:"要得到群众的拥护吗?要群众拿出他们的全力放到战线上去吗?那末,就得和群众在一起,就得去发动群众的积极性,就得关心群众的痛痒,就得真心实意地为群众谋利益,解决群众的生产和生活的问题,盐的问题,米的问题,房子的问题,衣的问题,生小孩子的问题,解决群众的一切问题。我们是这样做了么,广大群众就必定拥护我们,把革命当作他们的生命,把革命当作他们无上光荣的旗帜。"④

不仅如此,共产党在深入分析农民的实际需要时,发现中国农民作为自利的小生产者,对个人私有土地和生产资料有着天然的渴望和亲近。正如考茨基在《土地问题》中的分析:"农民是私有财产的迷信者……农民

---

① 《马克思恩格斯文集》第 1 卷,人民出版社 2009 年版,第 42 页。

② [美]詹姆斯·斯科特:《农民的道义经济学:东南亚的反叛与生存》,译林出版社 2001 年版,第 261 ~ 262 页。

③ 中央档案馆:《中共中央文件选集》第 1 册,中共中央党校出版社 1989 年版,第 358 ~ 364 页。

④ 《毛泽东选集》第一卷,人民出版社 1991 年版,第 138 ~ 139 页。

留恋自己的土地比手工业者留恋自己的孤立的作坊还要厉害。对土地的需要,随着人口的增加而增加,农民对自己的小块土地的留恋亦随之增长。"①于是,共产党发现近代农民革命最核心的问题,是农民的土地问题。只有发动根本的农村土地革命,才能满足广大农民的物质需求和经济利益,这是教育农民参加抗战的现实基础。基于对农村革命重要性的认识,共产党在农村革命根据地有步骤地扩展税收制度改革,例如减轻农民负担、减租减息、帮助农民日常生产等活动,并在适当的时候,将革命推向土地所有权的变更。这些革命措施以满足广大农民最根本的实际需要为出发点,最能引起农民的思想共鸣,从而产生巨大的激励作用。共产党从农民的实际需要出发,敏锐地觉察到农民的革命积极性与自身物质生活得到改善之间的联系。凭借对农民实际需要的正确判断,共产党不仅探索出了保障农民物质利益以有效教育动员农民的途径,还以此为基础,不断壮大自身力量,成为农民教育和民主革命的领导力量。同时,不得不指出,共产党对农民群体的教育动员不是仅仅从农民物质利益出发的,它还考虑到农民自身的生存性体验。传统农民长期生活在封建等级秩序中,受到传统道德价值的束缚,促使他们最终背离传统、接受革命的关键是共产党在革命宣传中使他们意识到自己正遭受封建专制体制的阶级压迫和外来帝国主义侵略的民族压迫,并使他们坚信能够通过追随共产党进行民主革命而彻底改变现有的生存状态,获得政治地位的极大解放。因此,共产党不仅向农民灌输现代革命理念,促使他们相信凭借自身的力量完全可以改变现存的不公正和不平等,还对农民辅以民族主义的动员。这在饱受侵略战争之苦的中国农村社会尤为重要。正如亨廷顿所说:"诉诸民族主义能动员广大民众投入政治,并为城市知识分子与农民群众的合作提供基础,这是典型的过程。"②共产党对农民教育动员的成功正是因为始终有效地关照到农民个体在经济和政治上的生存性体验,考虑到他们实际利益的需求以及各种不同的革命动因,从农村社会的核心利益出发,以土地革命作为改变农民生存状况和政治地位的重要途径,达到对农民思想意识和行为选择上的革命性塑造。

---

① [德]考茨基:《土地问题》,三联书店出版社1955年版,第157页。

② [美]亨廷顿:《变化社会中的政治秩序》,上海人民出版社2008年版,第250页。

除了对单个农民实际需求的满足之外，共产党对农村社会中不同农民阶级实施的选择性动员策略，也从另一个侧面证明共产党是凭借对中国农村和农民的深刻了解，才最终取得农民教育和民主革命的双重胜利的。从政治社会学角度来说，对教育对象的阶级分类是政治动员必不可少的基础，只有在将农民群体进行准确分类的基础上，对不同类型的农民进行不同方式的教育动员，才能达到教育农民真正投身于革命的效果。所谓选择性动员策略，是指共产党根据自身阶级性质和革命需要将农民群体划分为不同阶级，针对不同农民阶级的经济状况和革命态度，实施不尽相同的教育动员方式的策略。这种选择性动员策略不仅使农村的社会结构更加清晰，还有利于基层共产党员更简单、直接地判断农民教育实施的不同对象以及由此决定的不同策略。毛泽东在1926年《中国社会各阶级的分析》中开宗明义地指出："谁是我们的敌人？谁是我们的朋友？这个问题是革命的首要问题。"①

共产党通过这种现代革命的阶级身份、阶级利益以及阶级矛盾取代各种旧的身份、利益和矛盾，从而将农村居民划分为不同的阶级阵营。农村基层党员则根据这种阶级划分，有选择性地团结并依靠，或是孤立并斗争不同的农民阶级。在共产党将现代革命的选择性动员策略输入农村社会后，传统村庄原先以血缘和亲缘界定的关系亲疏，被不同阶级的聚合与分化所取代，"村庄的共同体特征大大削弱，被贴上不同阶级标签的村庄成员必须时刻意识到各自的阶级身份，并按照这种身份所赋予的特征行事"②。共产党通过这种选择性动员策略，一方面将农村社会划归出清晰的社会结构，获得进一步实施分类教育动员的指导方针；另一方面，在阶级分析的基础上，共产党也寻找到在农村社会所能依靠的革命力量——贫雇农阶级。贫雇农阶级在农村社会各阶级中处于底层地位，被毛泽东称为"半无产阶级"，在过去很长一段时间，他们迫于生存困境，常常卷入土匪流寇的行列，而他们身上蕴含的革命性却时常被淹没。"土匪活动的基本模式……在一些农民社会里，表现出富与穷、强与弱和统治者与被统

---

① 《毛泽东选集》第一卷，人民出版社1991年版，第3页。

② 李里峰：《"运动"中的理性人——华北土改期间各阶层的形势判断和行为选择》，《近代史研究》2008年第1期，第5页。

治者的鲜明对比……历来土匪盛行地区，往往是政治意识尚未觉醒或人们尚未找到更有效的动员方法。”①以毛泽东为代表的共产党人在土地革命中积累的斗争经验表明，缺乏生产资料、生活处于贫困中的贫雇农最易接受共产党的政治动员，因为他们无疑是共产党所领导的革命斗争中最大的获益者，往往倾向于以暴力革命的斗争方式改变自身的现实处境和农村社会的现有结构。由此决定贫雇农是共产党实施选择性动员策略的核心对象，他们的经济条件和政治地位使其自身成为共产党能够依靠并团结的对象。革命实践表明，共产党正是通过教育动员占据农村人口多数的贫雇农积极参与政治斗争和民主革命，以此来改变传统的农村社会结构和政治秩序，从而获得全国性的革命胜利。在总结共产党在革命中形成的“延安道路”时，马克·赛尔登强调了共产党在这方面的努力成效：“中共对在政治上毫无权力的乡村民众进行教育，扶助自耕农势力，动员最贫困的社会阶层。通过对权力与财富的再分配，通过新的教育政策，他们使贫困的阶层获得利益与权力。”②

3. 坚持各种灵活多样的教育方式

民主革命时期，共产党面对的教育对象是庞大而复杂的农民群体，农民中不同阶级在经济状况、文化水平、思想觉悟和接受能力等方面存在很大差距，决定了共产党在进行农民教育中必须坚持各种灵活多样的教育方式，应对不同农民群体的教育需求，以保证教育实践取得实际效果。共产党历来重视以不同方式对农民进行教育动员，毛泽东在陕甘宁边区文教工作者会议上指出：“我们必须告诉群众，自己起来同自己的文盲、迷信和不卫生的习惯作斗争……因此，在教育工作方面，不但要有集中的正规的小学、中学，而且要有分散的不正规的村学、读报组和识字组。不但要有新式学校，而且要利用旧的村塾加以改造。在艺术工作方面，不但要有话剧，而且要有秦腔和秧歌。不但要有新秦腔、新秧歌，而且要利用旧戏

① E. J. Hobsbawrn. *Prinitive Rebels: Studies in A Forms of Social Movement in the 19th and 20th Centuries.* New yorks, 1965: 23 ~ 24.

② [美]马克·赛尔登：《革命中的中国：延安道路》，社会科学文献出版社2002年版，第262页。

班，利用在秧歌队总数中占百分之九十的旧秧歌队，逐步地加以改造。"①共产党在农民教育实践中积累和总结了多种多样的教育方式，主要有：

第一，组织型教育方式。民主革命时期，共产党通过动员农民加入党组织、革命军队以及党领导的群众组织，在各种类型的政治组织和群团组织中，对农民进行阶级意识和革命斗争的教育。除了在广大农村革命根据地吸收符合党员要求的积极分子入党外，共产党所到之处积极地派出工作团或训练班，到各地动员农民群众参军、参战，将农民纳入无产阶级军队中，在系统规范的军队组织中对其进行进一步的思想政治教育。随着农村革命根据地的建立和壮大，中国共产党还在农村地区建立了一系列群众组织，如农、青、妇、儿童团等群众团体，协助自己的教育动员工作。不同类型的群众组织不仅协助共产党深入农村地区开展农民教育活动，还在选拔和吸收农民成员时，对其进行全方位的教育和训练。来自达格芬在《华北战争》中的数据表明，革命战争期间共产党领导的群众组织力量日渐壮大（见表2-1），集中反映出共产党组织型教育方式的成效。共产党通过组织型教育方式，将长期处于分散状态的农民群体纳入共产党领导的政治组织中，促使农民群体逐步摆脱对传统家族势力和宗族庇护的依附，从而树立起对国家和民族现代意义上的新的政治认同。

表2-1　1942年人民参加群众组织的数字②（单位：人）

群众组织	晋察冀	晋冀鲁豫	晋绥	山东
农会	875 761	1 970 001	215 000	1 070 000
工会	243 682	123 625	55 000	200 000
青年会	280 954	273 960	70 000	400 000
妇女会	710 535	834 673	87 000	500 000
儿童团	628 871	1 070 000	24 264	238 367

第二，基层参与型教育方式。马克思曾说过，"最容易理解的语言是农民阶级在行使选举权时所获得的经验本身"③。共产党对农民群体的

---

① 《毛泽东选集》第三卷，人民出版社1991年版，第1011～1012页。

② ［瑞典］达格芬·嘉图：《走向革命——华北的战争、社会变革和中国共产党1937—1945》，中共党史资料出版社1987年版，第113页。

③ 《马克思恩格斯选集》第1卷，人民出版社1995年版，第456页。

教育借助鼓励农民参与基层政权建设这一途径，在实际的政治过程中实现对农民的启发和动员。国内革命战争期间，共产党人就以有效的社会动员手段，发动大批的农民汇入革命洪流，并在解放区建立大量以贫苦农民为主体的农会，发动农民参与各类政治事务。随后，在共产党建立的农村革命根据地，组织基层民主选举成为对农民进行政治教育的重要途径。以晋察冀边区的民主选举为例，1938 年晋察冀的选举起步缓慢，参加选举的人数不超过合格选民的 40% ~50%。原因主要在于传统农民缺乏积极参与公共事务的政治意识和政治能力。共产党针对这一情况，组织工作队深入农户家中，运用通俗易懂的大众化语言，鼓励农民摆脱封建等级思想的束缚，强化自我意识的觉醒。两年后，参加选举的农民人数上升到合格选民的 70%①，个别地区甚至达到 90% ~99%。截至 1941 年，晋察冀和晋冀鲁豫的选举是在绝大多数村民中进行的，大约有 75% ~90% 的选民参加了投票。② 在教育动员农民群体参加根据地民主选举中，共产党采用简单易行的选举办法，其中较为普遍的是投豆选举，即把豆子投在位于每个候选人身后的篮子（或碗）里③。组织目不识丁的农民进行新颖和高效率的民主选举，需要及时地创造这种贴近农民的教育方法。在革命根据地进行民主选举无疑是对旧有政治秩序的重大冲击，这种对农民政治选举权的落实，不仅确保了农民享受到前所未有的民主权利，使他们获得了对共产党代表的新的政治权威的感性认识和心理认同，而且还能在具体的基层民主实践中，对农民进行最直接的民主政治教育，使他们获得参与新生政权建设的参政意识和政治能力。

第三，阵地宣传型教育方式。民主革命时期，除了正面战场的战争对抗之外，在敌后通过重大节庆、演说会等各种宣传方式，以及利用报刊杂志等新闻媒体，争夺对农民进行教育的宣传阵地，即阵地宣传型教育方式，是共产党探索出的一条行之有效的教育经验。阵地宣传型教育方式主要体现在以下几个方面：一是利用民间节庆组织动员集会。共产党充分考虑农村地区的乡土风俗，在民间重大节庆期间，组织党员到街头举行

---

① 慕伊：《晋察冀解放区的民主建设》，《解放日报》1944 年 7 月 15 日。
② 丁玲：《中国敌后抗日民主根据地的概况》，新华社 1944 年版，第 36 页。
③ 董必武：《中国解放区实录》，合作出版社 1946 年版，第 22 页。

群众集会,激发农民群众的革命热情。二是利用庙会和集市开办动员演说会。共产党邀请农村社会中倾向于革命的本土人士,在定期举行的庙会和集市上,发表各类抗战和拥军演说,号召农民群众奋起加入抗战。三是出版各类报刊杂志,宣传党的抗战方针和农村政策。共产党进行集中宣传的主要报纸有:延安根据地的《解放日报》、华北敌后的《新华日报》和《抗敌报》(后于1940年改名为《晋察冀日报》)以及3天1版的《战友报》。以《新华日报》为例,它创刊于1939年1月,在许多根据地发行,每日销量达到3万份。① "大量报纸的出版并非与教育无关,它使人民知悉现代的发展,有助于群众在军事、政治和经济都珍重加强团结和增强目的性,开阔他们的眼界,塑造他们的意识。"②同时,共产党在抗日根据地还创造出地方墙报、街头板报以及简明扼要的标语和宣传画等各种平民化的教育方式,向农民逐步灌输共产党的基层政策和新的道德要求。这些相对通俗易懂的宣传形式,适应调动文化程度不高的农村群众积极性的需要,更易于被他们理解和接受,成为鼓舞根据地农民参与革命斗争的精神食粮。共产党阵地宣传型教育方式是在革命实践中逐渐总结并完善的动员形式,多样化的宣传途径潜移默化地影响和教育农村居民,因为:"对一个传统社会的稳定来说,印刷品和言论比军队和坦克推进得更快、更深入。"③

第四,文化教育型教育方式。共产党还特别注重对农民进行文化素质教育,列宁在俄国十月革命胜利后说:"文盲是处在政治之外的,必然先教他们识字。不识字就不可能有政治,不识字只能有流言蜚语、谎话偏见,而没有政治。"④通过开办夜校、冬学等文化教育形式,将文化教育与政治教育相结合,这是共产党革命时期农民教育方式的一大特点。文化教育型教育方式,不仅能使农民摆脱文盲的被动地位,为共产党的现代政

---

① [日]秋吉久纪夫:《华北根据地的文学运动》,东京大学出版社1976年版,第170页。

② 人民教育社编:《老解放区教育工作经验片断》第1辑,上海教育出版社1958年版,第122页。

③ [美]亨廷顿:《变化社会中的政治秩序》,上海人民出版社2008年版,第129页。

④ 《列宁全集》第42卷下,人民出版社1987年版,第200页。

治教育奠定文化基础，还能将教育与实际生产斗争相结合，帮助农民在生产和生活中获得应有的知识和技能。以陕甘宁边区为例，共产党在边区推行的冬学运动不论是教学形式还是组织方式都不拘一格，尽量采取更易于农民接受的教育方式，创造性地发明启发式教学法、故事教学法、歌谣教学法、形象教学法、诉苦教学法等等，这些都是共产党在农民教育实践中总结出来深受农民喜爱的教学方式。① 同时，针对农民居住分散以及农忙时节农耕任务繁重的特点，共产党随时调整文化教育的具体安排，力求不误农、不误时。“农民白天忙，夜间闲就组织他们上夜校。妇女中午闲，就为她们办午校。冬季农闲，就开展冬学运动。雨天农民不能干活，就进行‘雨天教育’，集中学习；在集体生产的场合，就利用休息时间读报、讲时事和各地生产情况与经验。”②以 1944 年为例，陕甘宁边区共创办了 3 470 所冬学，参加人数为 50 000 多人；1939 年晋察冀边区冬学 5 379 所，参加人数 390 495 人（具体数据见表 2-2）。共产党对农民文化教育型的教育方式不仅提高了农民的文化素质，改造了他们旧有的思维方式和行为习惯，推广了农业生产和卫生保健的基本常识。更重要的是在文化教育中，向广大农民灌输现代的民族意识和国家观念，争取农民大众对共产党所领导政权的最大限度的认同。

表 2-2　陕甘宁边区社会教育实施情况表③　　（单位：人）

年　份		1937	1938	1939	1940	1941
识字小组	组数			3 852	3 580	1 973
	人数			24 107	23 725	12 259
夜校	校数		599	535	545	505
	人数		8 245	8 086	8 706	7 907

① 董纯才：《中国革命根据地教育史》第 2 卷，教育科学出版社 1991 年版，第 225～228 页。

② 教育科学研究所筹备处：《老解放区教育资料选编》，人民教育出版社 1959 年版，第 58 页。

③ 《陕甘宁边区教育资料·社会教育部分》上册，教育科学出版社（内部资料）1981 年版，第 144 页。

续表

年份		1937	1938	1939	1940	1941
半日校	校数		236	202	379	393
	人数		3 994	3 323	5 823	5 990
冬学	校数	382	723	643	965	659
	人数	10 337	12 824	17 750	21 689	20 915

第五，文娱鼓动型教育方式。共产党在深入农村地区对农民的教育实践中，同样注重在日常生产和生活中，利用农民群众喜闻乐见的文化娱乐形式向他们进行政治宣传和灌输新的道德思想。毛泽东在《在延安文艺座谈会上的讲话》中总结了这种文娱鼓动型的教育方式："文艺就把这种日常的现象集中起来，把其中的矛盾和斗争典型化，造成文学作品或艺术作品，就能使人民群众惊醒起来，感奋起来，推动人民群众走向团结和斗争，实行改造自己的环境。"①戏剧是中国传统的艺术形式，深受广大农民喜爱，在基层农村宣传实践中，共产党总结规律，认为戏剧是社教的最好工具，不论抗战动员，改良社会风俗，提高教育，它都是有力的宣传武器。这些常见的艺术形式注重对于新道德、新风尚的肯定和颂扬，同时也批判封建主义的道德和行为："积极生产、公而忘私、勤劳持家以及孝敬老人、爱护儿童都成为抗日根据地农村宣传和戏乐活动所要弘扬的主题。相应地，二流子懒汉、为富不仁者、吸食鸦片者、不孝敬父母者、虐待儿童和妇女者等不良人，都成为讽刺、抨击的对象。"②以戏曲为代表的大众文娱形式以其生动的表现形式和浓厚的感染力引起农民群众的强烈共鸣，在思想上深刻地影响农民，收到非常好的动员效果。红军剧社在革命根据地进行的宣传和教育活动成果显著，这给来延安采访的美国记者斯诺留下深刻印象："在共产主义运动中，没有比红军剧社更有力的宣传武器了，也没有更巧妙的武器了。""这些剧团使我奇怪的不是他们向世界提供什么有艺术价值的东西，显然他们没有，而是他们设备这么简陋，可是却能满足真正的社会需要。""使他们（农民——笔者注）意识到自己在社会

① 《毛泽东选集》第三卷，人民出版社 1991 年版，第 861 页。

② 张鸣：《乡村社会权利和文化结构的变迁（1903—1953）》，广西人民出版社 2001 年版，第 216 页。

中的责任，唤起他们的人权意识……这是中国农村中的新气象——而斗争，为共产党心目中的具有正义、平等、自由、人类尊严的生活而斗争。”①

以毛泽东为领导核心的中国共产党凭借其对中国社会的深刻理解和对农民问题正确的解决方式，赢得革命的最终胜利，并在此基础上建立了无产阶级国家。革命中对农民成功的动员与教育，成为共产党取得革命胜利的有力保障，也为共产党在新的国家政权中继续教育农民提供了合法性基础和经验借鉴。一方面，这些成功的农民教育经验使共产党得以在相对坚实的群众基础中确立其政治领导地位，并在新的国家中继续巩固和农民之间的紧密联系。许多研究中国近代史的国外学者也不得不承认，共产党在革命中对农民颇为有效的动员与教育是革命获得成功的重要保证。正如莫里斯的结论：“党的干部却活跃在全国农村的许多地区。他们在政治上得到了数以千万计的农民的支持，并在敌后战线成功地组织了许多游击战争。在抗战期间，正是农民的支持，才使得遍布全国的共产党的政治力量和军事力量不断增强。事实证明，在1946年再次全面爆发的国共内战中，共产党之所以最终能获得胜利，其决定因素，仍然是他们获得了广大农民的支持。”②这种坚定的支持是经由共产党对农民细致耐心的说服教育达成的。

另一方面，这些成功经验也使共产党相信通过对农民群众的思想政治教育，可以解决新生国家中很多经济、政治方面的现实问题；还会使共产党从主观上相信，意识形态的塑造力量能够对上层建筑，甚至是生产关系产生积极有效的改造作用，最终导致带有明显空想主义色彩的社会主义教育运动的产生。中国共产党通过革命的方式证明自己成为引领中国发展的合格的领导者，但在建国后的社会主义建设时期，共产党作为新的国家的建设者，遭遇到来自各个方面的挑战，特别是在农村社会中，对农民的教育与引导集中反映出共产党在国家建设方向和社会主义建设道路选择上的徘徊与探索。在建国之后农民教育的探索与实践中，共产党将革命传统继续运用于农民教育过程中，结果导致与农民本身意愿相违背

---

① [美]埃德加·斯诺：《西行漫记》，三联书店出版社1979年版，第99～101页。

② [美]莫里斯·迈斯纳：《毛泽东的中国及后毛泽东的中国》，四川人民出版社1989年版，第51页。

的教育过程，产生了农民教育的不良效果。

二、建国以来中国共产党农民教育的历史经验

中国共产党历来重视农民在革命和建设中的重要作用，由此决定了共产党对农民教育问题的思考与探索，从革命时期一直延续至建国以后从未间断过。1949年以来，共产党与农民之间的关系经历了复杂而富于变化的历程，具体反映在农民教育进程上，主要分为3个时期：第一个时期是建国初期（1949—1956年），共产党由革命性政党转型为执政党，借由逐步向基层农村延伸的党组织以及随之建立的基层国家政权，将广大农民组织在现代政治体系当中。共产党通过土地改革、抗美援朝、镇反运动等一系列政治活动，不仅使农民在经济上获得解放，消灭封建剥削制度，重新建构了农村地区的经济社会结构；还使农民在政治上翻了身，不再是封建社会中受制于传统宗族观念、政治上无所作为的群体，成为具有现代阶级意识和政治观念的国家公民。这一时期农民教育的主要特点是破旧立新，共产党基本延续民主革命时期教育农民的理念与方式，坚持通过深入农村的政治动员活动以及缜密有效的动员策略和技术，帮助农民从思想意识到行为选择上，摆脱传统封建势力的影响和控制，建立起对共产党所代表的新生国家政权的认同和支持，使他们由地方性的居民转变为现代政治体系中的政治人。第二个时期是社会主义探索时期（1957—1977年），社会主义三大改造完成后，共产党及其领导的人民政府以建设社会主义为奋斗目标，从而确立了将农民组织起来，走农业集体化发展道路的教育目标。这一时期农民教育的主要特点是以意识形态的全能控制为主，通过前后相继的政治运动进行全民动员，以政治化方式组织生产、管理社会，将农民塑造成理想中的“社会主义新人”。当然，共产党在“继续革命”逻辑指导下对农民进行的“嵌入式”教育和塑造，由于越来越脱离农村的经济发展规律和农民的实际利益需求，逐渐蒙上了主观主义的空想阴影，最终难免遭遇“文化大革命”这一极端的教育结果。不可否认的是，与后来改革开放后进行的农村文化建设和精神生活相比，很多史料都表明，集体化时代的农民教育虽然在指导思想和教育方式上存

在诸多不合理的做法，但是人民公社作为中国共产党对农民集体化道路的一种探索，在一定意义上却为农民建构了一套独特的生活价值和意义体系，使他们获得精神上的寄托和依靠，这一点在总结农民教育经验中值得进一步辩证地分析和汲取。第三个时期是改革开放时期（1978 年至今），中国共产党根据建国以来社会主义建设正反两方面的经验，重新思考社会主义的内涵和本质，确立了改革开放的发展思路。由此决定，对农民的教育也回归到在理性化和制度化的框架内进行。这一时期农民教育的主要特点是共产党开始探索较为灵活多元的教育方式，借由一系列促进农村改革和农民发展的方针政策，以帮助农民增收致富为教育目标，在多个层面开展农民教育活动。改革开放以来，共产党逐步收缩延伸至农村基层社会的直接管理机构，转而以村党支部和基层群众自治组织来对农民进行管理和教育，促使农民教育朝向现代化、科学化的方向发展。回顾新中国成立 60 年以来共产党不同历史时期的农民教育历程，从中吸取教育农民的经验教训，并将这些结合不同时期教育实践的历史经验上升到客观规律的高度，对我们思考当代中国农民教育问题，具有积极的借鉴意义。

（一）准确把握共产党在农民教育中的角色定位

不论是民主革命时期，还是建国以后的社会主义建设时期，以及改革开放的新时期，中国共产党一直是农民教育的主体力量。由思想政治教育理论可知，思想政治教育主体能动性的强弱，决定着思想政治教育主体作用发挥的程度，决定着思想政治教育的功能和效率，决定着思想政治教育主体的角色形象。① 因此，教育主体自身的正确定位和合理运作是影响教育过程的重要因素：若教育主体能够根据教育对象的变化而对教育实践做出适当的调整和优化，就会推进教育过程朝向健康良性的方向发展；然而，倘若教育主体自身教育理念和教育行为出现偏差，则会对教育过程产生极为不利的影响。建国以来共产党农民教育的历史实践也充分表明，确保共产党在农民教育中正确的角色定位是农民教育获得成功的首

① 张耀灿：《现代思想政治教育学》，人民出版社 2001 年版，第 148 页。

要经验。

1. 思想上始终重视农民教育的重要作用

中国共产党在早期发展中就十分重视农民教育的重要作用，民主革命时期正是凭借对农民卓有成效的教育动员，才取得革命的最终胜利。新中国成立以来的农民教育实践表明，共产党在思想上始终重视农民教育的重要作用，这是确保其在农民教育中正确定位的基本出发点。在共产党的发展史上，“生命线”一直被用来表述思想政治工作在党的事业中的重要地位。毛泽东指出：“掌握思想教育，是团结全党进行伟大政治斗争的中心环节。如果这个任务不能解决，党的一切政治任务是不能完成的。”①新中国成立后，共产党的历届领导人都十分重视农民教育的重要作用，毛泽东在论及政治工作与经济工作的关系时提出：“政治工作是一切经济工作的生命线。”②不仅如此，由于历史与现实的双重原因，中国广大农民的综合素质存在很大局限性，这不仅严重制约农业生产发展和农村社会建设，还会影响中国整体现代化发展的水平。邓小平在全国科学大会开幕式上的讲话中提出：“劳动者只有具备较高的科学文化水平，丰富的生产经验，先进的劳动技能，才能在现代化的生产中发挥更大的作用。”③因此，始终重视对农民全方位的教育是共产党农民教育取得成效的重要经验，正是凭借在思想上对农民教育的重视，共产党才得以正确定位自身的教育主体角色。

同时，教育实践表明我们还需要辩证地看待和解读农民教育的作用。自民主革命以来，对农民的教育与动员始终是共产党认识和解决农村与农民问题的重要方式之一，其所代表的是共产党在思想意识建设方面的一项重要工作，必须为不同历史时期共产党的中心任务服务，紧紧围绕不同时空条件下党确立的中心任务展开。因此，在重视农民教育重要作用的同时，既不能夸大农民教育的客观作用，形成农民“教育万能论”的观点；也不能忽视思想教育对党的各项农村工作能动的反作用，形成“取消”或“淡化”农民教育的观点。建国后，在土地改革和三大改造顺利完成后，

① 《毛泽东选集》第三卷，人民出版社 1991 年版，第 1094 页。

② 《建国以来毛泽东文稿》第五册，中央文献出版 1991 年版，第 497 页。

③ 《邓小平文选》第二卷，人民出版社 1994 年版，第 88 页。

共产党党内领导层对当时的中国是否能够直接过渡到社会主义建设阶段存在不同意见，最终以毛泽东为代表的意见取得胜利，他认为可以通过激发农民生产积极性和树立新道德追求的教育实践来实现对农民的全新塑造，进而取得农业生产和现代化建设的进步。这一时期对农民教育作用重要性的认识与运用存在“左”的倾向，夸大了作为上层建筑的思想意识对社会发展的反作用，违背农民教育的客观规律，反而损害了共产党农民教育工作的科学性和有效性。改革开放以来，由于农村社会条件和农民思想意识的变化，农民教育的重要作用遇到新的挑战。共产党在新的历史条件下仍然坚持农民教育的重要地位，邓小平在全国教育工作会议上指出：“忽视教育的领导者，是缺乏远见的、不成熟的领导者，就领导不了现代化建设。各级领导要像抓好经济工作那样抓好教育工作。”①随后，《中共中央关于加强和改进思想政治工作的若干意见》提出：“我们党领导革命和建设的全部历史证明，掌握思想教育，是团结全党进行伟大政治斗争的中心环节。”②针对进入改革开放新时期出现的新问题，江泽民在中央思想政治工作会议上指出：“党的思想政治工作，是经济工作和其他一切工作的生命线……是我们党和社会主义国家的重要政治优势……已被党的全部历史和全部经验所证明。”③历任领导人对农民教育的重视，是共产党不同时期农民教育工作顺利开展，并取得良好效果的思想基础。

由上可知，共产党在思想上始终重视农民教育的重要作用，是确保共产党在农民教育中正确角色定位的认识前提。只有认识到农民教育的重要作用，始终坚持对农民进行教育和引导，才能确保共产党在农民教育中的主体地位。

2. 注重作为教育主体的共产党的自身建设

作为农民教育主体，共产党在农民教育中的正确定位还得益于注重对自身的建设。1949 年前，共产党领导全国人民取得民主革命的胜利，不仅成为包括农民在内的全体国民利益的代表者，还因此具有执政合法性，获得了很大的政治运作空间。在新生政权中，“强大的政党组织是唯一能

① 《邓小平文选》第三卷，人民出版社 1993 年版，第 121 页。
② 《十五大以来重要文献选编》中，人民出版社 2001 年版，第 1036 页。
③ 《江泽民文选》第三卷，人民出版社 2006 年版，第 74 页。

最终排除腐化型的或普力夺型的或群众型的社会动乱的选择……是合法性和权威性的源泉。政党是合法性的根基,因为它是国家主权、人民意志或无产阶级专政的制度化身”①。因此,作为执政党,共产党自身建设的努力直接影响到教育农民以获得新的政治权威和政治秩序的实际效果。

建国后,共产党的党组织随着基层国家政权的建立逐步向农村地区延伸,承担着领导农民群众进行现代化建设,并在建设中教育和组织农民的主体责任,这就要求共产党在思想和组织方面不断完善自身的现代建构。一方面,共产党始终注重在思想理论上的建设和创新,坚持以发展着的马克思主义为指导,不仅为促进农村进步和农民发展提供正确有力的指导思想,还根据变化着的社会环境和历史条件,以最新的理论成果来武装全党。早在抗日战争时期,毛泽东就提出:“马克思列宁主义这个最好的真理,作为解放我们民族的最好的武器,而中国共产党则是拿起这个武器的倡导者、宣传者和组织者。”②这说明,共产党在思想上的建设注重从马克思主义方法论出发,理论联系实际,以发展中的理论作为完善自身的武器。建国以来,共产党农民教育正反两方面的经验对比也告诉我们,坚持马克思主义科学的理论原则,从农村和农民的实际情况出发,制定符合社会发展现实的指导思想和具体政策,对共产党农民教育工作的顺利展开极端重要。通观共产党农民教育指导思想的发展历程,不难发现这样一个带有规律性的认识:凡是党能够从农村社会和农民个体现实出发,思考并形成相应的农民教育指导思想时,农民教育实践过程就比较顺利,能够取得较好的教育成效;凡是党脱离农村社会现实和农民个体需要,违背实事求是的指导原则时,农民教育实践过程就会遭遇挫折。前者可以从改革开放以来,以满足农民实际利益为出发点的农民教育的成功实践中得到说明,后者的典型例证则是“文化大革命”时期共产党农民教育工作遭受的全面破坏。另一方面,共产党始终重视自身组织建设,以良好的政党形象在农民教育中起到先锋模范作用。民主革命时期,共产党就是以一种现代政治精英的整体形象介入农村社会,主动担负起了教育与动员农民的政治责任。共产党本身这种致力于砸碎旧世界、建立新世界的整

---

① [美]亨廷顿:《变化社会中的政治秩序》,上海人民出版社2008年版,第69页。

② 《毛泽东选集》第三卷,人民出版社1991年版,第796页。

体形象是通过各级党组织中每一位党员的言行而具体展现的。特别是农村基层党组织是代表党和政府在农村中实施农民教育工作的直接主体，他们所拥有的政治抱负、远大理想以及体现出现代政治力量的组织性和纪律性，成为农民教育无形的榜样力量。邓小平在建国后指出："党的基层组织是党联系广大群众的基本纽带，经常检查和改进基层组织的工作，是党的领导机关的重要政治任务……一切直接领导基层组织的党委员会，应当根据党章，在基层组织中普遍地进行教育，并且得出改进对于基层组织的领导的必要的结论。"①在建国后不同的历史时期，共产党始终重视自身组织建设，重视对每一位党员干部的教育和规范，以确保党在农民教育中的主体地位。正是共产党对自身组织力量进行现代建构的重视，才使得共产党组织在经历社会主义建设的曲折之后，仍然能够凭借自身的纠错能力回到社会主义建设和农民教育的正确轨道上来。

3. 合理界定共产党的教育责任

合理界定共产党在农民教育中的责任，是正确定位共产党农民教育主体角色的重要环节。共产党作为外在于传统乡土社会的政治力量，将现代的发展逻辑和社会规则引入农村地区，通过革命斗争和社会建设等一系列现代化行动，将农民塑造成具有现代意识、政治觉悟和新的道德追求的国家公民。在农民教育的整个历程中，"中国共产党领导的底层政治动员，打通了历史以来国家和民众上下分立的隔绝机制，将最广大的底层农民群众动员到现代政治体系中来，使得自上而下的行政机制能够全面深入地向传统的乡土社会渗透"②。从某种意义上讲，共产党作为教育主体所承担的教育责任不仅将传统的中国农民引入了现代化的发展轨道，还在现代国家体系与普通农民之间建立起前所未有的密切联系，这些教育努力都使农民群体的现代化与政治化成为可能。

回顾建国以来共产党农民教育的历史进程，我们不难发现一条基本经验，即对共产党的教育责任做合理的界定，既要避免党的农民教育工作超出思想教育领域范畴，压倒甚至取代农村中其他一切工作的正常进行；

① 《邓小平文选》第一卷，人民出版社1994年版，第253页。

② 徐勇：《"行政下乡"：动员、任务与命令——现代国家向乡土社会渗透的行政机制》，《华中师范大学学报》2007年第9期，第2～8页。

又要避免忽视党对农民的教育责任，造成农民教育工作出现虚化倾向。建国初期，共产党利用革命胜利后所拥有的巨大的政治空间，成为人民利益的代表和合法执政的化身，从而具备了更强大的感召能力和执政自主性。凭借已有的政治优势，共产党当之无愧地承担起对农民进行继续教育的主体角色，趁势借由延伸至农村基层的党组织开展一系列严密有效的农民教育活动。相关历史资料表明，这一时期共产党的农民教育实践富有成效，不仅重新建构了农村社会结构和政治秩序，使农民由传统宗族格局中的被动角色转变为现代国家体系中能动的个体，还将政党的意志灌输到农村社会，在政党与农民大众之间建立起稳固的政治联盟，获得后者对前者的认同和支持。建国初期正面的农民教育例证说明了合理界定共产党的教育责任对农民教育顺利进行所产生的积极效应。然而，随后的教育历史从反面印证了亨廷顿的分析："政党的功能在于组织参与、综合不同利益、充当社会势力和政府之间的桥梁。在履行这些功能时，政党必然反映政治的逻辑而非效率的逻辑。"①由于民主革命时期和建国初期农民教育取得成功后产生的惯性思维以及在社会主义改造完成后共产党人对社会主义本质认识的偏差，1957 年后开始的社会主义探索时期，共产党逐步超越原先合理的教育责任边界，认为通过对农民思想上的教育与塑造，能够克服现有生产条件的一切不足，通过农业集体化道路取得社会主义现代化跨越式发展。这种对共产党教育责任边界的夸大实际上曲解了农民教育的实际意义，其教育后果是共产党不仅以政治教育的方式在经济上统一安排农业生产，一丝不苟地贯彻上级的规定和命令，还通过政治组织的方式，统一安排全体农民的政治学习和闲暇时光，最终导致农民教育越来越偏离健康合理的轨道。这一时期全面政治化的教育模式，不仅未能对农民起到积极良好的引导作用，还使农村工作和农民生活一度陷入停滞发展的困境，形成农民教育的负面教训。对比正反两方面经验，我们认为共产党合理和理性地界定自身在农民教育中的责任，是正确定位自身教育主体角色，并取得农民教育成功的关键因素。

---

① [美]亨廷顿:《变化社会中的政治秩序》，上海人民出版社 2008 年版，第 70 页。

（二）依据环境变化，适时调整农民教育的目标、内容及方式

建国60年以来，不论是国内外发展环境，还是共产党对宏观环境的判断和把握；不论是国家政治经济体制，还是国民生产生活水平；不论是农村经济社会结构，还是农民的整体素质，都发生了非常显著的变化。不断变化的外部环境，给共产党农民教育工作带来前所未有的挑战和机遇。共产党依据环境的变化，适时地调整农民教育的目标、内容和方式，是其农民教育工作保持活力的重要经验之一。

1. 根据外部环境的变化，及时调整农民教育目标

共产党不同阶段的农民教育目标服务于党在不同时期的中心任务，随着外部环境和自身地位的改变，共产党的中心任务自民主革命时期到建国初期，再到改革开放时期，前后经历较大的变化，由此决定了共产党也在不断调整农民教育目标，以适应不同时期的教育需求。建国初期，共产党由革命性政党向执政党转变，其中心任务也由领导革命斗争取得胜利转变为领导全国人民进行国家的全面建设。基于变化着的外部环境，共产党农民教育的目标也由促使农民革命化向促使农民政治化的方向转变。这一时期，共产党的中心任务主要是从经济、政治、文化等各个方面建立并巩固新生国家政权。就农民教育目标而言，共产党期望通过诸如土地改革、政权建设等政治运动将原本游离于政治体系之外的中国农民整合到国家基层体系中，“运动可以把中央政府的经济、社会、文化改造目标嵌入基层社会，把基础社会发展成民族……国家的一分子，使原来相对独立的社区的人民变成国家的‘政治公民’，使之成为国家机体的‘细胞’，执行国家的功能”①。共产党在建国前后根据外部环境的变化，及时调整农民教育目标，以建设的思路取代革命的逻辑，以社会主义全新的政治准则和道德规范来教育和塑造农民群体，使他们感受到自身力量。这种教育目标的转换反映了国家建设和社会发展的实际需求，体现出共产党制定农民教育目标的客观性和科学性。紧接着进入1957年，党和政府内部在短暂的分歧和争论后，确立直接向社会主义过渡的建设目标，由此

① 王铭铭、王期福：《乡村社会的秩序、公约、权威》，中国政法大学出版社1997年版，第74页。

决定农民教育目标也由单纯的农民政治化转向更为具体的农民集体化方向。共产党根据政党本身具有的阶级性质和民主革命时期的局部执政经验,认为只有将农民组织起来,走上农业集体化发展道路,才能确保农村经济社会的发展以及农民在思想与行为上更符合“社会主义新人”的标准。

将这两个时期共产党确立的农民教育目标做一对比和总结,不难发现,共产党农民教育目标的制定体现出两个显著的特点:其一,共产党制定农民教育目标,是从党和国家整体发展角度出发,将教育农民作为巩固政权或是发展经济的重要途径,带有明显的“工具论”色彩。从教育学理论可知,教育本身具有双重功能,一方面体现出外部社会环境对教育对象的要求,即教育需符合社会发展的需求,是一种社会化目标的实现;另一方面体现出教育对象个体的发展与提升,即教育需符合个体全面发展的需求,是一种个性化目标的实现。这一时期党的农民教育目标缺乏对农民个体需求的关照,这是时代发展的局限性。其二,基于政党本身的立场和逻辑,共产党制定农民教育目标,多是从政治角度出发,强调农民教育目标的政治化标准,即以家庭出身和政治态度作为教育农民的主要依据。然而,单就教育对象农民群体来讲,不仅在群体类型上具有多层次性,而且单一群体在教育需求上也存在多样性。同时,共产党在领导国家进行社会主义建设时,越来越发现其承担的不仅仅是局限于政治方面的建设责任,还涉及经济、文化和社会等多个层面,对农民教育的目标也提出了更多层次的要求。改革开放以来,共产党原先单一、工具化的农民教育目标遇到越来越多的现实挑战。依据改革带来的环境变化,共产党对农民教育目标做出新的调整和界定,确立了农民现代化的教育目标。邓小平在改革之初就表示:“我们定的目标是在本世纪末实现四个现代化。我们的概念与西方不同,我姑且用个新说法,叫做‘中国式的四个现代化’。”①具体到农民教育目标上,体现为:“要教育我们的后代有理想,有道德,讲礼貌,守纪律,要艰苦奋斗。我们国家的每个人包括娃娃都要有爱国主义

① 中共中央文献研究室:《邓小平思想年谱(1975—1997)》,中央文献出版社1998年版,第111页。

精神，有民族自尊心，这与实现四个现代化是密切相联的。”①这一转变说明共产党农民教育的目标结合党和国家与农民群体两方面的需求，从更丰富的层面上加以界定，具有鲜明的时代特色。

2. 为适应社会发展需要，对农民教育内容进行适当拓展

共产党开展农民教育的内容，随着所处社会环境发生变化，以及由此导致的农民教育目标的转变，也进行相应的拓展，呈现出与时俱进的发展特点。建国之后，农民群体由战争年代共产党可靠的革命同盟军转变为新的历史条件下国家社会主义事业的建设者。原先基于战争需要，共产党对农民进行的教育主要集中在激发其革命斗志的阶级意识教育和应对实际作战的军事理论与技能教育方面，这些切合战争实际的教育内容，促使广大农民摆脱传统观念中对政治和战争的疏离与恐惧，投身到共产党所领导的民主革命中。进入社会主义建设阶段，战争年代的教育内容已经逐渐显现出与社会发展不相符合的趋势，共产党果断地对新的发展形势做出正确的估计和判断，毛泽东在 1949 年发表的《论人民民主专政》中提出：“严重的问题是教育农民。农民的经济是分散的，根据苏联的经验，需要很长的时间和细心的工作，才能做到农业社会化。”②随着民主革命任务的完成和国民经济的恢复，党的工作中心开始转移到社会主义改造和建设上来，由此决定共产党对农民进行教育的内容将转换为社会主义教育。毛泽东认为：“政治工作的基本任务是向农民群众不断地灌输社会主义思想，批评资本主义倾向。”“富裕农民中的资本主义倾向是严重的。只要我们在合作化运动中，乃至以后一个很长的时期内，稍微放松了对农民的政治工作，资本主义倾向就会泛滥起来。”③对农民进行社会主义教育的内容主要涉及消除小农思想和意识，加强集体主义教育以及树立社会主义新的道德风尚的教育，这些全新的教育内容反映出共产党根据外部环境和农民教育目标的转变，紧紧围绕社会主义建设时期的中心任务，及时转变并拓展农民教育内容，保证党在农村各项事业的顺利开展。

---

① 中共中央文献研究室：《邓小平思想年谱（1975—1997）》，中央文献出版社 1998 年版，第 215 页。

② 《毛泽东选集》第四卷，人民出版社 1991 年版，第 1477 页。

③ 《建国以来毛泽东文稿》第五册，中央文献出版社 1991 年版，第 503、505 页。

改革开放之后，随着党和政府以市场化为导向的经济体制改革的推进，单从政治思想和道德意识两方面对农民教育内容作出要求，已经越来越不能满足社会经济发展和农民自身全面发展的需求。针对这一情况，共产党及时地对农民教育内容进行了又一次拓展。1986 年中共十二届六中全会《关于社会主义精神文明建设指导方针的决议》提出："精神文明建设，包括思想道德建设和教育科学文化建设两方面，渗透在整个物质文明建设之中，体现在经济、政治、文化、社会生活的各个方面。"这表明，在市场经济条件下，共产党极大地丰富了农民教育内容，不仅对政治思想和道德意识做出细化的阐释，提出了包括爱国主义、集体主义、社会主义在内的世界观、人生观和价值观的教育，以及为经济建设和社会发展服务的文化知识和科学技能教育，还拓展性地提出了现代市场经济意识、法制意识和道德规范等教育内容。这些拓展性教育内容的提出不仅适应社会发展的需要，体现出共产党农民教育内容的良性发展，还为农村社会经济发展奠定了坚实的人力和思想基础。2003 年《国务院关于进一步加强农村教育工作的决定》明确指出，要以农民培训为重点，开展农村成人教育，促进农业增效、农民增收；并规定普遍开展农村实用技术培训，计划每年培训农民超过 1 亿人次。这些政策举措从农民教育工作的实际运行入手，清晰地界定农民教育发展的侧重内容，并量化农民教育发展的具体指标，对新时期农民教育工作的开展提供了较为科学理性的政策范本。同时，回顾建国以来共产党农民教育的历程，我们还认识到一个基本的规律，即由于共产党具有执政党的地位及其自身的阶级性质，不论处在任何历史时期，党始终重视对农民进行政治意识教育，主要是对共产党领导的社会主义制度的认同和拥护。邓小平在改革开放之后一直强调："我们要建设的社会主义国家，不但要有高度的物质文明，而且要有高度的精神文明。所谓精神文明，不但是指教育、科学、文化（这是完全必要的），而且是指共产主义的思想、理想、信念、道德、纪律，革命的立场和原则，人与人的同志式关系，等等。"①因此，共产党为适应社会发展需要，根据变化着的社会环境和农民的实际状况，适时地拓展农民教育内容，体现出共产党农民教育

---

① 《邓小平文选》第二卷，人民出版社 1994 年版，第 367 页。

工作不断向前发展的品质。同时,对农民教育中政治意识教育的持续关注,也反映出共产党坚持农民教育核心内容不动摇的坚定品质。

3. 依据现实发展情况,不断优化农民教育方式

依据不同历史时期的现实发展情况,共产党不断反思与优化农民教育方式,对农民教育具体的方法与载体做出改进和创新,为农民教育取得实际效果提供有力保障。建国初期,共产党带领全国人民取得革命的胜利,由于长期经历革命战争的洗礼,共产党在实际斗争中积累并总结了丰富的农民教育方式与方法,这些革命运动式的教育方式对建国之后很长一段时间的农民教育实践产生重要影响。建国之后直至改革开放之前,共产党农民教育的方式主要是以各种政治运动为载体,对农民实施自上而下的灌输型教育。这种在革命年代积累形成的农民教育方式在实际运作中发挥过积极的效应,取得了显著的教育效果,因此,建国后的农民教育在革命式教育思维指导下延续了类似的教育方式。共产党先后通过土地改革、合作化运动、人民公社化运动和社会主义教育运动等一系列政治运动,借由不断向农村地区延伸的基层党组织以及在本地培养起来的积极分子所构成的组织网络,向广大农民灌输新的政治理念和道德观念。这些由共产党主导的、密集的、步步推进的政治运动不仅瓦解了农村中的封建制度以及农民具有的封建意识,使农民在历次运动中体认到自身的主动性和行动力,感受来自积极正面的党和政府形象的引导和塑造;还通过向农民群众描绘共产主义美好的未来愿景,对他们灌输以集体主义的价值追求,促使农民在意识形态上的高度整合,通过意识形态的力量将农民牢牢固定在社会主义道路上,使其得以在国家的统一目标下,付出辛勤的努力,将自己的思想和行为融入集体化的发展中。从某种意义上讲,这种政治运动式的教育方式在建国之后很长一段时间内取得了非常显著的教育效果,使农民在不同于传统社会的现代政治体系和国家生活中重新界定自身的角色定位,由传统臣民向现代公民过渡,村民在政治身份认同上完成了由家族化的农民向国家的社区政治人转化①,农村社会也由此发生了翻天覆地的变化。然而,共产党政治运动式的教育方式本身也会面

① 王铭铭:《社区的历程——溪村汉人家族的个案研究》,天津人民出版社 1996 年版,第 111 ~ 115 页。

临无法逾越的困境：一方面，若想保持对农民持续有效的政治教育与动员，共产党必须不断地推动一系列急风暴雨式的运动，在运动中塑造革命化或政治化的农民群体，一旦这种政治运动停止则意味着教育实践过程的结束，毛泽东在1963年总结社会主义运动时提出："阶级斗争，一抓就灵。"这种教育方式难以摆脱其短暂性和集中性的惯性特征。另一方面，建国以来，特别是土地改革完成后，稳定的社会经济政治环境和翻身后农民安定的生产生活，使广大农民更多地希望通过自己的辛勤劳动，改变自身经济条件，形成"发家致富"的思想①，对政治产生疏离感。然而，共产党主导一系列旨在改变农民思想意识和行为习惯的政治运动将广大农民组织在国家集体化发展道路中，农民大众为避免游离于政治运动外带来的边缘化和异质化的不便，往往选择违心地加入各种政治运动中，这种离心力构成政治运动式教育方式潜在的危机。因此，改革开放前夕，党和政府越发认识到政治运动式农民教育方式已经不再适应社会发展的现实需要，邓小平早在1962年调整时期就提出："我们的运动太多，统统是运动，而且统统是全国性的，看来这是搞不通的。有的应该搞运动，比如土改运动，但是也有个阶段的不同和方法的不同啊。"②中国社科院《社会蓝皮书系列》也认为："一代新型农村精英已经出现。保护他们，是保护农村生产力，教育他们，也是保护农村生产力。"改革开放之后，党和政府紧密结合客观环境的变化和现实发展的需要，逐步形成政策引导型的教育方式，这种教育方式主要是通过各种农村和农业政策对农民进行全方位的服务与引导，在市场经济条件下以柔和软性的方式教育和引导农民。共产党应时代发展需要，对农民教育方式做出调整与创新，不仅反映了共产党在农民教育方面不断发展与进步的动态特征，还体现出共产党农民教育方式的多样化趋势，教育方式的改进与创新使共产党对农民的教育更具有实效性。进入21世纪以来，以农业部为核心的国家相关部委机构从宏观上思考并提出切实可行的农民教育方式。以2004年农业部协同财政部推出的"农业科技入户示范工程"为例，这一遍及全国的推广工程通过支付

---

① 李占才：《20世纪五六十年代中国农村社会经济思潮》，《安徽史学》2003年第3期，第71页。

② 《邓小平文选》第一卷，人民出版社1994年版，第324页。

专项资金重点支持的方式，截至2010年，在全国1 000个县的1万个乡镇培育了100万个科技示范户，辐射带动达2 000万个农户。① 中央要求教育工作须措施到村，上下联动优化农业科技推广体系，创新农业技术的教育机制，促进科技成果快速转化，同时更好地被农户们应用于具体的农业生产。同时，改革开放以来，共产党还特别注意选择和运用先进的媒介形式作为教育农民的载体，借助目前发展迅猛的手机媒体和网络媒体对农民进行多方面的教育和引导。在我们调研的永州市蓝山县就介绍上级关于在各个行政村建立文化信息资源共享工程基层服务点和农村党员干部现代远程教育终端接收站等政策，旨在通过信息化等媒介形式，丰富广大农民群众的精神文化生活，提高农村信息化服务与农民教育的水平。

（三）与农民的实际情况相结合，增强教育的实效性和层次性

1845—1846年，马克思、恩格斯在《德意志意识形态》中指出："全部人类历史的第一前提无疑是有生命的个人的存在。"②从教育对象农民的个体情况出发，注重农民的实际利益和真实诉求，增强农民教育的实效性和层次性，是建国以来共产党农民教育的一条基本经验。

1. 注重农民的实际利益，增强农民教育的实效性

利益是理解人类社会产生并发展基本规律的关键点，这意味着物质利益是人们思想意识的经济根源和物质基础，离开物质利益空谈人们的思想意识，就会违背马克思主义唯物论。共产党农民教育实践过程取得成功，关键在于始终从农民的实际利益出发，确保农民教育取得实际效果。民主革命时期，共产党凭借对农民大众的了解，从农村革命核心问题——土地问题入手，通过维护农民利益的诸多教育动员策略，使共产党与农民大众紧密结合，"共产党只有通过创建与农民群众的利益交融在一起，并使他们准备为之而战斗的社会经济秩序，才能发展成为一支主要的

---

① 农业部农民科技教育培训中心：《发挥广播电视学校的优势，促进农民教育培训事业发展》，《国土资源高等职业教育研究》2005年第2期，第17页。

② 《马克思恩格斯选集》第1卷，人民出版社1995年版，第67页。

力量"①。新中国成立后,共产党由革命性政党转变为执政党,不仅需要完成现代国家的建构,还需要在国家建设过程中兑现革命时期对农民大众的物质许诺,这是争取广大农民对共产党领导的新生政权认同与支持的关键步骤;也是教育和引导农民继续追随共产党的步伐,投身于新中国建设的重要基础。早在革命时期,毛泽东就反复强调:"一切群众的实际生活问题,都是我们应当注意的问题。假如我们对这些问题注意了,解决了,满足了群众的需要,我们就真正成了群众生活的组织者,群众就会真正围绕在我们的周围,热烈地拥护我们。"②建国初期在各地进行的土地改革运动,是共产党从农民实际利益出发,以此作为教育农民的物质基础的突出典型。正如吴毅的分析,土改使"过去处于村庄社会结构底层的贫苦农民成为村庄和国家的主人,他们有了在政治上翻身与当家作主的感受③,这种政治地位和社会心理的巨大变化,正是土改的真正意义"。土改使农民获得向往已久的土地和其他生产资料,极大地满足了作为小生产者的农民的生存需要,为共产党的农民教育赢得了显著和强烈的教育效果:不仅使农民获得了相对于传统时期更多的自主性和独立性,激发了他们参与政治的热情和信心;还使他们乐于接受新的政治体系和政治角色,对共产党的感恩与信任,使他们愿意尝试全新的思想意识和行为方式。韩丁在《翻身——中国一个村庄的革命纪实》中详细地描述了这一过程:"人们不但有了土地,而且也有了其他生产资料……这种转变对于少地和无地农民的思想和信念产生了巨大的影响,使他们生平第一次感觉到多少能够掌握自己的命运了。他们睡在自己的房屋里,走在自己的土地上,撒着自己的种子,盼望着自己的收成。"④

实际上,不得不承认的现实是,共产党在成为执政党之后,要面临整个国家的发展问题,在思考农村农业和农民问题时,更多的是从宏观的角

① [瑞典]达格芬·嘉图:《走向革命——华北的战争、社会变革和中国共产党1937—1945》,中共党史资料出版社1987年版,第86页。

② 《毛泽东选集》第一卷,人民出版社1991年版,第137页。

③ 吴毅:《从革命到后革命:一个村庄政治运动的历史轨迹——兼论阶级话语对于历史的建构》,《学习与探索》2003年第2期,第37页。

④ [美]韩丁:《翻身——中国一个村庄的革命纪实》,北京出版社1980年版,第176页。

度出发。这种国家意志实质上在某种程度上与农民自身的经济需求是不相符合的，弗里曼在其著作中就提到这种差异性："新生的政府越是要求村民们按照党研究过的社会主义方式安排他们的生活，文化价值观与农民家庭经济的合理性之间的潜在冲突就越大。"①在三大改造完成后，党和政府带领全国人民走上社会主义建设道路，在随之开展的合作化运动、大跃进运动，直至人民公社化运动中，共产党未能贯彻从农民实际利益出发的教育准则，在一定程度上损害了党对农民进行教育的实效性，这一时期的教育实践成为共产党农民教育的历史教训。共产党在建国后面临的现实困境是：建立现代工业化体系需要大量的资金和资源支持，而分散落后的农业生产不能为现代工业体系的建立和完善提供基础性保障。综合考量这两方面的矛盾与困难，共产党决定引导农民走集体化发展道路，为国家现代化建设贡献资源和人力支持。② 因此，在随后 20 年的社会主义探索时期，共产党主要是教育引导农民以国家利益和集体利益为重，将自身发展融入农村集体化发展轨道中。人民公社时期，共产党通过自上而下的行政体系和国家统购统销的经济制度建立起对农民全面的管理与控制。同时，通过思想改造、斗私批修、灵魂革命等一系列政治运动，巩固对农民的教育成果。但是，上述行政体系和经济制度却与农民的实际利益渐行渐远，一方面权力过分集中的公社体系在后期发展中，自愿互利原则遭到破坏，农民成为公社社员后，其身份具有强制性和终身性，实际上丧失了自愿参加或退出的权利，造成农民被动参与集体劳动，却无法向上反映实际意愿的功能性缺陷。另一方面，统购统销制度是一种以国家权力为背景的强制性经济政策，是国家对农村经济活动全面的安排与干预。由于这一政策人为地违背价值规律在农产品购销中的作用，存在诸如统得过死和强制征购等问题，"对农民生产积极性的影响和国家同农民关系

---

① ［美］弗里曼、毕克伟、赛尔登：《中国乡村，社会主义国家》，社会科学文献出版社 2002 年版，第 117 页。

② 共产党内部对此的具体考虑，可参见毛泽东：《关于农业合作化问题》，《建国以来毛泽东文稿》第五册，中央文献出版社 1991 年版，第 234 ~ 263 页。

的影响也是十分严重的”①。特别是随着20世纪六七十年代政治运动越发畸形化的发展，更难以在农民教育中反映农民的切实利益，造成的后果是不能培养和提高农民的现代政治素质，反而使一些传统政治文化心理，如政治盲从、政治权威人格等重新出现。最终，共产党这一时期的农民教育由于其未能正确反映和结合农民实际利益，使看似轰轰烈烈的农民教育过程形成的教育效果与党的预期效果相去甚远。带有主观主义色彩的教育理想终究不能抵挡现实经济发展中的重重困境，当党和政府的农民教育未能很好地满足农民的生存需求时，隐藏在农民大众中无声的抵抗就会一一凸显，并最终会逐步消解党对农民的教育影响。

改革开放以来，共产党在重新思考社会主义本质与内涵的基础上，回归到从农民实际利益出发，思考并解决农民教育问题的正确轨道上来。邓小平根据集体时代农民教育的经验教训，提出在经济文化较为落后的社会主义国家对农民进行教育，必须大力发展生产力，满足农民的物质利益需要，明确物质利益在农民教育过程中的基础地位。在1978年的中央工作会议上，邓小平指出："不讲多劳多得，不重视物质利益，对少数先进分子可以，对广大群众不行，一段时间可以，长期不行……革命是在物质利益的基础上产生的，如果只讲牺牲精神，不讲物质利益，那就是唯心论。"②在随后的改革开放进程中，共产党始终坚持从农民实际利益出发，强调"共产主义思想体系的教育必须同实行马克思主义物质利益原则紧密结合"③，以此作为增强农民教育实效性的有力保证。江泽民曾指出："必须在经济上充分关心农民的物质利益，在政治上切实保障他们的民主权利。这是我国确定农村经济政策的首要出发点。"④胡锦涛在2003年"七一"讲话中也强调："群众利益无小事。"此外，在2004年之后连续多年发布的中央"一号文件"始终围绕农民实际利益，提出多种多样的农民教

---

① 陈吉元等：《中国农村社会结构变迁（1949—1989）》，山西经济出版社1993年版，第185页。

② 《邓小平文选》第二卷，人民出版社1994年版，第146页。

③ 中共中央文献研究室：《十二大以来重要文献选编》上，人民出版社1986年版，第364页。

④ 中共中央政策研究室农村组：《江总书记视察农村》，中国农业出版社1998年版，第321页。

育政策，体现出共产党在农民教育中注重农民实际利益，从而取得良好教育成效的重要经验。不仅如此，党和政府在实施农民教育过程中，同样十分注重将具体的教育培训实践，同农民自身迫切的实际需要相结合，在总结20世纪90年代北京大兴县果树生产中试行的“绿色证书”制度经验和国外农民职业资格证书实施做法的基础上，国务院陆续颁发了《农民技术资格证书制度管理办法（试行）》和12个（良种繁殖、蔬菜、蚕桑等）指导性的岗位规范，将国家对农民群体科学统一的职业培训与农民在实际生产中迫切需要了解的农技知识相结合，并辅以相应的财政支持，以注重农民实际利益的教育政策，进而增强农民教育的实效性。

2. 关注农民的真实诉求，增强农民教育的层次性

共产党对农民的教育始终在两种不同逻辑的碰撞与契合中展开，一方面是作为教育主体的共产党，其产生于城市社会，拥有崇高的马克思主义信仰和坚定的政治立场，是致力于创造新的国家体系和社会结构的政治精英；另一方面是作为教育对象的广大农民，长期处于封建制度束缚中，对土地等生产资料的渴望以及对政治体系的恐惧和疏离，使他们在历史发展中显得短视而实际。产生于不同历史条件和经济基础的两种群体，他们思考现实问题的出发点和逻辑也不尽相同，亨廷顿曾分析说：“这两个集团实质上所关注的东西时常大相径庭。城市知识分子通常更关注政治性的而非经济性的权利和目标。相反，农民至少在初期关注的主要是地租、税收和物价等物质条件。”①因此，新中国成立之后作为执政党的共产党认识到深入农村地区，切实关注农民的真实诉求，以弥合共产党与农民大众之间的差异，是确保在新的政治体系中对农民实施有效教育的重要经验。回顾建国60多年来中国共产党农民教育的历程，我们得知共产党对农民真实诉求的了解和把握程度足以影响整个农民教育进程。同时，基于对农民真实诉求的考虑，进一步增强农民教育的层次性，是共产党在农民教育实践中总结出的经验。农民群体的复杂性和多变性，以及农民个体在思想意识上的多样性，共同决定在关注农民真实诉求的基础上，应对农民实施层次性教育，对整个农民教育取得实际效果具有重要作

① ［美］亨廷顿：《变化社会中的政治秩序》，上海人民出版社2008年版，第249页。

用。共产党农民教育的这种层次性经验一方面是针对处于分化与流动中的农民群体，只有兼顾不同农民群体在政治意识、现代化素质等方面的差异性，才能更好地了解农民的真实诉求，形成有效的农民教育实践过程；另一方面是针对农民个体不同层次的心理需求，只有合理区分农民在不同心理层面上的需求，才能科学地制定农民教育策略，以保证教育过程的有效性。

从革命战争年代开始，共产党就注意到农村社会中不同阶级的农民群体在思想意识、政治态度和行为习惯等方面具有差异性，并据此总结出对待不同农民群众有针对性的教育策略，这种对教育对象的区分和细化，使党的农民教育工作得以顺利开展。建国前夕，共产党仍然注重对不同农民群体实施教育的层次性，充分尊重不同个体之间的差异性，提出了先进性与广泛性相结合的教育原则。早在 1942 年，毛泽东在《在延安文艺座谈会上的讲话》中就提出文艺工作对群众的教育和引导存在一对辩证关系，即“提高”与“普及”的关系：“就中国范围来说，革命和革命文化的发展不是平衡的，而是逐渐推广的。”“人民要求普及，跟着也就要求提高，要求逐年逐月地提高……这种提高，不是从空中提高，不是关门提高，而是在普及基础上的提高。这种提高，为普及所决定，同时又给普及以指导。”①据此教育方针，对待农民群体中的不同阶级或阶层，由于其固有的阶级性质和阶级觉悟，他们在具体教育中体现的接受能力和应变能力也存在差异，这就决定了共产党在具体实施农民教育中需要充分考虑不同群体的诉求差异，只有这样，才能取得良好的教育效果。建国后直至改革开放前，共产党在教育农民过程中，过分强调农民教育的先进性，对农民群体思想意识、政治立场和参政态度等方面非常注重，并以此作为针对不同农民群体开展教育工作的主要依据；而往往忽视农村中不同阶级或阶层的农民在实际诉求方面的差异性，忽视对农民教育广泛性的落实。特别是人民公社时期，党和政府以强势的国家整体形象介入农村社会，对农民群体在思想观念、革命态度和行为方式等方面作出规范和界定，这种对农民的教育和塑造往往是从外部政治力量的逻辑出发，未能尊重传统乡土社会既有的社会结构和文化心理特征。以阶级分析和阶级斗争的动员

① 《毛泽东选集》第三卷，人民出版社 1991 年版，第 862 页。

策略为例，在建国前后开展的土地改革运动中，划分阶级、忆苦诉苦、阶级斗争等一系列技术性动员方式使农民在新的政治话语体系中感受新的国家形象和自身的自主能力。然而，后期大量历史资料表明，当时中国农村地区的阶级分化情况并未如共产党预想的那样严重①，换句话说，中国很多村庄并没有符合客观标准的阶级斗争对象，这样对农村社会不同群体不加细分而以统一标准进行阶级斗争的方式，会导致"阶级范畴的误用：将所有反对革命的人都贴上阶级敌人的标签，把个人的政治选择简单地等同于他的阶级位置，甚至在根本没有阶级敌人的地方制造阶级敌人，并且诉诸仪式化的群众斗争大会。这些实践成为新革命文化的一部分，后来在文革中发展到了极端"②。由于共产党这一时期农民教育过程未能充分考虑农村社会中不同阶层农民群体的差异性，同时未能区分不同农民在真实诉求上的层次性，这对农民教育实际过程产生极为不利的影响，值得我们从中吸取教训并尽可能避免类似情况发生。邓子恢对合作化运动中农民教育的思考，是对这一时期经验总结的最好注脚："必须根据当时当地大多数群众的生产需要与觉悟水平。群众的觉悟程度参差不齐，生产需要各地不同，如果不顾这些情况，而主观地、千篇一律地把一个死公式到处套，那群众是不欢迎的，必然就会产生主观主义。因此，如果生产上并不需要，就不能规定，就是生产上有此需要，但群众觉悟水平尚未达到这种程度，想不通，也只好照顾大多数群众的意见办事，等待群众进一步觉悟后再来改变，除此之外别无他途。"③改革开放以来，共产党为应对社会经济发展的日益不平衡和农民群体的流动分化，重新思考并确立关注农民的真实诉求，增强了农民教育层次性的原则。共产党根据不同时期的实际情况和不同对象的真实诉求，讲求农民教育工作的层次性，邓

① 相关研究材料见秦晖：《关中模式》，载于《中国经济史研究》1995 年第 1 期；李里峰：《"运动"理性人——华北土改期间各阶层的形势判断与行为选择》，载于《近代史研究》2008 年第 1 期；卢晖临：《革命前后中国乡村社会分化模式及其变迁：社区研究的发现》，载于《中国乡村研究（第一辑）》第 164 页。

② 爱仁民：《中国解放前的农村经济——黄宗智对西方史学界的挑战》，《史学理论研究》1994 年第 2 期，第 109～110 页。

③ 邓子恢：《在青年团中央农村工作会议上的报告》，1954 年 7 月 15 日《中国青年》。

小平早年提出的办教育“一要普及,二要提高”①的指导方针得以贯彻。不仅如此,党还提出始终坚持“从社会主义初级阶段的实际出发,从广大干部群众的思想实际出发,把先进性要求同广泛性要求结合起来”②教育农民的科学思路。江泽民在中央思想政治工作会议上也明确指出:“开展思想政治工作,要注意因地制宜、因人制宜、因事制宜、因时制宜。不同地区、不同部门、不同领域的干部和群众,所处的环境、承担的义务、面临的问题不同,其思想活动的特点和要求也会有不同……做工作一定要把握这些特点和要求,有针对性地进行。”③共产党农民教育思路方面的一系列转变说明了关注农民真实诉求,对农民实施区分层次教育的重要意义。改革开放以来,党和政府在农民教育层次性方面做出切实的努力,针对农村社会中不同层次农民群体的真实诉求,国务院分别颁布了农村义务教育和成人扫盲教育等一系列政策措施:2001 年《国务院关于基础教育的改革与发展的决定》指出,各级政府要坚持将“两基”工作作为教育工作的“重中之重”;2001 年中共中央、国务院办公厅转发教育部等 12 个部门《关于“十五”期间扫除文盲工作的意见》,对新时期农村地区的扫盲工作作出规划,提出明确要求;2004 年国务院决定实施《国家西部地区“两基”攻坚计划》,提出“到 2007 年,在我国西部地区基本普及九年义务教育和基本扫除青壮年文盲”的目标。

同时,共产党农民教育层次性的另一方面要求体现在农民个体不同心理需求层次上。只有合理地区分和对待农民个人在思想意识和心理需求上的不同层次,才能保证农民教育的客观性和科学性。根据马斯洛的需求层次理论,人类的需求除了生理需求、安全需求等基本需求外,还包括社交需求、尊重需求和自我实现需求等发展性需求,共产党对农民实施的教育工作既要充分考虑满足农民物质利益这样的基本需求,还要兼顾农民群体在政治参与、社会认同和自我实现方面的发展性需求。回顾建国 60 年以来共产党对农民进行的教育工作,在兼顾农民个体不同层次心理需求方面,往往偏重于对某一方面需求的重视和满足:或是侧重于对农

---

① 《邓小平文选》第一卷,人民出版社 1994 年版,第 280 页。

② 《十五大以来重要文献选编》中,人民出版社 2001 年版,第 1039 页。

③ 《江泽民文选》第三卷,人民出版社 2006 年版,第 90 页。

民政治信仰和道德意识等发展性需求的引导和培养，这虽然克服了传统时期农民在政治地位和道德追求上的边缘化和无力感，使“农民们感到，正是他们自己改变了自己的生存条件，他们才能够成为自己命运的主人”①；或是重视对农民物质利益等基础性需求的满足，采取多种途径和方式为农民提供知识技能等现代素质的培训，帮助农民获得在市场经济条件下生存和发展的人力条件。上述两种对农民不同心理需求的偏重分别体现在 1957 年之后社会主义集体化发展时期和改革开放以来的新时期。通过对这两个时期共产党农民教育个人需求层次性的回顾，总结出的教育经验是共产党应该充分考虑农民在不同心理层面上的需求，注意区分教育对象的层次性、教育目标和内容的层次性、教育工作方法的层次性以及教育系统的层次性，从各个方面做到兼顾农民个人需要的层次性教育。

（四）促进农民教育朝向法制化、制度化的方向发展

反思农民教育历程，我们发现随着历史条件和外部环境的改变，教育实践过程的双方——共产党和农民群体也发生着巨大变化，共产党对农民的教育也从革命年代的战争动员和政治启蒙，目的在于将农民培养成可靠的革命同盟军；发展到建国之后，对农民进行思想政治教育，旨在培养跟随党的步伐，信奉社会主义信条，有志于建设社会主义新中国的农业劳动者；再到改革开放后，确立农民现代化的教育目标，对农民进行系统全面的引导和教育，既满足现代社会发展对农民的素质要求，又使农民在生产生活中获得全面而自由的发展。共产党对农民的教育虽然经历漫长的历程，期间教育目标、内容和方式都发生了重要的变化，但农民教育的整体发展却是朝向法制化和制度化这样明晰的方向前进的，这是共产党农民教育工作能够持久有序展开的重要历史经验之一。

1. 保障农民教育的法制化途径

共产党对农民的教育工作总是服务于党在不同历史时期的中心任务，随着中心任务的变化，农民教育历程也呈现出不同的时代特点。然

① ［美］莫里斯·迈斯纳：《毛泽东的中国及后毛泽东的中国》，四川人民出版社 1989 年版，第 146 页。

而，始终贯穿于共产党农民教育历程中指向性的发展，是农民教育法制化的不断增强，特别是进入改革开放以来，在市场经济相对开放动态的环境中，保障农民教育的法制化途径，是共产党得以长效持久开展农民教育的重要经验。

反观自民主革命时期开始的共产党农民教育历程，不得不承认，不论是作为教育者和教育对象的共产党和农民群体，还是整个农民教育实践过程，都缺乏法制化的传统与规范。产生于革命战争中的中国共产党，自成立之初就肩负着带领全国人民赢得民族解放的重任，因此在革命斗争中更多的是专注于如何教育和动员广大农民群体投身革命战争，通过各种方式和途径赢得革命的最终胜利。在革命与抗战中不断壮大的共产党，其自身思想和组织建设更多的是从战争需要出发，发挥党员能动性和组织应变性特征，往往忽略作为现代组织的正式规范的法制化建设。另一方面，中国农民世代生活在封建专制统治之下，形成了对政治权力系统盲目的迷信和崇拜，缺乏对现代政治体系的规范化和法制化的正确认识，在同外部政党组织发生联系时，很容易将自身这种固有的散漫与盲目带入新的社会关系中。正如邓小平对此所做的总结："旧中国留给我们的，封建专制传统比较多，民主法治传统很少。"①因此，建国前共产党农民教育工作的推进虽然取得了显著成效，但在法制化建构方面存在一定缺陷，这种教育法制化方面的欠缺对新中国成立后的农民教育过程产生负面影响。建国之后，随着基层国家政权的层层建立以及基本宪法的颁布，共产党对农民实施的教育得以在相对常规和稳定的框架内进行，使农民们在翻身当家做主之后，培养了现代的阶级、国家、集体、法制等新的政治观念。出于对当时国内外形势的判断和对社会主义本质的理解，1957 年开始的社会主义探索时期，共产党始终在"继续革命"逻辑指导下思考和部署各项工作。具体针对农民教育工作而言，共产党坚持"以阶级斗争为纲"，奉行通过一系列政治运动的方式来进行包括农民教育在内的各项农村工作。这种通过密集的政治运动对农民进行教育的途径在很长一段时间内对农村社会和农民个人产生了巨大的教育影响，它不仅彻底改变了

① 《邓小平文选》第二卷，人民出版社 1994 年版，第 332 页。

传统农村社会的内部结构和政治体系，建构起了被纳入现代国家体系中的全新的农村社会；还在更深层次上重塑农民的政治心理和文化意识，使农民被高度整合在党和政府构建的现代政治体系中。

同时不得不看到的是，这种偏离于法制化途径的农民教育过程存在两个致命缺陷：一方面，政治运动式的教育方式存在短暂性和暴力性倾向，是外部政治力量自上而下对农村社会和农民个人的改变与塑造，往往无法顾及农村原有的结构特征和文化心理，难以摆脱一般社会运动只能维持某一时期对社会的集中改造，却不能保证持久有效教育农民的宿命。另一方面，由于政治运动式的教育方式不是在法制化规范下对农民进行引导和教育，其教育效果往往会被农民固有的思想意识和行为模式所影响，甚至朝向非理性的方向发展，最终不仅未能起到改造农民落后意识的作用，还有可能被农民的私人观念所左右，沦为农村私人恩怨和家族斗争的政治工具。这一时期非法制化途径的教育使共产党对农民的教育过程越来越偏离党所预想的教育轨迹，愈演愈烈的政治运动式教育方式使农民、农村，乃至整个国家处于不稳定当中，最终难以避免“文化大革命”这样的教育结果。从“文化大革命”对农民教育的全面破坏，我们不难发现，非法制化的农民教育不仅不能塑造出符合现代社会发展需要的新型农民，还会因为教育本身呈现的非现代化特征使“千百万积极投身其中的农民群众在人格和社会心理方面其实并未发生什么脱胎换骨的改变，他们在一场全新的社会主义改造运动中以另一种方式充分表现了其社会心理的传统一面：表现出了对绝对平均主义社会的深切向往，表现出了植根于内心深处的胆小自私和分散自保，同样也表现出了随风而动、被动依附的软弱‘天性’”①。此外，这种教育方式还会使农民对党和政府代表的现代政治体系持怀疑甚至惧怕的态度，使他们表面上服从党和政府的教育和管理，内心却产生疏离和逃避的想法，消解党对农民的实际教育效果，成为保障农民教育法制化途径的反面教训。共产党自 1957 年直至“文化大革命”结束的这段时间，历经对社会主义建设的艰难探索，与此相对应，党的农民教育工作也经历曲折的探索历程，前后 20 年的探索实践使共产党

① 周晓虹：《江浙农民的社会心理及其近代以来的嬗变》，三联书店出版社 1998 年版，第 172 ~ 173 页。

清醒地认识到保障农民教育法制化途径的重要性，认识到法制化教育途径是确保农民教育长期有序开展的重要经验。

改革开放初期，邓小平认识到党和政府在法制化建设方面的缺陷："解放以后，我们也没有自觉地、系统地建立保障人民民主权利的各项制度，法制很不完备，也很不受重视"①；同时，根据改革后国家新的发展形势和农民教育碰到的新的挑战，他提出要在"政治上，充分发扬人民民主，保证全体人民真正享有通过各种有效形式管理国家、特别是管理基层地方政权和各项企业事业的权力，享有各项公民权利"②。"坚持宪法和法律所保障的各项自由，坚持对思想上的不正确倾向以说服教育为主的方针，不搞任何运动和'大批判'"③。这些重视通过法制化途径教育农民的新思路成为改革开放新时期共产党农民教育工作的指导思想，保证了此后共产党对农民的教育在法制化和规范化的框架内进行。1987 年全国人大通过试行、1998 年正式颁布实施的《中华人民共和国村民委员会组织法》对村委会的教育职能做出明确规定："村委会是村民自我管理、自我教育、自我服务的基层群众性自治组织，实行民主选举、民主决策、民主管理、民主监督。"1994 年由农业部提出、国务院下文在全国推行的农民教育"绿色证书制度"，通过立法和行政等手段，对农民的技术资格培训、考核、发证等事项做出明确规定。这一系列法制建构无不体现出在新的历史条件下，党和政府在保障农民教育法制化途径方面做出的努力，这些教育效果显著的方式和措施进一步证明法制化教育途径是保证党对农民持续有效教育的重要经验。2010 年 5 月 26 日，《天津市农民教育培训条例》在天津市第十五届人民代表大会常委会第十七次会议上获表决通过，并于 2010 年 8 月 1 日起施行。这是迄今为止中国第一部专门针对农民教育培训制定的地方性法规，同样也标志着党和政府的农民教育工作在朝向法制化的轨道上迈出了坚实的一步。

2. 加强农民教育的制度化建设

制度化是指群体和组织的社会生活从特殊的、不固定的方式向被普

---

① 《邓小平文选》第二卷，人民出版社 1994 年版，第 332 页。
② 《邓小平文选》第二卷，人民出版社 1994 年版，第 322 页。
③ 《邓小平文选》第三卷，人民出版社 1993 年版，第 145 页。

遍认可的稳定化模式的转化过程。制度化是群体与组织发展和成熟的过程,也是整个社会生活规范化、有序化的变迁过程。共产党自革命时期至今的农民教育过程,实际上显现出不断加强教育制度化的趋势,这也是共产党农民教育的一条重要经验。共产党80多年的农民教育实践经验表明,共产党加强农民教育的制度化建设,能够防止教育中出现的泛政治化或去政治化倾向,确保农民教育在健康有序的轨道上发展。

回顾建国以来共产党农民教育的历程,1978年开始的改革开放无疑是一个重要的分水岭。改革开放之前,党对农民的教育工作在制度化建设方面较为欠缺,不论是对具体教育制度的创建和规范,还是对执行制度的组织和机构的界定和分工,都存在不清晰和不规范的问题。改革开放之后,共产党根据前一阶段农民教育历程的经验教训,开始着手农民教育工作法制化和制度化建设,在新的发展时期为农民群体在各个方面素质的提升提供了良好的制度保证。新中国成立到改革开放之前,由于共产党及其领导的人民政府还处在不断探索中完善自身现代建构的努力中,在农民教育工作的制度化建设方面,也处于各方面还需改进的起步阶段。以人民公社时期为例,国家对农村政策输出以及对农民政治教育的独特方式,是充分利用党和政府在农村建立的新的政治权威,将各种涉农的方针政策直接以文件、号召、党报社论甚至领袖指示的形式下达至基层,通过对农民组织与动员的方式贯彻落实,形成了这一时期党通过行政和政治方式对农民进行教育的特有形式。这种形式反映出党的农民教育工作存在不确定性和多变性,因为来自上级的领导讲话或是生产指示具有不稳定性,并不符合现代教育体系的制度化要求。同时,党和政府还通过不断的政治运动这一非制度化的控制方式,确保农民群众对政治体系的忠诚,以维持基层教育实践过程的运作。然而,当这种泛政治化的教育方式遭遇农村现实发展中的实际困难后,会在一定程度上削弱作为教育主体的共产党的政治权威和教育过程的实效性。邓小平在改革开放初期对此做过精辟分析:“现在的问题是法律很不完备,很多法律还没有制定出来。往往把领导人说的话当做‘法’,不赞成领导人说的话就叫做‘违法’,领导人的话改变了，'法'也就跟着改变。"①他还进一步指出："我们过去发生的各种错误，固然与某些领导人的思想、作风有关，但是组织制度、工作制度方面的问题更重要。这些方面的制度好可以使坏人无法任意横行，制度不好可以使好人无法充分做好事，甚至会走向反面。即使像毛泽东同志这样伟大的人物，也受到一些不好的制度的严重影响，以至对党对国家对他个人都造成了很大的不幸。……这种制度问题，关系到党和国家是否改变颜色，必须引起全党的高度重视。"②这说明共产党在改革开放之后，转变了诸如"阶级斗争"和"继续革命"这样的政策思路，已开始思考如何在社会主义建设的常态中重建社会结构和政治秩序，如何在法制化和制度化的体系中促进农民教育工作获得良性发展。

改革开放以来，党和政府多次召开有关农民教育的会议，先后出台了一系列加强农民教育的文件和政策，这些措施从根本上保障和推动了现代农民教育体系的形成。1999 年《中共中央关于加强和改进思想政治工作的若干意见》中明确提出："高尚思想道德的培养，良好社会风尚的形成，既要靠耐心细致的思想教育，又要靠科学规范的严格管理。要抓紧建立健全有关的法律法规和制度，依法加强对社会生活各个方面的管理，把我们倡导的思想道德原则融于科学有效的社会管理之中，使自律与他律、内在约束与外在约束有机地结合起来。"2003 年国务院召开全国农村教育工作会议，形成《国务院关于进一步加强农村教育工作的决定》，对新时期农民教育工作作出明确细致的规定，在农民教育制度化建设方面迈出了重要的一步。此外，党和政府还通过正确处理和协调农村基层两委（村委会和村党支部）的关系，确立基层农民教育组织和结构的职能分工，保证农民教育主体的制度化运作。党在农民教育制度化建设方面的一系列措施促使改革开放新时期农民教育工作有序开展，从正面说明了加强农民教育制度化建设的经验意义。特别是进入 21 世纪以来，农业部《2003—2010 年全国新型农民科技培训规划》提出：在 8 年期间将通过实施"绿色证书工程"、"跨世纪青年农民科技培训工程"、"新型农民创业培植工程"、"农业远程培训工程"等五大"培训"，通过中央层面的一系列制

① 《邓小平文选》第二卷，人民出版社 1994 年版，第 146 页。
② 《邓小平文选》第二卷，人民出版社 1994 年版，第 333 页。

度化农民教育措施，培训各类新型农民 3 700 万人。① 同时，全国各地相继开展了一系列的农民培训工程，如江苏“5112 教育富民工程”、浙江“百万农民培训工程”和“百万职工培训工程”等一系列农民教育措施，从实证方面进一步证明党和政府在农民教育的制度化层面建设上，已积累了丰富且积极的实践经验。

① 徐红兵:《利用现代农业试验示范基地开展农民教育培训的几点探讨》,《农村经济与科技》2010 年第 4 期,第 21 页。

第七章 关于农民教育的国际（地区）经验借鉴

由传统农业社会迈向现代工业社会是人类社会不断演进的历史过程，在这一过程中，世界上不同国家、不同地区都经历着不同的演进方式，其核心是从事农业或周边产业的农民群体的现代化过程。一个国家或地区实现农业和农民现代化究竟采取哪种具体方式，一般地说，主要由当时的土地资源、劳动力供给、工业化水平、国家农业政策和国内外发展环境共同决定。在农业发展上颇有成就的国家或地区都非常重视农民教育在农民现代化过程中的重要作用，在不同发展阶段分别投入相应的教育经费、政策支持和法律保障，设立专门的管理监督机构，形成了一整套相对完整且独特的教育理念和教育体系。以美国、日本和法国为例：美国大部分农场主都是农场学院毕业生；日本农民中大学毕业生占5.9%，高中毕业生占74.8%，初中毕业生占19.4%；①法国全国有25%的农场主接受过中等以上的专业培训。② 不同国家或地区在农业现代化和农民现代化教育中各具特色的实践方式，使他们分别得以顺利地建立现代化农业体系和农民教育模式。就模式而论，概括起来主要有4种，分别是北美市场主导下的农民教育模式、东亚地区政府主导下的农民教育模式、欧洲市场与政府结合而成的农民教育模式以及

① 于也：《发达国家是如何重视农民教育的》，《北京成人教育》1996年第1期，第33页。

② 冯书泉：《国外农村建设的基本经验》，《科学社会主义》2006年第1期，第14页。

台湾地区小农合作教育模式。

以美国为代表的北美地区土地资源丰富,劳动力相对紧缺,凭借现代科学技术、现代工业装备和低价能源的优势为农业提供发展条件,以机械化、规模化和公司制农场管理方式为主要发展途径,通过扩大经营面积,提高农作物的总产量,走以提高劳动生产率为核心的农业现代化道路。在此发展道路中,农民教育具有非常重要的实践意义,因为只有提高农业从业人员的综合素质,使其能够熟练地掌握各种农业机械化工具和农业产业化发展模式,才能使农业发展朝向集约化和产业化发展。东亚地区以日本和韩国取得的农业发展成就和农民现代化水平为典型。这一地区的自然禀赋条件与北美地区正好相反,因而在农民教育模式上也采取了不尽相同的发展取向。日本和韩国作为东亚地区后发现代化国家,其现代化进程带有明显的后发赶超型现代化特征。同时,日韩两国土地资源匮乏,土地供给缺乏弹性,土地和机械替代人力实在无利可图。因此,日韩以政府为主导进行现代化建设,辅以市场机制,依靠政府的强力干预和农业科学技术引进创新,走以土地生产率为核心,提高农业生产率、资源产出率和农民综合素质的现代化跨越式发展道路。欧洲地区的农业生产既不像北美地区那样劳动力短缺,也不像东亚地区那样土地资源短缺,在农业现代化和农民现代化过程中既重视现代工业装备农业,又重视现代科学技术的普及与推广,机械技术和农业科技并重,以同时提高劳动生产率和土地生产率为主要目标,典型的国家主要有法国、英国、德国、丹麦和荷兰等。针对上述农业发展的现实处境,欧洲模式逐渐形成了以家庭农场为主要农业经营单位的生产特点,以政府、学校、科研单位和农业培训网等多元主体有机结合,探索出更加灵活多样、实用性较强的农民教育方式和内容,旨在通过多层次、多样化和完善的教育培训咨询体系全面提升农民的综合素质,并辅以严密的、奖惩结合的监督机制。中国台湾是典型的适度规模经营的小农地区,通过政府推动和市场带动相结合的发展方式,走集约化生产、产业化经营、社会化服务和专业化分工的高资源产出发展道路。在"二战"后50多年的发展历程中,这一地区已经逐步实现由传统农业向现代农业、由传统社会向现代社会的转变。此前学界多将台湾地区的农业进步、农村建设和农民现代化取得的成功经验归入战后东亚模式范畴。然而,深入研究台湾地区的农民现代化进程,不难发现,作为中国一部分的台湾具有独具特色的农村发展道路和农民现代化方式。特别表现在农民教育方面,由于其在精神文化上秉承和大陆地区相同的乡土文化传统,农业的地理因素和人文因素同样呈现出多样化形态,逐步形成了小农合作教育模式。因此,台湾地区的农民教育实践过程体现出不同于东亚国家日本和韩国的差异性,同时又对中国其他地区的农民现代化教育更具有实践价值和借鉴意义。

"他山之石,可以攻玉",2010 年 10 月 13 日,农业部部长韩长斌在谈到中国目前解决农民工问题的思路时也强调:要借鉴德国、日本、韩国等国家培养职业农民的做法,着力培养新型农民的政策方向。这些国家或地区业已取得成功的农民教育经验,对中国当前农民教育实践具有非常宝贵的借鉴意义。当然,在考察和研究其他国家或地区的农民教育经验时,还需要根据中国自身在农村发展和农民现代化进程中的特殊国情和具体情况,深入分析不同教育模式的主要经验对解决中国农民教育现实困境存在哪些可资借鉴和有效利用的地方。通过对不同国家或地区农民教育模式进行横向的对比梳理和综合总结,我们认为以下几条经验对当前中国农民教育实践构成颇具现实意义的启示。

一、政府高度重视农民教育,形成大力支持农民教育的政策理念和法规制度

不论是率先进入农业和农村现代化发展轨道的北美和欧洲地区,还是"二战"后分别步入农业现代化发展进程的东亚国家和台湾地区,当地政府都非常重视对农业生产和农村发展产生重要影响的农民教育。传统时期,农民在国家经济发展和政治秩序中地位低下,作为底层的农业劳动者通常无法获得来自政治系统和法制体系的保护。进入现代化转型时期,各个国家或地区都先后意识到农民的重要作用和地位,从而认识到对农民群体进行现代化教育的必要性和重要意义。特别是在农业逐步进入现代化发展阶段的不同地区,从事农业人员自身的知识技术水平和综合发展素质,越来越成为影响一国农业现代化和国家整体发展的人力因素。

"全部历史以及当前的全部经验说明这样一个事实:最基本的资源是人而不是自然提供的。一切经济发展的关键因素都是从人的头脑中产生的。"①对于现阶段农业生产和农民素质正处于传统向现代转型的中国而言,其他国家或地区重视农民教育这一历史经验,具有非常现实的借鉴意义。

不同国家或地区的政府普遍高度重视农民教育,形成了一系列大力支持农民教育发展的政策理念和法规制度。以欧洲发达国家为例,各国政府都重视对农民进行职业培训和现代教育,一般都设有专门的政府机构领导和管理农民教育工作,比如英国的农渔食品部农业培训局、法国的农业部。除了设立专门的管理机构外,欧洲国家也非常注重以经费投入保障农民的教育与开发,在英国各产业培训中,唯一能得到政府资助的只有农民教育培训;德国政府每年向巴特伊药纳赫农业技术学校提供 1 000 万欧元的经费,其莱法州政府每年也向 8 所农业学校与实习基地投入 8 000 万欧元,以维持学校教职工及学员在学校学习和实习的正常开支,学校还会为学员们提供免费的住宿条件;瑞士全国有 36 所农民学校,其经费的 40% 都是由联邦政府提供,其余的由州(县)政府提供;②瑞典政府每年向农业大学投入经费 4 亿瑞典克朗;爱尔兰政府每年投入农业职业教育和农业技术推广的费用达 2 500 万英镑。③ 不仅如此,荷兰政府早在 1901 年就实行农民义务教育;2004 年,该国教育和研究的经费占国家总预算的 19%,比其他部门都要高,充分说明荷兰政府对农民教育的高度重视;在荷兰,与农业有关的科研、推广和教育,均由农业部门统一负责,每年占全部预算的 2/5。法国政府同样高度重视包括农民培训在内的农业教育,投入大量资金大力扶植,使农民享受免费的职业技术教育,法国农业部还拨款解决全国 350 所农业技术学校的校长和教师的大部分工资。其政府部门还确立了公立和私立学校共同承办农业教育的体系,逐步实现农民教育的系统化和规范化。国家采取鼓励农业发展的政策,不仅为农民购买农田和农业机械提供各种优惠的贷款,还在农产品价格上给予

① [英]舒马赫:《小的是美好的》,商务印书馆 1984 年版,第 48 页。
② 陈宗懋、易齐:《瑞士的农民教育》,《世界农业》1982 年第 4 期,第 44 ~ 45 页。
③ 向安强等:《浅论国外农民教育的特点》,《成人教育》2006 年第 1 期,第 92 页。

丰厚的补贴，实现税收优惠政策，建立农民社会保障体制，鼓励农民安心务农。① 中国台湾地区当局同样非常重视农业发展、农村建设和农民现代化问题，先后通过三次土地改革运动为"三农"发展奠定稳定的制度基础。同时，随着岛内工农业经济的发展，当局还先后出台一系列支农惠农的政策，为"三农"发展提供相对优化的政策保障。不论是相关的制度建设，还是涉农的政策保障，台湾地区都将农民教育置于非常关键的地位，因为蒋介石败退台湾后认为：政治、经济、军事各方面的失败都只是一时的，惟有教育的失败影响巨大，且非短时间所能补救，而国民党之所以落得寄生孤岛的下场，最重要而又最值得研究的是教育问题……只因多年教育的失败，所以造成全面失败。② 从某种意义上讲，台湾当局注重为农民教育创造良好的制度和政策环境，是岛内农民教育获得极大发展的重要经验。台湾地区在光复后先后经历了3次土地改革运动，为农民教育的恢复和发展提供有利的制度因素。第一次土改是20世纪40年代末50年代初，国民党政府吸取在大陆地区农业发展和农村建设的经验教训，开展内容为耕地三七五减租、公地放领、"耕者有其田"③的土地改革。20世纪70年代末，当局针对小农经营无法克服的农业衰退问题，尝试进行第二次农村土地改革，颁布了"第二次土地改革方案"，提出"以共同经营、生产专业区经营、委托经营等形式进行规模化集约经营，以适应大工业经济下的农业发展要求"，提高土地利用效率。④ 第三次土地改革重点在于解决农地的市场化问题，以满足经济建设和非农业部门的用地需求，改善投资环境，提高农民收入，构筑适合台湾社会经济发展的"土地规模经营"新模式。20世纪90年代以前，台湾《土地法》第30条规定："私有农地所有权之转移，其承受人以能自耕者为限，并不得转移共有，但因继承而转移者，得为共有。违反前项规定者，其所有权转移无效。"1990年，台湾当局对此

---

① 郭徽：《法国农民培训教育状况及对我国农民教育的启示》，《河北大学成人教育学院学报》2007年第3期，第29页。

② 黄新宪：《传统文化影响下的台湾教育》，福建教育出版社1998年版，第49页。

③ 卢汉超：《台湾的现代化与文化认同》，（台湾）八方文化企业公司2001年版，第9～11页。

④ 朱珍等：《福建省农业发展的探讨——基于台湾农业经验的视角》，《台湾农业探索》2009年第3期，第41页。

条款进行修订，调整私有农地所有权转移受让人必须为自耕农的限定，从而为土地流转制度的改革扫清了法律障碍。上述3次土地改革，为台湾的农业发展、农村建设，乃至农民教育打下了坚实的经济基础。

在各个国家或地区政府重视农民教育的政策思路指导下，不同国家或地区先后探索出一系列科学的教育理念，成为保证本地区农民教育持续发展的重要理论支撑。在这方面，欧洲国家的做法非常值得借鉴：一是强调可持续的教育理念。农民教育对欧洲国家而言，并不是单纯支持农业发展的权宜之策，而是各个国家从自身发展的客观条件出发，经过长期探索与实践，逐渐形成的以政府为主，依托农业院校为基地，以社会培训机构为补充，农业教育、科研、推广相结合的农民教育培训体系。农民教育的体系化发展体现出欧洲国家一贯强调的可持续教育理念，即农民教育并不是满足于农业职业技术的一时需要，而是借由科学系统的农民教育体系对从事农业的人员进行长期的、贯穿其整个农业生产过程的教育与培训。二是提出符合实际的教育原则。欧洲各国针对不同的教育对象，也会设计不同的教育内容和教育方式，体现出符合实际的教育原则。舒尔茨认为，对农业经济和农民自身来说，教育成为一种生产型投资，必须要与农业经济相结合，即对农民的教育要十分重视实用性；如果教育计划和农业经济计划不能很好地结合，那么国家制订的农业经济计划就可能成为一纸空文，同时教育促进农业经济增长的作用也会大打折扣。以德国的农民教育为例，其不仅深入到田间地头，还落实到每个农业家庭；在教育培训时间上，也是长短结合，长的可达3年，短的仅一两周；在培训过程中，一方面充分发挥各农业专业院校、农业技术培训中心的作用，另一方面充分利用各种家庭农场、合作场地，让学员结合实际进行学习。三是注重实践的教育方针。农民教育与其他教育的最大不同，就在于其非常重视理论与实践的结合。欧洲国家的农民教育无论采取哪种形式的培训，或是针对哪种内容展开的教育，都很重视实践环节，并且都有严格的操作程序。一般来说，课堂教学和实践教学的时间和内容都有明确的规定，重视知识和技能并重的教育方针。以法国为例，在教育与培训过程中，农业院校十分重视实践环节，充分利用学校的农场或生产车间，组织学生进行实际生产劳动，定期安排学生去农业企业实习。政府还通过相关法律和政策，要求所有企业和个体农庄无条件地、随时随地地接受学生实习、参观及各种学习需求。

同时，颁布和实施对农民教育发展有利的法规和政策，也是在政府重视农民教育的政策理念指导下，开展农民教育必不可少的重要经验。“二战”之后，日本的农民教育培训由国家统一规划统筹，政府的农业部门与相关部门分工指导与协作，以国家教育系统作为农民教育培训的主体，农业改良普及事业系统予以共同配合。1949 年，日本颁布了针对农民教育的《社会教育法》，利用图书馆等设施对农村青少年、妇女、成人进行教育；同时，颁布了《青年学级振兴法》，由政府出面资助在村、镇组织青年学生对农民进行培训。目前，日本全国有 52 个农业者大学校，其中国立 1 所，县立 48 所，私立 3 所，相当于短期大学。① 日本政府在农民教育方面的一系列努力充分表明，其对农民教育的重视和大力支持，这一鲜明的政策理念成为保证战后日本农民教育培训顺利进行的指导思想。20 世纪 70 年代以前的韩国是一个典型的小农国家，农民约占全国人口的 60%，农村人口约占 80%，国民生产总值约有 40% 左右来源于农业。② 对此，韩国政府清醒地认识到没有农村地区的发展就不可能实现全社会的现代化，没有农业的发展同样也就不可能有韩国的现代化，其最关键的部分在于对农村人口进行现代化教育与培训。因此，韩国政府提出通过农村整体建设以及立法管理两种途径大力支持农民教育的政策理念。以“新村运动”为例，这一农村整体建设运动由韩国总统朴正熙亲自提出，极力倡导“勤勉、自助、协同”的基本精神，旨在带动全国农民主动创造美好生存家园的农村建设运动。朴正熙还满怀信心地提议：“如果我们肩负其通过各种努力改造我们的村庄的任务，那么我相信所有的村庄都能够从落后的、停滞的传统村庄变成先进的现代村庄。”韩国这种由政府主导进行的、自上而下的“新村运动”，其动力来自总统和中央政府，并通过行政机构逐级推动从而获得外部资源的强力支持，在农民教育与培训方面取得较大发展。不仅如此，韩国先后制定了一系列教育法规，以支持和保护正规的农民教育

① 李水山：《世界各国的农民教育与培训》，《小城镇建设》2006 年第 3 期，第 32 页。

② 胡雪梅：《美国、韩国的农村教育及对我国的启示》，《临沂师范学院学报》2008 年第 5 期，第 91 页。

体制。根据相关法律规定，由韩国政府提供农民教育实习、设备设施、奖学金和培养农业经营者等方面的经费，确保农民教育体系能够不断发展与完善。同时，由专门的农村振兴厅指导局负责农民教育具体工作的开展，例如由专门负责的官员和专家开设以下课程：农民训练课程、生活改善课程和开发指导课程。以美国为典型，其本土的农民教育有 140 年的历史，主要偏重于对从事农业的农民进行农业知识与技能的教育，经过多年发展经验的累积，形成前后相继的一系列有利于农民教育的法律法规，成为立法保障农民教育的重要经验。早在 1862 年，联邦政府就通过《毛雷尔法案》(Morrill Act)，以赠地形式创建了 56 个州立农学院，根据这个法案，各州可以从联邦政府那里获得部分公用土地，以出售土地的所得创办农业与机械学院，这种学院一般修业为 4 年，培养发展工农业所需之专业人才，这对美国农业中等教育起到非常关键的作用。在《毛雷尔法案》公布前，美国州立大学并不多，特别是这类针对农业教育培训的学校更是非常缺乏，这一法案一经公布，州立大学迅速增加，对美国工农业发展起到了很大的推动作用。接下来，1914 年的《史密斯—立弗法》强调在全国开展农业职业教育和技术推广工作，在这一法案指导下，截至 1920 年，基本上每个县都有 1 名以上的专职农业推广员，为农业技术推广奠定了重要的基础。1917 年，美国政府又通过了关于联邦政府为在农村和城市郊区的中学开设农业职业教育课程提供援助的《史密斯—休斯法案》，以及 1962 年《人资开发和培训法》和 1964 年《经济机会法》等规定开展的农业职业培训班，共同构成了一系列相对完整而庞大的农民教育法律保障体系。进入新世纪，2000 年克林顿政府为适应农村社区中小学教育的需要，通过了“农村教育成就项目”；2002 年 1 月，布什总统又对“农村教育成就项目”进行重新授权，力图通过专项拨款实现对农村学区教育发展的影响和农民教育政策的引导。前后跨越两个世纪的政府立法过程，充分说明美国政府希望通过有助于农民教育发展的法律法规来确保其顺利发展的决心，这一系列不断深入的明确的立法程序使该国的农民教育朝向法制化和制度化的目标迈进。

二、功能日趋完善的农民组织，有力保证农民教育的顺利开展

传统的农民群体在迈向现代化的进程中，难以避免地要遭遇来自城市化和工业化的侵袭和挤压。以美国的农业发展进程为例，19 世纪末，美国处于由农业社会向工业社会和城市社会加速转型的历史时期，随着新兴工业力量的崛起，作为传统阶层的农民群体身陷困境，相当一部分小农场主完全破产，沦为农业雇佣工人，还有一些失地农民被资本家所雇佣。那些留守在农村的农民们不得不面对的是日益市场化和社会化的生产趋势，为了维护自身利益，他们积极进行探索，联合起来，最终形成了完善的农民合作组织，不仅通过组织力量保障自身权益，改善了不公正的政治经济格局，还通过组织化的生产经营模式完成了自我教育，使其自身成为具备强大经济能力和综合素质的农业从业人员，或直接称为现代化农场主。同时，在市场经济发展条件下，单纯依靠政府力量进行农民教育不仅难以获得持续发展的动力，还会因为政府部门不恰当的行政干预，使农民教育陷入发展困境，对农民群体失去吸引力。不论是“市场失灵”还是“政府失灵”导致的农民现代化教育的发展困境，都在客观上呼唤作为现代化教育接受者的农民群体自身力量的觉醒和联合。实质上，促进农民教育发展的合作组织是在市场机制推动下建立的，即农民们在共同的市场需求下，为提高自身的市场竞争力和组织化程度，获得合理的市场交易利益，自我联合起来，组成代表自己并服务自己的组织形式。市场推动下建立起来的日趋完善的农民组织坚持“民办、民营、民享”的原则，得以在相对独立宽松的环境中成长，并承担农民教育的主导责任，这是不同国家或地区农民教育模式的主要经验之一。中国的农业长期处在小农传统的精耕细作生产方式中，对于分布甚广的分散的小农群体，如何促使其基于各自的利益追求和实际需求联合起来，组成功能全面的农民组织，从而保证农民教育的有力展开，是当前中国迫切需要向其他国家或地区学习的实际经验。

以工业化和市场化较为发达的北美地区为例，农业的资源禀赋较为丰富，个体农场主出于产销利益和扩大生产的考虑，通常会建立横向联合

的农民经济合作组织。这些组织在发展与壮大中，逐步认识到培养专业的农业从业人员，以及不断提高农场主自身的农业技术、生产经验和管理方式等全面素质的重要性。因此，在组织建构中，形成了经典合作社的以服务教育为宗旨的价值取向。美国历史上最早出现的奶牛协会及其后纷纷成立的“格兰其”组织，就是农场主们在农业不断商品化、市场化和应对随时爆发的农业危机过程中，为了保护自身利益不受损害，在销售、储运和加工方面所进行的联合。在随后的发展中，这些专业农民协会逐渐拓展其教育服务功能，为农民教育的展开提供坚实的组织保证。随着市场诱导下农民组织的建立及其力量的不断壮大，美国政府也通过了一系列法律，如1922年，国会就通过了《卡帕—沃尔斯坦德法》，把农民合作社从《谢尔曼反托拉斯法》的限制中豁免出来，确立了合作社的合法地位，这对美国通过农民合作组织来进行教育培训工作具有划时代的意义。1928年，美国创建了未来农民联合会，这是专门从事农民教育的民间组织，它活跃于中学农业选修课上，旨在帮助会员培养对农业的兴趣，提高文化修养，在各个年级中都有分支机构，现有会员500多万人。① 此外，在美国农民合作组织的努力下，各级政府每年都举办农业博览会，各种农民合作组织借由这个平台宣传农业知识、介绍新产品，开展良种评比竞赛，提高全体国民对农业生产的认识和对保护农业资源环境的意识，使全社会了解农业、重视农业、尊重农业。一般而言，美国发达的农民合作组织是农民自发形成的组织力量，政府通常不干预合作组织的业务经营和内部管理。20世纪70年代，美国农民合作组织进行新的机构改革，建立和发展“新一代合作社”，在经营战略和经营目标上，不再仅仅从事农业生产资料购买和初级农产品销售等业务，而是发展农产品精深加工，实现农产品增值的经营战略，以大幅度增加社员经济利益为主要经营目标，逐渐显现出企业经营特征，进而将农民教育的主体扩展到农业企业。“美国农业正在企业化，它与其他企业部门之间的差异正在消失，重视教育和新技术也将成为农场经营的特征，未来的农场必将全部商品化和专业化……新技术在农

① 王敏：《发达国家农民教育简述》，《成人教育》2001年第12期，第44页。

业中的推广带来了农场和农民数量的减少，农场平均规模的扩大。"①当然，我们需要清醒地认识到在市场经济条件下，依托农民经济合作组织和农业企业等社会力量对农民群体进行适当的教育和培训，是北美地区农民教育的重要经验，这与该地区土地资源丰富而人力资源匮乏的先赋环境，以及市场化发展较为成熟的经济环境密不可分。同时，需要进一步说明的是以美国为代表的北美地区农民经济合作组织是由具备一定经济实力和农场规模的农场主出于各自利益考虑而自发建立的，一方面对参与其中的农民有着较高要求和诸多限制，另一方面这样形成的农民合作组织结构较为松散，没有形成自上而下的组织体系，常常是带有明显企业特征的农场主之间的联合，并不完全适合以小农生产结构为特征的亚洲国家。

与北美地区不同，东亚的日韩两国同属于海岛国家，人多地少，先天资源禀赋不足决定了其农业生产经营规模狭小，这既不利于农民群体以联合起来的组织力量对抗市场经济的强势竞争，又不利于政府部门对分散的农民个体施以现代化的教育。针对上述现实状况，日韩两国政府积极推动建立农协组织。在政府推动下建立的农协组织，一方面其发展和壮大均离不开政府的支持和援助，另一方面农协主要肩负政府委托的农业政策执行职能，需将国家的农业发展战略落实到每个农户中去，成为政府对农民施以现代化教育重要的协助力量。日本在"二战"后建立的农协组织是协助农民教育发展的典型。在充分吸收西方发达国家农业发展经验的基础上，日本独创了一套适合本国国情的农协组织及制度，将兴建于第二次世界大战前的功能单一的"同业组合"，逐步发展为功能齐备、无所不在的综合性农民合作经济组织。这一农民合作经济组织的活动范围包括农业生产资料供应、农业技术推广等各个方面，并且自上而下形成独立完整的体系。这一体系自上而下分为三级：农协的全国性组织、农协的县级组织和基层农协，他们提供的流通服务网络覆盖整个日本农村。具有半官方性质的农业合作组织承担着除了经济事业之外的文化、教育等农村社会的公益性事业，为农民教育提供及时、高效、周到的全面服务，成为

① ［美］埃弗里特·M.罗杰斯，拉伯尔·J.伯德格：《乡村社会变迁》，浙江人民出版社1988年版，第64页。

农村、农业、农户三类组织三位一体的综合性社区组织。这一组织上有全国的农协联合会，下有综合农协，也有专业农协。全国99%以上的农户都参加了农协①，农协有效地保护农民的利益，为农民教育提供有力的组织保证。而政府主要是通过法律和经济杠杆，规范并引导农民合作组织对农民教育的促进作用。早在1899年明治时期，日本政府就制定了《农会法》，1900年又制定了《产业组合法》，1943年颁布了《农业团体法》，“二战”以后对“农协”的前身“农业会”进行改组，恢复了合作组织的民主原则。1947年制定的《农业协同组合法》，成为日本现代农业合作社的基本法律。该法律对农协兴办的农产品加工项目给予厂房、设备投资50%的补贴，并减免税费10%左右，另外在金融信贷方面也给予便利的服务渠道，使其更好地发挥在农村社会中对农民群体的教育服务功能。在法律保护下，日本农协组织得以更好地为农民教育提供协助力量。就韩国而言，主要是依托“新村运动”，注重调动各种农民群体参与农村建设和实施自我教育的积极性。各村都成立了村发展委员会、村民大会和邻里会议等村民组织，还建立起主要负责农民教育与培训的“村民会馆”，这些农村民间组织都成为改组原先农协组织的重要力量。韩国在新村运动之前的1961年就成立了农协组织，到1994年全国农协的农民会员共200万人，基层单位农协1 359个。② 在“新村运动”中不断发展和壮大起来的农协组织，成为协助政府相关部门对农民群体实施现代化教育的积极力量。

中国台湾地区的农民组织是发展程度较高，同时也较兼顾分散的农户生产和生活意愿的组织形式。台湾地区的农民组织不同于北美国家和其他东亚国家，上述国家的农民组织多将工作范围和组织职能定位在经济发展和产业合作方面。台湾地区的农民组织由于其特殊的历史渊源和发展历程，掌握着丰富的社会资源、地方资源，是农村社区综合性、多功能的活动中心，对农民教育具有更全面广泛的职能分布。整个台湾地区农民组织分为四大体系，即农会、农业合作社、水利会和渔会。其中，除了农业合作社是依合作社原则成立的农民经济组织外，其余三会均是按照台

① 卢荣善：《经济学视角：日本农业现代化经验及其对中国的适用性研究》，《农业经济问题》2007年第2期，第97页。

② 冯书泉：《国外农村建设的基本经验》，《科学社会主义》2006年第1期，第15页。

湾“农会法”之规定成立的具有经济性、教育性、社会性和政治性四大功能的非营利性社团法人组织。① 由此可知，在功能与组织上都较为综合全面的农民组织，是台湾地区开展农民教育的有力保证。台湾地区农民的组织化程度较高，普通农民基本上都会加入各种农民组织，从中得到生产经营服务和生活帮助。农民组织体系在50多年的发展中日渐完善，工作方式日渐成熟。通过推广教育、选举制度以及各种训练班，农会培养了农村新的领导人才，使土地改革后的农村社会渐趋安定，农业和经济发展因此得以顺利展开。② 据台湾合作事业协会的统计资料显示，截至2000年年底，台湾地区各种类型的合作社（场）共计538个，其中专业性农业合作社有343个单位，综合性合作农场有195个单位。③ 台湾的农会（或称农复会，是农民复兴委员会的简称），是台湾农民组织的主要形式，先后经历过百年的发展，在农业发展和农民教育中发挥了极大的作用，同时也是最受农民欢迎的组织形式。回顾台湾农会的发展历程，我们不难发现其在农民教育中不可或缺的重要性。1900年，台湾地区第一个农会在台北县三峡镇成立。1927年，以基层农会为会员的台湾农会，正式建立二级制农会。1944年实施农民组织一元化，形成省、市（县）、乡三级农民组织。省政府曾于1946年和1949年两次改组农会，虽组织上改为民主方式，由理事会作业务决策，但因会员资格未予妥善界定，理事会乃为住在农村而非农民的“领袖”把持。自1953年起，各乡镇农会服务能量和能力不断加强，最终成为目前全区分布最广、影响最大、管理规范、功能齐全的农民组织。农会在自身发展历程中，同样非常重视对农民的教育。1952年，农复会在台湾各地成立了农事推广小组，其任务就是对20岁以上的成年农民灌输农业生产方面的知识。后来又成立了“四健会”④，规定凡13至18岁的农民，都要参加四健会的组织，学习文化知识和农业新技术，作为未来

① 辽宁农业考察团：《关于台湾农民组织发展情况的考察报告》，《农业经济》2007年第9期，第65页。

② 于宗先：《台湾农业发展论文集》，（台湾）联经出版社1975年版，第182页。

③ 靳利华：《论台湾农村组织的运行及其对大陆的借鉴意义》，《社会主义研究》2005年第5期，第73页。

④ 邢平平：《蒋梦麟农民教育实践及其现实启示》，《文教资料》2008年第22期，第98页。

新农民的基础训练。这不仅使近30万的农村青少年获得了先进的生产技能,还使广大农村妇女享受到了现代化的农村家政教育。根据农会法规定,农会的功能主要体现为保障农民权益、提高农民知识技能、促进农业发展、改善农民生活和发展农村社区等宗旨。具体就农民教育而言,主要涉及对农民的文化知识、科学技能等方面的引导和培训,对先进的农业技术的推广,对农民参与公共事务的训练,以及对农民整体现代化素质的养成。农会不仅注重农民物质生活的改善,也注重社会全方位的革新,特别是在农民教育方面,承担了农业推广性教育。台湾地区的农业推广教育培训,能够坚持多样化的教育方式,采用区域示范、培训班、研讨会、观摩会和利用有线电视、广播、咨询热线、报纸杂志以及网络通信等多种方式进行,主要依托综合全面的农民组织,即台湾农会展开推广教育工作,它把技术推广、家政辅导和文化教育统一起来,指导农民学习水稻和机械化等技术知识,以及进行农家综合发展示范等方式的培训。同时,农会开展的教育培训工作,还包含对农村家庭妇女掌握科学知识的培训,使她们学习合理地改善家庭环境。在"农业推广教育"项目中,农业推广人员占总推广人数的96.2%,基层乡镇农会推广人员占总推广人数的87.9%①,帮助提高农民的知识技能和自身素质。

农民组织的发展特点使其能够更好地为农民教育服务,具体体现在:一是立足基层,相对独立的组织建构能够使其专心于服务农民发展。台湾地区的农民组织多是农民自愿发起的,在资源合作基础上,自主组建,完全体现了平等民主的精神,以"农有、农治、农享"为宗旨,以农民为中心,依托农村社区为基地,具有多重教育与服务功能。组织建构上的优势促使其在自身壮大和发展中始终坚持服务农民的理念。"本会主任委员由于委员会选举,非由政府派任,负行政总责……故本会有委员会组织的优点,亦有主管首长(如部长)的优点。"②农民组织不是政府机构,具有独立性和灵活性,工作效率较高,其先进的组织与工作方式使农复会得以专心致力于农业发展和农村建设。二是灵活多元的职能定位,使其能够根

① 吴聪贤:《中国农业发展》,(台湾省)中央文物出版社1984年版,第390页。

② 黄俊杰:《中国农村复兴联合会委员会史料汇编》,(台湾省)三民书局股份有限公司1990年版,第499页。

据社会发展的不同需要，不断提升其在农民教育中的重要地位。台湾地区的农民组织既有综合性的农会，又有各种专业性的合作社，这些农民组织几乎覆盖农村、农业和农民发展的所有方面，具有生产性（推动农业技术、农用物资以及农产品运销）、生态性（监督生态环境）、社会性（社会救济与福利）、政治性（协助农民参与民主选举）和生活性（组织对农妇家政方面的培训）等多项功能，满足了农民不同方面的发展需求。

三、多元教育主体共同施力，确保农民教育的整体发展

自19世纪末20世纪初以来，发达国家或地区的农民教育主体在发展过程中存在一定差异，以美国为代表的北美国家在市场经济条件下逐步形成了以民间力量为主的教育机构；东亚日韩两国则主要在政府的强力主导下，建立起一整套从中央到地方的农民教育负责机构。就欧洲国家来讲，由于其农业发展历程是在市场调节与政府主导双重努力下展开，逐步形成了以政府组织培训教育为主，由学校和民间力量相结合的多元主体参与的特征。从本质上来讲，各个国家或地区在某种程度上都是通过本国内部来自市场体系、政府部门和社会力量等各个方面的多元教育主体共同施力，以确保农民教育的整体发展，这是其农民教育的重要经验。中国正处于市场化转型的变迁时期，政府部门、市场主体和以各种社会组织为依托的社会力量，都处在自身结构调整和功能转型的过程中，如何将不同的教育参与力量的功能和作用进行合理的界定和规范，是党和政府更好地进行农民教育不得不着重思考的问题。

就欧洲各国的农民教育实际情况而言，具体参与农民教育过程的主体主要有：(1) 由政府专门的农民教育管理机构直辖的培训部门；(2) 各级农业科技教育培训中心和农业技术推广服务体系；(3) 高中初等农业院校；(4) 企业与民间的各类培训服务机构；(5) 农业行业协会、教会以及农民经济合作组织；(6) 农业远程教育网络机构。上述多元化的教育主体从资金来源和机构构成上来讲，主要分为由政府及其相关部门支持建立的，诸如农民组织和企业集团等社会力量出面组织的，还有正规学校体系所提供的农业职业教育。欧洲国家农业培训机构很多，由政府出面

筹办的有农民培训中心、农民培训学校、培训农场、农民培训队、农业广播学校、农村青年俱乐部、农村教育网和农业刊物，等等。除此之外，欧洲许多国家还有社会团体组织的农民教育培训，以及私人企业组织的培训。在法国、丹麦和荷兰，由农民协会或其他社会团体组织负责农民和农业学徒工的培训。在英国，主要由农业部培训局、地方教育局和农学院共同合作进行农民教育培训工作，各地区还有大批由社会、团体和个人兴办的业余农业学校和短训班，如农工夜校、农民夜校、农技培训班、农业青年培训学校等。除了政府和公益性团体出于社会公共事务的责任承担农民教育的主体责任外，私人企业为了实现利润最大化，也经常出面对农民进行培训教育，如西德就有农民培训企业 2 万多个。① 通过上述欧洲国家多元化教育主体参与农民教育与培训过程的经验来看，由政府相关部门、相应的民间组织和社会公益力量共同参与的农民教育，能够充分发挥各个参与主体的组织特长与资源优势，为农民教育的整体发展提供多方面的保障。德国农民培训机构呈现出多元化的趋势，主要有官方培训机构（州或地区的农业学校和德国农业技术培训学校，地区、县农业局或专业研究机构下设的培训部门）、专业协会下属的培训机构、合作社以及教会系统的职业培训机构等。同时，德国的“双元制”农民农业学历教育是典型的结合政府办学力量与市场经济组织为教育主体的农民教育方式，这一教育方式的主要投资者为培训农场。农场不仅承担培训费用，还支付学生 3 年的生活费，而各州政府则主要负责职业学校的人头费和管理费。② 法国农民培训是由政府农业部建立的培训晋级和就业委员会，以及各省设立的相应机构来负责，政府主要负责较长期的培训，专业性的短期培训多数由农会开展。③ 英国的农民职业教育与技术培训以农业培训网为主体力量，再辅以农业高校、农技科研与咨询机构，基本上形成了高、中、初 3 个教育层次相互衔接，正规教育与业余培训相互补充的农民教育培训体系。

① 向安强等：《浅论国外农民教育的特点》，《成人教育》2006 年第 1 期，第 93 页。

② 卢巧玲：《国外农民教育培训的经验及启示》，《成人教育》2007 年第 7 期，第 95 页。

③ 杨成利：《发达国家农民培训的特点及其启示》，《继续教育研究》2009 年第 8 期，第 58 页。

不仅如此，由于农民教育本身具有公益性，是针对有志于从事农业及其周边产业的人员进行的农业专业技术教育与培训，因而各国政府无疑成为农民教育主要的投资主体。此外，农民教育过程产生的经济效益和人力资源对现代农场和农业企业形成巨大的潜在收益，因而吸引了这些组织或机构成为投资农民教育的重要力量。因此，北美国家通常建立农民教育多渠道投资机制，为农民教育的持续发展提供资金支持：一方面，由中央政府出面对农民教育进行直接投资或发放补贴和贷款；另一方面，政府会出台多种多样的诱导措施，鼓励农场主和农业企业等生产经营组织对农民教育进行广泛投资。这样多元化的投资机制既能发挥政府部门在农民教育这样的公益事业中的主导作用，使农民教育成为惠及更多国民的公共福利工程；又能充分利用市场经济准则，使越来越多的市场参与主体根据各自的实际需要，在农民教育中承担更为积极的责任。美国政府在对农民教育的财政投入方面非常慷慨，每年用于农民教育的各种经费达到600亿美元，同时，对农民教育的经费投入自1995年以来每年大约以8%的比率逐年递增。① 不仅如此，在2002年颁布的新农业法中，美国政府还规定，从2002年到2007年的6年中，新增农业补贴519亿美元，总计达到1 185亿美元。除了注重发挥政府拨款为主要渠道的农民教育投资方式外，在“二战”后，美国政府也逐步认识到地方政府与民间力量参与农民教育发展的重要性，这样不但可以减轻联邦政府的财政负担，还能促使民间力量创办的教育实体同政府创办的教育机构之间互相竞争、促进，达到互相补充的作用。针对地方政府而言，美国联邦政府主要通过专项拨款的方式实现其对州和地方学区农民教育发展的影响和教育政策的引导。具体以“农村教育成就项目”（联邦专项拨款项目之一）为例，它旨在通过对州和学区的差别性专项教育经费资助，帮助农村学区更有效地获得和使用教育资金，并以配套投入资金的方式敦促地方政府共同投入经费，进行农村学区的建设，从而改善学区的教育环境，提高学生们的受教育水平。针对企业等利益相关方而言，联邦政府主要在尊重相关方的利益选择基础上，通过一系列经济诱导方式，激发农场主、农业企业和其他

① 李燕萍、蒋文晶：《国外农民开发的经验对我国新型农民培育的启示》，《前沿》2008年第12期，第138页。

利益相关方主动参与农民教育培训的积极性，如加拿大政府设有专项基金，鼓励农场主和农业企业对农民进行培训。当然，政府并不是将这些资金直接划拨给农场或农业企业，而是通过对这些相关利益方减免税收，以及提供其他一系列诸如原材料采购、成本核算等优惠政策，诱导农场主和农业企业对农民教育进行投资。这种方式能够更好地保证农民教育投资的多元化渠道，从而确保农民教育达到实际效果。同时，北美国家农民教育多渠道投资机制不仅使农民教育获得来自政府和社会力量双方面的经费资助，保证了其教育培训活动的延续性；还能以此调动农民参加教育培训的积极性。由各个农场和农业企业主办的教育培训活动，对农民而言更具吸引力，因为农场和农业企业可以为参加教育培训的人员提供较为便捷的实践基地，还能为他们未来就业方向提供更多可能的选择。

四、科学的农民教育管理体系，保障农民教育可持续发展

在19世纪晚期以前，大多数欧美国家都尚未建立由国家政府部门和社会公共机构支持的农业研究体系，技术进步的方式主要是私人工厂的诱导创新模式，由私人企业家依靠自身的资金和其他各项条件，根据市场要素的变动，在利润的指引下进行技术创新。进入20世纪后，经过一百多年农业技术和农民教育的共同进步，北美和欧洲很多国家都在政府重视与市场发展中，逐步形成了完善的农民教育培训咨询体系，建构起多层次、多形式的培训结构网络，包括农民培训中心、农民培训学校、培训农场、农民培训队、农业广播学校、农村青年俱乐部、农村教育网和农业刊物等，并在此基础上，促成农民教育、农业技术创新与农业技术咨询相互衔接、配合乃至相互促进的动态体系。同时，由于发达国家农民教育培训活动在教育主体、投资力量和参与力量等方面呈现出越来越多元化的趋势，农民教育在中央与地方层级中也存在不同的运行方式。为此，政府有必要建立一整套自上而下的农民教育管理体系以针对不同的农民教育培训活动进行综合性的统一管理，这样才能确保各个方面以及不同层面上的农民教育都在标准化和规范化的指导下运行，为农民教育对象提供无差别化的教育服务。中国在20世纪90年代也逐步引入了对农民的农业生

产技能进行培训和认证的“绿色证书”制度，这标志着中国已经开始探索建立科学的农民教育管理体系。欧美地区各个国家在建立科学的农民教育管理体系以保障农民教育可持续发展方面的经验，对当代中国农民教育管理工作朝着科学化和系统化发展，提供了重要的先导经验。

欧洲国家中以丹麦和爱尔兰完善的农民教育培训咨询体系最为突出，它不仅保障本国农民教育的可持续发展，还为其他国家的农民教育提供极具价值的成功经验。在丹麦，针对农民群体义务教育的推广进行得很早，全社会的教育水平相当高，农业技术研究、推广机构的经费，主要是由社会公共机构提供，由这些机构向生产者提供新技术或技术指导，通过这种技术革新，加上有利于农民的信贷体系的建立，小农在采纳先进的生产技术方面就不会处于劣势。不仅如此，丹麦有着发达、完善和高质量的农业咨询服务体系。丹麦的农业技术咨询服务机构是按国际标准设立的，通过农民联合会和农民家庭协会等重要组织进行，形成国家给予一定资金支持的自我服务机构。技术服务包括生产的各个领域，既具有权威性和可靠性，服务又相当周到，颇受农民欢迎。服务机构分国家和地方两级，国家级机构只有一家，即丹麦全国农业咨询中心，地方级的农业咨询中心则有 100 多家，分布全国各地。国家咨询中心的工作重点是收集、筛选、完善国内外有关的农业技术情报信息，将其通俗化、具体化、实用化后，提供给地方中心向农民传授或转让，帮助地方中心解决难题。地方咨询中心的工作是根据农民的需要，及时向他们提供各种信息和咨询，包括市场信息、饲养计划、谷物和肥料农药以及财会服务等几乎所有与农业生产有关的技术咨询。国家与地方咨询中心的工作人员均由专家和助手组成，提供的技术服务具有既可靠又实际的应用价值。① 同时，丹麦农业咨询机构实行自主经营和管理，通过向社会招聘各类人才来保证向农民提供高质量的咨询服务。丹麦全国有 90 多个地方咨询中心，根据农民的需要，及时向他们提供各种服务。② 爱尔兰的农民教育与培训主要由农业院校、地方的农业委员会和培训中心以及半官方的培训咨询机构共同承担，在农民教育多年历程中形成了教育、科研、咨询推广的体系。其农业部设

① 邹瑞睿:《丹麦农民教育的特色》,《教育研究》2007 年第 2 期,第 30 页。
② 赖学连:《丹麦农业成功经验之谈》,《福建农业科技》1998 年第 3 期,第 44 页。

立之初就具有管理培训、农业科研、农业技术咨询推广的职能，负责对大学、研究机构进行指导。地方都设有农业委员会，地方当局对土地征税，为当地的农业委员会提供资金。当地的农业委员会负责对年轻的农民进行技术、科技指导，并促进农村工业发展。经过农业部的努力，基础的农业教育课程得以纳入国民教育体系。农业部为地方农业委员会的农业指导员提供培训费用。1988 年，爱尔兰又成立了国家农业和食品发展管理局，作为半官方的机构来履行对农业的研究、培训、咨询服务的责任。它接管国家咨询与培训机构的培训职能，其合理性在于把研究、咨询、培训的职能进一步一体化，能够产生较好的经济效益和社会效益。国家农业和食品发展管理局下设 11 个局，其负责人都由农业部和食品部部长任命，成员来自农业组织、食品工业和农业院校。国家农业和食品发展管理局有来自 8 所农业院校、地方培训中心和研究中心的 200 多名教师和培训师，设立遍布全国的培训中心和农业院校（近 60 个培训中心、10 所院校），每年有 1 万多人参加培训。近年来，他们也在不断地探索新的培训机制。①

北美国家经由多年的农民教育实践，已建立起从中央到地方全套的农民教育管理体系，对各地的农民教育活动进行切实有效的管理与监督，且特别注重对从事农民教育师资队伍的建设，从管理制度与人员配备两方面保证农民教育的顺利运行。在美国，农民教育一般由专门的机构进行管理和领导：在联邦政府层面，由美国农业部推广局具体负责规划与指导；在各州层面，由州内教育部门专人负责指导和宏观调控本州内的农业培训项目，联邦政府与州政府的相关负责人员协同合作，共同对辖区内的农民教育活动进行指导和调控。具体到各个地方的农民教育培训一般包括课堂指导、实验试验指导培训、辅助农业经验培训项目等培训方式，主要由民间组织和政府机构所提供，如公立学校、合作推广服务组织、农场协会等。因此，从联邦到地方的管理部门主要是针对上述组织提供的各种教育培训方式进行教育管理和质量监督。随着美国农业经济产业化的发展，对其实施农业、农村教育的对象不仅仅局限于从事农业生产的人

---

① 刘巧利：《爱尔兰农民教育与培训的历史、现状及启示》，《教育史研究》2007 年第 4 期，第 88 页。

员，还包括对产前、产中和产后的从业人员进行的全民农业知识教育，目的在于培养一专多能的农民，即不仅具备相当的农业职业技能，还能够根据市场变化趋势和需求做出适当的反应，有一定的反应能力、竞争意识和创造精神的综合性人才。由此，农民教育管理体系不仅在纵向上存在层层递进的组织建构，还在横向综合专业化方面进行内容与形式的拓展，从而建立农民教育管理体系的立体网络格局。同时，美国政府还非常重视农民教育中的师资队伍建设，为了保证提供高质量的农民教育及向农业输送高素质的从业人员，北美国家对从事农业职业教育培训的师资队伍，一般都有较高要求，实行严格的录用标准，尤其看重教师本人在农业生产方面的实践技能。从事农业职业教育或培训工作的教师，不仅要接受专门的农业专业训练，还要有丰富的农场工作经验和较强的实际动手能力；不仅要懂得农民教育的理论和方法，还要有相应的教学能力，尤其是自拟课程、自编教材和实际操作指导的能力。20 世纪 90 年代，美国州一级的农业推广专家全部都具有博士学位，县一级的农业推广人员具有硕士学位者占绝大多数；①在高中教授农业课程的教师，不仅需要取得相当于农业教育的本科学位，还要在大学里学习过教育学和农业学等相关方面的课程。② 不仅如此，为了保证农业职业教育和培训活动的师资力量，北美国家一方面建立完善的教师进修制度，要求从事农业职业教育或培训工作的教师定期、不定期地参加农业专业或教育知识的技能培训；另一方面，通过教师自评、同事互评、学生参评和领导测评等不同方式，对教师的工作态度、工作能力和工作业绩进行考核。

五、在城乡一体化思路指导下，立足村庄整体规划，开展农民教育

处于向现代化迈进阶段的各个发展中国家都不可避免地需要面临城

---

① 卢君：《发达国家农村教育的经验及对我国的启示》，《安徽农业科学》2005 年第 8 期，第 1559 页。

② 杜妍妍、姜长云：《农民培训的国际（地区）经验及启示》，《经济研究参考》2005 年第 35 期，第 40 页。

乡二元分离的发展后果,这种城乡之间的发展差距和教育鸿沟,成为制约不同国家或地区农民教育发展的现实瓶颈。特别是对于中国、日本和韩国这样主要依托分散的小农群体进行农业生产的国家而言,城乡的日益分离以及农村地区的滞后和破败,都是农民教育无法有效持续开展的环境制约因素。因此,如何弥合城乡之间的现实鸿沟,立足村庄本身的建设和发展,是当前世界各国,特别是东亚地区各个国家首先要面对的现实考验。从某种程度上讲,日本、韩国这两个国家都是利用战后经济全球化发展机遇,大力拓展外向型经济模式,通过城市和工业的发展转移部分的农村剩余劳动力,缓解农村社会中人地比例的矛盾,才使留守农村的农民们获得小范围规模经营的可能性,最终促进农业经济的发展的。在此过程中,日本和韩国形成了独特的城乡一体化农民教育机制,使农民根据自身发展的实际需要,有选择地接受不同就业方向上的教育培训,从而使农民教育在城乡之间形成良性互动。在城乡一体化思路指导下,立足村庄整体规划开展农民教育,对同样在"二战"后逐步走上城乡二元发展道路,且不能在未来的发展中忽视农村建设的中国而言,无疑是非常重要的借鉴经验。

东亚地区日韩两国在城乡一体化思路指导下,一方面出台各种教育措施,帮助有志于迁移到城市社会的农村青年接受现代化的职业培训。在韩国"新村运动"中,村庄建设提供了更多农业周边产业及非农行业的劳动岗位,帮助农民增加收入。据统计,韩国 1974—1982 年间组织的 78 000 个新村项目共创造就业机会相当于 9 400 万个劳动日,政府支付工资2 260 亿韩元。此外,新村建设运动中倡导的知识技能教育和精神文化建设极大地提升了农民的生存技能和生活伦理,由此大大提高了农村劳动力的现代综合素质。上述物质条件和素质基础两方面因素提高了农民群体择业权、工作权和迁徙自由的实现程度,他们从中学会了木工、建筑技术,甚至还有指挥协调能力,改变了他们以往在农闲时节浪费时间在打牌等休闲娱乐上的生活方式,转而积极寻求进入城市社会打工谋生的机会。另据统计,20 世纪 60 年代以来韩国农业劳动力离农进城趋势愈发明显,在 60 年代中期,汉城就业总人口中占 26% 的工业劳动力,过半数来自农村，他们在当工人之前，多半曾在第三产业就过业。① 上述数据说明，韩国的“新村运动”为农民提供了足以应付现代城市工业化生存方式的职业培训和现代训练，使农村劳动力非农化规模扩大，农民们在农村中获得的现代教育使其获得了迁移至城市社会从事非农产业的机会，“在他们迁移到大城市之前，由于新村项目的实施，农村劳动力的素质得到了极大地提高的缘故”。此外，农业劳动力的减少客观上减缓了农村经济的过密化现状，农民的迁徙和转业自由又反过来促进农业的发展和农村的富裕。另一方面是对留守在农村社会的青年农民进行后继农民培训。截至 2004 年，韩国全国人口为 4 900 万，其中农村人口为 400 万，占 8.2%，农村青年人急剧减少，尤其是相对高学历、高素质的青年农民离开农村和农业的现象严重。农村劳动力中 60 岁以上的占 48.7%，50 岁以上的农民中后继有人的只有 20% 左右。② 虽然农民群体经由专业培训向城市社会的迁移对农村社会和留守农民都有好处，但是其对农业生产带来人才流失的负面效应也不容忽视，著名的经济学理论也认为：“农村人口外流是农业进步的必要条件，但并不是充足条件，因为经验证明，农村人口外流也带来了外流地区的衰落，素质最好的人员出走了，社会僵化了，农业固守成规，农民带着怀旧的忧伤情绪回顾逝去的往昔。”③这说明，政府需要对留守在农村社会的青年农民进行后继农民培训，才能最终形成城乡一体化的农民教育机制，使农村劳动力的城乡流动呈现积极的效应。为应对这一问题，确保农村后备人才的培育，1980 年韩国政府制定了《农渔民后继者育成基金法》，开始注重对农业后继者的精神、技术教育，提供经营管理、技术诊断、农产品销售、海外研修等服务。对农业后继者的选拔采取“加分选录取制”：满分为 750 分，其中热爱农业 150 分，有相应学历并接受过培训 150 分，有经营农业阅历 100 分，有一定经营规模 150 分，提出未来的生产经营和发展计划 150 分，农村女性 50 分。对于农村成年农民来说，“加分选录制”要比常用的硬性考试打分排队选录法更加科学、合理、

---

① 戎殿新等：《各国劳动力转移问题研究》，北京经济日报出版社 1989 年版，第 298 页。

② 李水山：《世界各国的农民教育与培训》，《小城镇建设》2006 年第 3 期，第 31 页。

③ ［法］H. 孟德拉斯：《农民的终结》，中国社会科学出版社 1991 年版，第 14 页。

有效。① 因为这样的选拔方法更加注重备选者的实践能力和实际业绩，克服了硬性考试简单、机械的选拔办法，体现出韩国农民教育制度的个性化和人性化特征。同时，在选拔后，政府还会对入选者有针对性地开展农业专业知识培训，配套一系列贷款创业的优惠政策，辅助农业后继者们尽快地适应他们的新角色，“需要的是新一代的青年农业生产者对经济的前途和乡村职业的高尚重新确立信心。他们可以按照我们工业社会的经济规则行事，利用邻居外流的时机扩展自身，把自己装备和组织起来。实际上，他们已决定充分运用工业社会的经济规则，并寻求改变这些规则，使这些规则对他们有利”②。

更进一步来讲，对世代生活在农村社区的农民群体而言，他们所处的村庄不仅是自身进行精耕细作的农业生产的地理范畴，还是他们以及自己的家庭实现生命意义和存在价值的人文空间范畴。因此，对农村社区进行整体规划和建设，无疑能够为农民教育发展创造一个良好的外部环境，既可以为农民群体研习现代农业技术提供一个重要的实践场所，还能培养他们自立、自信、自主的精神力量。战后的日本和韩国在思考农业发展、农村建设和农民教育过程中，没有一味地运用现代化的改造眼光进行规划和探索，而是立足于本国农村发展的实际情况，充分考虑农民群体赖以生存的小农生产特点和乡土精神文化特征，提出推动全面建设村庄的运动，以培养农民全方位的现代素质。在谈及这种农民教育经验取得的发展成就时，舒马赫认为：“经济发展的基础建立在经济领域以外，建立在教育、组织、训练上，还建立在政治独立和自力更生的民族意识上，不能靠外国技术人员或脱离老百姓的本国名家施行巧妙的移植手术使它‘生长出来’。只有把它作为一种广泛的普遍的‘改造运动’来推进，而且把主要重点放在充分利用每个人的干劲、热情、智慧与劳动上，才能取得成功。”③韩国 20 世纪倡导的“新村运动”和日本的“造村运动”都是体现这一经验的典型。韩国从 20 世纪 60 年代以来，为了改变农业与经济社会发展不协调的状况而倡导推行“新村运动”这一农村整体建设计划，具体

① 李水山：《世界各国的农民教育与培训》，《小城镇建设》2006 年第 3 期，第 31 页。
② ［法］H. 孟德拉斯：《农民的终结》，中国社会科学出版社 1991 年版，第 14 页。
③ ［英］舒马赫：《小的是美好的》，商务印书馆 1984 年版，第 139 页。

过程是由专家经过周密研究后设计，并运用现代科学理念决策的产物，每一阶段都有明确的规划目标，形成了一个长远而系统的规划。当然，对农民实施新村教育是韩国新村运动的核心，1972 年成立的研修院，负责培训新村运动的骨干。不仅如此，韩国政府还在每个村子建立"村民会馆"，采取灵活多样的方式向农民灌输正直诚实的价值观念，培养他们的主人公使命感、集体荣誉感和积极向上的生活态度，提高他们热爱家乡的积极性和改变家乡与生活环境的精神。通过对农民的教育与培训，培养他们"自立、自助、勤勉、协力"的思想观念，并倡导勤俭节约的生活方式。同时，依托"新村运动"，韩国政府针对农村居民提出了"四 H 教育"，这是引自美国的一种面向农村青少年的教育培训形式，即将农民教育目标确定为全面的现代化标准，使农民具有聪明的头脑（Head）、健康的心理（Heart）、健康的身体（Health）和较强的动手能力（Hand）。① "新村运动"以提高农民的教育水平和职业技能为前提，农村职业技术教育在"新村运动"这种综合性的社会变革中得以快速发展，随着 20 世纪 70 年代韩国经济结构的调整和新兴产业的大力发展，农村职业技术教育获得空前发展。90 年代以来，韩国掀起新一轮农村建设高潮，这一轮建设融入更多的文化内涵，其目的在于创造一个新韩国、新社会，提倡勤勉、自助、团结、奉献的村庄精神，不仅在农村居民生活上，同时在文化上实现工业与农业、城市与乡村的均衡发展。日本"造村运动"是由政府倡导，以振兴产业为手段，促进地方经济发展，帮助逐渐衰败的农村振兴起来为出发点的。随着造村运动的发展，其内容扩大到了包括景观与环境的改善、历史建筑的保存、基础设施的建设、健康与福利事业的发展等农村居民整个生活层面。

处于东亚的中国台湾地区自 20 世纪 60 年代以来，岛内经济发展迅速，使农村地区的现代化建设成为迫切需要面对和解决的实际问题。20 世纪 80 年代末，随着台湾工业化进程的加速，经济国家化、自由化程度提升，出现了农业比较效益偏低、农民收入增长缓慢和农村发展滞后的问题，这一系列问题明显制约了农民教育的发展和岛内整体现代化的进程。

---

① 卢巧玲：《国外农民教育培训的经验及启示》，《成人教育》2007 年第 7 期，第 95 页。

为应对这一发展困境，台湾当局在90年代初制定的《农业综合调整方案》中，首次提出了农业、农民、农村“三位一体”和生产、生活、生态“三生农业”的概念，追求以“三农”协调、“三生”均衡发展为契机，从而达成“富丽农村”的建设目标，以便为农民教育的进一步发展创建良性的村庄氛围。基本上来讲，可以在两组指标上对建设内容进行划分。以施政过程中政府投入之属性来区分，包括三项：一是资本集约的建设，一般涉及硬件设施的配备，如建筑道路、大众运输系统、农业机械化等。二是非资本集约的建设，泛指新技术、品种改良、作物制度改良以及调整农业资源的分布。三是制度建设，即为配合农业政策推行，因时因事地进行一些制度性措施，最为典型的是土地改革中的“三五减租”等。以政策所追求的社会价值属性来划分：一是经济性建设，即与生产性相关联的建设。二是社会性建设，以增进人民生活福祉，促进社会公平为目标的措施，如整建农渔民住宅、推行社区发展计划、加强农民组织等。三是区域性建设，主要指平衡社区发展、缩小城乡之间的生活差距，使生活与生产层面的各项措施全面配套，从而提升农村社区居民的生活素质。台湾当局通过社区发展计划、吾爱吾村计划，以及加强基层建设、提高农村所得等一系列政策方案，集中精力进行农村社会的区域建设，由原先侧重于发展现代农业经济，转而深入到社会与文化更为深层次的建设层面，力图以全面的地方生活圈，为农民教育营造良好的氛围，促使更多的农民在农村社会中实现自身发展与精神文化的双重追求。1981年至1985年，台湾当局在“提高农民所得，加强农村建设方案”指导下，偏重于生活环境层面的改善，从农村基层建设出发，重新界定农民教育的发展目标和方向，由村庄的综合建设入手，重新探求农民教育的文化落脚点。这一政策方案以乡镇为据点，利用地方中心已有的发展潜力，加强各项公共设施和公用事业的建设，改善社区内部的空间分布和功能设定，“创设地方生活圈的构想，期以农业生产地区为中心，周围配置以现代化生活圈的建设，如此借助地方性生活圈建设，以兼顾经济成长与现代化社区综合性建设的均衡发展”①，形成一个全面发展的现代化农村社区。台湾地区立足于村庄整体规划与建设的措

① 陈希煌：《台湾经济发展与农村综合性建设之研究》，见毛玉刚主编：《台湾农业发展论文集》，（台湾省）联经出版社1994年版，第181页。

施，使农民教育立足于本土的文化科技建设，体现为：一是加速推动该村村庄整体规划和重点建设，为农民教育创造良好的硬件环境。具体措施是以县为基础，根据县域农业与农村资源的分布情况，组织进行跨乡镇的整体规划，调整产业发展的空间布局。先后规划建设10个重点区域，办理跨区域的公共设施112件、景观建设170处、社区多元文化场所42处，①极大地改善农民教育的整体外部环境。二是研究实施“台湾健康社区六星计划”，旨在培训“富丽农村”规划与建设的本土人才。结合农村规划建设的实际需要，2005年先后辅导91个乡镇建立“农村区域教育中心”②，为当地现代化和多元化的人才培养提供全面的服务。三是依托农业科技园的建设成果，大力提高农民群体的农业科技素质。台湾当局于2003年2月出台了《农业生产技术园区规划构想》，决定在岛内建设5个包括台南“台湾兰花生物技术园区”、宜兰“海洋生物科技园区”在内的农业生物科技园区，并逐步实现跨乡镇的农业园区合作，充分发挥各地的资源优势，对培养本土农业科技人才非常有帮助。四是精神文化方面的建设与发展。20世纪末，台湾提出新故乡运动，目标在于利用本土资源，引进人才与发展创意，活跃地方社区的精神文化建设。运动主要涉及的项目有社区营造资源整合、“原住民”新部落运动以及新客家运动等。新故乡运动建构以“终身学习”和“相互服务”为核心的乡村社区，使其成为青壮年创业发展和青少年学习绿色生态的“新桃花源”，培育社区人文环境，以达成本乡人和外乡人都能在精神文化上认同的“新故乡”。

同世界上其他国家或地区一样，处于现代化转型期的中国，不可避免地需要面对农民的现代化、农业的现代化以及农村社会的整体现代化问题，这是每个处于现代化发展中的国家必须直接应对的农民教育现实。通过梳理和总结其他国家或地区的农民教育经验，我们不难发现，虽然各个地方所处的自然禀赋、地理条件、经济基础和政策环境存在较大的差

① 单玉丽：《借鉴台湾经验，扎实推进新农村建设的若干思考》，《福建论坛（人文社会科学版）》2006年第6期，第49页。

② 单玉丽：《借鉴台湾经验，扎实推进新农村建设的若干思考》，《福建论坛（人文社会科学版）》2006年第6期，第49页。

异，但不同国家或地区在自身农业和农民的发展中，面临的挑战与机遇以及农民教育的整体目标等方面，仍然存在诸多类似的地方。因此，不同地区农民教育模式的主要经验，值得我们深入探讨与借鉴，并为新形势下农民教育的发展提供了实际的参考。

第八章 新形势下农民教育的具体路径

通过对农民教育思想理论的回顾和总结，以及对包括中国在内的世界各个国家或地区的农民教育实践的梳理和反思，我们认为，在当前新形势下思考和解决农民问题还需要回归农村社会，立足农村地区的现实情况，同时，应充分考虑农村居民的实际需求和现实预期，由此来探索农民教育的具体路径。进一步来讲，党和政府的农民教育实践需要着重发挥农村社会内部的人员力量和自身优势，从各个村庄本身探寻促进农民教育蓬勃发展的内生力量和积极因素。

一、培育基层精英在农民教育中的先锋示范作用

党和政府对农民的现代化教育必须依靠活跃在乡村社会的基层精英来完成。由于中国农村地域广大，不同地区的村庄之间也存在很大差异，这就决定了不同农村地区的基层精英如何开展对农民的教育工作，实质上存在一定的弹性空间，基层精英的具体教育行为构成党和政府在农村中实施农民教育的主观基础，对农民教育活动产生极为显著且重要的影响。同时，传统时期农村社会由血缘和亲缘形成人情关系网络，即费孝通所说的“差序格局”；改革开放以来，虽然这种传统的人际关系不断弱化，但农民群体习惯于依赖非正式关系，用非理性化的标准去评判他人的言行，这样

的传统因素仍然存在。这就决定了基层精英的思想意识和行为规范对农民群体来说具有强烈的人格化力量,能对他们的言行产生非常大的示范效应。因此,基层精英作为农民教育实施过程的具体承载者,其在主观方面发挥的作用非常重要。

社会学家帕累托认为,社区精英可定义为社区中那些具有特殊才能、在某一方面或某一活动领域具有杰出能力的社区成员,他们往往是在权力、声望和财富等方面占有较大优势的个体或群体。王汉生曾将乡村政治精英定义为"在农村社区生活中发挥着'领导、管理、决策、整合的功能'"①的人。吕世辰则认为:"农村精英指的是农村中在村民中有威望、有影响和有号召力的人,现阶段,我国农村精英主要有:在村民中有威望的村干部,具有高中或中专及其以上文化的知识分子,率先富起来的农业专业户和乡镇企业家,大姓家族的元老等。"②根据上述定义,我们将本书研究的基层精英定义为:比社区中其他成员拥有更多的社会资源(经济、权力或关系)和个人能力(包括知识技能和为人处世的能力),并因此获得更多权威性价值分配,如安全、尊重、影响力等,进而能够对其他成员乃至社会结构产生影响的社区成员。处于不同历史时期的农村社会基层精英,其权威来源、行为方式以及在国家与村庄之间扮演的中间角色都不尽相同。改革开放后,随着国家对农村社会行政控制的弱化以及农村社会日益多元的发展,基层精英也突破了以往以传统文化或政治权威为单一来源的产生方式,在各个方面显现出才能和权威的新型精英越来越多地占据农村社会空间。根据权威来源的不同,可以将这些基层精英划分为体制内精英和体制外精英两种:体制内精英是指由国家政治体系正式授权的基层精英,他们的权威往往来源于其背后的正式组织,体现出与国家政权较为密切的关系,我们在研究中将乡镇一级党政干部和村两委干部划入体制内精英范畴,他们都属于农民教育的基层主体。体制外精英是指村庄内部掌握各种社会资源,诸如传统资源、经济资源等的精英,他们

---

① 王汉生:《改革以来中国农村的工业化与农村精英构成的变化》,《中国社会科学季刊》1994年秋季卷。

② 吕世辰、胡玉霞:《农村精英及其社会影响初探》,《山西师范大学学报(社会科学版)》2003年第1期,第23页。

处于国家权力序列之外，凭借上述资源对所处村庄内的其他村民产生或多或少的影响，体制外精英构成农民教育可资借重的本土精英力量，成为农民教育基层主体的协助力量。

（一）基层精英在农民教育中的作用

改革开放以来，伴随着国家对农村社会行政控制的日益弱化以及农村社会流动与分化的加剧，村庄内部的社会结构和精英构成出现多元化趋势，由原先“村干部—群众”的政治分层逐步演化为“精英—普通村民”模式，基层体制外精英迅速成长并形成多元化结构。在村一级范围内，活跃在村庄内的体制外精英对农民教育的影响力无疑是非常关键的。农村社会的生活是乡土性的，富于地方特色，村庄内部是一个熟人社会，人们处于彼此关联熟悉的人际网络中。体制外精英是社区内的公众人物，由于各方面的能力与素质，成为大家公认的社区领袖。在农村现实生活中，他们常常是融合传统与现代特征的结合体，对整个社区的发展及其他村民们的日常生活形成重大影响。可以说，体制外精英对农民教育的作用主要体现在以下几个方面：一是作为社区精英的村民，通过个人奋斗取得超出普通村民的经济地位和社会地位，他们来之不易的成功，会使自己周围聚集着一批利益相关的村民和仰慕者，他们的言行准则会对这批人产生直接有效的影响。二是村庄精英一般具有较强的实际工作能力和坚实的群众基础，他们的文化水平相对较高，思想开放，能够通过各种渠道获得新技术、新品种和新门路，对广大村民起到带头示范作用。三是体制外精英通常与村庄外部联系较多，视野开阔，具有良好的人际关系和号召力，足以动员社区内的其他村民跟随自己一起参与一些公共文化活动和公共事业建设。四是村庄精英大多数居住在农村社会，他们常常是农村社区社会规范的维护者，由于熟悉本村内的人员情况和日常生活，他们能够对其他村民的言行做出评价与监督，在社区内形成道德约束和舆论压力，以此规范其他村民们的道德行为。

目前，活跃在农村社会的体制外村庄精英主要有以下几类：一是致富能人。他们在市场经济发展中，通过自身的辛勤劳动和致富能力，获得相比其他村民更多的物质财富，并因此在村庄生活中扮演越来越重要的社会角色。他们的致富经历不仅对其他村民起到较为直接的示范影响，还凭借自身在市场经济中积累的经济头脑、竞争意识等现代素质而在农民教育中起到先锋作用。二是拥有一定社会资源的村民。这类村庄精英的社会权威主要来源于两个方面：就传统方面而言，这类精英有可能是在宗族势力较强的农村地区，在宗族事务中起到关键作用的宗族领袖，他们承载着传统社会资源带来的权威和影响力。就现代方面而言，这类精英有可能是在集体化时代担任生产队各级干部的人员，他们在以往长期的村政管理中，凭借来自外部政治系统的层级授权和自身的能力与品格积累了相当的社会权威，在卸任后仍然对村庄日常运作产生实际影响。三是农村知识分子。现代社会发展中，知识与信息发挥着越来越重要的作用，身处农村社会的村民们也越来越意识到知识对个人和家庭发展不可忽视的作用，占有知识资源的农村知识分子社会地位逐渐提高，他们在村庄运作中也获得了更多的话语权，成为新时期村庄体制外的精英之一。

结合理论与实践两部分材料，我们认为村庄内部体制外精英主要包括3种类型：一是经济能人。十一届三中全会以来，随着家庭联产承包责任制的推行，中国农村社会经济结构发生了重大变化，在农村社会中涌现出一大批致富能人，他们通常是专业户、个体工商者、乡镇企业管理人员等经济能人，凭借自身在市场经济中的创业能力和致富能力，其作用与影响越来越突出，被学者们冠以“经济乡绅”的称号。由于经济能人在农村社区中具有特殊的社会影响力，对农民教育有着不可忽视的作用，因而农民教育基层主体需要注重对他们的培养和扶持，充分调动他们的积极性，使他们在农民教育中发挥更加积极有效的示范带头作用。二是宗族精英。20世纪80年代农村社会中逐步实行村民自治，标志着国家对基层社会控制的放松，再加上原先的集体组织力量在市场经济发展中不断减弱，传统时期掌控农村社会的宗族势力重新兴起，随之而来的是宗族精英在农村社会中影响力的逐渐加强。对宗族精英的地位与作用，学界一直存在较大的争议，不少学者担心传统宗族势力的强大，会对农村现代政治结构和秩序产生负面影响。在农村现实中，我们发现，如果宗族势力能够与外部政治组织和现代社会规范主动进行接洽与融合，在完成自身现代化的同时，对社区生活具有促进作用，那么宗族势力以及代表其传统权威的宗族精英仍然能够成为有助于农民教育展开的积极因素。正如钱杭和谢维扬所分析的:“在现代中国的社会制度框架内,如果不能与地方政权机构建立起码的信任关系,不能对地方秩序和地方利益作出某种程度的贡献,宗族即使作为一种俱乐部(club)团体,都没有理由和机会生存。”①因而,现阶段农村基层教育主体需要对宗族精英进行引导和规范,使他们在法律与制度允许的框架内,利用自身的传统资源优势,对农民教育作出积极正面的贡献。除了宗族精英外,在农村社会中,还存在以宗教信仰和私人团体为主要活动范围的宗教精英和宗派精英,由于其对农民教育的作用与影响不构成主导因素,我们除了认为他们的言行同样需要在制度化的规范中进行外,不作深入探讨。三是拥有一定社会资源的村民。这类村庄精英主要是指在集体化时代或是改革开放之后,担任过生产队干部或是村政职务的特殊村民,由于他们以往曾不同程度地参与到基层政治运作中来,凭借来自外部政治系统的层级授权和自身的能力与品格积累了相当的社会权威,在卸任之后仍然有可能对村庄日常运作产生实际影响。若能对这部分精英进行引导和利用,将会充分调动农村社会中既有的人才资源,使他们在村庄日常事务和农民实际教育中发挥积极的组织协调和模范带头作用。四是生活在村庄外的权威人士。在村庄日益流动与分化的态势中,逐渐形成了一批游走于村庄与城镇社会之间,大部分生产与生活时光都是在村庄之外的城镇社会中度过,但是由于自身与村庄内部还保持较为紧密的血缘、亲缘和地缘联系,因而对村庄内部的公共事务及人际关系形成重要影响的人群。他们通常是随子女或是自己全家已迁入城镇社会,但是和村庄内部还保持密切联系,因此常常会利用各种节庆假期回到农村社会,参与村庄内部的公共事务。这部分人由于在城镇社会已取得一定的经济成就和社会地位,又非常关心自己村庄内部的事务,会利用回村时光发表个人意见、贡献个人力量,以自身的言行对农民教育产生积极影响。当然,这部分基层精英还包括在城镇与农村社会之间频繁流动的进城务工人员。随着城乡日益开放,村庄外的权威人士逐渐成为对农村建设和农民教育构成积极影响的重要力量,对这部分精英

① 钱杭、谢维扬:《传统与转型:江西泰和农村宗族形态》,上海社会科学出版社1995年版,第30页。

的引导和鼓励,能够使他们更多地将城镇社会中积累的知识、财富和人脉资源贡献给农村社会,起到正面的榜样示范作用。五是农村知识分子。现代社会的发展中,知识与信息发挥着越来越重要的作用,身处于农村社会的村民们也越来越意识到知识对个人和家庭发展不可忽视的作用,占有知识资源的农村知识分子的社会地位逐渐提高,他们在村庄运作中也获得了更多的话语权,成为新时期村庄体制外的精英之一。上述5类村庄精英可以说是农村社会的先锋力量,也是农民教育过程不可或缺的基层力量,构成农民教育基层主体的协助角色,需要通过各种正式、非正式的途径调动他们的积极性,引导他们更多地为农村社会和农民群体起到示范和带动的榜样作用。

(二)建立基层精英培育和吸纳机制

实施农民教育具体过程的基层主体主要仰赖于活跃在乡村社会的基层体制内精英,这些体制内精英根据不同的标准可以进行不同的划分:从纵向权力结构上讲,可划分为处于乡镇一级党政干部与村一级两委干部两个不同层级上的精英;从村庄内部权力结构上讲,可划分为村党员干部和村委会干部两个部分。由于现阶段乡村治理结构在实际操作层面上还存在诸多未在法律政策范畴内做出清晰界定的地方,乡镇政府与村两委之间的互动与博弈呈现出复杂多变的特征,这些结构特征对基层精英在农民教育过程中作用的发挥构成重要的外部环境。因此,我们有必要首先理顺乡村治理结构,为基层体制内精英创造一个相对规范良性的制度环境。同时,探讨建立基层体制内精英培育和吸纳机制,以制度化的管理方式保障农民教育主体的有序形成与运作。

乡镇政府作为国家政权的最基层组织,以国家制度安排和正式权力形式介入基层农村社会,其组织本身的制度化水平和组织成员的业务水平成为影响组织有效性的重要因素。乡镇干部由于拥有相应的职位所界定的政治身份,即农民们口中常说的“国家干部”身份,大多运用政治原则指导其言行。从制度安排上看,乡镇政府包括乡镇党委与乡镇政府,两者常常合为一体,对农村社会进行统一管理。在村一级主要通过村党支部实行行政管理。村党支部与乡镇之间是领导与被领导的关系,换句话说,是隶属于上下级的层级关系。根据共产党农村基层组织工作条例,村党支部是党在农村的最基层组织,是村中各种组织(包括村委会)和各项工作(政治、经济、文化等)的领导核心。村委会是根据《村民委员会组织法》由农村居民自己选举产生的,实行村民自我管理、自我教育、自我服务的基层群众性自治组织的主要形式,是村民依法办理自身事务的组织。它与乡镇之间没有直接的隶属关系,是指导与被指导的关系。在村庄内部,村党支部具有领导和推进村级民主选举、民主决策、民主管理和民主监督,支持和保障村委会依法开展自治活动的权力。因此,村党支部与村委会之间实质上是一种领导与被领导的关系。在村务实践中,村委会和村党支部往往是一套班子两块牌子,一般来说,村支书履行"一把手"的职责,村支部与村委会的关系常常会演变成决策者与执行者的关系。

乡村治理结构中呈现出的复杂特征,事实上反映出国家在乡镇一级的治理权与基层农村社会村民自治权之间的矛盾。目前,国家尚未能在制度层面上清晰地界定两者之间的权限关系,这对农民教育产生存在两个不利影响:一是事权界定不明,会使基层农村社会的管理与服务呈现趋利性倾向。税费改革之前,乡镇政府为了能够更好地从农村社会汲取资源,完成上级政府的行政指标,不断加强对农村社会特别是村两委的控制,却常常忽视诸如农民教育这样的公共事业建设。乡镇干部强硬的行政方式还使农民群众对国家政权产生不信任的疏离感,影响农民教育的实际过程。税费改革之后,乡镇政府又因为不再需要从农村社会汲取资源,仅仅满足于完成上级行政任务,对无法产生直接经济效益的农民教育工作更加提不起兴趣。二是村两委干部时常处于被动冲突的角色定位,不能很好地从本村农民自身需要出发,进行村庄建设和农民教育。由于村两委干部是由国家选拔或认可进入行政体系中的,因此需要对上级乡镇政府所代表的国家权力负责。同时,村两委干部又是由本村村民中选任的,无法摆脱其与村庄内部千丝万缕的联系。村两委干部这种既要代表乡镇政府,又要代表本村群众的"双重角色"特征,使他们常常处在疲于应对来自上级和本村的压力,却又"两头不讨好"的境地,对农民教育更是无暇顾及。在上编中,我们探讨了利用税费改革的政策契机改变乡镇政府单纯向上级负责,以经济建设为一切工作中心的职能定位。我们以此为起点，对乡村治理结构作进一步思考。税费改革之后，乡镇政府得以在全新的政策环境中重新定位自身的职能内容和行为方式，在乡村政治关系中，可以改变原先行政强制的管理方式，通过对村党支部的有效领导和有力扶持，使村党支部以发挥其教育引导村民的服务职能为主。同时，在充分尊重村委会的自身运作的同时，注重对村委会的工作指导，使乡镇治理与村民自治之间形成良性的互动关系，为农村教育工作的顺利开展创造良好的制度环境。当然，不可否认的是农民教育的开展始终是由乡村两级党政干部具体承担，作为基层教育主体的体制内精英是农民教育的人员保证，对他们实施科学化、制度化的管理能够保证农民教育的有效进行。以往对体制内基层精英的培育与吸收也呈现出趋利性特征，即强调被选拔的基层精英的办事能力，能否保证党和政府在农村社会中完成诸如计划生育、征收各种国家规定的粮税、维持农村的社会治安等各项任务，或者某项有助于证明各级党组织和政府政绩的行政工作，而不是强调其是否能够真正为村民的教育发展服务。我们认为税费改革后，乡镇政府以及村党支部需建立针对基层精英的培育及吸纳机制，制定一系列选拔标准，使活跃于农村社会的基层精英能够通过制度化和标准化的途径，进入正式的政治体系，为农民教育等公共事业的建设与发展提供人力保证。除了现有公务人员及党员的选拔标准外，还需特别强调一点，即基层精英是以自己所在村庄为自身再生产与生命价值实现的空间，还是以村庄之外的城镇生活为自己预期生活的场所，这对基层精英的行为出发点构成主要影响因素，务必在选拔时特别加以考量，以保证农民教育主体开展工作的积极性和持久力。

（三）形成基层精英监督与激励机制

村一级的基层精英通常是生活在本村内的村民，不论是村委会主任，还是村党支部书记，都是产生于村庄熟人社会的本土精英。他们在身份上还是农民，与普通村民之间距离感较小，能够在日常生产生活和人际接触中对其他村民产生较为直接的影响。同时，他们的思想意识和行为方式在一定程度上代表了党和政府的形象。因此，他们的教育角色与教育行为实质上构成最为直接有效的农民教育过程。在我们对祠堂圩乡的实地调研中，也先后遇到几位较为年长的村支书或村主任，他们不仅自身致富能力较强、有知识、见过些世面，而且具有为人正直、乐于奉献等高尚品质。他们在处理村务时常常能够公正对待、化解矛盾，这样的村级精英往往享有较高的威望，对其他村民的示范作用较为明显。我们在其中一个村庄的驻村调研中了解到，村民们对该村的村支书都颇为赞赏和认同，认为他平时说话办事很能为村民着想。村民们还特别提到，这位村支书花尽家中的积蓄为供自己的小女儿上学，这在重男轻女思想相当普遍的当地是让人颇为敬佩的事情。正因为如此，村中几户人家中有意愿继续读书的小孩也获得允许，这些家长曾向我们表示："村支书都能砸锅卖铁供小女儿上学，我们咋不能这样做？村支书说了蒸馒头，要个个熟！"由此可见，村级精英对普通农民的教育示范作用非常显著。因此，应该对村级精英进行有效敦促，建立相应的监督和激励机制，促使他们在农民教育中发挥更积极正面的作用。

从监督机制来讲，可以从制度监督和舆论监督两方面入手。由于村两委干部处于乡镇政府与农村社会之间，既具有正式组织的特征，又难以避免来自本村非正式组织的影响，因而可以从由上至下的制度监督和自下而上的舆论监督两方面对村级精英的教育角色进行规范。制度监督是指乡镇政府对村两委干部的教育行为进行制度化的考核和评定，从农民教育实施的具体情况和农村居民的教育反馈等方面，对村级精英进行监督，并以此作为制度化考核的标准，与村两委干部的经济收入和综合考评挂钩。依托正式权力组织对村级精英进行制度监督，能够形成一定的组织压力，敦促村级精英积极主动地开展农民教育工作。同时，将乡镇对村级精英的政绩考核集中在农民教育和村公共文化建设等方面，还能促使村级精英立足于本村的实际需要，思考并解决关乎农村居民切身利益的教育问题。舆论监督是指依靠本村村民对村两委干部日常教育行动的评价与讨论，形成一定的舆论氛围，督促村级精英更有效地开展农民教育活动。村庄舆论是传统时期农村社会中较为普遍且有效的行为规范方式，由于传统村庄处于血缘与亲缘构成的密集的人际网络中，任何有违传统道德的言行都会遭到村庄共同体内其他成员的反对与阻止，彼此之间密切的人情关系常常使村民们服从村庄舆论的评判标准，不敢越雷池半步。

改革开放以来,随着农村社会开放与流动的加剧,村庄舆论日益呈现弱化趋势。然而,在一些社区共同记忆较强、社会关联度较高的农村社会,村庄舆论仍然是左右村民们言行的重要规范之一,也是对村级精英教育角色履行情况进行监督时可倚重的有效机制之一。因此,利用村庄内部的舆论机制,能够使村级精英在实施教育活动中获得直接反馈,从村民们的评价中了解农民教育过程的被接受程度,从而对教育活动进行及时调整。

从激励机制来讲,可以通过物质激励和非物质激励两种方式对村级精英的教育行为产生促进作用。物质激励主要是指乡镇政府依托国家教育资源,设立一些教育专项奖励基金或是教育先进个人表彰奖励等物质奖励形式,以鼓励村级精英对农民教育的热情与积极性。现阶段,包括村级精英在内的农村居民,相对于城镇居民而言,其收入水平和物质生活条件始终不高,大多数村民们还是以小康生活为奋斗目标,对他们施以相应的物质奖励,无疑能够产生较为强大的行为动力,使他们更热衷于根据所在各村的特点开发出更多的农民教育活动形式和方法,激发他们的教育创造性。物质激励方式对村级精英而言,是比较直接有效的动员方式,看得见的实际利益常常能使村级精英产生迅速的行动反应。然而,在农村社会中,物质激励也存在难以克服的弊端,容易造成短视功利的教育行为,特别会导致为获得上级奖励,搞形式化的教育活动,以致有违农民教育激励机制的初衷。因此,在物质激励方式之外,我们还需要考虑来自农村社会内部的非物质激励方式。集体化时代,农村社会物质条件普遍低下,党和政府时常通过对村级干部的非物质激励,使他们获得工作上的成就感和满足感,促使他们更投入地进行工作,这不失为一个重要的历史经验。由于基层农村社会难以摆脱人情关系的影响,人格因素对农民教育过程产生一定影响,表现在:村级精英凭借自身的人格化力量感动并影响其他村民,形成积极的农民教育效果。反过来,村民们的教育反馈也能使村级精英获得非物质的激励因素,若是村级精英实施的教育活动能够获得村民们的一致认同和好评,对村级精英而言,则会收获物质满足之外的尊重感和成就感,这也是非物质激励的重要方式。在由乡土人情构成的农村社会中,非物质激励是必不可少的激励机制之一。

（四）探索多种软性支撑型教育方式

由乡村体制内精英和村庄内部体制外精英共同组成的基层精英，是党和政府在农村社会开展农民教育活动主要的依靠力量。不论是作为基层教育主体的乡村党政干部，还是作为教育主体协助力量的村庄精英，都面临着社会发展和农民分化对他们的教育方式和教育途径提出的种种挑战。为应对这些现实中的新形势与新问题，基层精英们在具体实施农民教育过程中，需要时时根据变化着的农村情况和农民需求，及时调整农民教育方式，改变以往硬性行政管理或是传统权威统治的方式，探索出更灵活多样、弹性柔软的教育方式以及环境支撑型的教育途径。建国之后的集体化时代，新近崛起的基层政治精英依托党和政府正式组织的政治权威，全面介入农民教育过程，以相对强硬的泛政治化方式进行农民教育实践，这在当时的社会经济政治环境中有一定的合理性，同时也具备相当的社会条件。从某种程度上讲，基层精英的这种教育方式从客观上促进了农民群体现代意识和集体观念的形成。然而，进入改革开放新时期，农村社会和农民群体在市场经济中发生了根本性变化，特别是农村居民的独立性和自主性增强，很多村民更倾向于从自身利益出发思考问题，对他们的教育和引导就愈发显得困难。以我们调研的祠堂圩乡为例，在Y村案例中提到的对村集体经济的具体用途上，村支书就很难理解能够为广大村民们带来看得见的福利的村公路建设，却始终不能得到全体村民的一致认可，少数人的意见最终左右了村集体建设的进程，使希望为村民们办更多实事的基层精英陷入教育困境。村支书对此深感无奈："要是放在以前人民公社时期，都得少数服从多数，几个人的想法怎么能影响到大家的利益，这些只管自己的村民确实需要教育！"但是，从现实事态发展中，我们也发现像Y村村支书这样的基层精英还是苦于找不到教育和说服全体村民的方法和途径，从而使关乎全村发展和村民利益的村政无法推行下去，这也是他们在教育活动实际开展中需要首先解决的问题。

社会日益多元的发展与进步给基层精英开展农民教育活动带来困境的同时，也为他们探索更加灵活多样的教育方式和途径提供便利的条件和可利用的社会资源。基层精英们可以从历史与现实两个不同维度，思考和创造更多切合实际的教育途径，主要体现在以下几个方面：一是依靠自身的实际工作起到身先垂范的作用，引导和带动农村居民完成自身现代化进程。基层精英在实际操作层面常常抱怨农村居民的流动与分化带来的协调难度和教育困境，却很少从自身工作态度和教育方式上进行反思和修正。市场经济条件下，越来越多的基层精英同其他村民们一样，往往从自身利益出发，未能履行其作为公众人物或是公务人员的义务和职责，特别是一些体制内基层精英还会利用职务之便，不惜侵害普通村民和村庄集体利益来达到自己的目的，这样的行为不仅不能在农民教育中发挥人格力量，取得预期成功，还会因为自身的行为偏差导致农村居民对党和政府教育活动的不信任和疏离。回顾党和政府在集体化时代的农民教育历程，虽说因教育方向偏离客观标准而最终导致失败，但是基层精英们大都能在农民教育中发挥正面的人格化力量，使广大农民群众紧紧团结在其周围，为国家的农村建设贡献自己的力量，形成上下齐心的教育形势。基层精英依靠自身的人格力量和工作态度在日常生产和生活中逐渐积累广大农村居民对他们的认可和支持，在相对世俗化和人际熟悉的农村社会中，仍然是必不可少的教育途径之一。二是借助大众媒体的传播方式，对农村居民形成潜移默化的教育影响。现代社会中，大众媒体是社会变革的重要力量之一。因为大众媒体不仅能够弥合不同人群在获取信息方面存在的不平等差距，还能潜移默化地改变人们的思想观念和价值取向。建国初期，党和政府就是通过迅速渗透至农村基层的广播等通讯设施，建立起对农村居民直接宣传政策、施加影响的教育体系。随着社会的发展，大众媒体形式呈现出多样化的趋势：报纸、电视和手机等通讯设施纷纷进入农村社会，特别是近年来在全球范围内兴起的网络媒体，已成为继传统媒体（报纸、广播、电视）之后兴起的“第四媒体”。这些大众媒体不仅使农村居民得以更快速及时地接受外部信息，丰富生活、开拓眼界，从而深刻地变革他们的生产方式和生活方式；还为基层教育精英和教育对象之间的沟通与互动提供重要的交流平台，使基层精英能够通过相对软性的途径和方式将教育内容传播至普通村民中间。“接近传播媒介的个人或村落，要比那些不接触传播媒介的个人或村落更有现代的态度，更积极，以及更趋向于担任一个现代的角色，现代化的预兆与大众传播媒介的暴露程度之间关系密切。"①因此,大众媒体是基层精英更好地实施农民教育不可或缺的现代途径之一。三是依托组织化力量,将农民组织起来,使农村居民得以在组织化的途径中获得现代社会所需的综合素质。在日益开放与流动的农村社会中,农村居民也面临不断分散和原子化的现实局面,这不仅不利于农村居民以相对整体和强势的姿态进入市场经济社会,还会使基层精英的教育影响被日渐分散与虚化的农村现状所消解。因此,基层精英需在市场化进程中,发掘并利用农村中的组织化资源,将农村居民团结在各种自愿性组织中,凭借组织化力量以及自身在农民组织中的权威和号召力,对广大农村居民实施有力的教育影响。

二、依托农民组织进行农民教育

市场化改革后,在农村地区日益开放的社会空间中,不断涌现出各种以现代化为特征的团体或个人,他们愿意以自身力量投入农村建设和农民教育中。依托这些农民组织,党和政府可以更好地调动农民进行自我教育与管理的积极性,从而促使农民群体在组织化力量中实现自身的现代化转变。不同类型的农民自组织始终以农民群体为主要成员,广大农村居民是农民自组织的主体成员,十届全国人大常委会第二十四次会议通过的《中华人民共和国农民专业合作社法》中明确规定,存在于农村社会的各种合作社的主体是农民,同时农民成员的比例至少应当占成员总数的 80% 。② 这说明依托农民组织进行农民教育,其最终的落脚点在于激发农民群体自身的主动性和积极性,使他们能够在组织化的过程中实现自律与他律、自我教育与外部教育的结合。

(一)农民组织的类型及其在农民教育中的作用

根据农民自组织的活动内容和组织功能,可将现有的、活跃在农村社会的农民组织划分为 3 类:一是服务于农村居民各种经济活动、技术改

① 伦纳、施拉姆:《开发中国家的传播与改变》,(台湾省)巨流出版社 1988 年版,第 92 页。
② 孔川、陈宁:《乡村农民组织的历史演进和现实构建》,《宁波党校学报》2007 年第 6 期,第 54 页。

良、专业协作等方面的农民经济合作组织。这类组织主要帮助农村居民更经济有效地进入现代市场，培养他们在城乡之间实现自由流动与择业的生存技能、竞争意识和现代观念。二是在现有制度框架内形成的基层村民自治组织。这类组织中，村民们通过自治方式达到“自我管理、自我服务、自我教育”的运行目标，主要反映出农村居民在社会交往方面的需求和民主政治参与方面的诉求，重点培养农村居民走出自己小家庭，迈向社会，与其他成员建立密切关系，同时积极参与基层政治建设的能力。三是文化娱乐组织。这些组织主要由一些热心公益、有文娱特长的农村居民组成，是农村居民在农闲时光中，自发组织的休闲娱乐活动和文化享受形式。

传统时期中国农村社会中村民们之间不乏有一些不定期的、基于乡亲邻里关系之上的生产协作。然而，由于中国农民仍然是以家庭为单位进行农业生产，难以克服传统农村社会中“私”的特性，因此村民们之间的互帮互助和生产协作也仅仅是为应对自然风险，以传统关系为基础开展的小范围、非正式的合作方式。进入现代社会，特别是改革开放以来，市场经济给农村社会和农村居民带来了巨大改变，正如马克思对此的描述：“生产的不断变革，一切社会状况不停的动荡，永远的不安定和变动……一切固定的僵化的关系以及与之相适应的素被尊崇的观念和见解都被消除了，一切新形成的关系等不到固定下来就陈旧了。一切等级的和固定的东西都烟消云散了，一切神圣的东西都被亵渎了。人们终于不得不用冷静的眼光来看他们的生活地位、他们的相互关系。”①分散而缺乏组织化的中国农民在市场经济中欠缺必要的竞争力，“小生产”常常无力应对“大市场”的挤压，使农村居民处于被动弱势的地位，基本的经济权益都无法得到保障。因此，通过建立各种类型的农民合作组织将农村居民团结起来，使他们完成从以血缘为主的传统合作形式转向符合社会化大生产的以契约为主的现代合作形式。以经济组织为例，20 世纪 70 年代末农村改革前，农村基层经济组织一般随社区行政框架而设立，带有明显的行政组织色彩，如供销社、粮管所、种子站等，在计划经济的体制下被赋予管理

① 《马克思恩格斯选集》第 1 卷，人民出版社 1995 年版，第 275 页。

权威，它们履行的经济职能，实际上是国家政权的附属物。实行改革后，在农村地区建立的农民经济合作组织主要是针对农村居民的生产活动和经济发展需要，以规范的组织化形式在村民和市场之间建立密切有效的联系，以保障农村居民在市场竞争中的经济利益。同时，借助现代交往准则，这也能使农村居民在合作组织中培养起符合现代发展需要的综合素质。

相比国家层面上对农民政治权益的保障，对普通村民而言，在其所处的基层农村社会中，以自治组织形式保障农民的政治权益以及完善农民的公民素质显得更为切实。20 世纪 80 年代以来，在农村基层实行的村民自治制度在法律与制度层面上规定农村居民通过选举进行村庄内部自我管理和自我教育的自治权利。然而，在税费改革之前，由于农村社会中人民公社的解体和集体经济的逐渐瓦解，国家转而通过村民自治组织（即村委会）来提取农村资源，村民自治组织实际上已成为乡镇向村民们征收各种税费的实施机构。村民自治组织与乡镇政府在某种程度上形成利益共同体，带有明显的营利性特征，非但没有成为农村居民自我管理的组织保证，还变相加重农民负担。税费改革后，正如我们在之前的章节中探讨过的，农村基层治理结构发生重大变化，国家不仅不再向农村居民收取各种税费，反而通过转移支付将一定的财政收入转到村一级组织中，使村民自治组织获得更多发展资源。因此，基层村民自治组织完全有可能成为外部教育力量介入农村社会可以依托的重要组织资源，在外部协助中获得组织优化，从而使组织内的村民们得以提升自身的公民素质。

农村居民聚居方式相对分散，马克思曾用“一袋袋麻袋里的马铃薯”来形容农民善分不善合的群体特征，也就是说农村居民的非组织化特征常常使外部现代力量无法有效地与其打交道，更别说是对农村居民开展相关的教育活动了。相比近代社会，当前农村社会中的组织化程度更为低下。传统时期村民们生活在以血缘、亲缘和地缘为核心的人际网络中，人们彼此熟悉，构成了一个个联系紧密的熟人社会。然而 1949 年新中国成立后，先后相继的一系列政治运动以及改革开放带来的市场化变革，使农村社会中的自组织力量遭到不同程度的破坏，当然后者的影响更为深远。农村社会低下的组织化程度严重阻碍外部教育力量介入农民教育过程的有效性，同时也使在村农民的自我教育缺乏持续开展的基础。因此，有必要探讨如何加强农民的自组织力量，使其在农民教育中发挥更重要的作用，促使农村居民既能组织起来，以集体的形式接受更多、更有效的现代教育成果，又能在各种农民组织中获得实际的锻炼和成长。不同类型的农民文娱组织形式对农民教育具有非常重要的作用，主要体现在：一是它有助于村民实现自我价值。处于分散与流动中的农村居民对自己所处社区的认同感日益降低，这使越来越多的村民们失去实现自我价值的精神文化家园。重新将农民组织起来，使他们在组织中获得归属感和认同感，无疑能够使他们重新寻找到自我价值的定位。二是农民组织有助于消除人类精神上的某种匮乏性和不确定性。村民在分散的生产和生活中时常感到自己对生活的无能为力，由于缺少信息沟通，使他们常常陷入对未来的迷茫中。村民们在组织中增加了外部现代信息的来源和渠道，从而有助于消除信息的匮乏性以及他们对未来的不确定性。三是通过组织活动以及成员之间的情感交流，可以使村民们得到更好的精神抚慰。

（二）依托农民组织发挥农民教育的独特作用

不同类型的农民组织在农民教育中发挥作用的途径也存在差别。通过深入分析当前农村社会中农民组织的具体运作方式，我们得知农民经济合作组织、基层村民自治组织和文化娱乐组织分别以不同的方式与路径，实现其对农民教育的独特作用。

首先是农民经济合作组织，它一般通过如下步骤，对农民进行日常生产和生活教育：第一步是当地农村居民利用外部教育力量的优势资源，建立符合自身经济需要的合作组织。在农业生产、经济发展和行业拓展等方面，农村居民可以借助的外部教育力量主要有：（1）以企业为主的现代经济组织，有些是产生于农村社会的乡镇企业，有些是依托农村社会各级产业的初级企业，也有一些是以农村居民为消费对象的企业，他们往往对关乎自己生存和发展的农村社会较为关注，有可能通过各种形式与农村居民建立合作关系，参与农民教育过程。（2）由专家、学者和大学生们组成的知识分子。他们关心农民问题，有志于协助农村建设，正如邓正来所说："中国的知识分子，一般都具有现代意识和现代化知识……在教育、启蒙、文化建设、研究、理论指导等方面起着不可替代的作用,他们是推进和指导市民社会经济健康发展的知识源泉和动力资源。"①(3) 各种以农村居民为服务对象的NGO(非政府组织或志愿组织)。在农村现实社会中,非政府组织实际上承载了许多传统意义上属于政府管辖、如今由政府主动或被动转移出来的社会服务与协调职能;或是一些政府无力主导,市场经济主体又不愿参与的社会效益大于经济效益的公益活动。不同类型的外部教育力量也发挥着不同的角色作用:企业等现代经济组织主要是让渡自己的经济利益,以委托加工、原料订单、出资赞助等方式引导农村居民建立相应的合作组织;知识分子或NGO则主要是贡献人才、知识等力量,帮助农村居民建立各种专业化的合作组织。农民经济合作组织创建过程中,还需要借力于地方政府的主导力量和村庄精英的协助力量,他们在组织建立中分别扮演牵头人和协调人的角色,这对以农民为主体的经济合作组织而言,非常现实且必要。创建属于农民自己的经济合作组织对农村居民而言,本身就是一个克服一己私利、培养现代合作意识的学习过程。在此过程中,农村居民需要突破原先以家庭为单位开展的合作关系,与村庄中其他人群建立信任互助的关系,这是现代人生存和发展的基本素质。第二步是在组织运作中,农村居民通过平等商议,建立规范的组织章程和管理办法,以保证农村居民在正式的组织形式中依规则办事,确保农民组织更好地履行其服务职能。农民合作组织不仅能够依托组织力量向广大农村居民传播先进的文化知识和科学技能,帮助他们更高效地从事农业生产活动,"合作组织能够承担更大的风险和学习成本,对推动新技术的新的耕作方式具有无可争辩的意义"②;还能使农村居民遵循市场经济交易原则,建立难以在农耕活动中生成的效率意识、时间意识、信用意识、契约意识、责任意识和权利意识等现代意识。

其次是基层村民自治组织。基层村民自治组织实际运作已有30多年,是相对成熟的农民自治组织。在新型乡村治理结构中,村民自治组织

---

① 邓正来:《国家与社会——中国市民社会研究》,四川人民出版社1997年版,第6~7页。

② 老田:《"三农"研究中的视野屏蔽与问题意识局限》,见薛毅主编:《乡土中国与文化研究》,上海书店出版社2008年版,第54页。

具有两方面的优势：一是村民自治组织选举产生的组织领导——村主任，在身份上也是农村居民，并不具备国家干部的身份，这不仅消弭了村主任和其他村民之间的身份差异，使其更易于亲近普通村民，还使全体组织成员在身份上更加平等，有利于组织的公正运作。二是“村组法”明确规定农村居民具有选举组织领导和决定组织重要事项的权利，这一制度践行30多年，使农村居民初步养成了平等自主的权利观念，成为现代公民素质形成的基础。但是，不得不面对的现实困境是，由于受到市场经济带来的流动与变迁的冲击，以及农村社会中传统宗族势力或是黑恶社会势力的影响，村民自治组织选举的公正性和运行的独立性仍然遭受重重考验。因此，需要在农村日常事务管理中，引导农村居民合法、合理地行使自身的政治权利，从而促使基层村民自治组织良性运转，使农村居民的公民素质得到完善。此外，还能依托村民自治组织来管理并运用村庄公共资源，进行村庄内部的公共文化事业建设，引导村民们通过民主协商和集体决议的办法对公共文化事业进行监督和运作，这不仅能使农村居民们树立起协同合作的治理精神，还能使他们在共同管理和运作中培养现代公民素质。贺雪峰教授带领的知识分子团队曾在湖北五村主持过相关的乡村建设实验，“每村每年投入4万元建设村庄公共品，我们规定，投入每村的4万元只能用于公共品建设，且只能由村民代表会议决定建设何种公共品、如何建设”①。这一实验最终不仅促进了当地农村公共文化事业的建设，还使农村居民们在共同进行公共文化事业的建设中培育了自身的公民素质。

文娱组织通过有组织的闲暇方式，帮助“农民合作起来，形成文明乡风，建设和谐农村，村民家庭和美，人际互动良好，就会使农民在村庄生活中，获得更多精神上的安慰，村庄成为外出农民的‘乡愁’”②，在农村社会与农民之间建立密切联系，满足农村居民的精神文化需求。改革开放之后，农村居民面对的现实问题是：首先中国人多地少，农业生产中广泛推

① 贺雪峰、魏华伟：《中国农民合作的正途和捷径》，《探索与争鸣》2010年第2期，第58页。

② 贺雪峰、魏华伟：《中国农民合作的正途和捷径》，《探索与争鸣》2010年第2期，第55页。

广机械化和轻便化，生活在农村中的村民们拥有越来越多的农闲时光。如何使这些大量的闲暇时光更有价值、有意义，是有必要进行思考的文化问题。其次，除了迁移至城镇社会的务工人员外，留守在农村社会的村民们在现代性的渗透下，越来越原子化和弱势化，如何将这批人有效地组织起来，使他们在组织中实现生活的意义，是值得思考的文化建设问题。因此，只有创建形式多样的文娱组织，才能丰富农村居民的文化生活，陶冶他们的道德情操。当前，中国农村社会中大多数年富力强的农村居民都经由各种途径转移至城镇社会从事非农行业，留守家中的多是老人、妇女和小孩，由于文化程度低下和个人素质不高，他们的精神文化世界空虚。通过建立相应的文娱组织，来重建这些人的生活世界，能够满足留守村民的精神文化需求，重建村民们的精神家园。“没有文化精神寄托的乡村一定没有未来的前程，那末我们就需要和农人一起讨论和整理我们乡村人民的精神世界，推动我们已有的民俗生活，因为促成基层文化认同的民俗精神不能失落。”①从目前很多乡村建设实验中，我们发现通过创建文娱组织介入农民教育过程的做法，无疑是依托农民组织进行农民教育最直观有效的方式。从已有的文献资料可知，已经取得局部成功和初步成效的主要有中国农业大学何慧丽在河南兰考挂职锻炼时创办的文艺队、老人协会以及温铁军创办的晏阳初乡村建设学院。不论成功与否，他们都从实际操作层面证明了文化建设的必要性和可行性，因为农村建设和农民教育关键的问题在于实现农民由传统人向现代人的转变，在农村实行现代化的文化建设。创建多种形式的文娱组织，进行农民教育，需要在以下几个方面做出努力，以此达到丰富农村居民道德和精神文化追求的教育目的：一是以外力嵌入的方式激发本村居民的文化积极性，通过深入的宣传与发动，使他们自愿建立此类文化组织。当然，外力的嵌入还应以村庄内部精英为主要发力点，有针对性地对村庄内部的活跃分子和积极分子进行动员和引导，使他们明确文娱组织的方式和功能，并能配合进行创建工作。二是借助发动起来的本村居民，为他们提供进一步开展活动的必要支持，除了提供相应的物质条件支援外，还应协助他们与外界沟通，

---

① 庄孔韶、赵旭东、贺雪峰等：《中国乡村研究三十年》，《开放时代》2008 年第 6 期，第 15 页。

更多地利用外界资源进行文化建设。这些可资借重的资源包括政府部门、专家学者和媒体力量等，使文娱组织在村庄精英的带领下实现低成本、高效率的运转。三是可以适当地引入以大学生为主的知识分子团体，参与具体的文化娱乐建设，引导有志于参与农村建设的大学生们利用暑期下乡实践的机会，凭借自己掌握的文娱技能，广泛地参与农村居民的文化娱乐活动，帮助他们掌握更丰富的文娱技能。

三、合理地设计农民教育内容

基于上述章节的分析，我们认为不论是作为教育主体的党和政府，还是作为教育多元力量的基层精英和农民组织，各种现代力量都是依据各自的发展逻辑和教育路径深入农村地区，通过不同的方式进行农民教育。由于不同的教育力量都是在中国现代化转型的大背景下思考和解决农民教育问题，这就决定了其在农民教育目标和内容选择上具有相似性。不同的教育力量进行农民教育的实践活动，始终要依托具体的教育内容，即通过教授农民什么，来帮助农民获得符合现代社会发展要求的综合素质。因此，合理地设计农民教育内容，是整合不同教育力量，共同促进农民教育发展的重要因素。如何合理地设计农民教育内容，主要基于三方面条件：一是根据不同历史时期社会发展的现实需要。由于处在不同发展阶段的社会结构和时代背景不尽相同，对身处其中的人类群体的综合素质要求也存在较大差异，因此对具体的农民教育内容也会进行不同的设计。中国在建国后的集体化时代，主要通过农业集体化道路和农业支援工业的发展方式，实现国家的现代化和工业化，由此决定了党和政府对农民的教育主要侧重于农业生产技能、协商合作能力和对集体的服从态度等方面。改革开放以来，中国社会不断呈现出多样化发展特征，对农民群体的教育内容也因此拓展到基本生存技能、现代意识、公民素质和道德文化追求等多个方面。二是依据农民教育实践活动的具体目标而设计。农民教育的主要内容，实质上表现为为满足不同的教育目标而实施的各方面教育。改革开放以来，党和政府的农民教育目标集中体现在对农民个体现代化的追求上，个人的现代化包含从经济条件、政治参与到道德追求等不同层面的素质要求。因而，现阶段的农民教育内容主要是在农民现代化目标指导下，对农民的基本生存技能、公民素质以及道德与精神文化追求等方面进行教育设计。三是有针对性地回应当前农村社会中农民教育所面临的现实困境。结合农村调研的现实材料和已有的文献资料可知，当前中国农民教育存在三方面困境，分别是：封闭与落后的基本生存技能困境、政治边缘化的公民素质困境以及处于传统向现代过渡的道德和精神文化困境。新形势下进行农民教育活动，必须有针对性地以上述三方面困境为解决目标，从而合理地设计符合农民发展需要和社会发展要求的教育内容。

（一）完善农民现代生存技能

当代中国农民教育，其最基本的内容是完善农民的现代生存技能，因为这关乎农村居民从事农业和其他产业的生产能力和发展可能，也是农村居民在社会发展中实现自身存在价值和发展需求的基础。传统农业社会，农村居民生产生活技能的培养，大多是依托代际传承，在单个家庭范围内实现由父传子的技能传递。这种生存技能的授业方式古老而保守，通常是依据父辈们在长期农业生产中积累的知识和经验，借由实际的农业耕作活动向青年农民们传授。随着现代化带来的技术革新和工业发展，传统社会狭窄落后的农民教育内容已逐渐不能适应社会发展的需要，取而代之的是对科学知识、农业科技和机械化操作等现代农业技能的需求。特别是进入改革开放以来的中国社会，生产力的快速发展将原本固守在土地上的农村剩余劳动力解放出来。越来越多的农村成年农民，走出农村，迁移至城镇社会，寻求其他非农产业的工作机会。在目前城乡流动的背景中，完善农村居民的现代生存技能，应该在以下几个方面的教育内容上进行考虑：

一是依托学校组织形式进行的文化知识教育。学校教育能够为农村居民提供促使其发展的最基本的文化知识，这是全体农村居民更好地实现自我发展，并获得更全面技能的重要基础。通过回顾世界不同国家或地区的农业发展历程和农民教育过程，不难发现，决定其农业与农民发展最终成效的，往往是这一地区农村居民的文化知识水平。文化知识教育主要包括识字、算术和读写等方面的技能培养,这些基本知识的教授无疑为身处农村社会的居民们开启了一扇通向现代化和城镇化的大门,帮助他们取得与这个世界的密切联系,从而获得更多的受教育机会。不仅如此,学校中的文化知识教育还会丰富农村居民的精神世界,拓展他们的认知视野,使他们更正确地认识自己,改变自己。在祠堂圩乡的实地调研中,我们发现农村居民的文化知识水平与他们对自身行动能力的认可程度呈现出较明显的正相关态势,即文化知识水平较高的村民,更倾向于相信自己的能力,并对自身未来发展充满信心。这主要是因为文化知识教育使他们具备识字、算术和读写的能力,他们可以凭借这些技能更好地和外部世界沟通,同时向外界表达自我。二是对成年农民实施的专业技能培训和农业科技培训。处于城乡流动中的农村居民拥有越来越多的就业选择权,他们既能自由地迁移至城镇社会,在各种非农产业中谋取职位,又能选择留守农村社会,从事农业或其他周边产业。当然,择业自主权的实现也是有条件的,即农村居民必须具备相应的专业技能或是农业技能,这些生产技能的教育是完善农村居民现代生存技能的核心环节。对有志于迁移至城镇社会的农村居民,党和政府须对其进行恰当的引导和支持,对他们实施的教育内容,多是根据城镇社会中工业发展需要和第三产业需求设定的职业技术培训。对愿意留守在农村社会,从事农业及周边产业的农村居民,主要是对其进行职业农民的培训,将农业科学技术与市场竞争准则相结合,从专业化的角度,设计内容丰富的农业技术培训。三是保障现代信息的流动渠道畅通,实施现代意识教育。现代生存技能教育还涉及现代意识的培养,在进行文化知识教育和科学技能培训的基础上,必须保障各种现代信息进入农村社会的渠道畅通,帮助农民有机会机接触到更多、更先进的科技信息和发展理念,潜移默化地培养他们诸如时间观念、市场意识、接受新生事物的能力以及理性科学的思维方式等现代意识,这样才能确保他们在社会发展中不断完善自身的现代生存技能。

(二)提升农民的公民素质

处于现代社会的农民,不再是传统意义上纯粹的农业劳动者,而是承担越来越多社会角色的现代农民。面对更加复杂的社会结构和更加多元的角色定位，农民群体自身也在实现着由传统"臣民"逐渐向现代"公民"转变的过程。在此过程中，提升农村居民的公民素质，是农民教育的主要内容之一。一方面，农村居民的政治权利是实现其个人现代化的重要方面，通过参与政治活动和公共事务来实现自身的存在价值是农村居民的发展需求之一。马克思曾指出："人是最名副其实的政治动物，不仅是一种合群的动物，而且是只有在社会中才能独立的动物。"① 改革开放后，随着经济的发展和民主政治的推进，农村居民享受到更多的政治权利，2009年《中国选举法修正草案》提出在人大代表选举中取消城乡差别，首次实现同票同权，从法律角度保障农村居民的选举权益。"政治体系之所以是现代的，是因为它们依靠于独特的、难以逆转的社会经济变化的结果。这种变化从多方面影响了政治体系。总的来说，这些变化既大大提高了为解决新问题而协调社会行动的需要，又大大增加了社会成员扩大政治参与和广泛表达政治参与的可能性。"②另一方面，农村居民在日益扩大的社会交往中，越来越多地感受到新的社会规范的约束，如何通过教育使农村居民更好地适应现代社会规范和交往准则，是公民素质教育涉及的重要内容。

在农村社会中，提升农民的公民素质需要开展以下三方面教育：一是民主与法制观念的教育和引导。中国传统农村社会是以血缘宗亲为关系纽带建立的，传统农民往往习惯于以家庭为单位开展社会活动，社会交往带有明显的远近亲疏观念，常常无法摆脱亲情裙带所造成的影响，这些传统观念至今仍然影响着农村地区的基层政治运作和村民政治参与。从政治发展角度来讲，党和政府需充分认识到农村居民在民主法制观念上的欠缺，通过一系列普法讲座、政策宣讲和基层民主实践过程，培养农民的民主意识和法制观念，促使他们在现代政治体系中更好地实现自身的权益。二是培养有序参与政治活动和遵守社会规范的能力。政治活动和社会日常交往是人类进行的基本人际互动，前者反映出人类群体集聚在一起，共同解决所面临问题的群体形式；后者则表明在复杂的社会生活中，

① 《马克思恩格斯文集》第48卷，人民出版社2009年版，第6页。

② ［美］加布里埃尔·阿尔蒙德：《比较政治学：体系、过程和政策》，上海译文出版社1987年版，第230～231页。

为了调节人们之间的关系、维护正常社会秩序，对每个社会成员形成的规范与约束。传统时期的农民，大都是远离政治体系之外，生活在较为闭塞且人际关系较为简单的农村社会中。随着社会的进步和民主政治的发展，农村居民不得不面对愈发复杂的政治环境和更加多元的社会角色，需要及时向他们输入现代民主政治的参与方式和社会和谐的交往准则，在实际的政治活动和社会交往活动中，培养他们有序参与政治和遵守社会规范的能力。三是进行社会主义主流价值观念的宣传。作为新时期社会主义建设者的农民群体，他们对现有政治体系的认同和对社会主义主流价值观念的认可，是其公民素质教育的重要内容之一。20 世纪 70 年代末 80 年代初开始的市场化改革，在将中国的农村和农民引入现代化发展进程的同时，也不可避免地带来了各种各样的不良思想。对农民群体实施的主流价值观念教育，一方面是为了帮助农村居民树立正确的世界观和价值观，另一方面也是为农民群体的全面发展奠定坚实的思想基础。

（三）丰富农民的道德与精神文化追求

现代化的发展除了带来高新科技、城乡流动和全球化的交往之外，还会对原有的社会结构和交往方式产生重大冲击，正如亨廷顿的描述："现代化免不了带来异化、沉沦颓废和无常等一类新旧价值观念冲突造成消极面。在新的技能、动力和才智能在社会上站住脚并创立新的社会组合之前，新的价值观往往会破坏社交和权威的旧基础。"①中国农村社会在改革开放后，经历着现代化发展带来的诸多变动，很多地区的农村社会都在不同程度上出现了空心化和原子化的发展趋势。在全球化市场经济不断侵入下，农村居民的道德与精神文化生活遭遇到前所未有的挑战。同时，人们的需求是多种多样的，除了基本生存层面上对物质条件的需求之外，还需要在群体中实现与他人的交往需求以及更深层次上的精神文化需求，也就是说人们的行动不仅仅是表现出大众所具备的经济理性和市场逻辑，还表现出社群文化行动的特点。对农村居民而言，农村社会是承载他们物质生产和精神文化生活的主要场所，除了完成必要的生产活动

① ［美］亨廷顿：《变化社会中的政治秩序》，上海人民出版社 2008 年版，第 29 页。

外，他们还依托农村社会实现自身在道德归属和精神文化方面的追求。因此，在当前发展形势下，应对农村居民实施道德与文化生活上的引导和教育，不断丰富他们的道德与精神文化追求，帮助他们在更深层次上实现自身的存在价值。

道德和精神文化追求反映出农民教育内容中较高层次的设计，体现出农民教育的文化归宿。在现代化转型背景下，思考和解决农民教育问题，不仅仅是从人力资源的角度出发考虑如何帮助农民获得成长与发展的生存技能，也不仅仅是引导农村居民在社会交往和政治参与中扮演更合适的角色，更是期望通过设计恰当的教育内容，使农村居民获得道德上的认同感和精神上的归属感，满足他们道德与精神文化上的需求。在设计这部分教育内容时，需要从两方面进行考虑：一是对农村居民实施道德规范教育。中国传统社会有一整套道德标准和行为准则，尤其在农村社会，村民们之间密切频繁的人际互动，使每个人都在明确的道德规范下行事，强大的村庄舆论也使大多数村民都能恪守规范。然而，进入现代社会，在市场经济的夹裹下，农村居民还未能完全接受并建立现代道德规范，处于旧破新未立的转型困境中。对此，外部教育力量需要将新的道德准则和行为规范输入农村社会，并向农民群体进行宣传和教育。这些现代道德规范主要包括社会公德、家庭美德和职业道德等方面。二是丰富和满足农村居民在精神文化上的追求。作为社会群体的一部分，农村居民在人民体育、大众文化和文娱休闲方式上有自己独特的内在需求，而现有的文化产品市场和文化服务市场未能很好地满足农村居民在精神文化上的更高追求。针对这一现状，不同的教育力量必须充分发展各自的资源优势，更多地向农村居民提供可以满足他们精神文化追求的产品和服务，并在此过程中丰富农村居民的道德和精神文化追求。

四、构建良好的农民教育环境

我们对当代中国农民教育问题的思考和探讨，始终集中在农民群体生产和生活的农村社会中。对于大多数农村居民而言，他们所在的行政村，不仅是承载他们再生产功能的场所，还是他们生存的精神空间，是他们本土的道德世界。对处于现代化转型期的中国而言,农村社会不仅为占据人口大多数的农村居民提供了一个完成自身生产和生活意义的空间,还为农民教育过程提供了一个相对开放的客观环境。“不同的社会环境在性质上不尽相同,有些环境具有强有力的影响,有些则影响较弱,所谓具有强有力影响的环境,是说它在使人们向新的生活方式转变时具有较强的力量,并且,不同环境的特殊性质,会使置身于其中的人们在人格形成上也深受影响。通过我们在发展中国家进行的空前规模的研究,使我们越发相信,社会环境形成个人习性的理论,是能够用测量的方式得到检验证明的。”①因而,如何构建一个新型的农村社区,使之前探讨过的外部教育主体和多元参与力量,能够与村庄内部的基层精英和村民们形成相互和谐有效的接洽关系,共同建设一个能够促进农民教育过程朝向现代化良性发展的教育环境,这对于探索当前农民教育的有效途径无疑非常关键。从某种意义上说,建设新型农村社区是当前农民教育过程的最终落脚点,因为各种现代力量必须作用于农村居民长久生活的农村社区,才能进而全面影响农村居民的综合素质,并使这种教育影响得以在长时间内延续下去,或者说“并非教育本身,而是那些与教育密切相关的社会条件和环境以及它们的影响,才能够作为对个人现代性的真正解释”②。农村社会俨然已成为各种现代教育力量共同施力的环境空间,作为现代社会共同体的形式之一,它同时承载着生产生活与政治文化等多重意义。乡村既是人们的生产空间,也是人们的生活空间,用德国学者滕尼斯的标准来看,它是一个天然共同体。③ 马克思也认为社会是“人们交互活动的产物”④。人们只有在社会生活中,才能获得实现自我的条件,“只有在共同体中,个人才能获得全面发展其才能的手段,也就是说,只有在共同体中才可能有个人自由”⑤。建设新型农村社区,实质上是为农村居民建构

---

① [美]英格尔斯:《人的现代化——心理、思想、态度、行为》,四川人民出版社1985年版,第95页。

② [美]英格尔斯:《人的现代化——心理、思想、态度、行为》,四川人民出版社1985年版,第97页。

③ [德]斐迪南·滕尼斯:《共同体与社会》,商务印书馆1999年版,第58~68页。

④ 《马克思恩格斯选集》第4卷,人民出版社1995年版,第532页。

⑤ 《马克思恩格斯选集》第1卷,人民出版社1995年版,第119页。

一个对其实施现代化全面教育的良好环境。

在现代化进程中，农民教育开展的时空背景——农村社会，实质上是现代性、国家与地方性知识的角力场。① 代表外部现代化力量的国家与代表传统价值的本土势力综合作用于农村社会，这不仅体现为外部与内部的交汇，还体现出外部嵌入式行为方式与本土自生性秩序规范的交锋，这种现代与传统的碰撞与融合不只反映在生产和经济活动等物质层面，还反映在政治文化和道德追求等精神层面。然而在现实发展中，最常遭遇的困境是由于资源与财富分布不均，造成农村社会发展远远滞后于城镇社会发展，由此决定了农村居民在现代化素质和精神文化方面的落后与缺失。贺雪峰对此做过精辟的总结："当前农民的苦，不苦于没有解决温饱问题，而苦于正在丧失生活的意义；不苦于现实的物质生活匮乏，而苦于未来生活预期的不确定；不苦于消费水平没有提高，而苦于人与人的信任正在下降；不苦于生活劳动强度太高，而苦于生活方式变化太快；不苦于经济收入没有增加，而苦于整体福利正在减少。"②因此，针对这种农村建设与农民教育的双重困境，我们需要立足于农村社会，综合多方面积极因素，为农村居民提供足以支持他们迈向现代化的综合素质教育，这主要涉及两方面内容：一是为留守在村庄的村民们创造一个良好的教育氛围，"通过调动村庄中的非市场因素，进行农村社会建设、文化建设和组织建设，可能为农民增进大量非经济的福利，从而使农民在经济收入外，获得文化性的社会性的好处，即获得体面和尊严上的好处"③。二是为有志于向外发展的农村居民提供相对公正的教育机会，"农村社区面临的重要问题，是需要培养过剩青年的适应能力和潜能，以便当他们迁移出去时，能适应城市环境，减少他们将遇到的社会和教育不利条件的影响"④。无论

---

① 王铭铭：《教育空间的现代性与民间观念——闽台三村初等教育的历史轨迹》，《社会学研究》1999 年第 6 期，第 103 ~ 115 页。

② 贺雪峰：《新农村建设与中国道路》，载薛毅主编：《乡土中国与文化研究》，上海书店出版社 2008 年版，第 67 页。

③ 贺雪峰：《新农村建设与中国道路》，载薛毅主编：《乡土中国与文化研究》，上海书店出版社 2008 年版，第 63 页。

④ ［美］埃弗里特·M. 罗杰斯，拉伯尔·J. 伯德格：《乡村社会变迁》，浙江人民出版社 1988 年版，第 156 页。

如何，所有的教育努力都必须在新型农村社区的构建中展开。

（一）农民教育环境的构成要素

对农民实施的现代化教育既包括对其生活的以家庭为单位的私人空间施加的影响与改变，也包括对农村居民们聚集的公共空间的建设与改善。本节中我们探讨的农村社区建设或称为农民教育环境的构建，主要是从村民们经常活动，并由此形成人际互动的公共空间入手，集中探讨构成农民教育环境的各种现实要素，以及与之相关的教育主体和参与力量能够作出的相应贡献。

公共场所是指村民们进行经济活动、社会活动和文化活动的基本范围，是含有地理和人文双重意义的空间结构，为农民教育的开展提供基本的空间范畴。从社会学角度来讲，空间使社会中的主体相互作用成为可能，相互作用填充着空间，并使此前空虚的和无价值的空间变为某种对我们来说是实在的东西①，康德就此把空间视为“待在一起的可能性”；安东尼·吉登斯则认为空间是提供人们共同在场的情境，“村庄社区绝对是最重要的场所，在这个场所内构成并且重构了时空的各种接触”②。农村社会中的公共场所为生活其中的村民们提供日常活动和人际互动，并由此形成一定社会关联的场合，这些场合主要是指诸如像集贸市场、寺庙、祠堂以及村委会所在地等村庄内部的活动区域。随着农村经济的发展和现代性的增长，公共场所的所在地也呈现出显著变化，由原先传统时期的寺庙和祠堂等场所，逐渐转移到集贸市场、村委会所在地或是村校附近等地方。公共场所的具体所在地主要由两方面因素决定：一是村民们必须性活动的分布范围。农村居民公共生活的场所主要围绕其生活的基本需要展开，他们必须到集贸市场采购日常用品，也习惯于到村委会所在地接触一些农业信息或是上级政策，还时常到村中开阔的场院、村校附近开展自发的文娱活动，上述基本生活需要构成农村公共场所的区域范围。二是环境设施的条件优劣。这主要涉及所选场所的客观条件：场地是否宽

---

① ［德］格奥尔格·齐美尔：《社会是如何可能的》，广西师范大学出版社 2002 年版，第 292 页。

② ［美］安东尼·吉登斯：《社会的构成》，三联书店出版社 1998 年版，第 238 页。

敞，能否弹性地容纳更多村民；自然环境是否能够为村民们提供休闲的氛围；是否具备一些简单的文化休闲设施，这些条件的优劣成为公共场所选取的参照标准。由此我们可知，为农村居民们建设一些友好和谐、功能齐全的公共场所是顺利开展农民教育活动的前提条件。在此过程中，作为农民教育主体的党和政府无疑是公共设施的建设者和公共场所的提供者。2006 年的一号文件中提到："各级政府要切实加强村庄规划工作，安排资金支持编制村庄规划和开展村庄治理试点；可从各地实际出发制定村庄建设和人居环境治理的指导性目录。"2010 年的一号文件又重申了"搞好新农村建设规划引导，合理布局，完善功能，加快改变农村面貌……改善农村人居环境"的重要性。同时，一些发达国家的农村建设经验也告诉我们，社区公共场所的规划是乡村社区规划的重要内容之一，规划者十分重视社区会场、舞厅、娱乐中心、游泳池等公共空间的建设。因此，由党和政府出面，为农村居民规划建设符合他们切实需要的适宜的公共场所，能够为农民教育活动的开展创造一个良好的外部环境。

核心人物是指在农民教育环境中对各种公共事务较为活跃和积极的分子，他们通常是村庄内部的基层精英或是具备知识和见识的年轻村民。由于资源占有的优势，以及对公益事业的热心，他们往往成为公共事务的发起者和参与者，能够有力地推动农民教育活动。在仍旧以人情关系作为交往基础的农村社会，核心人物在农民教育过程中起到其他要素无法达到的作用，主要体现在对其他村民们思想意识和行为习惯等方面的影响和改变。通常来讲，核心人物的产生有可能基于两种不同的资源占有情况：一是基于传统血缘关系上的宗族领袖或是村庄内素有威望的长者，他们的权威体现着农村居民对传统风俗和规范的向往与认同，他们所发起的文化活动也多集中在祭祀、宗亲活动等传统领域。二是基于现代社会关系上的致富能人、回乡务工人员、退伍军人等，他们由于具备现代化的知识和技能，并且四处闯荡，颇有见识，因而乐于积极参与村庄内的公共事务，并通过发表言论和实际参与，成为教育环境中的主导人物。若想成为农村社区内公共生活的核心人物，需要具备以下几种超乎其他村民们的素质：一是具备一定的知识技能和信息来源；二是热心公益事业，愿意让渡私人时间为其他村民们服务；三是拥有一定的人际网络关系，这是从事公共事业必需的群众基础。不论是作为教育主体的党和政府，还是外部多元参与力量，都无法直接成为农村社区内的核心人物，因为核心人物必须长期生活在农村社会内，并一直持续地参与村庄公共事务。因此，只能通过引导和激发村庄内部精英的积极性，通过对他们灌输现代化的理念和规范，才能达到教育和改变广大农村居民的目标。

人际关系是指从社会内部不同主体的日常生活实践来描述人与人之间的一种关系状态，这种关系状态不仅包括一般人际互动关系，还包括具有行动能力的人们在特定场景中所发生着的带有特殊行动意向的一种相互关系。村庄内的人际关系一方面体现出作为社会行动主体之间的互动关系，以及在其中呈现出的一致行动能力，即贺雪峰所说的“社会关联”；另一方面体现出行动主体在一定公共空间内形成的行为规范，或称为社会内部秩序。一般而言，身处同一个村庄的人们，由于相似的生活场景和大致相同的生活体验，同时也面临着相差无几的社会现实问题，因而，在他们之间极易产生“同感”、“共识”，乃至共同认可的“价值观念”和“行为规范”，从而为他们采取一致行动提供现实依据。这种现实依据能把原先较为分散的社会成员编织在一张张相互关联的网络中，使大多数成员都能依据既有的行为规范来行事。农村社会公共空间中的人际关系，是当地社会与文化体系的一个反射。团结紧密以及和谐有序的人际关系，将会有利于乡村公共空间成为精神文化建设和农民教育过程的重要场所。尽管农村社区中的人际关系相对简单，但是依然会存在多种多样人际互动的可能性，因此通过外部教育力量的引导和规范，以及村庄内部精英的亲身示范和积极协调，建立一个良好的人际关系和社会秩序，能够对农民教育过程产生正面效应。不仅如此，外部教育力量介入农村社会，若想在公共文化和农民教育中发挥应有的积极作用，必须结合村庄内部具体的人际关系状况，才能达到预期效果，因为“正式约束只有在社会认可，即与非正式约束相容的情况下，才能发挥作用”①。

公共生活内容是指人们在公共空间内进行的各种活动，主要包括聊天、商业（买卖）活动、日常娱乐活动、节庆假期的庆典活动，以及参与社区

① 卢现祥：《西方新制度经济学》，中国发展出版社 1996 年版，第 27 页。

基本行政事务。人们在长期稳定的交往与沟通中，建筑起特定的村庄文化生活平台，构成了农村居民教育实践的具体过程。基于不同的分析视角，可将村庄公共生活做不同的分类，一是根据农村居民参与公共生活的强度来划分，可以分为必须性活动和自选性活动：前者是指村民们在生活中必须从事的活动，是由人的生理需要和基本社会角色共同决定的，主要包括购买生活用品以及参加村民大会等。后者是指村民们根据自己的意愿和需要，可自由选择是否参加活动，主要包括聊天、日常文娱活动等。以党和政府为核心的教育主体以及企业、知识分子组成的外部多元教育力量可以利用上述两种公共生活类型，积极地参与到必须性活动中去，采取多种形式在人们最频繁的公共活动中发挥更多的教育作用；还可以拓展更多自选性公共活动，吸引农村居民加入其中，并在此过程中对村民们实施有效的教育影响。二是根据公共活动的内容构成，可分为传统型活动和现代性活动。传统型活动主要是指各种与血缘、宗教等密切相关的祭祖、宗族等活动，带有明显的地方文化特色；现代活动主要是指各种以市场交易为准则的经济活动，以及各种现代化的文体活动和娱乐方式。很多时候，传统与现代相交织，很难明确地划分这两类活动的界限，但这不影响外部教育力量对其介入和参与。他们仍然可以借助上述两类公共活动，将现代性的因素导入农村社会，对农村居民施以实际的引导和教育。更进一步来讲，公共生活内容还在深层次上影响着农村社会结构和农村居民的日常生活：一方面，它体现着农村社会以社区为核心所形成的社群文化行动的表达方式，是维系农村社会的共同记忆和传统纽带。“所有的这些活动，行为背后的信念和知识支撑点，都是社群文化行为所需要的，都是一个社群的生活方式所需要的，而大都是不符合经济利益最大化和市场配置资源的行为。凡是一个社群生活的地方，必定需要这些行为，才能保持社群的整合，才能让社群中的中下等的民众感到全面的人的生活所需要的东西。”①另一方面，公共生活内容形成的舆论氛围，对维护村庄共同体具有非常独特的作用。社会舆论是蕴藏在人们思想深处共同的心理倾向，由大多数人对社会生活中的人物与事件发表意见而外显出来。

---

① 何慧丽：《李村老年人协会：农村社群文化行动的表达》，见薛毅主编：《乡土中国与文化研究》，上海书店出版社2008年版，第203页。

在村庄内,村民们通过口头交流,将意见予以扩散,最后引起广泛的共鸣,成为一种共同信念,具有一致利害关系的社会群体往往容易形成这种共同舆论。它可以成为一种社会心理压力,影响和规范村庄成员的行为方式,也加强村民们的社区归属感,不仅是对自己社区身份的确认,还带有个体的感情色彩,包括对社区的投入、喜爱和依恋。因此,外部教育力量需要特别注意公共生活内容的这两方面特征,并适当地加以借助,从而为农民教育过程增添本土化的教育特征。

(二)充分利用农村社会的本土资源

农民教育过程从本质上讲,是外部教育主体和多元力量对农村居民施加的以现代化为导向的引导和教育,以帮助农村居民在各个方面更好地适应现代社会的发展要求。在农村社区中,以现代化为导向的农民教育常常遭遇到的现实问题是传统与现代的冲突与融合问题。这不仅体现在农村社会的发展历程中,还体现在农村居民的个人现代化进程中。对处于现代化转型中的中国而言,这并不是一个新的问题,而是近代以来的中国始终需要面对和解决的文化问题。费孝通在晚年反思性地提出"文化自觉"概念时,也认为:"20 世纪前半叶中国思想的主流一直是围绕着民族认同和文化认同而发展的,以各种方式出现的有关中西文化的长期争论,归根结底只是一个问题,就是在西方文化的强烈冲击下,现代中国人能不能继续保持原有的文化认同?还是必须向西方文化认同?上两代知识分子一生都被困在有关中西文化的争论之中,我们所熟悉的梁漱溟、陈寅恪、钱穆先生都在其内。"也就是说,"中西文化碰了头,中西文化的比较,就一直是中国知识分子关注的问题,他们围绕着中华民族的命运和中国的社会变迁,争论不休,可以说至今还在继续中"①。针对农村社区内的农民教育问题,我们认为现代性的增加并不一定意味着对传统文化的背离,甚至是彻底否定。相反,在现代化进程中,人们完全有可能保持传统,并使优良的文化传统以一种更多元的形式存在于现代社会中。东亚国家在现代化中取得的成功就是非常突出的例子,日本的崛起和新加坡

① 费孝通:《费孝通九十新语》,重庆出版社 2005 年版,第 207 ~208 页。

的发展无不表明现代与传统相结合的奇妙效果。同时,中国在改革开放以来选择的发展道路告诉我们,对传统的继承和保留,或许对后发现代化国家应对现代化带来的负面影响是有积极作用的。特别是在国民更好地调适自己以适应现代社会方面,传统文化的合理保留能在一定程度上消解现代化带来的变动和不适,正如亨廷顿的结论:"任何社会都可能按自己独特的方式来实现传统和现代因素的融合。"①因此,外部教育主体和多元教育力量介入农村社区,对农村居民实施的现代化教育,需要充分利用农村社会的本土资源,激发农民自我教育意识,使农民教育过程得以在乡土社会中长久持续。

乡村地域文化中长期积淀形成的民俗文化传统,以及乡村生活现实中原本存在的许多合理的文化因素,对乡村生活和乡村生活秩序建构具有弥足珍贵的价值。换言之,乡村地域文化和社会关联中原本就潜藏着丰富的乡村教育资源,主要体现在以下几个方面:

一是组织资源。当前农村社会处于传统向现代的变迁中,在新的经济结构和社会秩序启动和发育中,传统社会以血缘和亲缘为基础的社会关系是村民之间建立互动关系的基础,也是获得实际资源的重要途径。特别是改革之后正式行政力量逐渐弱化的情形下,亲缘关系无疑是增加信任感和凝聚力的历史延承。以宗族组织为例,中国农民生活在以家庭为依托的社会关系中,对由家庭展开的宗亲关系最为熟悉,"如果给当代中国农民一个机会,让他们选择一种适合自己需要的自治性组织,恐怕有相当多的人会选择他们最熟悉的传统形式——宗族"②。在开展农民教育的农村社区内,宗族组织等传统社会关系构成本土资源中的组织资源,可以说,"中国传统农村社会是具有非常强大的组织能力的。现阶段,在农村社会自组织资源严重流失的情况下,对宗族等传统网络的再利用,也是提高村民自组织能力的策略性选择"③。因此,外部教育主体和多元力

① [美]亨廷顿:《变化社会中的政治秩序》,上海人民出版社 2008 年版,第 153 页。

② 郭于华:《农村现代化过程中的传统亲缘关系》,见周晓虹主编:《现代化进程中的中国农民》,南京大学出版社 1998 年版,第 76 页。

③ 冯小双:《阅读和理解转型期中国乡村社会——"转型期乡村社会性质研究"学术研讨会综述》,《社会学研究》2002 年第 1 期,第 26 页。

量需对以宗族为代表的农村社会本土组织资源加以改造和利用，使其在完成自身现代化使命中，创新内部组织机制和文化规范，为农民教育提供可资利用的组织力量。

二是文化资源。农村社区内的文化传统和道德规范不仅为居民的日常言行提供了一整套完备的行为准则，还为村民实现人生的终极意义提供了一套解释系统和价值体系，使农村居民们得以在社区内实现生命价值的延续。如贺雪峰所说："农村社会不仅是农民的生产场所，而且是农民的生活和娱乐场所，不仅是物质生产的场所，而且是意义和价值的生产场所，就为低成本的劳动力再生产提供了绝好的空间，从而为中国赶超型现代化提供了机会。"①然而，现代化有可能瓦解农村居民对自身的认同和对精神层面的追求，日益泛滥的消费主义文化常常将村民们置于彷徨与失落中，既无法尽快实现自身的非农化和城市化转变，又无法使他们安于农村社会现有的生活。随着社会现代化的进程，个人的孤独感日益深化。当标志着个人身份的许多传统尺度被无可奈何地抹去的同时，如何尽量保持每一个人的确定价值和他的历史性和归属性，是无比重要的。因此，农村社区所能提供给村民们的生活价值和精神安慰是农民教育中不可或缺的文化资源。现实中也不乏这样的案例："1919 年贵州省定县石板乡腊利寨的寨规碑，记载道：'父义、母慈、兄友、弟恭、子孝，夫妻有恩，男女有别，子弟有学，乡闾有礼，贫穷患难亲戚相救，婚姻死丧邻里相助。勿惰农业，勿作盗贼，勿学赌博，勿好争讼，勿以恶凌善，勿以富吞贫，勿以淫破义，行者让路，耕者让畔。'"②这些在当下农村社会仍然不过时的道德规范，体现出农村居民依托传统道德文化对自我的约束与教育，是现代化农民教育中非常重要的本土文化资源。

三是集体化时代形成的人力资源。不得不说，改革开放之前的集体化时代已然成为中国农村现当代历史的一部分，集体化时代所形成的影响农村居民整整几代人的道德规范和意识形态灌输，已经成为农村社会本土现实的一部分。但是由于多方面原因，我们对集体化时代这段历史

---

① 贺雪峰：《新农村建设与中国道路》，见薛毅主编：《乡土中国与文化研究》，上海书店出版社 2008 年版，第 64 页。

② 胡潇：《世纪之交的乡土中国》，湖南出版社 1991 年版，第 314 页。

的回顾与借鉴，显得颇为匮乏。在我们对文献资料的整理，以及对农村社会的实地调研中，常常会感受到集体化时代遗留下的诸多影响，其中最为明显的，一是部分农村居民对集体化时代村庄公共生活的怀念和留恋。虽然这种怀旧情绪多少带有对现代化市场经济发展的某种抗拒，含有非理性的成分；集体化时代全面政治化的村庄集体生活在一定程度上压抑了农村居民的生产积极性和创造力，也是这种情绪产生的原因之一。但是，部分居民的这种情绪说明农村居民对组织起来的公共生活非但不是完全拒绝，反而在这种公共生活中体会到了自身存在的价值，他们在哪怕是强制的公共生活中也体会到集体生活的快乐，因为“这一时期尽管有政治运动与意识形态的强烈影响，村民们还是可以在相当程度上享受集体化的公共生活”①。所以，这也从另一个层面说明，农村居民们在心理上需要组织化的公共生活，这为农民教育的开展提供了需求基础。二是集体化时期培养的有能力、有责任感和热心公益事务的村庄精英，他们是新时期农民教育可资借重的村庄精英的主要组成部分。不少乡村建设实验的现实发展都表明，村庄内部成长于集体化时代的许多村民，由于在政治化的村庄生活中培养了多方面的能力、为他人服务的品行以及丰富的群众工作经验，因而成为现阶段农民教育过程有力的推动者。从我们在祠堂圩乡的调研中，也不难发现，担任村支书和村主任职位的农村居民多是在集体化时代就已有突出表现的积极分子或党团成员。可以说，集体化时代培养的人力资源是现阶段农村社会中值得借重的本土精英资源，能够以其人格魅力影响其他村民，帮助他们自觉地完善自己的言行。

（三）构建现代的农村公共生活空间

农村社区为当代农民教育实践过程提供了一个客观的教育环境。对这一教育环境的设计与构建应该从多方面吸收积极力量，不仅要从村庄本土的传统资源中吸收进步力量，还要从外部现代化诸多优势中借助新兴力量。只有这样，才能达到对农村社区的重新建设，使农村社区在整体性规划的指导下成为有效开展农民教育的理想环境。近代乡建派学者通

---

① 阎云翔：《私人生活的变革：一个中国村庄里的爱情、家庭与亲密关系（1949—1999）》，上海书店出版社2006年版，第40页。

过深入的实践指出："乡村建设不是任何一面可以单独解决的，而是联锁进行的全面的建设。因为社会与生活都是整个的、集体的、联系的、有机的，决不能头痛医头、脚痛医脚，支离破碎的解决问题。"①从新农村建设的现实中，我们也发现"如果说最佳的现代社会运转模式是减低文化中断的影响，并顺利转变为社会文化适应的新的生活方式；那末，就必须立足各个乡村社区的整体性运转设计"②。在农村社区建设整体性规划中，最为核心的是广大农村居民的生活方式，这不仅关乎开展农民教育所达到现代化教育目标的有效性；还关乎农村居民能够在农村社区内实现自身生存价值的教育完善过程，"站在农民主体立场上的新农村建设的核心，是重建农民的生活方式，从而为农民的生活意义提供说法；是从社会和文化方面，为农民提供福利的增进；是要建设一种'低消费、高福利'的不同于消费主义文化的生活方式，也就是要建设一种不用金钱作为生活价值主要衡量标准，却可以提高农民满意度的生活方式"③。因此，在农村社区引入现代生活方式，通过构建新型农村公共生活空间，促使农村居民在其生存的村庄内部仍然能够享受现代化的完备的生活方式，并获得精神愉悦，这是在农村中开展农民教育的最终落脚点。

新型农村社会公共生活空间不论是在地域范畴上，还是在人员构成上，都与城镇中的公共空间有所区别。"乡村为了追求成长，必须提升其结构的适应力，致使乡村社会更加分化，而必须重新予以整合。其重新整合以后的乡村社会新结构，是否必然是都市结构的形态，或者还有其他可能性的发展途径？"④我们需要进一步探讨农村中公共生活空间应该具有的特色，以便为农民教育提供一个良好的社会文化平台。一是需要着力培养农村居民的现代思维意识。人们的意识能够为其行动提供基本的指导，在农村社会中引入现代生活方式，首先需要培养农村居民的现代思维

① 宋恩荣编：《晏阳初文集》，教育科学出版社 1989 年版，第 253 页。

② 庄孔韶、赵旭东、贺雪峰等：《中国乡村研究三十年》，《开放时代》2008 年第 6 期，第 15 页。

③ 贺雪峰：《新农村建设与中国道路》，见薛毅主编：《乡土中国与文化研究》，上海书店出版社 2008 年版，第 67 页。

④ 蔡明哲：《社会发展理论——人性与乡村发展取向》，（台湾省）巨流图书公司 1987 年版，第 183 页。

意识,才能使他们接受并实行现代生活方式。改革开放以来,农村居民们逐步摆脱了人民公社时期行政化的公共生活方式,挣脱了意识形态对他们的束缚。在村民自治格局下,他们拥有越来越大的村庄社会公共生活空间,以及越来越多的生活方式选择权,体现出明显的自主性和能动性。同时,农村社区也日渐开放,在城乡之间流动的农村居民们开始逐步接受现代理念,并向往城镇现代化的生活方式。外部教育主体和多元教育力量应该更加畅通农村居民对外部信息的获取渠道,为他们提供更为切实的现代化信息以及建设新型公共生活空间的有利条件,满足他们在思想意识上对现代生活方式的迫切需要与渴望,“事实上,仅凭异质文化的引进,短期间内社会结构容纳异质的能力仍不提高,结构的被动停滞不进,将会抵消乡村教育和建设运动的努力;其结果是没有普遍创新的能力,教育和运动无法成为乡民求生存攸关的事务;教育和建设若与生存条件分离,就被一般民众看作不急之务,不会产生巨大的推动力”①。农村居民现代思维意识能够促使他们将对现代生活方式的认可与追求变为切实的行动,这是建设新型农村公共生活空间的心理基础。二是需要积极引导农村居民的公共行为规范。新型农村公共生活空间还需要全体村民的积极参与以及在此过程中形成统一的行为规范,这正是现代生活方式的体现,也是农村居民获得教育的过程。村民们只有广泛参与公共生活,才能逐渐养成现代化的行为规范和综合素质。这一方面需要外部教育主体和多元教育力量介入公共生活,对村民们的行为进行督导和规范,使他们在潜移默化的影响中逐步养成适于现代公共生活的行为习惯;另一方面也需要绝大多数农村居民的配合,使他们在相互接触中互相督促,共同进步。台湾地区农村在现代化过程中约束村民行为规范的成功案例,为我们提供了一种可以借鉴的思考:20 世纪 60 年代,台湾广大农村地区在联合国倡导的社区发展计划帮助下,对农村社区和社区人员进行了统一的现代化指导与建设,其中一项重要措施便是在农村社区内建立小型的电影院,免费向农村居民播放影片。在观影中,村民们必须遵守电影院的相关规定,即排队领票入场、对号入座,以及在观看电影期间不得随意走动、

---

① 蔡明哲:《社会发展理论——人性与乡村发展取向》,(台湾省)巨流图书公司 1987 年版,第 184 页。

大声喧哗、提早退场等。这些规定对于长期习惯于散漫、喧闹的村民们而言有点过于严苛。但是，丰富的影片仍然吸引了很多村民，他们愿意约束自己的行为方式来观看影片。长久下去，这项规划取得了实质性的成功：这项运动结束后，大多数参与其中的社区村民都养成了较为良好的公共生活规范。三是需要在城乡一体化的进程中建设农村公共文化空间。当前，农村社会已然不是封闭自足的传统社区，城乡之间的信息传播与人员互动越来越密切，因而有必要在城乡一体化的进程中建设农村公共文化空间，借助城镇社会在财政收入、文化资源和人力资源等方面的优势，将城乡文化发展统一起来，使更多有利资源由城镇社会合理有序地流入农村社会，为创建新型农村公共文化空间创造良好的外部条件。

◆后记◆

这本专著是根据我的博士论文修改而成的。当初选择这个题目,原因很简单,因为我偏好人格教育方面的研究,而导师则是“三农”问题的专家。农民教育是一个简单的叠加。坦率地说,当时的我对中国农村、农民的了解,几乎是零。而现在,我在心里千百次地感谢这个题目,它让我有机会深入中国最广大的农村地区,去了解中国文化传统的根基——农民的实际状况。在农民教育的研究中,我不仅获得了知识的积累、实践的体验,更重要的是得到了自身人格的完善与成长。个体的成长与成人的社会化,是人一生中最重要的课题,值得庆幸的是我有机会将学术研究与自身成长结合在一起。因此,完成这篇博士论文,与其说是要教育农民,毋宁说是教育自己。

我首先要感谢我的导师,他伴随我走过硕士和博士两个非常重要的研究阶段。虽然他严肃得有些让人难以接近,但我却从他身上学到了如何做学问,那就是踏实的治学精神和严谨的写作态度。若是看到导师在我的草稿上一处处红色的修改印迹,你便会了解,当老师不厌其烦地给你指出细致到文法、标点的错误时,你会有多感谢他。在这个浮躁的社会,我们也许很多时候都难免彷徨与困惑,但导师一如既往的态度总能让我在浮躁的时候静静地坐下来,好好地在文字中找寻自己的位置。这个过程对我来讲,也是从潜移默化的学习中,学会了怎样做人。希望我的论文,这一点积累的体现,能够对他的教导和付出有所回报。

其次我要感谢我的家人,他们在很长的一段时间内,忍受了我的焦虑、反复无常,还有因为撰写论文而不知不觉生出的疏离感觉。我常常把他们隔离在论文之外,给他们造成的困扰,希望随着论文告一段落而有所好转。

再次,我要感谢我同门的师兄弟姐妹们,他们的存在很大程度上缓解

了我的孤独与焦灼。特别值得一提的是我的师弟李啸，他利用自己先前在湖南省农村地区乡镇府任职的经验，为我解答许多有关农村与农民的实际问题，更重要的是他带着我先后几次深入农村地区，以实际行动来充当我的乡土老师。同时，还要一并感谢给我们的田野调研提供诸多方便的乡镇干部、村干部，以及那些很多无法一一细说的村民们。还有一位同门蒯正明博士，我不得不提的一位大哥，长我几岁的他，在攻读期间，几乎是倾囊而出，将自己对学术的认识和理解，一一同我分享，没有他的慷慨相助，我很难按时完成论文。

还有，我要感谢我的挚友周薇博士。她比我早一年完成博士论文的撰写，在此过程中，她总是将自己的写作经验第一时间给我分享；而且，很多时候她都是我精神上的好伙伴，能够在年轻的岁月中找到一位可以做深层次沟通的朋友，实属不易。

最后，我要深深地感谢一路伴我走来的许许多多的老师，他们是陈锡喜教授、丁晓强教授、顾钰民教授、李渡教授、仇华飞教授、邵龙宝教授、王滨教授、张劲教授、章仁彪教授、周敏凯教授以及多伦多大学的沈清松教授。从攻读硕士到攻读博士，从开题答辩到阶段成果汇报，他们无私的教诲和真诚的指导，帮助我一点点进步，让我终身受益。我相信正如我导师说的，人的一生很难得有这么一段研究时间，能够同时得到那么多专家名师们的教导，这样的精神财富足以支持我勇敢地应对今后学习生活中的困难和挑战。因为能时时感受到他们的关爱，我才会在失望悲观时，还能冷静地回到书桌边，运用理性，克制女性与生俱来的感性的侵扰，按期完成自己的著作。